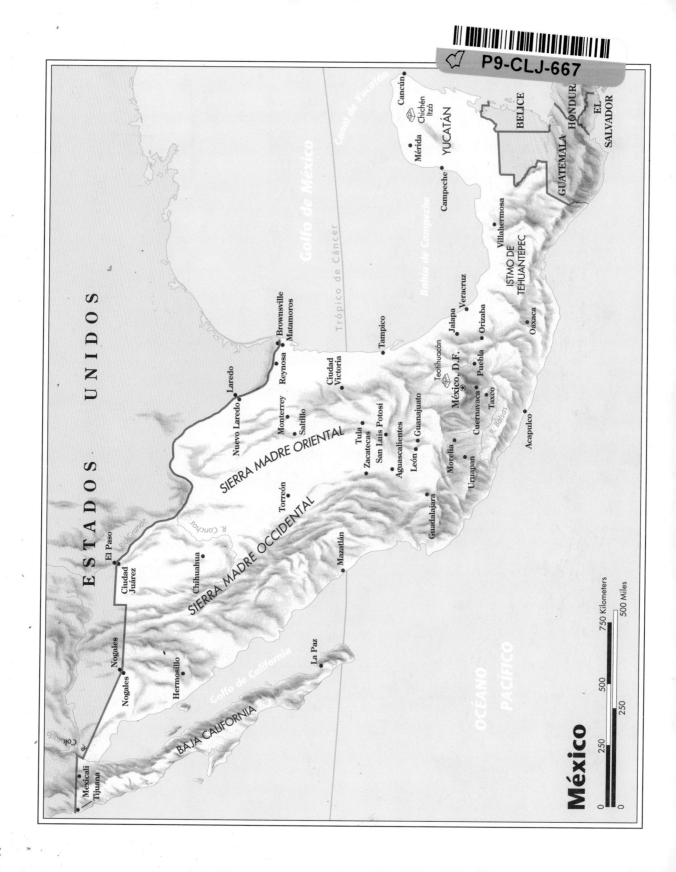

P9-CLJ-667

México

ESTADOS UNIDOS

Golfo de México

Canal de Yucatán

Trópico de Cáncer

Bahía de Campeche

Golfo de California

OCÉANO PACÍFICO

BAJA CALIFORNIA

SIERRA MADRE OCCIDENTAL

SIERRA MADRE ORIENTAL

ISTMO DE TEHUANTEPEC

YUCATÁN

BELICE

GUATEMALA

HONDURAS

EL SALVADOR

Cancún
Chichén Itzá
Mérida
Campeche

Villahermosa

Veracruz
Jalapa
Orizaba
Oaxaca

Teotihuacán
México, D.F.
Puebla
Cuernavaca
Taxco
Acapulco
Morelia
Uruapan
R. Balsas

Tula
Zacatecas
San Luis Potosí
Aguascalientes
León
Guanajuato
Guadalajara

Tampico
Ciudad Victoria

Brownsville
Matamoros
Reynosa
Nuevo Laredo
Laredo
Monterrey
Saltillo
Torreón
Mazatlán

R. Conchos

El Paso
Ciudad Juárez
Chihuahua

Río Grande

Nogales
Nogales
Hermosillo

La Paz

Colorado
Mexicali
Tijuana

750 Kilometers
500 Miles
500
250
0   250
0   250

¡Hola, amigos!

¡Hola, amigos!

FOURTH EDITION

Ana C. Jarvis
Chandler-Gilbert Community College

Raquel Lebredo
California Baptist College

Franciso Mena-Ayllón
University of Redlands

Houghton Mifflin Company Boston New York

Senior Sponsoring Editor: E. Kristina Baer
Senior Development Editor: Sheila McIntosh
Associate Project Editor: Julie Lane
Production/Design Coordinator: Jennifer Waddell
Designer: Henry Rachlin
Manufacturing Coordinator: Lisa Merrill
Marketing Manager: Elaine Leary

Cover design by Diana Coe.

Copyright © 1997 by Houghton Mifflin Company. All rights reserved.

No part of this work may be reproduced or transmitted in any form or by any means, electronic or mechanical, including photocopying and recording, or by any information storage or retrieval system without the prior written permission of Houghton Mifflin Company unless such copying is expressly permitted by federal copyright law. Address inquiries to College Permissions, Houghton Mifflin Company, 222 Berkeley Street, Boston, MA 02116-3764.

Printed in the U.S.A.

Student Text ISBN: 0-669-39738-5

Instructor's Annotated Edition ISBN: 0-669-39739-3

Library of Congress Catalog Card Number: 96-76914

23456789-VH-00 99 98 97

Preface

¡Hola, amigos!, Fourth Edition, is a complete, flexible program designed for beginning college and university students. It presents the basic grammar of Spanish using a balanced, eclectic approach that stresses all four skills—listening, speaking, reading, and writing. Because the program emphasizes the active, practical use of Spanish for communication in high-frequency situations, a special effort has been made to provide up-to-date, practical insights into the cultural diversity of the contemporary Spanish-speaking world. The program's goal is to help learners achieve linguistic proficiency and cultural awareness, and to motivate them to continue their study of the Spanish language and the many cultures in which it is spoken.

Since it is essential to understand the underlying philosophy and organization of the program to use it to greatest advantage, the student's text and other components are described in detail below.

THE STUDENT'S TEXT

¡Hola, amigos!, Fourth Edition, is divided into eight units of thematically related lessons.

- The **Lección preliminar** introduces basic concepts such as greetings and farewells, high-frequency classroom expressions, the alphabet, numbers from one to ten, colors, and days of the week, enabling students to communicate in Spanish from the outset of the course.

- Each of the fifteen regular lessons focuses on one or two real-life situations and contains the following features:

■ Objectives

Each unit begins with a list of communicative objectives for the ensuing lessons to focus students' attention on important linguistic functions.

■ Dialogues

New vocabulary and grammatical structures are first presented in the context of two brief conversations in idiomatic Spanish dealing with high-frequency situations that are the lesson's central themes. Each conversation is illustrated and English translations are provided in Appendix D to encourage deducing meaning from context. A cassette icon indicates that the dialogue is recorded on the student cassette accompanying the text as well as the Cassette Program.

■ Vocabulario

All new words and expressions introduced in the conversations are listed by parts of speech or under the general headings **Cognados** and **Otras palabras y expresiones**. Entries in these lists are to be learned for active use.

■ Notas culturales

These cultural sections, written in simple, easy-to-read Spanish, provide information on at least two topics. The first note (**De aquí y de allá**) offers an overview of the locale in which the introductory dialogues were set, with attention to such details as climate, points of interest, customs, politics, economy, and inhabitants. A map highlighting important geographic locations accompanies each note. Subsequent notes (**De esto y aquello**) inform students about prevailing customs in the Spanish-speaking world that relate to the lesson theme. These often provide important clues to expected behavior patterns that are culturally conditioned, for example, gestures and table manners. Color photos depict visually the country or custom(s) discussed. A video icon and an instructor's annotation identify the corresponding module of the **¡Hola, amigos!** Video.

■ Pronunciación

Lessons 1–7 present and practice the sounds of the Spanish language with special attention to features that pose difficulty for English speakers. A cassette icon indicates that the section is recorded on the student tape.

■ Puntos para recordar and ¡Vamos a practicar!

Each new grammatical structure featured in the dialogue is explained clearly and concisely in English so that the explanations may be used independently as an out-of-class reference. All explanations are followed by examples of their practical use in natural Spanish and some are illustrated by a cartoon. After each explanation, the activities in **¡Vamos a practicar!** offer immediate reinforcement through a variety of structured and communicative exercises. Flexible in format and expanded for the Fourth Edition, the majority of the activities may be done orally in class or assigned as written practice outside of class.

■ Y ahora, ¿qué?

This final section provides for the recombination and synthesis of the lesson's new vocabulary and grammatical structures in a series of communicative activities. Because language is best learned through interpersonal communication, most of these exercises are designed to be done orally and require student interaction.

Palabras y más palabras uses a variety of proven activity formats to review new vocabulary presented in the lesson. **¡Vamos a conversar!** checks comprehension of the dialogues and offers opportunities for guided pair work. **Situaciones** involves pairs or small groups of students in using new structures and vocabulary in brief conversational exchanges. With an increasing degree of freedom, **Para escribir** guides students to express themselves in writing in a variety of formats such as letters, journal entries, and descriptions. To provide additional communicative practice, photo-, realia-, or illustration-based activities appear in each lesson. For cultural enrichment, each lesson ends with a thematically related popular saying (**Un dicho** or **Un refrán**).

The following features at the end of each unit expand students' skills and vocabulary base:

■ Un paso más

This section consists of two parts. **Amplíe su vocabulario** presents supplementary vocabulary related to the unit theme(s) and includes activities to reinforce the acquisition of these words and expressions. **Leyendo el diario** offers authentic theme-related reading material from Hispanic newspapers or magazines. To develop students' reading skills, **Antes de leer**, which includes a vocabulary section and pre-reading questions, precedes each selection. Personalized, open-ended questions (**Díganos**) follow each reading and provide opportunities for students to discuss their own opinions and experiences in relation to the reading topic or theme.

■ Tome este examen

These self-tests review and synthesize important vocabulary and grammatical structures introduced in the unit. And because cultural awareness is as important as linguistic competence, the self-tests also check students' knowledge of cultural concepts. Organized by lesson, the self-tests quickly enable students to determine what material they have mastered and which concepts to target for further review. An answer key for immediate verification is provided in Appendix E.

■ Rodeo

The **Rodeo** sections summarize and practice major grammatical topics such as pronouns, commands, and the subjunctive.

■ Material suplementario

This optional lesson at the end of the text presents grammatical structures often considered beyond the scope and sequence of an introductory Spanish program: the future and conditional perfect tenses and the compound tenses of the subjunctive. Inclusion of these materials increases the program's overall flexibility by enabling individual instructors to establish the needs of their students and to tailor the course appropriately to varying time constraints and scheduling considerations.

■ Reference Materials

The following sections provide learners with useful reference tools throughout
the course.

- Maps: Up-to-date maps of the Hispanic world appear on the inside front and
  back covers of the textbook for quick reference.

- Appendixes: Appendix A summarizes the sounds and key pronunciation
  features of the Spanish language, with abundant examples. Conjugations of
  high-frequency regular, stem-changing, and irregular Spanish verbs constitute Appendix B. Appendix C is a glossary of all grammatical terms used in
  the text, with examples. Appendix D provides English translations for all the
  lesson dialogues. Appendix E is the answer key to the **Tome este examen**
  exercises.

- Vocabularies: Spanish-English and English-Spanish glossaries list all active,
  core vocabulary as well as the passive vocabulary employed in the **Amplíe
  su vocabulario** sections, the **Leyendo el diario** readings, and the **Notas culturales**. The number following each entry indicates the lesson in which it
  first appears.

- Index: An index provides ready access to all grammatical structures presented
  in the text.

SUPPLEMENTARY MATERIALS FOR THE STUDENT

■ Student Cassette

A free ninety-minute cassette containing recordings of the dialogues and pronunciation sections from all textbook lessons is packaged with each copy of
the student's text. This cassette is designed to maximize learners' exposure to
the sounds of natural spoken Spanish and improve their pronunciation.

■ ¡Hola, amigos! NOW CD-ROM

Developed in collaboration with Transparent Language, Inc., this interactive
CD-ROM provides a self-paced, learner-centered environment for further practice of the language and cultural information presented in **¡Hola, amigos!** The
textbook's vocabulary and grammatical points are used in context throughout,
while specially created activities and games present native-speaker speech,
develop listening and reading skills, and help improve pronunciation and
intonation.

■ Workbook/Laboratory Manual/Video Manual

Each lesson of the Workbook and Laboratory Manual sections is correlated to
the corresponding lesson in the student's text and is divided into two sections.
Both sections now have more activities. The Workbook section offers an array of

writing activities—sentence completion, matching, sentence transformation, and new illustration-based exercises—that provide further practice and reinforcement of concepts presented in the textbook. All lessons include a crossword puzzle for vocabulary review and a reading comprehension passage. Writing topics now appear after each even-numbered lesson to further skill development in that area. The Laboratory Manual section opens with an Introduction to Spanish Sounds designed to make learners aware of the differences between Spanish and English pronunciation. Each regular lesson of the Laboratory Manual includes pronunciation, structure, listening-and-speaking practice, illustration-based listening comprehension, and dictation exercises to be used in conjunction with the cassette program. An answer key for all written cloze exercises in both sections is provided for self-correction.

The Video Manual activities expand upon and enhance students' cultural knowledge of the Hispanic world. The three activity sections—**Preparación** (pre-viewing), **Comprensión** (post-viewing comprehension), and **Ampliación** (post-viewing expansion)—are pedagogically designed to fully exploit the video footage and to give students the support they need to comprehend natural speech. To accomplish these goals, a variety of task-based activities are used: true/false, sentence completion, comprehension questions, sequencing of actions, multiple choice, brainstorming, and role-play situations. The supplementary **Vocabulario** sections facilitate students' understanding of the video.

■ Cassette Program

The textbook dialogues and vocabulary appear as listening and pronunciation exercises in each lesson; they are dramatized once at natural speed, then reread with pauses for student repetition. They are followed by comprehension questions on the dialogues, structured grammar exercises (one for each point in the lesson), a listening comprehension activity, and a dictation. A comprehensive review section of questions follows Lesson 15. Answers to all exercises, except the dictation, are provided on the cassettes.

■ The ¡Hola, amigos! Video

Linked to the coverage of the Hispanic world in the **Notas culturales** of the text, this exciting new 60-minute video provides a unique opportunity to develop listening skills and cultural awareness through authentic television footage from a variety of Spanish-speaking countries. The eight video modules, each approximately six minutes long and including two to four clips, present diverse images of traditional and contemporary Hispanic life.

■ Student Text-Specific Software Package

Available in Windows®, MS-DOS®, and Macintosh® versions, these programs offer additional, computer-aided practice using structures and vocabulary from the textbook.

SUPPLEMENTARY MATERIALS FOR THE INSTRUCTOR

■ Instructor's Annotated Edition

The Introduction to the Instructor's Annotated Edition provides a detailed description of the entire **¡Hola, amigos!** program with suggestions for its implementation. In the annotated version of the student's text that follows the introductory material, an increased number of specific suggestions for implementing and supplementing the features of the lesson are supplied right on the appropriate textbook page.

■ Testing Program/Transparency Masters

- *Printed Tests:* To monitor students' progress on a regular basis, A and B versions of tests covering target vocabulary and grammar are now available for each regular lesson on **¡Hola, amigos!** Two versions of the two midterm and two final examinations are also provided. Test items evaluate listening comprehension and writing skills.

- *Computerized Tests:* The computerized testing program enables instructors to modify and customize the lesson quizzes by selecting specific or random items and by adding, deleting, or modifying items. It is available in Windows®, MS-DOS®, and Macintosh® versions and is accompanied by a User Manual.

- *Transparency Masters:* This set of thirty-six transparency masters containing illustrations from the dialogues and activities in the textbook can be easily duplicated for classroom use.

■ Instructor's Resource Kit

This conveniently boxed, expanded supplement package component assists instructors in presenting, reviewing, expanding, and reinforcing the materials in the textbook. The Instructor's Resource Kit for **¡Hola, amigos!**, Fourth Edition, contains the following materials:

- the printed version of the Testing Program/Transparency Masters

- a supplement containing the Cassette Program Tapescript and the Videoscript of the **¡Hola, amigos!** Video

- a Spanish Overhead Transparencies Kit with thirty-two full-color, thematic visuals depicting situations that involve vocabulary and structures commonly presented in first-year Spanish courses and a series of maps covering the Spanish-speaking world

- a Situations Cards Kit, consisting of 120 cards with its own Instructor's Guide, which enables instructors to monitor students' development of oral proficiency

- a Spanish History Booklet containing supplementary information on the history, politics, and cultures of Spain and Latin America

We would like to hear your comments on and reactions to **¡Hola, amigos!**, Fourth Edition. Reports on your experiences using this program would also be of great interest and value to us. Please write us care of Houghton Mifflin Company, 222 Berkeley Street, Boston, Massachusetts, 02116-3764.

ACKNOWLEDGMENTS

We wish to express appreciation to the following colleagues for the many valuable suggestions they offered in their reviews of the Third Edition and of the revised manuscript of the Fourth Edition.

Clementina Adams, Clemson University
Peter Alfieri, Salve Regina College
Jane Harrington Bethune, Salve Regina College
Joseph DiPaola, Macomb Community College
Rosita Marcella, Manhattan College
Joel B. Pouwels, University of Central Arkansas
Barbara Ross, Eastern Kentucky University

We also extend our sincere appreciation to the Modern Languages Staff of Houghton Mifflin Company, College Division: Sheila McIntosh, Senior Development Editor; Julie Lane, Project Editor; Michael O'Dea, Director of Manufacturing; Lisa Merrill, Manufacturing Coordinator; Jennifer Waddell, Production/Design Coordinator; and Henry Rachlin, Designer.

Ana C. Jarvis
Raquel Lebredo
Francisco Mena-Ayllón

Contents

Unidad I   En la universidad   1

Lección preliminar: Saludos   2

NOTAS CULTURALES: México   5

- Some useful expressions   6
- The alphabet   7
- Vocabulary for the class   8
- Days of the week   9
- Numbers 0–10   9
- Uses of **hay**   11
- Colors   12

Lección 1:   El primer día de clase   14

NOTAS CULTURALES: México   17

Pronunciación: Las vocales   18

- Gender of nouns (Part I)   18
- Plural forms of nouns   19
- Definite and indefinite articles   20
- Subject pronouns   22
- Present indicative of the verb **ser**   24
- Forms of adjectives and agreement of articles, nouns, and adjectives   25
- Numbers 11–100   26

UN PASO MÁS   30

TOME ESTE EXAMEN: LECCIÓN PRELIMINAR, LECCIÓN 1   32

Unidad II   Actividades en la universidad   35

Lección 2:   ¿Qué clases tomamos?   36

NOTAS CULTURALES: Los Ángeles, California   39

Pronunciación: Linking   40

- Present indicative of **-ar** verbs   40
- Interrogative words   42
- Gender of nouns (Part II)   43
- Telling time   45
- Months and seasons   47
- Interrogative and negative sentences   49

Lección 3:   El día de matrícula   54

NOTAS CULTURALES: Miami, Florida   57

Pronunciación: Las consonantes b, v   58

- Present indicative of **-er** and **-ir** verbs   58
- Possessive adjectives   60
- Possession with **de**   62
- Present indicative of **tener** and **venir**   64
- Use of **tener que** + *infinitive*   65
- Numbers over 200   66

UN PASO MÁS   70

TOME ESTE EXAMEN: LECCIONES 2-3   73

Unidad III   La familia y los amigos   77

Lección 4:   Actividades para un fin de semana   78

NOTAS CULTURALES: Puerto Rico   81

Pronunciación: La consonante c   82

- Expressions with **tener**   82
- Personal **a**   83
- Contractions: **al** and **del**   84
- Present indicative of **ir**, **dar**, and **estar**   86
- **Ir a** + infinitive   87
- **Saber** vs. **conocer**   88

Lección 5:   Una fiesta de bienvenida   92

NOTAS CULTURALES: Costa Rica   95

Pronunciación: Las consonantes g, j, h   96

- Present progressive   96
- Uses of **ser** and **estar**   99

- Stem-changing verbs: **e>ie**   102
- Comparative and superlative adjectives, adverbs, and nouns   104
- Pronouns as objects of prepositions   107

UN PASO MÁS   111   LEYENDO EL DIARIO: *Sociales*   115

TOME ESTE EXAMEN: LECCIONES 4–5   116

Unidad IV   Diligencias y compras   119

Lección 6:   En el banco y en la oficina de correos   120

NOTAS CULTURALES: Panamá   123

Pronunciación: Las consonantes ll, ñ   124

- Stem-changing verbs: **o>ue** and **e>i**   124
- Demonstrative adjectives and pronouns   126
- Direct object pronouns   129
- Affirmative and negative expressions   133
- Hace...que   135

Lección 7:   De compras   140

NOTAS CULTURALES: Colombia   143

Pronunciación: Las consonantes l, r, rr   144

- Preterit of regular verbs   144
- Preterit of **ser, ir,** and **dar**   146
- Indirect object pronouns   147
- The verb **gustar**   150
- Reflexive constructions   154

RODEO: Summary of the pronouns   157

UN PASO MÁS   162   LEYENDO EL DIARIO: *Sección financiera*   163

TOME ESTE EXAMEN: LECCIONES 6–7   165

Unidad V   Las comidas   169

Lección 8:   En el supermercado   170

NOTAS CULTURALES: Ecuador   173

- Preterit of some irregular verbs   174
- Direct and indirect object pronouns used together   176
- Stem-changing verbs in the preterit   179

• The imperfect tense   181
• Formation of adverbs   184

Lección 9:   En el restaurante   188

NOTAS CULTURALES: Perú   191
• Some uses of **por** and **para**   192
• Weather expressions   194
• The preterit contrasted with the imperfect   196
• **Hace** . . . meaning *ago*   199
• Possessive pronouns   201
UN PASO MÁS   206   LEYENDO EL DIARIO: *De la cocina al comedor*   208
TOME ESTE EXAMEN: LECCIONES 8–9   211

Unidad VI   La salud   215

Lección 10:   En un hospital   216

NOTAS CULTURALES: Chile   219
• Past participles   220
• Present perfect tense   222
• Past perfect (pluperfect) tense   224
• Formal commands: **Ud.** and **Uds.**   226

Lección 11:   En la farmacia y en el consultorio del médico   232

NOTAS CULTURALES: Paraguay   235
• Introduction to the subjunctive mood   236
• Uses of the subjunctive   238
• Subjunctive with verbs of volition   239
• Subjunctive with verbs of emotion   242
UN PASO MÁS   248   LEYENDO EL DIARIO: *Horóscopo*   249
TOME ESTE EXAMEN: LECCIONES 10–11   252

Unidad VII   Las vacaciones   255

Lección 12:   De viaje a Caracas   256

NOTAS CULTURALES: Venezuela   259
• Subjunctive to express indefiniteness and nonexistence   260

- Familiar commands   262
- Some uses of the prepositions **a, de,** and **en**   265

Lección 13:   ¿Dónde nos hospedamos?   272

NOTAS CULTURALES: Argentina   275
- Subjunctive to express doubt, denial, and disbelief   276
- Subjunctive with certain conjunctions   280
- First-person plural commands   282

RODEO: Summary of the command forms   284

UN PASO MÁS   288   LEYENDO EL DIARIO: *¿Va a España este verano?*   290

TOME ESTE EXAMEN: LECCIONES 12–13   292

Unidad VIII   En el hogar   295

Lección 14:   Un día muy ocupado   296

NOTAS CULTURALES: España   299
- Future tense   301
- Conditional tense   304
- Verbs and prepositions   306

RODEO: Summary of the tenses of the indicative   308

Lección 15:   Buscando apartamento   312

NOTAS CULTURALES: España   315
- Forms of the imperfect subjunctive   316
- Uses of the imperfect subjunctive   317
- *If* clauses   318

RODEO: Summary of the uses of the subjunctive   321

UN PASO MÁS   326   LEYENDO EL DIARIO: *Recordando a Bécquer...*   328

TOME ESTE EXAMEN: LECCIONES 14–15   330

Un poco más (Material suplementario)   333
- Compound tenses of the indicative   333
    - Future perfect   333
    - Conditional perfect   334
- Compound tenses of the subjunctive   336
    - Present perfect subjunctive   336
    - Pluperfect subjunctive   338

Appendixes   341
A. Spanish Sounds   341
B. Verbs   349
C. Glossary of Grammatical Terms   362
D. English Translations of Dialogues   364
E. Answer Key to *Tome este examen*   371

Vocabularies (Spanish-English and English-Spanish)   377

Index   401

¡Hola, amigos!

I

En la universidad

Estudiantes universitarios hablando con su professor.

Lección preliminar: Saludos
Lección 1: El primer día de clase

By the end of this unit, you will be able to:

- greet others
- request and give information concerning names, phone numbers, and nationality
- respond appropriately to common classroom instructions
- describe your surroundings in simple terms

Saludos

En una universidad en la Ciudad de México, el primer día de clase.

Por la mañana

— Buenos días, Miguel Ángel.
— Buenos días, Ana María.

— Hola, Pepe.
— Hola, Carmen.

Por la tarde

— Buenas tardes, Eloísa.
— Buenas tardes, Teresa.

— Hasta luego, Víctor.
— Adiós.

Por la noche

— Buenas noches, José Luis.
— Buenas noches, Alfredo.

— Hasta mañana, Roberto.
— Hasta mañana.

VOCABULARIO

Algunos saludos (*Some greetings*)

Buenos días. Good morning.
Buenas tardes. Good afternoon.
Buenas noches. Good evening; Good night.
Adiós. Good-bye.
Hasta luego. (I'll) see you later; So long.
Hasta mañana. (I'll) see you tomorrow.
Hola. Hello; Hi.

Otras palabras y expresiones (*Other words and expressions*)

el primer día de clase the first day of class
en at, in, on
en la clase in the classroom
por la mañana in the morning
por la noche in the evening, at night
por la tarde in the afternoon
una universidad a university

DE AQUÍ Y DE ALLÁ
(*From here and there*)

La capital de México es una de las ciudades más antiguas del Hemisferio Occidental. La población es de unos 23 millones de habitantes. Un aspecto fascinante de la Ciudad de México es el contraste entre (*between*) lo antiguo y lo nuevo, especialmente entre la arquitectura indígena, española y ultramoderna.

ESTADOS UNIDOS

Río Bravo del Norte
Río Grande

Baja California
SIERRA MADRE OCCIDENTAL
Golfo de California
Monterrey
SIERRA MADRE ORIENTAL
Golfo de México
Guadalajara
Bahía de Campeche
Ciudad de México
OCÉANO PACÍFICO
SIERRA MADRE DEL SUR
BELICE
GUATEMALA

300 km

DE ESTO Y AQUELLO
(*Of this and that*)

María es un nombre muy popular en España y Latinoamérica. Se usa (*It's used*) frecuentemente con otros nombres: **Ana María, María Isabel, María del Pilar,** etc. También (*Also*) se usa como segundo nombre para los hombres; por ejemplo: **José María, Luis María, Jesús María.**

Un edificio antiguo junto a uno muy moderno, en la Avenida de la Reforma, cerca del centro comercial de la Ciudad de México.

Algunas expresiones útiles (*Some useful expressions*)

Your professor may use the following directions and expressions in class. Familiarize yourself with them.

■ When the professor is speaking to the whole class:

Abran sus libros, por favor.	*Open your books, please.*
Cierren sus libros, por favor.	*Close your books, please.*
Escriban, por favor.	*Write, please.*
Escuchen, por favor.	*Listen, please.*
Estudien la lección...	*Study Lesson . . .*
Hagan el ejercicio número...	*Do exercise number . . .*
Levanten la mano.	*Raise your hand.*
Repitan, por favor.	*Repeat, please.*
Siéntense, por favor.	*Sit down, please.*
Vayan a la página...	*Go to page . . .*

■ When the professor is speaking to one student:

Continúe, por favor.	*Go on, please.*
Lea, por favor.	*Read, please.*
Vaya a la pizarra, por favor.	*Go to the blackboard, please.*

■ Some other words used in the classroom:

ausente	*absent*
diccionario	*dictionary*
dictado	*dictation*
examen	*exam*
palabra	*word*
presente	*present, here*
prueba	*quiz, test*
repaso	*review*
tarea	*homework*

30 AÑOS DE EXPERIENCIA EDUCATIVA

colegios
ELIAN'S

— **Excelente inglés.**
— **Educación responsable.**

¡ V A M O S   A   P R A C T I C A R !

(Let's practice)

Will you be able to understand your teacher's instructions? Match each item in column A with its English equivalent in column B.

A	B
1. Estudien la lección dos.	a. Open the window, please.
2. Hagan los ejercicios, por favor.	b. Close the door.
3. Siéntense, por favor.	c. Repeat, please.
4. Vayan a la página diez.	d. Write the dictation.
5. Abran la ventana, por favor.	e. Go to page ten.
6. Repitan, por favor.	f. Sit down, please.
7. Vaya a la pizarra.	g. Study Lesson two.
8. Cierren la puerta.	h. Read the book, please.
9. Escriban el dictado.	i. Go to the blackboard.
10. Lea el libro, por favor.	j. Do the exercises, please.

El alfabeto (*The alphabet*)[1]

Letter[2]	Name	Letter	Name	Letter	Name	Letter	Name
a	a	h	hache	ñ	eñe	u	u
b	be	i	i	o	o	v	ve
c	ce	j	jota	p	pe	w	doble ve
ch	che	k	ka	q	cu	x	equis
d	de	l	ele	r	ere	y	i griega
e	e	ll	elle	rr	erre	z	zeta
f	efe	m	eme	s	ese		
g	ge	n	ene	t	te		

¡Atención!   **Ch** and **ll** are not treated as separate letters in new dictionaries.

¡ V A M O S   A   P R A C T I C A R !

A. Read the following abbreviations aloud in Spanish.

1. FBI   2. CIA   3. USA   4. TWA   5. D.C.

---

[1] For a complete introduction to Spanish sounds, see Appendix A, p. 341, which appears on the lab cassettes before the Preliminary Lesson.

[2] All letters are feminine: **la a, la b,** and so on.

B. Spell the following words in Spanish.

1. México
2. España
3. Georgia
4. Utah
5. New Jersey
6. Nevada

7. Kansas
8. Lima
9. Louisiana
10. Montana
11. Quito
12. your name

Vocabulario para la clase (*Vocabulary for the class*)

¡VAMOS A PRACTICAR!

Point to a person or an object in the classroom. The rest of the class will then name the object or person in Spanish.

Puntos para recordar (*Points to remember*)

1. Days of the week (*Días de la semana*)

lunes	martes	miércoles	jueves	viernes	sábado	domingo
				1	2	3
4	5	6	7	8	9	10

- ■ In Spanish-speaking countries, the week begins on Monday.

- ■ Note that the days of the week are not capitalized in Spanish.

- ■ The days of the week are masculine in Spanish. The masculine definite articles **el** and **los** are used with them to express *on*: **el lunes, los martes,** etc.

- ■ To ask "What day is today?" say: **¿Qué día es hoy?**

¡VAMOS A PRACTICAR!

The person asking the following questions is always a day ahead. Respond according to the model given below.

> MODELO: Hoy es lunes, ¿no?
> *No, hoy es domingo.*

1. Hoy es miércoles, ¿no?
2. Hoy es domingo, ¿no?
3. Hoy es viernes, ¿no?
4. Hoy es martes, ¿no?
5. Hoy es sábado, ¿no?
6. Hoy es jueves, ¿no?

2. Numbers 0 to 10 (*Números 0 a 10*)

- ■ Learn the Spanish numbers from zero to ten. You will then be able to give your phone number in Spanish.

0 cero	4 cuatro	8 ocho
1 uno	5 cinco	9 nueve
2 dos	6 seis	10 diez
3 tres	7 siete	

- ■ To ask someone for his or her phone number, say:

    ¿Cuál es tu número de teléfono?   *What is your phone number?*

¡Atención! **Uno** changes to **un** before a masculine singular noun: **un libro. Uno** changes to **una** before a feminine singular noun: **una silla.**

¡VAMOS A PRACTICAR!

A. Say the telephone number of each of the following people.

NOMBRES	TELÉFONOS
María Luisa Pagán	325-4270
José María Pereyra	476-0389
Teresita Peña	721-4693
Amanda Pidal	396-7548
Angel Pardo	482-3957
Prof. Benito Paredes	396-1598
Dra. Raquel Parra	476-8539
Tito Paz	721-0653
David Pizarro	482-7986
María Inés Pinto	396-8510

B. Ask three or four of your classmates for their phone numbers. Write down the response and show it to each one, asking **¿Está bien?** (*Is it okay?*). He or she will say **sí** or **no** and will correct any mistakes.

CAVEGUIAS
PAGINAS AMARILLAS

3. Uses of *hay* (*Usos de* hay)

The word **hay** is used to express both *there is* and *there are*.

Hay un profesor.　　　　　　*There is* one professor.
Hay dos estudiantes.　　　　　*There are* two students.

¡ V A M O S   A   P R A C T I C A R !

A. Use **hay** and the numbers given to say how many of each object can be found in Sr. Vega's classroom.

1. sillas (3)
2. estudiantes (7)
3. profesores (1)
4. mapas (8)
5. plumas (10)
6. tizas (5)
7. puertas (1)
8. ventanas (9)
9. libros (4)
10. borradores (6)

B. Now use **hay** to describe how many of the objects in Exercise A can be found in your own classroom.

4. Colors (*Colores*)

Learn the names of the different colors that you will see in the classroom. They are:

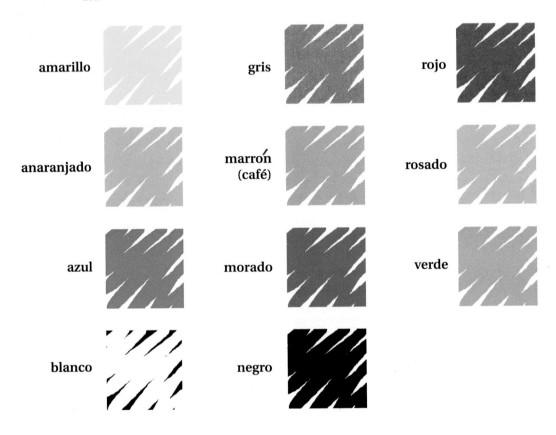

amarillo

gris

rojo

anaranjado

marrón (café)

rosado

azul

morado

verde

blanco

negro

¡VAMOS A PRACTICAR!

A. Review the colors you have just learned. What color(s) do you associate with each of the following objects?

1. an orange
2. blood
3. a tree
4. coffee
5. an elephant
6. a banana

7. coal
8. a canary
9. a cloudy sky
10. a rose
11. the night
12. rosy cheeks

13. a violet
14. your clothes
15. the American flag
16. your favorite sports team

B. To ask someone whether he or she likes something, you say: **"¿Te gusta...?"**[1]
To say that you like something, say: **"Me gusta..."** Conduct a survey of your
classmates to find out which color is the most popular in class, following the
model.

> MODELO: — ¿Qué color te gusta?
> — *Me gusta **el color rojo**.*

---

[1] When addressing someone as **usted**, use **"¿Le gusta...?"**

El primer día de clase

En una universidad en Guadalajara, México.

La profesora Vargas[1] habla con Teresa Ruiz, una alumna.

TERESA	— Buenas tardes, doctora Vargas.
PROFESORA	— Buenas tardes, señorita. ¿Cómo se llama usted?
TERESA	— Me llamo Teresa Ruiz.
PROFESORA	— Mucho gusto, señorita Ruiz.
TERESA	— El gusto es mío.

En la clase, Teresa habla con Pedro.

PEDRO	— Hola, ¿cómo te llamas?
TERESA	— Me llamo Teresa Ruiz. ¿Y tú?
PEDRO	— Pedro Morales.
TERESA	— ¿De dónde eres tú, Pedro? ¿De México?
PEDRO	— Sí, soy mexicano. ¿Y tú?
TERESA	— Yo soy cubana. Soy de La Habana.

---

[1] When you are speaking *about* (not *to*) a person both by name and by title, use of the definite article is required.

Es **el** doctor Martínez.

El profesor Vega habla con **el** señor Ramírez.

El doctor Martínez habla con el señor Soto.

PROFESOR	— ¿Cómo está usted?
SR. SOTO	— Muy bien, gracias, ¿y usted?
PROFESOR	— Bien, gracias...
SR. SOTO	— ¿Es usted norteamericano?
PROFESOR	— Sí, soy de Miami.

El profesor habla con los estudiantes.

ROBERTO	— Profesor, ¿cómo se dice "de nada" en inglés?
PROFESOR	— Se dice "*you're welcome*".
MARÍA	— ¿Qué quiere decir "*I'm sorry*"?
PROFESOR	— Quiere decir "lo siento".
MARÍA	— Muchas gracias.
PROFESOR	— De nada. Hasta mañana.

VOCABULARIO

Títulos (*Titles*)[1]

doctor (Dr.)   doctor (*m.*)
doctora (Dra.)   doctor (*f.*)
señor (Sr.)   Mr., sir, gentleman
señora (Sra.)   Mrs., Madam, lady
señorita (Srta.)   Miss, young lady

Expresiones de cortesía (*Polite expressions*)

Mucho gusto.   It's a pleasure to meet you; How do you do?
El gusto es mío.   The pleasure is mine.
Gracias.   Thank you.
Muchas gracias.   Thank you very much.
De nada.   You're welcome.
Lo siento.   I'm sorry.

Preguntas y respuestas útiles (*Useful questions and replies*)

¿Cómo está usted?   How are you?
Bien.   Fine.
Muy bien.   Very well.
No muy bien.   Not very well.
¿Cómo se dice...?   How do you say . . . ?
Se dice...   You say . . .

¿Cómo se llama usted?   What is your name? (*formal*)
¿Cómo te llamas?   What is your name? (*familiar*)
Me llamo...   My name is . . .
¿De dónde eres?   Where are you from?
Soy de...   I'm from . . .
¿Qué quiere decir...?   What does . . . mean?
Quiere decir...   It means . . .

Otras palabras y expresiones

el (la) alumno(a)   student, pupil
¿cómo?   how?
con   with
cubano(a)   Cuban
en español   in Spanish
en inglés   in English
la Habana   Havana
habla   he/she speaks
mexicano(a)   Mexican
norteamericano(a)   North American (*from the U.S.*)[2]
ser   to be
tú   you (*familiar*)
y   and

---

[1]In Spanish, titles are not capitalized when used with a last name unless they are abbreviated: **señor Fernández** but **Sr. Fernández.**
[2]In documents and formal situations, **estadounidense** is used to denote U.S. citizenship.

NOTAS CULTURALES

DE AQUÍ Y DE ALLÁ

Guadalajara, México, situada a 5.069 pies (*feet*) de altura, tiene (*has*) un clima excelente. Su vegetación es similar a la vegetación del sur de California. La ciudad tiene hermosos (*beautiful*) parques, monumentos y avenidas. En el centro de la ciudad hay una catedral rodeada de (*surrounded by*) cuatro plazas.

Una vista (*view*) de la hermosa catedral de la ciudad de Guadalajara en México.

DE ESTO Y AQUELLO

En los países hispanos, los abogados (*lawyers*) y otros profesionales que tienen el equivalente a un doctorado (*Ph.D.*) tienen el título de **doctor** y **doctora.**

Pronunciación (*Pronunciation*)

Las vocales (*vowels*) *a, e, i, o, u*[1]

Spanish vowels are constant, clear, and short. To practice the sound of each vowel, repeat the following words.

a	mapa	sábado	hasta mañana
	hablar	trabajar	de nada
e	mes	leche	estudiante
	este	Pepe	semestre
i	silla	libro	universidad
	tiza	lápiz	señorita
o	doctor	Soto	los profesores
	donde	borrador	domingo
u	mujer	alumno	universidad
	gusto	lunes	computador

Puntos para recordar

1. Gender of nouns, part I (*Género de los nombres, parte I*)

■ In Spanish, all nouns—including those denoting non-living things—are either masculine or feminine in gender.

Masculine		Feminine	
el hombre	man	**la mujer**	woman
el profesor		**la profesora**	
el cuaderno		**la tiza**	
el lápiz		**la ventana**	

- Most nouns that end in **-o** or denote males are masculine: **cuaderno, hombre.**

- Most nouns that end in **-a** or denote females are feminine: **ventana, mujer.**

¡Atención! Some common exceptions include the words **día** (*day*) and **mapa** (*map*), which end in **-a** but are masculine, and **mano** (*hand*), which ends in **-o** but is feminine.

■ Here are some helpful rules to remember about gender.

- Some masculine nouns ending in **-o** have a corresponding feminine form ending in **-a: el secretario / la secretaria.**

---

[1]See Appendix A for a complete introduction to Spanish pronunciation.

- When a masculine noun ends in a consonant, you often add **-a** to obtain its corresponding feminine form: **el profeso*r* / la profesor*a.***

- Some nouns have the same form for both genders: **el estudiante / la estudiante.** In such cases, gender is indicated by the article **el** (masculine) or **la** (feminine).

¡VAMOS A PRACTICAR!

Tell whether the following nouns are feminine or masculine.

1. mapa	7. pizarra	13. hombre
2. tiza	8. libro	14. día
3. escritorio	9. mujer	15. secretario
4. secretaria	10. puerta	16. mano
5. silla	11. ventana	17. diccionario
6. profesora	12. pluma	18. profesor

2. Plural forms of nouns (*Formas del plural de los nombres*)

Spanish singular nouns are made plural by adding **-s** to words ending in a vowel and **-es** to words ending in a consonant. When a noun ends in **-z,** change the **z** to **c** and add **-es.**

Singular	*Plural*
silla	sillas
estudiante	estudiantes
profesor	profesores
borrador	borradores
lápiz	lápices

¡Atención! When an accent mark falls on the *last* syllable of a word that ends in a consonant, it is omitted in the plural form:

le**cción** → le**cciones**[1]

¡VAMOS A PRACTICAR!

Give the plural of the following nouns.

1. mapa	5. ventana	9. borrador
2. profesor	6. puerta	10. día
3. tiza	7. lección	
4. lápiz	8. escritorio	

---

[1]For an explanation of written accent marks, refer to Appendix A.

3. Definite and indefinite articles (*Artículos determinados e indeterminados*)

■ The definite article

Spanish has four forms that are equivalent to the English definite article *the*.

	Singular	*Plural*
Masculine	**el**	**los**
Feminine	**la**	**las**

el profesor	**los** profesores
el lápiz	**los** lápices
la profesora	**las** profesoras
la pluma	**las** plumas

¡Atención!   Always learn new nouns with their corresponding definite articles—this will help you remember their gender.

■ The indefinite article

The Spanish equivalents of *a* (*an*) and *some* are as follows:

	Singular		*Plural*	
Masculine	**un**	a, an	**unos**	some
Feminine	**una**	a, an	**unas**	some

un libro	**unos** libros
un profesor	**unos** profesores
una silla	**unas** sillas
una ventana	**unas** ventanas

¡VAMOS A PRACTICAR!

For each of the following illustrations, identify the noun together with its corresponding definite and indefinite articles.

	Definite article	Indefinite article	Noun

1. _____   (_____)   _____

2. _____ (_____) _____

3.  _____ (_____) _____

4. 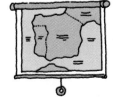 _____ (_____) _____

5.  _____ (_____) _____

6.  _____ (_____) _____

7.  _____ (_____) _____

8. _____ (_____) _____

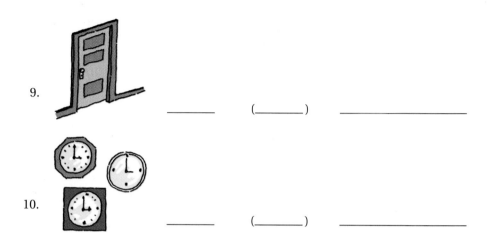

9. _____   (_____)   _____

10. _____   (_____)   _____

4. Subject pronouns (*Pronombres personales usados como sujetos*)

	Singular		Plural
yo	I	**nosotros**	we (*m.*)
		nosotras	we (*f.*)
tú	you (*familiar*)	**vosotros**	you (*m., familiar*)
		vosotras	you (*f., familiar*)
usted	you (*formal*)	**ustedes**	you (*formal*)
él	he	**ellos**	they (*m.*)
ella	she	**ellas**	they (*f.*)

■ Use the **tú** form as the equivalent of *you* when addressing a close friend, a relative, or a child. Use the **usted** form in *all* other instances. In most Spanish-speaking countries, young people tend to call each other **tú,** even if they have just met.

■ In Latin America, **ustedes** (abbreviated **Uds.**) is used as the plural form of both **tú** and **usted** (abbreviated **Ud.**). In Spain, however, the plural form of **tú** is **vosotros(as).**

■ The masculine plural forms **nosotros, vosotros,** and **ellos** can refer to the masculine gender alone or to both genders together:

Juan y Roberto → **ellos**   Juan y María → **ellos**

■ Unlike English, Spanish does not generally express *it* or *they* as separate words when the subject of the sentence is a thing.

Es una mesa.   *It is a table.*

¡VAMOS A PRACTICAR!

A. What subject pronouns do the following pictures suggest to you?

1. _____

2. _____

3. _____

4. _____

5. _____

6. _____

7. _____

8. _____

9. _____

B. What pronoun would you use to address the following people?

1. the president of the university
2. two strangers
3. your best friend
4. your mother
5. a new classmate
6. your neighbor's children

5. Present indicative of *ser* (*Presente de indicativo del verbo* ser)

The verb **ser** (*to be*) is irregular. Its forms must therefore be memorized.

yo	**soy**	I am
tú	**eres**	you (*fam.*) are
Ud. ⎫		you (*form.*) are
él ⎬	**es**	he is
ella ⎭		she is
nosotros(as)	**somos**	we are
vosotros(as)	**sois**	you (*fam.*) are
Uds. ⎫		you are
ellos ⎬	**son**	they (*masc.*) are
ellas ⎭		they (*fem.*) are

— Ud. **es** el doctor Rivas, ¿no?   *"You **are** Dr. Rivas, aren't you?"*
— No, **soy** el profesor Vera.   *"No, **I am** Professor Vera."*

No, soy de Venus.

CAJA

¡ V A M O S   A   P R A C T I C A R !

A. Complete each of the following sentences in a logical manner.

1. Carlos es de Colorado y yo...
2. Ellas son estudiantes y el doctor Alvarado...

    3. Ellos son cubanos y nosotros...
    4. José es de Utah y tú...
    5. Ella es María Vega y yo...
    6. Marcos es de Argentina y Uds. ...
    7. Elsa es de Lima y tú y yo...
    8. Ellos son doctores y Ud. ...

B. Answer the following questions.

    1. ¿Qué día es hoy?
    2. ¿De dónde es Ud.?
    3. ¿De dónde es el profesor (la profesora)?
    4. ¿Uds. son norteamericanos?
    5. ¿Cuál es su número de teléfono?

6. Forms of adjectives and agreement of articles, nouns, and adjectives (*La formación de adjetivos y la concordancia de artículos, nombres y adjetivos*)

A. Forms of adjectives

■ Most adjectives in Spanish have two basic forms: the masculine form ending in **-o** and the feminine form ending in **-a.** Their corresponding plural forms end in **-os** and **-as,** respectively.

    profesor cuban**o**   profesores cuban**os**
    profesora cuban**a**   profesoras cuban**as**

■ When an adjective ends in **-e** or a consonant, the same form is normally used with both masculine and feminine nouns.

    libro verd**e**   pluma verd**e**
    lápiz azu**l**   tiza azu**l**

■ The only exceptions are as follows:

    • Adjectives of nationality that end in a consonant have feminine forms ending in **-a.**

        seño**r** español   seño**ra** español**a**
        seño**r** inglé**s** (*English*)   seño**ra** ingle**sa**

    • Adjectives ending in **-or, -án, -ón,** or **-ín** have feminine forms ending in **-a.**

        el alumno trabajad**or** ⎫
                           the hardworking student
        la alumna trabajad**ora** ⎭

■ In forming the plural, adjectives follow the same rules as nouns.

    mexican**o** → mexican**os**
    feli**z** (*happy*) → feli**ces**
    azu**l** → azu**les**

B. Position of adjectives

◾ In Spanish, adjectives that describe qualities (*tall, good,* and so on) generally *follow* nouns, while adjectives of quantity precede them.

> Estela es una mujer **alta.**   *Estela is a **tall** woman.*
> Hay **tres** plumas.   *There are **three** pens.*

C. Agreement of articles, nouns, and adjectives

◾ In Spanish, the article, the noun, and the adjective agree in gender and number.

> **el** alumn**o** cuban**o**   **los** alumn**os** cuban**os**
> **la** alumn**a** cuban**a**   **las** alumn**as** cuban**as**

¡VAMOS A PRACTICAR!

Rewrite the following sentences according to the cues given in parentheses. Make all necessary changes.

1. *La pluma* es azul. (lápices)
2. *El alumno* es mexicano. (alumnas)
3. *El hombre* es feliz. (mujeres)
4. *El señor* es cubano. (señoritas)
5. *Las ventanas* son blancas. (puerta)
6. Hay *una silla* negra. (sillas)
7. Es *un hombre* trabajador. (mujeres)
8. *La doctora* es española. (doctor)

7. Numbers 11 to 100 (*Números 11 a 100*)

11 once	20 veinte	30 treinta
12 doce	21 veintiuno	31 treinta y uno
13 trece	22 veintidós	32 treinta y dos
14 catorce	23 veintitrés	40 cuarenta
15 quince	24 veinticuatro	41 cuarenta y uno
16 dieciséis[1]	25 veinticinco	50 cincuenta
17 diecisiete	26 veintiséis	60 sesenta
18 dieciocho	27 veintisiete	70 setenta
19 diecinueve	28 veintiocho	80 ochenta
	29 veintinueve	90 noventa
		100 cien[2]

---

[1]The numbers sixteen to nineteen and twenty-one to twenty-nine can also be spelled with a **y** (*and*): **diez y seis, diez y siete... veinte y uno, veinte y dos,** and so on. The pronunciation of each group of words, however, is identical to the corresponding word spelled with the **i.**
[2]When counting beyond 100, **ciento** is used.

Veintisiete **27**

¡VAMOS A PRACTICAR!

A. Complete the following series of numbers.

MODELO: tres, seis, ..., quince
tres, seis, nueve, doce, quince

1. dos, cuatro, ..., dieciocho
2. uno, tres, cinco, ..., diecisiete
3. once, catorce, diecisiete, ..., veintinueve
4. cinco, diez, ..., treinta
5. diez, veinte, ..., cien

B. Learn the following mathematical terms; then solve the problems.

+ más   **– menos**   **= son**

1. $7 + 13 =$
2. $17 + 12 =$
3. $90 + 5 =$
4. $5 + 13 =$
5. $16 + 14 =$
6. $20 - 8 =$
7. $21 - 10 =$
8. $18 - 5 =$
9. $52 - 20 =$
10. $90 - 30 =$
11. $65 + 35 =$
12. $80 - 25 =$
13. $40 + 22 =$
14. $100 - 60 =$
15. $72 + 13 =$

Y ahora, ¿qué? (*And now, what?*)

Palabras y más palabras (*Words and more words*)

Complete each sentence using vocabulary from **Lección 1**.

1. ¿Cómo te _____ tú? ¿María?
2. ¿Qué _____ decir "lo siento"?
3. ¿Cómo se _____ "*window*" en español?
4. El _____ es mío, señora.
5. La profesora _____ con los alumnos en español.
6. Ella es de La Habana. Es _____.
7. Ellos son de Utah; son _____.
8. ¿De dónde _____ tú? ¿De México?
9. ¿Cómo _____ Ud.? ¿Bien?
10. En la clase hay un profesor y veinte _____.

¡Vamos a conversar! (*Let's talk!*)

A. ¿Recuerda usted? (*Do you remember?*) What happens at the University of Guadalajara? Base your answers on the dialogue.

1. ¿Con quién (*whom*) habla la profesora Vargas?
2. ¿Teresa Ruiz es alumna o profesora?
3. ¿Con quién habla Pedro?
4. ¿De dónde es Pedro?
5. ¿De dónde es Teresa?
6. ¿Con quién habla el Dr. Martínez?
7. ¿El profesor es de La Florida?
8. ¿Cómo se dice "*you are welcome*" en español?

B. Entrevista (*Interview*). Interview a partner, using the **tú** form.

Pregúntele a su compañero(a) de clase...

1. ...cómo se llama
2. ...cómo está
3. ...si es norteamericano(a)
4. ...de dónde es
5. ...cuál es su número de teléfono
6. ...que día es hoy
7. ...cómo se dice "*thank you very much*" en español
8. ...qué quiere decir "lo siento"

Situaciones (*Situations*)

What would you say in the following situations? What might the other person say? Act out the scenes with a partner.

1. You meet Mrs. García in the evening and you ask her how she is.
2. You ask Professor Vega how to say "I'm sorry" in Spanish.
3. You ask a young woman what her name is.
4. You thank your professor for a favor.
5. You ask Professor Gómez what *"muy bien"* means.
6. You ask a classmate where he or she is from.

Para escribir (*To write*)

Complete the following dialogue in which Dr. Rivera talks with a student.

Dr. Rivera	— _____
Estudiante	— Me llamo Daniel Menéndez.
Dr. Rivera	— _____
Estudiante	— El gusto es mío, profesor.
Dr. Rivera	— _____
Estudiante	— Sí, soy de Guadalajara. ¿Y usted, profesor? ¿Es de Cuba?
Dr. Rivera	— _____

❧ *Un dicho* ☙

Saber es poder.

Knowledge is power.

AMPLÍE SU VOCABULARIO (*EXPAND YOUR VOCABULARY*)

Learn some additional words and phrases that relate to the ones you have acquired in this unit.

- **More greetings, farewells, and polite expressions**
  (*Más saludos, despedidas y expresiones de cortesía*)

greetings and farewells	¿Qué hay de nuevo?	*What's new?*
	¿Qué tal?	*How is it going?*
	Chau.	*Bye.*
	Encantado(a).	*Delighted.*
	Nos vemos.	*I'll see you. (We'll see each other.)*

polite expressions	Muchísimas gracias.	*Thank you very much.*
	Permiso.	*Excuse me.*
	Perdón.	*Sorry.*
	¿Cómo?, ¿Mande? (*Mex.*)	*Pardon?* (when one doesn't hear or understand what is being said)
	Más despacio, por favor.	*Slower, please.*
	Pase.	*Come in.*
	Tome asiento.	*Have a seat.*

- **More classroom vocabulary** (*Más vocabulario para la clase*)

el bolígrafo	*ballpoint pen*
la goma de borrar	*eraser*
la luz	*light*
el papel	*paper*
la pizarra de anuncios	*bulletin board*
el pupitre	*student desk*
el sacapuntas	*pencil sharpener*

¿Qué diría usted? (*What would you say?*)

A. What would you say in each of the following situations? What might the other person say?

1. You want to catch up on the latest news.
2. You are very grateful for a favor.
3. You are very happy to meet someone.
4. You stepped on someone's foot.
5. You didn't understand what someone said.
6. You want to know how things are going for your friend.

7. You expect to see someone later on.
8. You are waving good-bye.
9. Your Spanish-speaking friend is talking too fast.
10. Someone knocks on your door.
11. You offer someone a seat.
12. You need to go through a crowded room.

B. Beginning each sentence with **Necesitamos,** explain what you and your classmates will need for each purpose listed.

1. to write on
2. to see when the room is dark
3. to write with
4. to sit in class
5. to place ads, bits of news, or newspaper clippings
6. to erase with
7. to sharpen pencils with

A. The alphabet

Spell the following words in Spanish.

1. Madrid
2. Cuba
3. pizarra
4. hombre
5. ventanas

B. Days of the week

Write the names of the missing days.

lunes, _____, _____, jueves, _____, _____, domingo

C. Numbers 0–10

Write the following numbers in Spanish.

5	_____	2	_____
7	_____	0	_____
3	_____	10	_____
9	_____	6	_____

D. Uses of *hay*

Give the Spanish equivalent of the following dialogue.

Ana "How many students are there in the classroom?"
Luis "There are ten students."
Ana "Is there a blackboard?"
Luis "Yes, there are two."

E. Colors

What colors do you associate with each of the following objects?

1. a banana   4. the sky   7. an orange
2. dirt   5. rain clouds   8. the Mexican flag
3. a leaf   6. Batman   9. plums

F. Vocabulary

Complete the following sentences, using vocabulary from the **Lección preliminar.**

1. ¡_____ luego, Víctor!
2. _____ noches, Teresa.
3. _____ días, señorita.

4. ¿Qué _____ es hoy? ¿Lunes?
5. Hoy es el _____ día de clases.
6. —Hasta _____.
   —Adiós.

G. Culture

Circle the correct answer, based on the **Notas culturales** you have read.

1. La capital de México es una de las ciudades más (modernas / antiguas) del Hemisferio Occidental.
2. La población de la ciudad de México es de (veintitrés / treinta y tres) millones de habitantes.
3. El nombre María (no es / es) muy popular en los países hispanos.

LECCIÓN 1

A. Gender of nouns; Plural forms of nouns; Definite and indefinite articles

Change the following nouns to the plural and add the corresponding definite and indefinite articles.

1. lápiz
2. borrador
3. lección
4. día
5. mano
6. silla
7. clase
8. profesor
9. hombre
10. mujer

B. Subject pronouns

Give the singular form of the following subject pronouns.

1. nosotras
2. ellos
3. ustedes
4. ellas
5. nosotros

C. Present indicative of *ser*

Complete the following sentences using the present indicative of the verb **ser**.

1. Yo _____ cubana y John _____ norteamericano.
2. ¿Uds. _____ de Chicago?
3. Teresa y yo _____ estudiantes.
4. Las plumas _____ rojas.
5. ¿Tú _____ de California?
6. ¿De dónde _____ Ud.?

D. Formation of adjectives and agreement of articles, nouns, and adjectives

Change each sentence according to the new element.

1. Las alumnas son norteamericanas. (alumno)
2. Las tizas son verdes. (lápices)
3. El escritorio es blanco. (mesas)
4. Es una mujer española. (hombre)
5. El profesor es inglés. (profesoras)

E. Numbers 11–100

Write the following phrases in Spanish. (Write out the numbers in words.)

1. 30 days
2. 16 pencils
3. 22 chairs
4. 13 windows
5. 62 books
6. 15 notebooks
7. 18 students
8. 11 maps
9. 95 men
10. 73 women
11. 100 pens
12. 58 dictionaries

F. Vocabulary

Complete the following sentences, using vocabulary from **Lección 1.**

1. ¿Cómo se _____ Ud.? ¿Teresa?
2. Mucho _____, señor Vargas.
3. ¿Cómo se _____ "*desk*" en español?
4. ¿Qué _____ decir "*pencil*"?
5. Hay una profesora y diez _____ en la clase.
6. ¿Él _____ español?
7. Buenos días. ¿Cómo _____ Ud.? ¿Bien?
8. — Muchas gracias.
   — De _____ .

G. Culture

Circle the correct answer, based on the **Notas culturales** you have read.

1. La vegetación de Guadalajara es similar a la vegetación del (sur / norte) de California.
2. En el centro de Guadalajara hay (un monumento / una catedral) rodeado(a) de cuatro plazas.

Actividades en la universidad

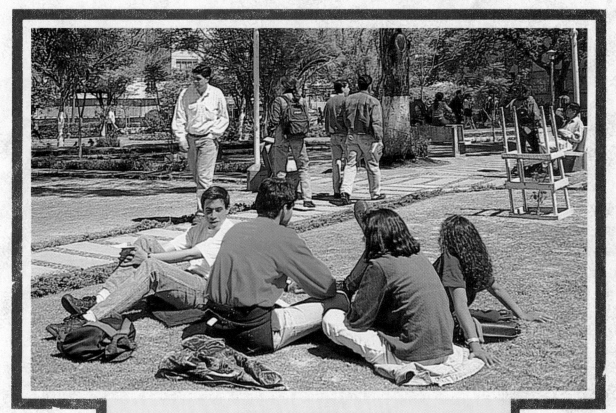

Estudiantes universitarios en Quito, Ecuador

Lección 2: ¿Qué clases tomamos?
Lección 3: El día de matrícula

By the end of this unit, you will be able to:

- request and give the correct time
- discuss the courses you and your classmates are taking
- talk about your activities
- arrange payment of tuition
- give and request information regarding place of residence

¡Qué clases tomamos?

 *Cuatro estudiantes de Latinoamérica hablan en la Universidad de California en Los Ángeles.*

Pedro habla con Jorge.

PEDRO — ¿Qué asignaturas tomas este semestre, Jorge?
JORGE — Tomo matemáticas, inglés, historia y química. ¿Y tú?
PEDRO — Yo estudio biología, física, literatura y español.
JORGE — ¿Es difícil la clase de física?
PEDRO — No, es fácil.
JORGE — ¿Tú trabajas en la cafetería?
PEDRO — No, trabajo en el laboratorio de lenguas.
JORGE — ¿Y Adela? ¿Dónde trabaja ella?
PEDRO — Ella y Susana trabajan en la biblioteca.
JORGE — ¿Cuántas horas trabajan?
PEDRO — Tres horas al día.
JORGE — ¿Trabajan ellas en el verano?
PEDRO — No, en junio, julio y agosto no trabajan.

Elsa y Dora conversan en la cafetería.

ELSA — ¿Qué deseas tomar?

DORA — Una taza de café. ¿Y tú?

ELSA — Un vaso de leche.

DORA — Oye, necesito el horario de clases.

ELSA — Aquí está. ¿Cuántas clases tomas este semestre?

DORA — Cuatro. A ver..., ¿A qué hora es la clase de informática?

ELSA — Es a las nueve.

DORA — ¿Qué hora es?

ELSA — Son las ocho y media.

DORA — ¡Caramba! Me voy.

ELSA — ¿Por qué?

DORA — Porque ya es tarde.

ELSA — ¿A qué hora terminas hoy?

DORA — Termino a la una. Hasta mañana.

VOCABULARIO

Cognados

agosto August	**julio** July
la biología biology	**junio** June
la cafetería cafeteria	**Latinoamérica** Latin America
la clase class	**la literatura** literature
la física physics	**las matemáticas** mathematics
la historia history	**el semestre** semester

Nombres (*Nouns*)

la asignatura, la materia course, subject
la biblioteca library
el café coffee
la clase de informática[1] computer science class
el español Spanish (*language*)
la hora hour
el horario de clases[1] class schedule
la informática, la cibernética computer science
el inglés English (*language*)
el laboratorio de lenguas[1] language lab
la leche milk
la química chemistry
la taza cup
el verano summer
el vaso (drinking) glass

Verbos (*Verbs*)

conversar to talk, converse
desear to wish, want
estudiar to study
hablar to speak
necesitar to need
terminar to end, finish, get through

tomar to take (*a class*); to drink
trabajar to work

Adjetivos

difícil difficult
fácil easy

Otras palabras y expresiones

a at (*with time of day*)
a ver... let's see . . .
al día a day, per day
¿A qué hora...? (At) what time . . . ?
Aquí está. Here it is.
¡Caramba! Wow! Gee!
¿Cuántos(as)? How many?
de of
¿Dónde? Where?
este semestre this semester
Me voy. I'm leaving.
oye... listen . . .
¿Por qué...? Why . . . ?
porque because
¿Qué? What?
¿Qué hora es? What time is it?
y media half past
¡Ya es tarde! It's (already) late!

---

[1]Spanish uses prepositional phrases that correspond to the English adjectival use of nouns: **clase de informática** (*computer science class*); **horario de clases** (*class schedule*); **laboratorio de lenguas** (*language lab*).

DE AQUÍ Y DE ALLÁ

 Los Ángeles fue fundada (*was founded*) por los españoles en 1771. El nombre original de la ciudad era (*was*) Pueblo de Nuestra Señora de la Reina de los Ángeles. En 1847, la ciudad pasó a formar parte (*became part*) de los Estados Unidos después de la Guerra (*War*) México-Americana. En Los Ángeles, como (*as*) en toda California, la influencia española es evidente en los nombres de las calles (*streets*) y en la arquitectura.

Gran parte de la población de Los Ángeles es hispánica, principalmente de origen mexicano. La influencia mexicana se nota especialmente en la calle Olvera, una de las más antiguas de la ciudad. En este centro turístico con numerosos mercados, restaurantes y tiendas (*shops*), los turistas encuentran (*find*) un pequeño (*little*) México.

DE ESTO Y AQUELLO

En la mayoría de los países hispanos, el año escolar (*school year*) no se divide en semestres o trimestres; dura (*it lasts*) nueve meses. Hay pocas (*few*) asignaturas electivas. Los requisitos generales se toman en la escuela secundaria. Al nivel universitario, los estudiantes se concentran en sus propios campos (*their own fields*): arquitectura, ingeniería, medicina, ciencias económicas, etc.

Mural de Roberto Delgado en Aliso Pico, en el este de Los Ángeles.

Pronunciación

Linking[1]

Practice linking by reading aloud the following sentences.

1. Hoy es el último día.
2. Juan habla con Norma.
3. Necesita una identificación.
4. Juan escribe el horario.
5. Vivo en un apartamento.

Puntos para recordar

1. Present indicative of *-ar* verbs (*Presente de indicativo de los verbos terminados en* -ar)

■ Spanish verbs are classified according to their endings. There are three conjugations: **-ar, -er,** and **-ir.**[2]

hablar (*to speak*)		
Singular		
	Stem Ending	
yo	habl- **o**	Yo **hablo** español.
tú	habl- **as**	Tú **hablas** español.
Ud.	habl- **a**	Ud. **habla** español.
él	habl- **a**	Juan **habla** español. Él **habla** español.
ella	habl- **a**	Ana **habla** español. Ella **habla** español.
Plural		
nosotros(as)	habl- **amos**	Nosotros(as) **hablamos** español.
vosotros(as)	habl- **áis**	Vosotros(as) **habláis** español.
Uds.	habl- **an**	Uds. **hablan** español.
ellos	habl- **an**	Ellos **hablan** español.
ellas	habl- **an**	Ellas **hablan** español.

— Rosa, tú **hablas** inglés, ¿no? *"Rosa, you **speak** English, don't you?"*
— Sí, **hablo** inglés y español. *"Yes, **I speak** English and Spanish."*

---

[1]See Appendix A for an explanation of linking.
[2]The infinitive (unconjugated form) of a Spanish verb consists of a stem and an ending. The stem is what remains after the ending (**-ar, -er,** or **-ir**) is removed from the infinitive.

■ Native speakers usually omit subject pronouns in conversation because the ending of each verb form indicates who is performing the action described by the verb. The context of the conversation also provides clues as to whom the verb refers. However, the forms **habla** and **hablan** are sometimes ambiguous even in context. Therefore, the subject pronouns **usted, él, ella, ustedes, ellos,** and **ellas** are used in speech with greater frequency than the other pronouns.

■ Regular verbs ending in **-ar** are conjugated like **hablar.** Other verbs conjugated like **hablar** are **conversar, desear, estudiar, necesitar, terminar, tomar,** and **trabajar.**

— ¿A qué hora terminan Uds. hoy?	*"What time do you finish today?"*
— Terminamos a las tres.	*"We finish at three o'clock."*
— ¿Cuándo necesitas estudiar?	*"When do you need to study?"*
— Necesito estudiar mañana.	*"I need to study tomorrow."*

¡Atención!   In Spanish, as in English, when two verbs are used together, the second verb remains in the infinitive.

Deseo hablar con Roberto.   *I want to speak with Roberto.*

■ The Spanish present tense has three equivalents in English.

Yo hablo. $\begin{cases} \textit{I speak.} \\ \textit{I am speaking.} \\ \textit{I do speak.} \end{cases}$

¡ V A M O S   A   P R A C T I C A R !

A. Practice the forms of the following verbs.

1. yo: desear, terminar, tomar, necesitar
2. tú: necesitar, estudiar, hablar, desear
3. Jorge: estudiar, desear, trabajar, tomar
4. tú y yo: terminar, necesitar, conversar, trabajar
5. Ud. y ella: tomar, desear, estudiar, hablar

B. Complete each of the following sentences. Refer to pages 70 and 71 for additional vocabulary.

MODELO: Yo trabajo en el laboratorio de lenguas y María...
Yo trabajo en el laboratorio de lenguas y María trabaja en la biblioteca.

1. Jorge estudia química y nosotros...
2. Yo hablo inglés y tú...
3. Ud. toma un vaso de leche y ella...

4. Tú deseas una taza de café y Raúl...
5. Roberto necesita el horario de clases y Uds. ...
6. Este semestre ella toma física y nosotros...
7. Yo converso con el profesor y ellos...
8. Tú terminas en agosto y yo...
9. Él trabaja tres horas al día y nosotros...
10. Nosotros hablamos español y ellos...

C. Interview a partner, using the following questions.

1. ¿Cuántas clases tomas tú este semestre?
2. ¿Qué asignaturas tomas tú?
3. ¿Estudias en la biblioteca o en el laboratorio de lenguas?
4. ¿Trabajas en la universidad?
5. ¿Cuántas horas al día trabajas tú?
6. ¿Deseas una taza de café o (*or*) un vaso de leche?

2. Interrogative words (*Palabras interrogativas*)

¿cómo?	*how?*	**¿Cómo** está Ud.?
¿cuál?, ¿cuáles?	*which?, what?*	**¿Cuál** desea? ¿La pluma azul o la pluma negra?
¿cuándo?	*when?*	**¿Cuándo** estudian Uds.?
¿cuánto(a)?	*how much?*	**¿Cuánto** necesita?
¿cuántos(as)?	*how many?*	**¿Cuántas** plumas necesitan?
¿de dónde?	*where from?*	**¿De dónde** eres?
¿dónde?	*where?*	**¿Dónde** trabaja Ud.?
¿por qué?	*why?*	**¿Por qué** estudias español?
¿qué?	*what?*	**¿Qué** desea Ud.?
¿quién?, ¿quiénes?	*who?*	**¿Quién** toma café?

■ **¿Cuánto?** and **¿cuántos?** (*pl.*) are used with masculine nouns; **¿cuánta?** and **¿cuántas?** (*pl.*) with feminine nouns.

■ Note that **¿cuál?** and **¿quién?** have the plural forms **¿cuáles?** and **¿quiénes?**

■ Notice that all interrogative words have an accent mark.

¡VAMOS A PRACTICAR!

A. Provide the missing interrogative words to form the appropriate questions.

MODELO: — ¿ _____ toma Ud.?
— ¿*Qué toma Ud.?*
—*Café.*

1. — ¿ _____ toman biología?
— Oscar y Elena.

2. —¿ _____ estudian Uds.?
   — En la biblioteca.

3. —¿ _____ necesitas? ¿Cuarenta dólares?
   — No, cincuenta dólares.

4. —¿ _____ desea? ¿La tiza roja o la tiza verde?
   — La tiza roja.

5. —¿ _____ está Ud.?
   — Bien, gracias.

6. —¿ _____ terminan las clases?
   — En julio.

7. —¿ _____ día es hoy?
   — Jueves.

8. —¿ _____ clases tomas este semestre?
   — Tres.

9. —¿ _____ trabajas?
   — _____ necesito dinero (*money*).

10. —¿De _____ eres?
    — Soy de Madrid.

B. You need the information provided in italics in each of these statements. What questions will you ask?

> MODELO: Trabaja *en la cafetería.*
> *¿Dónde trabaja?*

1. Terminan *este semestre.*
2. Tomo *cinco clases.*
3. Estudia *historia y literatura.*
4. *El profesor Gómez* habla español.
5. Estudian *en la Universidad de Salamanca.*
6. Estudiamos español *porque necesitamos hablar español.*
7. *Tomás y Carlos* toman seis asignaturas.
8. Habla inglés *bien.*

C. With a partner, write five or six questions to ask your instructor.

3. Gender of nouns, part II (*Género de los nombres, parte II*)

Here are practical rules to help you determine the gender of those nouns that do not end in **-o** or **-a.** There are also a few important exceptions.

■ Nouns ending in **-ción, -sión, -tad,** and **-dad** are feminine.

la lec**ción**	*lesson*	**la** liber**tad**	*liberty*
la televi**sión**	*television*	**la** universi**dad**	*university*

■ Many words that end in **-ma** are masculine.

el telegra**ma**	*telegram*	**el** idio**ma**	*language*
el progra**ma**	*program*	**el** cli**ma**	*climate*
el siste**ma**	*system*	**el** proble**ma**	*problem*

■ The gender of nouns that have other endings and that do not refer to males or females must be learned. Remember that it is helpful to memorize a noun with its corresponding article.

el español
el inglés
el café
el borrador
la tarde
la noche
la clase

¡ V A M O S   A   P R A C T I C A R !

For each illustration or set of words, give the Spanish noun together with its corresponding definite article.

1. _____ _____

2. _____ _____

3. francés, italiano, portugués

4. Harvard, Yale, Stanford

_____ _____

_____ _____

5. _____ _____

6. _____ _____

7. _____ _____   8. _____ _____

4. Telling time (*La hora*)

■ The following word order is used for telling time in Spanish:

Es la				**y**		
or	+	*hour*	+	*or*	+	*minutes*
Son las				**menos**		

Es la una y veinte.   Son las cinco menos diez.

■ **Es** is used with **una.**

Es la una y cuarto.   *It is a quarter after one.*

Son is used with all the other hours.

Son las dos y cuarto.   *It is a quarter after two.*
Son las cinco y diez.   *It is ten after five.*

Programación de Telecaribe

VIERNES

6:00 Telecaribe	9:00 Noticiero Televista
6:50 Noticiero Cartagena T.V.	9:30 Las Amazonas
7:00 Champagne	10:00 Amor Gitano
7:30 Esta sí es la Costa	11:00 Noticiero Cartagena T.V.
8:00 Coralito	11:10 Cierre

■ The feminine definite article is always used before the hour, since it refers to **la hora.**

<table>
<tr><td>Es **la** una menos veinticinco.</td><td>*It is twenty-five to one.*</td></tr>
<tr><td>Son **las** cuatro y media.</td><td>*It is four-thirty.*</td></tr>
</table>

■ The hour is given first, then the minutes.

<table>
<tr><td>Son las **cuatro** y **diez.**</td><td>*It is **ten** after **four.*** (literally, "four and ten")</td></tr>
</table>

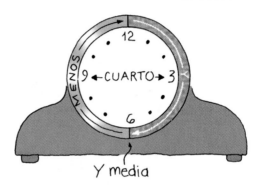

■ The equivalent of *past* or *after* is **y.**

<table>
<tr><td>Son las doce **y** cinco.</td><td>*It is five **after** twelve.*</td></tr>
</table>

■ The equivalent of *to* or *till* is **menos.** It is used with fractions of time up to a half hour.

<table>
<tr><td>Son las ocho **menos** veinte.</td><td>*It is twenty **to** eight.*</td></tr>
</table>

¡Atención!   To find out at what time an event will take place, use **¿A qué hora...?** as shown below. Observe that in the responses the equivalent of *at* + *time* is **a** + **la(s)** + *time.*

<table>
<tr><td>— **¿A qué hora** es la clase de física?</td><td>*"**What time** is physics class?"*</td></tr>
<tr><td>— **A la** una.</td><td>*"**At** one o'clock."*</td></tr>
<tr><td>— **¿A qué hora** termina Julio hoy?</td><td>*"**What time** does Julio finish today?"*</td></tr>
<tr><td>— **A las** cinco y media.</td><td>*"**At** five-thirty."*</td></tr>
</table>

■ Note the difference between **de la** and **por la** in expressions of time.

• When a specific time is mentioned, **de la (mañana, tarde, noche)** should be used. This is the equivalent to the English A.M. and P.M.

<table>
<tr><td>Estudiamos a las **cuatro de la tarde.**</td><td>*We study at 4 P.M.*</td></tr>
</table>

• When no specific time is mentioned, **por la (mañana, tarde, noche)** should be used.

<table>
<tr><td>Yo trabajo **por la mañana** y ella trabaja **por la noche.**</td><td>*I work **in the morning** and she works **at night.***</td></tr>
</table>

¡VAMOS A PRACTICAR!

A. Give the time indicated on the following clocks, writing out the numerals in Spanish. Start with clock number one, then read the times aloud.

B. Interview a partner, using the following questions.

1. ¿A qué hora es la clase de español?
2. ¿A qué hora termina?
3. ¿Tú estudias por la mañana, por la tarde o por la noche?
4. ¿A qué hora trabajas tú?
5. ¿Qué hora es?

5. Months and seasons (*Los meses y las estaciones*)

Los meses del año

enero	*January*	**mayo**	*May*	**septiembre**	*September*
febrero	*February*	**junio**	*June*	**octubre**	*October*
marzo	*March*	**julio**	*July*	**noviembre**	*November*
abril	*April*	**agosto**	*August*	**diciembre**	*December*

¡Atención!   In Spanish, months are not capitalized.

Las estaciones del año

la primavera	*spring*	**el otoño**	*autumn*
el verano	*summer*	**el invierno**	*winter*

■ Note that all the seasons are masculine except **la primavera**.

■ In South America, the seasons are the reverse of those in North America; that is, summer starts on December 21, and winter on June 21.

■ To ask for the date, say:

¿Qué fecha es hoy?   *What's the date today?*

■ When telling the date, always begin with the expression **Hoy es el...**

Hoy es el veinte de mayo.   *Today is May twentieth.*

■ Note that the number is followed by the preposition **de** (*of*), and then the month.

el quince de mayo   *May fifteenth*
el diez de septiembre   *September tenth*
el doce de octubre   *October twelfth*

■ The ordinal number **primero** (*first*) is used when referring to the first day of the month.[1]

el primero de febrero   *February first*

— ¿Qué fecha es hoy, **el**   *"What's the date today, **October**
    primero de octubre?   **first?"***
— No, hoy es **el dos de**   *"No, today is **October second.**"*
    octubre.

¡VAMOS A PRACTICAR!

A. On what dates do the following annual events take place?

1. Independence Day
2. Halloween
3. New Year's Day
4. Washington's birthday
5. Christmas
6. the first day of spring
7. April Fool's Day
8. Veteran's Day

B. In which season does each of these months fall?

1. febrero	3. mayo	5. octubre	7. abril
2. agosto	4. enero	6. julio	8. noviembre

C. On what dates do the following events occur?

1. your mother's birthday
2. your father's birthday
3. your best friend's birthday
4. your birthday

---

[1]In Spain today, many people say **el uno de: el uno de febrero.**

5. the first day of classes this semester
6. the end of classes

6. Interrogative and negative sentences (*Oraciones interrogativas y negativas*)

A. Interrogative sentences

■ In Spanish, there are three ways of asking a question to elicit a *yes/no* response.

> ¿**Elena** habla español?
> ¿Habla **Elena** español?   }   Sí, Elena habla español.
> ¿Habla español **Elena?**

■ These three questions ask for the same information and have the same meaning. The subject may be placed at the beginning of the sentence, after the verb, or at the end of the sentence. Note that written questions in Spanish begin with an inverted question mark.

> — ¿**Trabajan Uds.** en la biblioteca?   *"**Do you work** in the library?"*
> — No, trabajamos en el laboratorio   *"No, we work in the language*
>   de lenguas.   *lab."*

> — ¿**Habla** español **la profesora?**   *"**Does the professor speak***
>   *Spanish?"*
> — Sí, y también habla francés y   *"Yes, and she also speaks French*
>   portugués.   *and Portuguese."*

> — ¿**Carmen es** de Venezuela?   *"**Is Carmen** from Venezuela?"*
> — Sí, es de Caracas.   *"Yes, she's from Caracas."*

¡Atención!   Spanish does not use an auxiliary verb, such as *do* or *does*, in an interrogative sentence.

> ¿**Habla Ud.** inglés?   ***Do you speak*** *English?*
> ¿**Necesita él** el libro?   ***Does he need*** *the book?*

¡ VAMOS A PRACTICAR !

Complete the following dialogues by supplying the questions that would elicit the responses given.

1. — ¿_____?
   — Sí, estudiamos en la biblioteca.

2. — ¿_____?
   — No, este semestre tomo física.

3. — ¿_____?
   — No, trabajo por la noche.

4. — ¿_____?
   — Sí, ellos trabajan en el verano.

5. — ¿_____?
   — No, tomo leche.

6. — ¿_____?
   — No, deseo una taza de café.

B. Negative sentences

■ To make a sentence negative in Spanish, simply place the word **no** in front of the verb.

Yo tomo café.	*I drink coffee.*
Yo **no** tomo café.	*I **don't** drink coffee.*

■ If the answer to a question is negative, the word **no** appears twice: once at the beginning of the sentence, as in English, and again before the verb.

—¿Trabajan Uds. por la noche?	*"Do you work at night?"*
—**No,** nosotros **no** trabajamos.	*"No, we don't work."*

¡Atención! Spanish does not use an auxiliary verb, such as the English *do* or *does*, in a negative sentence.

Ella no estudia inglés.	*She does not study English.*
Yo no estudio hoy.	*I do not study today.*

negative answers S, no, v, o

¡ V A M O S   A   P R A C T I C A R !

A. This person has the wrong information. Use the cues provided to give him the right information.

> MODELO: ¿Ud. es de Chile?   (México)
> *No, no soy de Chile; soy de México.*

1. ¿Tú necesitas el libro?   (el horario de clases)
2. ¿Tú tomas café?   (Pepsi)
3. ¿Necesitamos muchos libros?   (dos)
4. ¿Rebeca es norteamericana?   (cubana)
5. ¿Elsa termina a las ocho?   (a las siete)
6. ¿Ellos hablan español?   (inglés)

B. Write a list of five original *yes/no* questions, and ask a partner to answer them.

Y ahora, ¿qué?

Palabras y más palabras

Complete each sentence, using vocabulary from **Lección 2.**

1. ¿Qué _____ toma Ana este semestre?
2. En Madrid hablan _____ .
3. ¿Deseas una _____ de café?
4. Necesito el _____ de clases.
5. Trabajo en el _____ de lenguas.
6. Un sinónimo de **materia** es _____ .
7. ¿ _____ clases tomas? ¿Tres o cuatro?
8. ¿Trabajan cuatro _____ al día?
9. ¿Qué _____ es? ¿Las dos y media?
10. Yo deseo un _____ de leche.
11. Necesitamos una computadora para la clase de _____.
12. Las estaciones del año son la _____ , el verano, el _____ y el invierno.

¡Vamos a conversar!

A. **¿Recuerda usted?** What happens at the University of California? Base your answers on the dialogues.

1. ¿Con quién habla Jorge?
2. ¿Jorge toma biología o química este semestre?
3. ¿Dónde trabaja Pedro?

4. ¿Susana y Adela trabajan en la cafetería o en la biblioteca?
5. ¿Cuántas horas al día trabaja Susana?
6. ¿En qué meses no trabajan Susana y Adela?
7. ¿Dora toma café o Coca-Cola?
8. ¿Qué toma Elsa?
9. ¿A qué hora es la clase de informática?
10. ¿A qué hora termina Dora hoy?

B. Entrevista. Interview a partner, using the **tú** form.

Pregúntele a su compañero(a) de clase...

1. ...cuántas clases toma este semestre.
2. ...si (*if*) toma inglés este semestre.
3. ...cuántas horas al día estudia español.
4. ...si necesita el horario de clases.
5. ...si trabaja en la biblioteca.
6. ...a qué hora termina la clase de español. *subject*
7. ...qué hora es.
8. ...qué desea tomar.
9. ...si estudia mucho.
10. ...si toma clases en el verano.

Situaciones

What would you say in the following situations? What might the other person say? Act out the scenes with a partner.

1. You want to ask a friend what subjects he or she is taking this semester.
2. You want to tell someone what subjects you are taking.
3. You want to ask someone where he or she works.
4. You want to order something to drink.
5. You want to know the time.

¿Qué dice aquí? (*What does it say here?*)

A. With a classmate, study Virginia's schedule and answer the following questions.

1. ¿Qué días tiene (*has*) Virginia la clase de historia? ¿A qué hora?
2. ¿Cuántas clases tiene Virginia por la noche?
3. ¿Qué clases tiene ella los (*on*) lunes, miércoles y viernes a las ocho?
4. ¿Qué idioma estudia Virginia? ¿Qué días?
5. ¿Cuándo estudia con el grupo?
6. ¿A qué hora almuerza Virginia (*does Virginia have lunch*)? ¿Dónde?
7. ¿Dónde trabaja Virginia?
8. ¿Cuántas horas trabaja por (*per*) semana?
9. ¿Qué clases incluyen laboratorio?
10. ¿Qué estudia Virginia los sábados?

Horario de Virginia

	Lunes	Martes	Miércoles	Jueves	Viernes	Sábado
8:00	Biología		Biología		Biología	
9:00	Japonés	Japonés	Japonés	Japonés		Cibernética
10:00	Estudiar con el grupo		Estudiar con el grupo		Estudiar con el grupo	
11:00		Educación física		Educación física		
12:00	Cafetería	Cafetería	Cafetería	Cafetería	Cafetería	
1:00		Biología (Laboratorio)		Japonés (Laboratorio)		
2:00	Trabajar en la biblioteca ———————→					
3:00						
4:00	↓	↓	↓	↓	↓	
5:00						
6:00						
7:00	Historia		Historia			
8:00	↓		↓			

B. Now work with your partner and write your class schedules in Spanish.

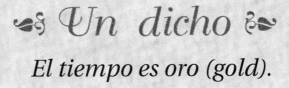

❧ *Un dicho* ☙

El tiempo es oro (gold).

Time is money (gold).

El día de matrícula

En una universidad en Miami

Hoy es el último día para pagar la matrícula. Juan habla con la cajera.

JUAN — ¿Cuánto debo pagar por cada unidad?
CAJERA — ¿Es usted residente del estado?
JUAN — Sí, soy residente.
CAJERA — Tiene que pagar ochenta y cinco dólares por unidad.
JUAN — ¿Aceptan cheques?
CAJERA — Sí, pero necesita una identificación.
JUAN — ¿Mi licencia para conducir es suficiente?
CAJERA — Sí. Aquí tiene su recibo.

Juan escribe su horario de clases en su cuaderno.

Juan y Roberto deciden comer en la cafetería. Al rato viene Olga, la novia de Roberto.

ROBERTO	— ¿De dónde vienes, Olga?
OLGA	— Vengo de la librería. Ya tengo todos los libros que necesito.
JUAN	— ¿Tú vives en la residencia universitaria?
OLGA	— No, vivo en un apartamento, cerca de la universidad.
JUAN	— ¿Qué clases tomas este trimestre?
OLGA	— Matemáticas, francés, italiano y portugués.
JUAN	— ¡Caramba! Estudias muchos idiomas. Oye, ¿deseas una taza de café?
OLGA	— No, gracias. Yo bebo té.
ROBERTO	— Bueno... ¿qué comemos? ¿Sándwiches y ensalada?
OLGA	— ¡Perfecto! Oye, ¿a qué hora corremos mañana por la mañana?
ROBERTO	— A las seis, como siempre. Juan, tú también corres, ¿no?
JUAN	— ¿Yo? ¡No!

VOCABULARIO

Cognados

el **apartamento**   apartment
el **cheque**   check
el **dólar**   dollar
la **identificación**   identification
el **italiano**   Italian (*language*)
las **matemáticas**   mathematics

perfecto(a)   perfect
el **portugués**   Portuguese (*language*)
el, la **residente**   resident
el **sándwich**   sandwich
suficiente   sufficient
la **unidad**   unit

Nombres

el, la **cajero(a)**   cashier
la **ensalada**   salad
el **estado**   state
el **francés**   French (*language*)
el **idioma**   language
la **librería**   bookstore
la **licencia para conducir (manejar)**
  driver's license
la **matrícula**   registration
la **novia**   girlfriend (*steady*)
el **novio**   boyfriend (*steady*)
el **recibo**   receipt
la **residencia universitaria**
  dormitory
el **té**   tea
el **trimestre**   quarter, trimester

Verbos

aceptar   to accept
beber   to drink
comer   to eat
correr   to run
deber   must, to have to, should
decidir   to decide
escribir   to write
pagar   to pay
tener   to have
venir   to come
vivir   to live

Adjetivos

muchos(as)   many
último(a)   last

Otras palabras y expresiones

al rato   a while later
Aquí tiene...   Here is . . .
Bueno.   Okay.
cada   each, every
cerca (de)   near
como siempre   as usual, as always
el último día para...   the last day
  to . . .
hoy   today
mañana por la mañana   tomorrow
  morning
pero   but
por   for, per
que   that
sí   yes
también   also, too
tener que + *infinitivo*   to have to
  + *infinitive*
todos(as)   all
ya   already

lejos de - far from

DE AQUÍ Y DE ALLÁ

La ciudad de Miami, Florida, es un centro turístico muy importante. Miami es también un centro comercial y financiero de primer orden.

Más de 1.000.000 de hispanos—la mayoría cubanos— viven en Miami. La influencia hispana se nota en lo cultural y en lo económico. El español se usa tanto (*so much*) en esta ciudad que hay tiendas con letreros (*signs*) que dicen *English spoken here*. Además de (*in addition to*) la colonia cubana, viven allí numerosos grupos de salvadoreños, nicaragüenses y argentinos. Estos diversos grupos contribuyen al carácter internacional de la ciudad.

DE ESTO Y AQUELLO

1. En la mayoría de los países hispanos los estudiantes no viven en residencias universitarias; viven con sus familias o en pensiones (*boarding houses*).
2. Las universidades públicas son gratis o cobran (*charge*) muy poco (*little*) en la mayoría de los países hispanos.

Jugando al dominó en La pequeña Habana, Miami.

Pronunciación

Las consonantes (*consonants*) b, v

In Spanish, **b** and **v** have the same bilabial sound.[1] To practice this sound, pronounce the following words, paying particular attention to the sound of **b** and **v.**

b	v
tam**b**ién	**v**iene
reci**b**o	uni**v**ersidad
cu**b**ano	no**v**ia
bueno	**v**ives
escri**b**e	**v**engo

Benavente

Puntos para recordar

1. Present indicative of *-er* and *-ir* verbs
   (*Presente de indicativo de los verbos terminados en* -er *y en* -ir)

comer (*to eat*)		**vivir** (*to live*)	
yo	com**o**	yo	viv**o**
tú	com**es**	tú	viv**es**
Ud. / él / ella	com**e**	Ud. / él / ella	viv**e**
nosotros(as)	com**emos**	nosotros(as)	viv**imos**
vosotros(as)	com**éis**	vosotros(as)	viv**ís**
Uds. / ellos / ellas	com**en**	Uds. / ellos / ellas	viv**en**

■ Regular verbs ending in **-er** are conjugated like **comer.** Other regular **-er** verbs are **beber, correr,** and **deber.**

— Uds. **beben** café, ¿no?   *"You **drink** coffee, don't you?"*
— No, **bebemos** Coca-Cola.   *"No, **we drink** Coca-Cola."*

— Tú **escribes** en francés, ¿no?   *"You **write** in French, don't you?"*
— No, **escribo** en español.   *"No, **I write** in Spanish."*

---

[1]See Appendix A for an explanation of bilabial sounds.

— **¿Debemos** hablar con el profesor Vega?

*"**Do we have to** speak with Professor Vega?"*

— No, **deben** hablar con la profesora Martínez.

*"No, **you have to** speak with Professor Martínez."*

■ Regular verbs ending in **-ir** are conjugated like **vivir.** Other regular **-ir** verbs are **decidir** and **escribir.**

— ¿Dónde **viven** Uds.?

*"Where do you **live**?"*

— **Vivimos** en Buenos Aires.

*"**We live** in Buenos Aires."*

¡ V A M O S A P R A C T I C A R !

A. Practice the forms of the following verbs.

1. yo: beber, decidir, correr, vivir
2. tú: comer, vivir, deber, beber
3. Ana: correr, escribir, comer, decidir
4. tú y yo: deber, decidir, correr, comer
5. Ana y Eva: comer, vivir, deber, escribir

B. Complete each of the following sentences in a logical manner.

MODELO: Yo **bebo** Coca-Cola, pero Tito...
           *Yo **bebo** Coca-Cola, pero Tito **bebe** café.*

1. Tú escribes con lápiz, pero yo...
2. Nora decide estudiar francés, pero ellos...
3. Nosotros comemos en un restaurante, pero Uds....

4. Jorge debe pagar veinte dólares, pero tú...
5. Carlos vive en la residencia universitaria, pero nosotros...
6. Luis corre con Dora, pero yo...
7. Uds. deben hablar con la cajera, pero nosotros...
8. Yo escribo en el cuaderno, pero el profesor...

C. Interview a partner, using the following questions.

1. ¿Tú vives cerca de la universidad?
2. ¿Dónde vives?
3. ¿Bebes café por la mañana?
4. ¿Bebes té por la tarde?
5. ¿Comes en la cafetería de la universidad?
6. ¿A qué hora comes?
7. ¿Tú escribes en inglés o en español?
8. ¿Cuánto debes pagar por cada unidad en la universidad?
9. ¿Tú corres por la mañana?

2. Possessive adjectives (*Adjetivos posesivos*)

Forms of the Possessive Adjectives		
Singular	*Plural*	
mi	**mis**	my
tu	**tus**	your (*fam.*)
su	**sus**	your (*form.*) his her its their
nuestro(a)	**nuestros(as)**	our
vuestro(a)	**vuestros(as)**	your (*fam. pl.*)

■ Possessive adjectives always precede the nouns they introduce. They agree in number (singular or plural) with the nouns they modify.

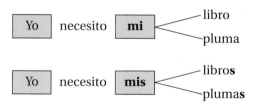

■ **Nuestro** and **vuestro** are the only possessive adjectives that have the feminine endings **-a** and **-as.** The others take the same endings for both genders.

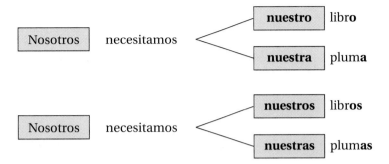

- Possessive adjectives agree with the thing possessed and *not* with the possessor. For instance, two male students would refer to their female professor as **nuestra profesora,** because **profesora** is feminine.

- Because **su** and **sus** have several possible meanings, the forms **de él, de ella, de ellos, de ellas, de Ud.,** or **de Uds.** can be substituted to avoid confusion. Use this pattern: *article + noun + **de** + pronoun.*

 — ¿Es la novia **de él?**   *"Is she **his** girlfriend?"*
 — Sí, es **su** novia.   *"Yes, she is **his** girlfriend."*

¡VAMOS A PRACTICAR!

A. Complete the following sentences, using the possessive adjective that corresponds to the subjects given.

MODELO: Yo corro con mis amigos (*friends*) y Uds....
 Yo corro con mis amigos y Uds. corren con sus amigos.

1. Yo escribo en mi cuaderno y Teresa...
2. María lee sus libros y nosotros...
3. Antonio habla con sus profesores y yo...

4. Alicia escribe con la pluma de ella y Carlos...
5. Delia vive cerca de su universidad y nosotros...
6. Yo vivo en mi apartamento y tú...
7. Sandra habla con su novio y yo...
8. Nosotros comemos con nuestros amigos y tú...

B. Interview a partner, using the following questions.

1. ¿De dónde es tu mejor amigo(a) (*best friend*)?
2. ¿De qué color es tu pluma?
3. ¿Uds. necesitan sus libros hoy?
4. ¿A qué hora terminan tus clases?
5. ¿Tú escribes tu horario en tu cuaderno?

3. Possession with *de* (*El caso posesivo*)

■ The **de** + *noun* construction is used to express possession or relationship. Unlike English, Spanish does not use the apostrophe.

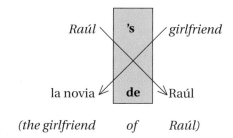

(the girlfriend   of   Raúl)

— ¿Es **la** novia **de** Carlos?   *"Is she Carlos's girlfriend?"*
— No, es **la** novia **de** Raúl.   *"No, she's Raul's girlfriend."*

¡Atención!   Note the use of the definite article before the word **novia.**

¡VAMOS A PRACTICAR!

A. Express the relationship of the people and/or objects in each illustration, using **de** + *noun* (i.e., the Spanish equivalent of *Marta's boyfriend*).

1. _____

2. _____

3. _____

4. _____

B. Express the relationship that exists among the people named.

> MODELO: La señora López tiene (*has*) dos estudiantes: Eva y Ana.
> *Eva y Ana son las estudiantes **de la** señora López.*

1. Elena tiene un secretario: Roberto.
2. La profesora Vargas tiene tres alumnos: Ana, Eva y Luis.
3. Jorge tiene una novia: Carmela.
4. La señora Rosales tiene una secretaria: Alicia.
5. Marisa tiene un novio: Pepe.
6. Ana tiene dos profesoras: la doctora Peña y la doctora Méndez.

4. Present indicative of *tener* and *venir* (*Presente de indicativo de* tener *y* venir)

tener (*to have*)		venir (*to come*)	
yo	**tengo**	yo	**vengo**
tú	**tienes**	tú	**vienes**
Ud. } él } ella }	**tiene**	Ud. } él } ella }	**viene**
nosotros(as)	**tenemos**	nosotros(as)	**venimos**
vosotros(as)	**tenéis**	vosotros(as)	**venís**
Uds. } ellos } ellas }	**tienen**	Uds. } ellos } ellas }	**vienen**

— ¿**Tienes** los cheques?
— Sí, **tengo** los cheques y los recibos.
— ¡Perfecto! ¿**Vienes** mañana por la mañana?
— No, **vengo** el jueves.

*"**Do you have** the checks?"*
*"Yes, **I have** the checks and the receipts."*
*"Perfect! **Are you coming** tomorrow morning?"*
*"No, **I'm coming** on Thursday.*

— ¿Cuántas materias **tienen** Uds.?

— **Tenemos** cuatro materias.
— ¿Uds. **vienen** a la universidad los martes y jueves?
— No, nosotros **venimos** los lunes, miércoles y viernes.

*"How many courses **do you have?**"*

*"**We have** four courses."*
*"**Do you come** to the university on Tuesdays and Thursdays?"*
*"No, **we come** on Mondays, Wednesdays, and Fridays."*

¡VAMOS A PRACTICAR!

A. Supply the missing forms of **tener** and **venir** to complete the dialogues. Then act them out with a partner.

1. — ¿Cuándo _____ Uds.?
   — Mi novia _____ el sábado y yo _____ el domingo.
   — ¿Con quién _____ tú?
   — Yo _____ con la Srta. Aranda.
2. — ¿Tú _____ a la clase de biología mañana?
   — No, yo no _____ clase de biología los viernes.
3. — ¿Uds. _____ clase de portugués los lunes?
   — No, _____ clase de portugués los martes y jueves.

4. — ¿Cuándo _____ (tú) a la biblioteca?
   — Los jueves. ¿Qué clases _____ tú los jueves?
   — Biología, italiano y matemáticas.

B. Interview a partner, using the following questions.

1. ¿Cuántas clases tienes?
2. ¿Vienes a la universidad los sábados?
3. ¿Qué días vienes a la universidad?
4. ¿Tienes clases los viernes por la tarde?
5. ¿A qué hora vienes a la universidad mañana?
6. ¿Ya tienes todos los libros que necesitas?

5. Use of *tener que* + infinitive (*Uso de* tener que + *infinitivo*)

Tener que is the Spanish equivalent of *to have (to)*

Yo	**tengo**	**que**	estudiar.
I	***have to***		*study.*

— ¿Tú **tienes que** trabajar hoy?   ***Do you have to*** *work today?*
— No, hoy no **tengo que** trabajar.   ***I don't have to*** *work today.*

¡VAMOS A PRACTICAR!

Use the elements given and the expression **tener que** + *infinitive* to create complete sentences describing what everyone has to do today.

1. Yo / la matrícula
2. Uds. / química
3. Nosotros / en la pizarra
4. Tú / dos libros
5. Ellos / a las cuatro
6. Ella / en la cafetería
7. Ud. / mucha leche
8. Él / con el profesor

6. Numbers over 200 (*Números mayores de 200*)

200	doscientos	700	setecientos
300	trescientos	800	ochocientos
400	cuatrocientos	900	novecientos
500	quinientos	1.000	mil
600	seiscientos		

■ In Spanish, one does not count in hundreds beyond one thousand; thus 1,100 is expressed as **mil cien.** Note that Spanish uses a comma where English uses a decimal point to indicate values below one: 1.095,99 (Spanish) = 1,095.99 (English).

■ When a number from 200 to 900 is used before a feminine noun, it takes a feminine ending: **doscient*as* mes*as.***[1]

¡VAMOS A PRACTICAR!

A. With a partner, solve the following mathematical problems in Spanish.

1. $308 + 70 =$ _____
2. $500 - 112 =$ _____
3. $653 + 347 =$ _____
4. $892 - 163 =$ _____
5. $216 + 284 =$ _____
6. $1.000 - 450 =$ _____
7. $700 + 280 =$ _____
8. $125 + 275 =$ _____
9. $900 - 520 =$ _____
10. $230 + 725 =$ _____

B. Tell how much everything costs.

MODELO: — ¿Cuánto cuesta el libro?
— *Cuesta tres mil doscientas pesetas.*[2]

1. ¿Cuánto cuesta la pluma?
2. ¿Cuánto cuesta el vino (*wine*)?
3. ¿Cuánto cuesta la silla?
4. ¿Cuánto cuesta la radio?
5. ¿Cuánto cuesta el reloj?
6. ¿Cuánto cuesta la mesa?
7. ¿Cuánto cuesta el escritorio?
8. ¿Cuánto cuesta el libro?

---

[1]This is also true for higher numbers that incorporate the numbers 200–900: **mil doscientas treinta sillas, dos mil ochocientos libros.**

[2]Spanish currency. At the time of publication, the value of one dollar was 130 pesetas.

Y ahora, ¿qué?

Palabras y más palabras

Complete each sentence, using vocabulary from **Lección 3.**

1. Luigi es de Roma y Marie es de París. Él habla _____ y ella habla _____ .
2. No vivimos en un apartamento; vivimos en la _____ universitaria.
3. Hoy es el _____ día para _____ la matrícula.
4. Ellos _____ sándwiches y ensalada y _____ café.
5. Necesito veinticinco _____ porque ellos no _____ cheques.
6. _____ tiene su recibo, señora.
7. Ella _____ el horario en su cuaderno.
8. Yo _____ pagar ochenta dólares por _____ unidad.
9. La _____ para conducir es una _____ .
10. El _____ de Portugal es el _____ .
11. _____ siempre, ellos comen en la cafetería.
12. Andrés es el _____ de Teresa.
13. Todos viven en el _____ de Arizona.
14. Viene Roberto y al _____ viene Olga.
15. Ellos viven en un apartamento, _____ de la universidad.

¡Vamos a conversar!

A. ¿Recuerda usted? What happens on registration day? Base your answers on the dialogues.

1. ¿Cuándo es el último día para pagar la matrícula?
2. ¿Cuánto tiene que pagar Juan por cada unidad?
3. ¿Juan es residente?
4. ¿Qué necesita Juan?
5. ¿La licencia para conducir es suficiente?
6. ¿Dónde escribe Juan el horario de clases?
7. ¿Dónde deciden comer Juan y Roberto?
8. ¿Quién viene al rato?
9. ¿De dónde viene Olga?
10. ¿Vive Olga en la residencia universitaria?
11. ¿Qué idiomas toma Olga este semestre?
12. ¿Por qué no desea Olga una taza de café?
13. ¿Qué deciden comer?
14. ¿Cuándo corren Olga y Roberto? ¿A qué hora?
15. ¿Juan corre con ellos?

B. Entrevista. Interview a partner, using the **tú** form.

Pregúntele a su compañero(a) de clase...

1. ...si es residente de... (*your state*)
2. ...dónde vive
3. ...si vive cerca de la universidad
4. ...cuántas unidades toma este trimestre (semestre)
5. ...qué idiomas toma este trimestre (semestre)
6. ...qué clases toma este trimestre (semestre)
7. ...si escribe en inglés o en español
8. ...dónde come
9. ...si desea una taza de café
10. ...si tiene que trabajar hoy

Situaciones

What would you say in the following situations? What might the other person say? Act out the scenes with a partner.

1. You need to find out when the last day to pay tuition is, and how much you have to pay for each unit of credit.
2. You are at a store. You want to know if they accept checks there and, if so, whether you need identification. Ask whether your driver's license is sufficient.
3. You are telling a little about yourself to someone you just met: where you are from, where you live, and what classes you are taking.

Para escribir

You are writing to a new pen pal. Tell the following information about yourself in a paragraph.

1. your name
2. where you are from
3. which state you are a resident of
4. the city where you live
5. at which university you study
6. what languages you study

¿Qué pasa aquí?

With a partner, use your imagination to create a story about the people in the picture. Who are they? Where are they from? What classes are they taking? What are they drinking and eating? For additional vocabulary refer to page 70.

~❧ *Un dicho* ❧~

El saber no ocupa lugar.

Knowledge doesn't take up any space.

AMPLÍE SU VOCABULARIO

Learn some additional words and phrases that relate to the ones you have acquired in this unit.

- **Ordering drinks** (*Para pedir bebidas*)

Deseo una taza de
- café
- té — *tea*
- chocolate caliente — *hot chocolate*
- café con leche — *coffee and milk*

Deseo un vaso de
- agua con hielo — *ice water*
- leche
- cerveza — *beer*
- té helado, té frío — *iced tea*

Deseo jugo[1] de
- manzana — *apple*
- naranja — *orange*
- tomate
- toronja — *grapefruit*
- uvas — *grapes*

Deseo una copa de vino (*wine*)
- blanco
- rosado — *rosé*
- tinto — *red*

Deseo una botella (*a bottle*) de agua mineral

---

[1]**zumo** in Spain

- **More course subjects** (*Más asignaturas*)

la administración de empresas	*business administration*
el alemán	*German*
la antropología	*anthropology*
el arte	*art*
el chino	*Chinese*
las ciencias políticas	*political science*
la contabilidad	*accounting*
la danza aeróbica	*aerobic dance*
la geografía	*geography*
la geología	*geology*
la música	*music*
la psicología	*psychology*
el ruso	*Russian*
la sociología	*sociology*

¿Qué deciden?

A. Choose what you will have to drink according to the circumstances described in each case. Then indicate your choice, using **Voy a tomar...**

1. You are allergic to citrus fruit.

   a. un vaso de jugo de toronja
   b. un vaso de jugo de manzana
   c. un vaso de jugo de naranja

2. You are very hot and thirsty.

   a. una taza de chocolate caliente
   b. un vaso de té helado
   c. una taza de café

3. You don't drink alcohol.

   a. una botella de agua mineral
   b. una botella de cerveza
   c. un vaso de vino tinto

4. You're having breakfast in Madrid.

   a. un vaso de vino rosado
   b. un vaso de agua con hielo
   c. una taza de café con leche

5. It's a cold winter night.

   a. un vaso de jugo de uvas
   b. una taza de chocolate caliente
   c. un vaso de leche fría

B. Say what class(es) you need according to the following situations. Start by saying **Necesito tomar...**

1. You need to get in shape.
2. You are going to live in each of the following cities for five years: Moscow, Berlin, and Beijing.
3. You would like to get a job in the business world.
4. You need two humanities classes.
5. You need three social sciences classes.
6. You know very little about other countries.

A. Present indicative of -ar verbs

Complete each sentence with the correct form of the verb in parentheses.

1. ¿Tú _____ leche?   (*drink*)
2. La señora Paz _____ con los alumnos.   (*talk*)
3. Nosotros _____ inglés con la doctora Torres.   (*speak*)
4. Yo _____ tomar café.   (*wish*)
5. ¿Ud. _____ matemáticas o biología?   (*study*)
6. Ana y Paco _____ en la biblioteca.   (*work*)
7. Ernesto _____ la pluma roja.   (*need*)
8. Eva y yo _____ en agosto.   (*finish*)

B. Interrogative words

Complete the following sentences, using the appropriate interrogative words.

1. ¿ _____ día es hoy? A ver... ¡lunes!
2. ¿ _____ trabajas? ¿En la cafetería?
3. ¿ _____ está usted? ¿Bien?
4. ¿ _____ trabajas este semestre? ¿Por la mañana?
5. ¿ _____ materias toman? ¿Cuatro?
6. ¿ _____ toma la clase de informática? ¿Jorge?
7. ¿ _____ me voy? ¡Porque ya es tarde!
8. ¿ _____ necesitas? ¿El libro de historia o el libro de literatura?

C. Gender of nouns (Part II)

Write the definite article that corresponds to each of the following nouns.

1. _____ mano
2. _____ lecciones
3. _____ apartamento
4. _____ idioma
5. _____ unidades
6. _____ problemas
7. _____ café
8. _____ días
9. _____ libertad
10. _____ televisión

D. Telling time

Write the following sentences in Spanish.

1. Listen, what time is it? One o'clock?
2. He takes chemistry at nine-thirty in the morning.
3. We study Spanish in the afternoon.
4. It is a quarter to eight.

E. Months and Seasons

Give the following dates in Spanish.

1. March 1st
2. June 10th
3. August 13th
4. December 26th
5. September 3rd
6. October 28th
7. July 17th
8. April 4th
9. January 2nd
10. May 6th

F. Vocabulary

Complete the following sentences, using vocabulary from **Lección 2.**

1. ¿Qué _____ es? ¿Las dos?
2. Necesito el _____ de clases. ¡Ah! ¡ _____ está!
3. Yo trabajo en el _____ de lenguas.
4. Deseo una _____ de café.
5. ¿Ellos _____ café en la cafetería?
6. Este _____ tomo tres clases.
7. Ya es _____ ¡Me voy!
8. ¿Qué _____ estudias? ¿Historia?
9. Él toma un _____ de leche.
10. Trabajo tres horas _____ día.

G. Culture

Circle the correct answer, based on the **Notas culturales** you have read.

1. Gran parte de la población de Los Ángeles es de origen (francés / mexicano).
2. La calle Olvera es una de las más (antiguas / modernas) de la ciudad de Los Ángeles.
3. En la mayoría de los países hispanos los requisitos generales se toman en la (universidad / escuela secundaria).

LECCIÓN 3

A. Present indicative of *-er* and *-ir* verbs

Complete each sentence with the correct form of the verb in parentheses.

1. El profesor _____ en la pizarra. (*write*)
2. Ana y yo _____ en la residencia universitaria. (*live*)
3. Ellos _____ pagar la matrícula. (*should, must*)
4. ¿Tú _____ por la noche? (*run*)
5. Yo _____ leche. (*drink*)
6. Esteban _____ en la cafetería de la universidad. (*eat*)
7. María _____ estudiar portugués. (*decide*)
8. Uds. _____ hablar con el cajero. (*should, must*)

B. Possessive adjectives

Complete the following sentences with the possessive adjective for the person(s) indicated in parentheses.

1. _____ profesor habla español.   (yo)
2. Hay muchos libros en _____ apartamento.   (Alfredo)
3. El cajero no acepta _____ cheques.   (nosotros)
4. Él paga _____ matrícula.   (nosotros)
5. Necesitas _____ identificación, Rosa.   (tú)
6. _____ idioma es el francés.   (ellos)
   (*or:* El idioma de _____ es el francés.)
7. ¿Quién es _____ novia, Paco?   (tú)
8. _____ lápices son negros.   (yo)

C. Possession with *de*

Write the following expressions in Spanish.

1. Pedro's girlfriend
2. Alicia's driver's license
3. Mrs. Peña's apartment
4. Carlos's checks

D. Present indicative of *tener* and *venir*

Complete the following sentences, using the present indicative of **tener** and **venir.**

1. ¿Tú _____ a la universidad los lunes?
2. Eva y yo _____ con Roberto porque no _____ automóvil.
3. Ellos _____ mis libros de español y hoy no _____ a clase.
4. Yo no _____ a la universidad los viernes porque no _____ clase.
5. Sergio no _____ novia.

E. *Tener que* + infinitive

Write the following sentences in Spanish.

1. I don't have to work tomorrow morning.
2. Do we have to decide today?
3. They have to pay (the) tuition.
4. We have to write in Spanish.

F. Numbers (200–1,000)

Write the following numbers in Spanish.

1. 528
2. 795
3. 968
4. 307.
5. 1,997
6. 13,215

G. Vocabulary

Complete the following sentences, using vocabulary from **Lección 3.**

1. La _____ para conducir es una _____.
2. Él _____ veinte dólares por _____ unidad.
3. Aquí _____ el recibo, señora.
4. Ellos viven _____ de la universidad, en un _____.
5. El profesor _____ en la pizarra con una tiza amarilla.
6. Ella habla muchos _____: español, francés, italiano...
7. Como _____, ellos estudian en la biblioteca.
8. Viven en el _____ de Arizona.
9. Hoy es el _____ día para _____ la matrícula.

H. Culture

Circle the correct answer, based on the **Notas culturales** you have read.

1. La mayoría de los hispanos que viven en Miami son (mexicanos / cubanos).
2. El (turismo / estudio) es muy importante en Miami.
3. Los estudiantes en los países hispanos usualmente viven en (residencias universitarias / pensiones) o con sus familias.
4. En los países hispanos las universidades públicas cobran (mucho / poco).

III

La familia y los amigos

Celebrando las bodas de oro.

Lección 4: Actividades para un fin de semana
Lección 5: Una fiesta de bienvenida

By the end of this unit, you will be able to:

- discuss plans and activities
- talk about what you like or dislike to do
- talk about how you feel
- talk about age
- extend, accept, and decline invitations
- handle informal social situations such as parties
- make comparisons

Actividades para un fin de semana

Lupe y su esposo, Raúl, planean varias actividades para el fin de semana. La pareja vive en San Juan, la capital de Puerto Rico.

LUPE — Esta noche estamos invitados a ir al teatro con tu mamá y con tus tíos.

RAÚL — ¿Por qué no llevamos también a mi hermana?

LUPE — No, hoy ella va al cine con su novio.

RAÚL — Es verdad. ¡Ah! Mañana vienen tus padres a comer, ¿no?

LUPE — Sí, y después vamos todos al club a jugar al tenis.

RAÚL — No me gusta jugar al tenis. ¿Por qué no vamos a nadar?

LUPE — Pero yo no sé nadar bien....

RAÚL — Tienes que aprender, Lupita.

LUPE — Bueno, vamos a la piscina, y por la noche vamos al concierto.

RAÚL — Perfecto. Oye, tengo mucha hambre. ¿Hay algo para comer?

LUPE — Sí, tenemos queso y frutas.

Al día siguiente, Carmen, la hermana de Raúl, está en un café al aire libre con su novio.

CARMEN — ¿Qué hacemos esta tarde? ¿Adónde vamos...? ¿Vamos a patinar?
HÉCTOR — No sé... Estoy cansado y tengo ganas de ver el juego de béisbol.
CARMEN — Bueno, vamos al estadio y por la noche vamos al club.
HÉCTOR — No, mi jefe da una fiesta esta noche y estamos invitados.
CARMEN — ¡Ay, Héctor! Yo no conozco a tu jefe. Además, vive muy lejos.
HÉCTOR — ¿Por qué no vamos a la fiesta un rato y después vamos al club a bailar?
CARMEN — ¡Buena idea! Oye, ¿tomamos algo? Tengo sed.
HÉCTOR — Voy a llamar al camarero. ¿Qué vas a tomar?
CARMEN — Un refresco.

VOCABULARIO

Cognados

la **actividad** activity	el **club** club	**invitados(as)** invited
el **béisbol** baseball	el **concierto** concert	el **teatro** theater
el **café** cafe (*restaurant*)	la **fruta** fruit	
la **capital** capital	la **idea** idea	

Nombres

el **café al aire libre**   outdoor cafe
el (la) **camarero(a), el mozo**[1] waiter, waitress
el **cine**   movies, movie theater
la **esposa**   wife
el **esposo**   husband
el **estadio**   stadium
la **fiesta**   party
el **fin de semana**   weekend
la **hermana**   sister
el **hermano**   brother
el (la) **jefe(a)**   boss
el **juego, el partido**   game
la **mamá, la madre**   mom, mother
los **padres**   parents
el **papá, el padre**   dad, father
la **pareja**   couple
la **piscina**   swimming pool
el **queso**   cheese
el **refresco**   soft drink, soda
la **tía**   aunt[2]
el **tío**   uncle[2]
la **verdad**   truth

Verbos

aprender   to learn
bailar   to dance

conocer (yo conozco)[3]   to be acquainted with; to know (*someone*)
dar   to give
estar   to be
hacer (yo hago)[3]   to do, to make
ir   to go
llamar   to call
llevar   to take (*someone or something someplace*)
nadar   to swim
patinar   to skate
planear   to plan
saber (yo sé)[3]   to know (*a fact; how to do something*)
ver (yo veo)[3]   to see

Adjetivos

bueno(a)   good
cansado(a)   tired

Otras palabras y expresiones

además   besides
¿Adónde?   Where (to)?
al día siguiente   (on) the following day

algo para comer   something to eat
después   afterwards
Es verdad   It's true
esta noche   tonight
esta tarde   this afternoon
ir a nadar   to go swimming
jugar al tenis   to play tennis
lejos   far (*away*)
me gusta   I like (It appeals to me.)
para   for
te gusta...   you (*fam.*) like[4] (It appeals to you.)
tener ganas de   to feel like (*doing something*)
tener (mucha) hambre   to be (very) hungry
tener sed   to be thirsty
tomar (beber) algo   to have something to drink
un rato   a while
Vamos   Let's go
varios(as)   several

---

[1]**el (la) mesero(a)** in Mexico.
[2]The plural **tíos** can mean either *uncles* or *aunts and uncles*.
[3]The verbs **conocer, hacer, saber,** and **ver** are irregular in the first-person singular form of the present indicative. All other present indicative forms of these verbs are regular.
[4]In situations where **Ud.** is the more correct form of address, use **le gusta.**

DE AQUÍ Y DE ALLÁ

Puerto Rico, una de las islas que forman el archipiélago de las Antillas Mayores, fue descubierta (*was discovered*) por Cristóbal Colón durante su segundo viaje (*second journey*) al Nuevo Mundo.

Desde 1952, Puerto Rico es un estado libre (*free*) asociado de los Estados Unidos. Los puertorriqueños son ciudadanos americanos. Votan en todas las elecciones nacionales y no necesitan visa para entrar en los Estados Unidos.

San Juan, la capital de la isla, es la ciudad más grande del país. Una de las atracciones turísticas más importantes de esta ciudad es el Morro, una fortaleza (*fortress*) construida por los españoles en la época colonial para defender el puerto de los ataques de los corsarios (*privateers*) y piratas.

Casas antiguas en el Viejo San Juan, Puerto Rico.

DE ESTO Y AQUELLO

El béisbol es un deporte (*sport*) muy popular en Puerto Rico, Cuba, Venezuela y en la República Dominicana. Muchos de los jugadores (*players*) de las grandes ligas de béisbol de los Estados Unidos son puertorriqueños, dominicanos, cubanos y mexicanos. En España y en la mayoría de los países latinoamericanos el deporte más popular es el fútbol (*soccer*).

Pronunciación

La consonante *c*

In Spanish, **c** has two different sounds: [s] and [k]. The [s] sound occurs in **ce** and **ci**, the [k] sound in **ca, co, cu, cl,** and **cr.** Read the following words aloud.

[s]		[k]	
cerveza	**ci**en**ci**as	**Car**men	**cu**ándo
gra**ci**as	ne**ce**sito	**ca**staño	**cl**ase
invita**ci**ón	li**ce**n**ci**a	**có**mo	**cr**eo

Puntos para recordar

1. Expressions with *tener* (*Expresiones con* tener)

The following idiomatic expressions are formed with **tener.**

tener (mucho) frío	*to be (very) cold*
tener (mucha) sed	*to be (very) thirsty*
tener (mucha) hambre	*to be (very) hungry*
tener (mucho) calor	*to be (very) hot*
tener (mucho) sueño	*to be (very) sleepy*
tener prisa	*to be in a hurry*
tener miedo	*to be afraid, scared*
tener razón	*to be right*
no tener razón	*to be wrong*
tener... años (de edad)	*to be . . . years old*

— ¿**Tienes hambre?** "*Are you hungry?*"
— No, pero **tengo** mucha **sed.** "*No, but I am very thirsty.*"

— ¿Cuántos **años tiene** Eva? "*How old is Eva?*"
— **Tiene** veinte **años.** "*She is twenty years old.*"

¡VAMOS A PRACTICAR!

A. Tell us why you are or are not doing the following.

1. ¿Por qué no abres (*open*) las ventanas?
2. ¿Por qué corres?
3. ¿Por qué no comes algo?
4. ¿Por qué no tomas un refresco?
5. ¿Por qué abres las ventanas?

B. ¿Qué tienen? Answer the question according to the illustrations below, using an expression with **tener.**

Elena

Yo

Nosotros

Él

Ellos

Tú

C. How do Carlos and Daniel feel? Answer, using expressions with **tener,** according to the information given.

1. Carlos and Daniel are in the middle of the Sahara desert.
2. Carlos hasn't had a bite to eat for fifteen hours.
3. Daniel sees a snake near his feet.
4. Carlos and Daniel have to get to the airport in a few minutes.
5. Carlos is in South Dakota in February.

2. Personal *a* (*La* a *personal*)

■ The preposition **a** is used in Spanish before a direct object (recipient of the action expressed by the verb) referring to a specific person or persons. When the preposition **a** is used in this way, it is called the *personal* **a** and has no English equivalent.

(Direct object)

Yo conozco		Roberto.
I know	a	*Robert.*

— ¿Tú conoces **a** Carmen y **a** Héctor?

— Conozco **a** Carmen, pero no conozco **a** Héctor.

"Do you know Carmen and Hector?"

"I know Carmen, but I don't know Hector."

■ The personal **a** is *not* used when the direct object is a thing or place.

Yo conozco Los Ángeles.   *I know Los Angeles.*

■ The personal **a** is seldom used following the verb **tener** even if the direct object is a person or persons.

Tengo dos hermanas.   *I have two sisters.*

■ The personal **a** is also used when referring to pets.

Yo llevo **a** mi perro al veterinario.   *I take my dog to the vet.*

¡ V A M O S   A   P R A C T I C A R !

A. Add the personal **a** to the following sentences, when appropriate.

1. Yo no conozco _____ Julia.
2. Tengo _____ tres tías.
3. Llevo _____ mis padres a la fiesta.
4. ¿Tú conoces _____ Madrid?
5. Tenemos _____ dos profesores.
6. Llevamos _____ Teresa y _____ Rosa a la universidad.
7. ¿Adónde llevas _____ tu perro?
8. Ellos no tienen _____ hermanas.

B. With a partner, act out the following dialogues in Spanish.

1. "Do you know Raquel's aunt?"
   "I know her aunt, but I don't know her uncle."
2. "How many brothers does Elena have?"
   "She doesn't have (any) brothers."
3. "Are you taking your boss to the party?"
   "No, he has to work."

3. Contractions: *al* and *del* (*Contracciones:* al y del)

■ The preposition **a** and the article **el** contract to form **al.**

Llevamos | a | + | el | profesor.

Llevamos | al | profesor.

■ Similarly, the preposition **de** may never be followed by the definite article **el.** Instead, **de** + **el** contract to form **del.**

Tiene los libros | de | + | el | profesor.

Tiene los libros | del | profesor.

¡Atención!   A + **el** and **de** + **el** must *always* be contracted to **al** and **del.**

— ¿Vienes **del** laboratorio?	*"Are you coming **from the** lab?"*
— No, vengo **de la** biblioteca.	*"No, I'm coming **from the** library."*
— ¿Vamos **al** juego de béisbol?	*"Shall we go **to the** baseball game?"*
— Sí, vamos.	*"Yes, let's go."*

■ None of the other combinations of preposition and definite article (**de la, de los, de las, a la, a los, a las**) is contracted.

El esposo **de la** profesora viene **a la** clase de español.

¡VAMOS A PRACTICAR!

A. Complete the following sentences with **al, a la, a los, a las, del, de la, de los,** or **de las.**

1. ¿Vamos _____ clase de historia?
2. Tengo el lápiz _____ profesor.
3. Ella lleva _____ novia de Juan.
4. Vengo _____ laboratorio de lenguas.
5. Tenemos los mapas _____ señor Quiroga.
6. Vamos _____ partido de tenis.
7. Vienen _____ clase de cibernética.
8. Pagan la matrícula _____ trimestre.
9. No conocemos _____ hermanas _____ señora Rojas.
10. ¿Llamas _____ profesor?

B. Ask a classmate the following questions.

1. ¿Tú conoces a los amigos del profesor (de la profesora)?
2. ¿Tú vienes a la universidad antes de (*before*) las ocho de la mañana?
3. ¿Tú llamas al profesor (a la profesora) a veces (*sometimes*)?
4. ¿Tú tienes el libro del profesor (de la profesora)?
5. ¿Tú vienes a la universidad los domingos?

4. **Present indicative of *ir, dar,* and *estar* (*Presente de indicativo de* ir, dar *y* estar)**

	ir (*to go*)	**dar** (*to give*)	**estar** (*to be*)
yo	**voy**	**doy**	**estoy**
tú	**vas**	**das**	**estás**
Ud. él ella	**va**	**da**	**está**
nosotros(as)	**vamos**	**damos**	**estamos**
vosotros(as)	**vais**	**dais**	**estáis**
Uds. ellos ellas	**van**	**dan**	**están**

— ¿Dónde **está** Aurora?	*"Where **is** Aurora?"*
— **Está** en el teatro.	*"**She is** at the theater."*
— ¿No **da** una fiesta hoy?	*"**Isn't she giving** a party today?"*
— No, mañana.	*"No, tomorrow."*
— ¿Adónde **vas?**	*"Where **are you going** (to)?"*
— **Voy** al cine.	*"**I'm going** to the movies."*
— ¿No **estás** cansada?	*"**Aren't you** tired?"*
— No, no **estoy** cansada.	*"No, **I am** not tired."*

¡Atención! The verb **estar** is used to indicate location and to describe condition at a given moment in time. **Estar** and **ser** are not interchangeable.

Location: Aurora está en el teatro.

Current condition: No estoy cansada.

¡ V A M O S   A   P R A C T I C A R !

A. Use your imagination to complete each sentence.

1. Patricia da diez dólares y nosotros...
2. Jorge está en la clase de literatura y yo...

3. Rafaela va a la fiesta y sus hermanos...
4. Carlos está cansado y nosotros también...
5. Yo doy una fiesta para los profesores y Uds. ...
6. Nosotros vamos a la cafetería y Uds. ...
7. Yo doy veinte dólares y tú...
8. Yo estoy en la biblioteca y tú...

B. Interview a partner, using the following questions.

1. ¿Adónde vas los fines de semana?
2. ¿Vas al cine los sábados? ¿Con quién?
3. ¿Vas a nadar los domingos?
4. ¿Tú vas a los juegos de béisbol de la universidad?
5. ¿Estás invitado(a) a una fiesta esta noche?
6. ¿Das muchas fiestas en tu casa?
7. ¿Estás cansado(a)?
8. ¿Dónde están tus padres?

5. *Ir a* + infinitive (**Ir a** *más el infinitivo*)

The **ir a** + *infinitive* construction is used in Spanish to express future time, in the same way English uses the expression *to be going to* + *infinitive*.

ir (*conjugated*)	+	**a**	+	*infinitive.*
Voy		**a**		**estudiar.**
I am going				*to study.*

—¿Tú **vas a bailar** con Jorge?   *"Are you going to dance* with Jorge?"

—No, **voy a bailar** con Carlos.   *"No, **I'm going to dance** with Carlos."*

Ahora voy a estudiar un poco.

¡ V A M O S   A   P R A C T I C A R !

A. This is what the following people do every day. With a partner, decide what they are going to do differently tomorrow.

1. Yo llevo a mi hermana al club. Mañana...
2. Nosotros comemos sándwiches. Mañana...
3. Tú conversas con tus padres. Mañana...
4. Mi tío va a la biblioteca. Mañana...
5. Mi hermano estudia con Elena. Mañana...
6. Mis padres beben café. Mañana...
7. Ud. llama a su esposa. Mañana....
8. Uds. trabajan por la tarde. Mañana...

B. What will be the result of each of the following situations?

MODELO: Ud. tiene hambre.
Voy a comer algo.

1. Ud. tiene un examen mañana.
2. Ud. y yo tenemos sed.
3. Necesitan sus discos compactos en la fiesta.
4. Raquel y Luis van a ir a una fiesta.
5. Anita desea hablar con su novio por teléfono.
6. Yo voy a la piscina.

6. *Saber* vs. *conocer*

The verb *to know* has two Spanish equivalents, **saber** and **conocer,** which are uscd to express distinct types of knowledge.

■ **Saber** means to know something by heart, to know how to do something (a learned skill), or to know a fact (information).

— **¿Sabes** el poema "The Raven" de memoria?	*"**Do you know** the poem 'The Raven' by heart?"*
— ¡No!	*"No!"*
— ¿Ana **sabe** hablar francés?	*"**Does** Ana **know how** to speak French?"*
— No muy bien...	*"Not very well . . ."*
— ¿Ud. **sabe** el número de teléfono de David?	*"**Do you know** David's phone number?"*
— Sí, es ocho-dos-seis-cero-dos-uno-cinco.	*"Yes, it's eight-two-six-zero-two-one-five."*

■ **Conocer** means to be familiar or acquainted with a person, a thing, or a place.

— **¿Conoces** a Hugo?	*"**Do you know** Hugo?"*
— Sí, es el hermano de Alberto.	*"Yes, he's Alberto's brother."*

— ¿**Conocen** Uds. todas las
   novelas de Cervantes?
— No, no todas.

— ¿**Conoces** San Francisco?

— Sí, es una ciudad muy
   interesante.

*"**Are you acquainted with** all of*
   Cervantes's novels?"
"No, not all of them."

*"**Do you know** (Have you been to)*
   San Francisco?"
"Yes, it is a very interesting city."

¡ V A M O S   A   P R A C T I C A R !

A. Interview a partner, using the **tú** form. Ask if your partner *knows* the
following.

> MODELO: escribir en francés
>   — ¿Sabes escribir en francés?
>   — *Sí, yo sé escribir en francés. (No, no sé escribir en francés.)*

1. el número de teléfono de la universidad
2. Buenos Aires
3. las novelas de Hemingway
4. hablar italiano
5. a los padres del profesor (de la profesora)
6. el poema "The Raven" de memoria
7. dónde vive el profesor (la profesora) de español
8. nadar (patinar, jugar al tenis, jugar al béisbol)

B. With a partner, use **saber** and **conocer** to prepare five questions to ask your
instructor.

Y ahora, ¿qué?

Palabras y más palabras

Complete each sentence, using vocabulary from **Lección 4.**

1. Tengo hambre. ¿Tienes _____ para comer?
2. Al día _____, los estudiantes van a nadar.
3. No _____ jugar al tenis.
4. Estoy cansado; no tengo _____ de ir al partido.
5. ¿Tienes sed? ¿Por qué no vamos a _____ algo?
6. ¿Por qué no vamos a la biblioteca y estamos allí por un _____?
7. Ellos planean _____ actividades para el fin de _____.
8. Carlos y Adela están en un _____ al aire _____.
9. Esta noche vamos a _____ al club.
10. ¿Vamos al _____ o al teatro?

11. ¿Te _____ el queso?
12. Yo nado en la _____ de la universidad.
13. Voy a _____ al camarero.
14. Tengo sed. Voy a tomar un _____.
15. Teresa está _____ a la fiesta de Roberto.

¡Vamos a conversar!

A. ¿Recuerda usted? What is happening this weekend? Base your answers on the dialogues.

1. ¿Lupe y su esposo planean ir al teatro o al cine esta noche?
2. ¿En qué ciudad de Puerto Rico vive la pareja?
3. ¿Por qué no va Carmen al teatro?
4. ¿Quiénes están invitados a comer con Lupe y Raúl?
5. ¿Quién no sabe nadar bien?
6. ¿Qué problema tiene Raúl?
7. ¿Héctor es el esposo de Carmen?
8. Héctor no tiene ganas de ir a patinar. ¿Por qué?
9. ¿Por qué no desea Carmen ir a la fiesta del jefe de Héctor?
10. ¿Adónde van Carmen y Héctor después de la fiesta?
11. ¿A quién va a llamar Hector?
12. ¿Qué va a tomar Carmen?

B. Entrevista. Interview a partner, using the **tú** form.

Pregúntele a su compañero(a) de clase...

1. ...si está invitado(a) a una fiesta (¿cuándo?)
2. ...qué planea hacer este fin de semana
3. ...si tiene que trabajar (¿cuándo?)
4. ...a qué hora viene a la universidad
5. ...si conoce los poemas de Emily Dickinson
6. ...si le gusta jugar al tenis
7. ...si sabe nadar
8. ...si tiene un tío (una tía) favorito(a)
9. ...si está cansado(a)[1]
10. ...si vive cerca o lejos de la universidad

Situaciones

What would you say in the following situations? What might the other person say? Act out the scenes with a partner.

1. You and a friend are making plans for the weekend and are discussing activities that you like (or don't like).
2. Someone invites you to go swimming. Decline. Start out by saying **No puedo ir porque...** (*I can't go because . . .*), and give some excuses.

---

[1]**cansado** is masculine; **cansada** is feminine

3. Someone offers you something to eat and to drink. Thank him or her and decline.

¿Qué pasa aquí?

Get together in groups of three or four and create a story about the people in the picture. Say who they are and what their relationships are to one another. Say also what plans they have for the weekend.

❧ *Un dicho* ☙

Donde hay hambre,
no hay pan duro.

Where there is hunger, there's no such thing as stale bread.

Lección 5

Una fiesta de bienvenida

Eva, la hermana menor de Luis, llega hoy a San José y él y sus amigos dan una fiesta para ella. Luis llama por teléfono a su amiga Estela.

LUIS	— Hola, ¿Estela? Habla Luis.
ESTELA	— Hola, ¿qué tal, Luis?
LUIS	— Bien. Oye, vamos a dar una fiesta de bienvenida para Eva. ¿Quieres venir? Es en la casa de mi primo Jorge.
ESTELA	— Sí, cómo no. ¿Cuándo es?
LUIS	— El próximo sábado. Empieza a las ocho de la noche.
ESTELA	— Gracias por la invitación. ¿Juan y Olga van también?
LUIS	— No estoy seguro, pero creo que piensan ir.
ESTELA	— ¿Andrés va a llevar sus discos compactos y sus cintas?
LUIS	— Sí, pero el tocadiscos de Jorge no es muy bueno.
ESTELA	— Si quieres, llevo mi estéreo; es mejor que el de ustedes.
LUIS	— ¡Magnífico! Hasta el sábado, entonces.

En la fiesta, Pablo y Estela están conversando. Pablo es moreno y guapo y mucho más alto que Estela. Ella es una muchacha bonita, rubia, de[1] ojos azules, delgada y de estatura mediana.

ESTELA	— Pablo, tienes que conocer a Sara, mi compañera de cuarto.
PABLO	— ¿Cómo es? ¿Alta... baja...? ¿Es tan hermosa como tú?
ESTELA	— ¡Es muy bonita! Tiene pelo negro y ojos castaños. ¡Y es muy simpática!
PABLO	— Pero, ¿es inteligente? Y, lo más importante... ¿tiene dinero?
ESTELA	— Sí, es rica; y es la más inteligente del grupo.
PABLO	— Es perfecta para mí. ¿Está aquí?
ESTELA	— No, está en casa porque está enferma.
PABLO	— ¡Qué lástima! Bueno, entonces voy a bailar contigo.
ESTELA	— Sí, pero primero quiero beber algo.
PABLO	— Están sirviendo las bebidas. ¿Quieres cerveza, vino o ponche?
ESTELA	— Prefiero ponche.

---

[1]**De** means *with* for features that physically are part of a person.

VOCABULARIO

Cognados

el grupo group	**la invitación** invitation	**el ponche** punch
inteligente intelligent	**mucho(a)** much	**el teléfono** telephone

Nombres

el (la) amigo(a)   friend
la bebida   drink
la casa   house
la cerveza   beer
la cinta, el caset   tape
el (la) compañero(a) de cuarto
  roommate
el dinero   money
el disco   record
_____ **compacto**   compact disc
  (CD)
la fiesta de bienvenida   welcome party
la muchacha, la chica   girl,
  young woman
el muchacho, el chico   boy,
  young man
los ojos   eyes
el pelo   hair
el (la) primo(a)   cousin
el tocadiscos, el estéreo
  record player
el vino   wine

Verbos

creer   to think, to believe
empezar[1] **(e > ie)**[2], **comenzar**[1]
  (e > ie)[2]   to start, to begin

llegar   to arrive
pensar (e > ie)[2]   to think
pensar + *infinitive*   to plan to
  (do something)
preferir (e > ie)[2]   to prefer
querer (e > ie)[2]   to want, to
  wish

Adjetivos

alto(a)   tall
bajo(a)   short (*height*)
bonito(a)   pretty, attractive
bueno(a)   good
castaño   brown (*hair or eyes*)
delgado(a)   slim, thin
enfermo(a)   sick
guapo(a)   handsome, good-
  looking
hermoso(a)   beautiful
mejor   better
menor   younger
moreno(a)   dark, brunette
próximo(a)[3]   next
rico(a)   rich
rubio(a)   blond
seguro(a)   sure
simpático(a)   charming, nice,
  fun to be with

Otras palabras y expresiones

¿Cómo es...?   What is . . . like?
cómo no   of course, sure
contigo   with you
de estatura mediana   of
  medium height
en casa   at home
entonces   then, in that case
están sirviendo   they're serving
Habla _____ (*nombre*).   This is
  _____ (*name*) speaking.
hasta   until
lo importante   the important
  thing
llamar por teléfono   to phone
¡Magnífico!   Great!
mí   me
o   or
primero   first
¡Qué lástima!   Too bad!
si   if

---

[1]**Empezar** and **comenzar** take the preposition **a** when followed by an infinitive: **Empiezan (Comienzan) a estudiar.**
[2]In this lesson and subsequent lessons, the symbol > will be used in the **Vocabulario** to indicate any new verbs with stem changes. The vowel on the left is the vowel in the infinitive form, while the vowel(s) on the right represent(s) the change that takes place in the various present-tense forms (e.g., **e > ie**).
[3]The definite article is used before **próximo:** *el* **próximo sábado.**

DE AQUÍ Y DE ALLÁ

Costa Rica es uno de los países más pequeños del continente americano (51.000 km²). Está situado en la América Central y su capital es San José. Los productos principales del país son el café, las bananas, el cacao y la caña de azúcar (*sugar cane*).

La mayoría de los "ticos" (como se les llama a los costarricenses) son católicos y de origen español. De todos los países centroamericanos, Costa Rica es el que tiene el menor número de analfabetos (*illiterates*). Tiene el mayor ingreso (*income*) per cápita y un gobierno democrático con muy pocos problemas políticos.

En Costa Rica se le da una gran importancia a la educación, la cultura y las artes. Se dice (*It is said*) que en Costa Rica "hay más maestros (*teachers*) que soldados". Este país tiene excelentes programas para proteger la ecología, sobre todo (*especially*) la selva (*rain forest*).

Turistas en la jungla de Costa Rica.

DE ESTO Y AQUELLO

En Costa Rica, como también en Argentina, Paraguay, Uruguay y Guatemala, la forma "tú" no se usa en la conversación. En lugar de (*in place of*) esta forma, se usa la forma "vos". Por ejemplo, en estos países no dicen "tú vienes" sino (*but*) "vos venís". Este fenómeno se llama "voseo".

Pronunciación

Las consonantes *g, j, h*

A. Practice the sound of Spanish **g** in the following words.

gato	gracias
Guevara	guapo
gordo	guitarra

B. Practice the sound of Spanish **j** (or **g** before **e** and **i**) in the following words.

mujer	tarjeta	Julio
jueves	anaranjado	debajo
Gerardo	generoso	giro

C. Repeat the following words. Remember that the Spanish **h** is silent.

ahora	hasta	hoy
ahorros	hola	horario
hora	historia	hablar

Puntos para recordar

1. Present progressive (Estar + *gerundio*)

The present progressive describes an action that is in progress. It is formed with the present tense of **estar** and the **gerundio** (equivalent to the English *-ing* form) of the verb. Study the formation of the **gerundio** in the following chart.

Infinitive	hablar	comer	escribir
Gerundio	habl- **ando**	com- **iendo**	escrib- **iendo**

Yo **estoy comiendo.**
I am eating.

— ¿Estás estudiando?	**"Are you studying?"**
— No, **estoy escribiendo.**	**"No, I am writing."**

■ The following forms are irregular. Note the change in their stems.

pedir	→ **pidiendo**	*asking for*
decir	→ **diciendo**	*saying*
servir	→ **sirviendo**	*serving*
dormir	→ **durmiendo**	*sleeping*
traer	→ **trayendo**	*bringing*
leer	→ **leyendo**	*reading*

Creyendo

■ Note also that the **i** of **-iendo** becomes **y** between vowels.

— ¿Qué están haciendo las chicas?   *"What are the girls doing?"*
— Ana **está leyendo** y Eva **está**   *"Ana is reading and Eva is*
   durmiendo.   *sleeping."*

¡Atención!   In Spanish, the present progressive is *never* used to indicate a future action. The present tense is used in future expressions that would require the present participle in English.

■ Some verbs, such as **ser, estar, ir,** and **venir,** are rarely used in the progressive construction.

¡ V A M O S   A   P R A C T I C A R !

A. With a partner, comment on what is happening, using the cues provided.

1. Tú / bailar / Sergio
2. Adela y Jorge / conversar / en la cafetería
3. Pablo / comer / ensalada
4. Mi primo y yo / beber / cerveza
5. Yo / pensar / en mis padres
6. Mis amigos / servir / ponche
7. Ellos / dormir / aquí
8. Ud. / leer / un libro

B. Describe what the following people are doing.

1. Tú...   2. Yo...   3. Ellos...

4. Eva...   5. La profesora...   6. Nosotros... y el chico...

C. Imagine that you and a partner are at Luis's party. Discuss what everybody is doing, including yourselves.

1. Eva
2. Luis
3. Estela y Pablo
4. Uds.
5. you
6. your partner
7. otros chicos y chicas

2. Uses of *ser* and *estar* (*Usos de* ser *y* estar)

The English verb *to be* has two Spanish equivalents, **ser** and **estar,** which have distinct uses and are *not* interchangeable.

A. Uses of **ser**   *physical, mental, personal traits*

Ser expresses a fundamental quality and identifies the essence of a person or thing: *who* or *what* the subject is.

■ It describes the basic nature or inherent characteristics of a person or thing. It is also used with expressions of age that do not refer to a specific number of years.

Ernesto **es** moreno y guapo.   *Ernesto **is** dark and handsome.*
Estela **es** joven.   *Estela **is** young.*

[handwritten margin notes: age, origen, ethnicity, professions, relationships, time]

■ It is used with **de** and with adjectives denoting nationality to indicate origin.

Carmen **es** cubana; **es** de La
Habana.

*Carmen is Cuban; she is from
Havana.*

■ It is used to identify professions and jobs.

Yo **soy** profesor(a).

I am a professor.

■ With **de,** it is used to indicate possession or relationship.

El libro **es** de él.
Ellas **son** las hermanas del
profesor.

The book is his.
They are the professor's sisters.

■ With **de,** it describes the material that things are made of.

El teléfono **es** de plástico.

La mesa **es** de metal.

*The telephone is (made of)
plastic.*
The table is (made of) metal.

■ It is used with expressions of time and with dates.

Son las cuatro y media.
Hoy **es** jueves, primero de julio.

It is four-thirty.
Today is Thursday, July first.

■ It is used with events as the equivalent of "taking place."

La fiesta **es** en mi casa.

*The party is (taking place) at my
house.*

B. Uses of **estar**

Estar is used to express more transitory qualities than **ser** and often implies the
possibility of change. location, condition, present progressive, perception

■ It indicates place or location.

Alicia **está** en casa.

Alicia is at home.

■ It indicates a condition, often the result of an action, at a given moment in
time.

Él **está** enfermo.
La puerta **está** cerrada.

He's sick.
The door is closed.

■ With personal reactions, it describes what is perceived through the senses—
that is, how a subject tastes, feels, looks, or seems.

¡Estás muy bonita hoy!

You look very pretty today!

■ In present progressive constructions, it describes an action in progress.

Estoy estudiando.

I am studying.

¡VAMOS A PRACTICAR!

A. Interview a partner, using the following questions.

1. ¿Eres norteamericano?
2. ¿De dónde eres?
3. ¿Tu mejor amigo es alto, bajo o de estatura mediana?
4. ¿Tu mejor amiga es rubia o morena?
5. ¿Dónde están tus padres ahora?
6. ¿Estás cansado(a)?
7. ¿Qué día es hoy?
8. ¿Qué hora es?

B. Complete the following story about Carlos Alberto and his girlfriend, Marisa, using the present indicative of **ser** or **estar,** as appropriate.

Carlos Alberto _____ un muchacho alto y delgado. _____ estudiante de la Universidad de la Plata. Él _____ de Lima, pero ahora (*now*) _____ en Argentina. _____ las nueve de la noche y Carlos Alberto decide ir a la casa de Marisa. Marisa _____ su novia y _____ una chica muy inteligente y simpática. — ¡Qué bonita _____ hoy, Marisa! —exclama Carlos Alberto cuando ella abre (*opens*) la puerta.

C. Make statements about each illustration, using **ser** or **estar** as needed.

MODELO: Pedro _____ y Luis _____.
       Pedro es alto y Luis es bajo.

1. Mario _____ y
   Ana _____ rubia.

2. Eva _____

3. El doctor Torres _____

4. Yo _____

5. Hoy _____

6. Los estudiantes _____

7. _____

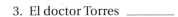

8. Nosotras _____

D. With a partner, act out the following dialogues in Spanish.

1. "Is the table (made of) plastic?"
   "No, it's (made of) metal."
2. "Where's the welcome party?"
   "It's at my sister's house."
3. "Where is your uncle?"
   "He's talking with the cashier."
4. "Where is Mr. Vega from?"
   "He's from Cuba."
5. "You look very pretty today, Evita!"
   "Thank you."

E. With a partner, prepare five questions to ask your instructor, using **ser** and **estar.**

3. Stem-changing verbs: *e > ie* (*Verbos que cambian en la raíz:* e > ie)

As you have already seen, Spanish verbs have two parts: a stem and an ending (**-ar, -er,** or **-ir**). Some Spanish verbs undergo a change in stem in the present indicative tense. When **e** is the last stem vowel and it is stressed, it changes to **ie** as shown below.

preferir (*to prefer*)			
yo	pref**ie**ro	nosotros(as)	preferimos
tú	pref**ie**res	vosotros(as)	preferís
Ud.		Uds.	
él	pref**ie**re	ellos	pref**ie**ren
ella		ellas	

■ Note that the stem vowel is not stressed in the verb forms used with **nosotros(as)** and **vosotros(as);** therefore, the **e** does not change to **ie.**

■ Stem-changing verbs have the same endings as regular **-ar, -er,** and **-ir** verbs.

■ Other verbs that also change from **e** to **ie** are **pensar, querer, cerrar** (*to close*), **comenzar,** and **empezar.**[1]

— **¿Quieres** cerveza? "*Do **you want** beer?*"
— No, **prefiero** vino. "*No, **I prefer** wine.*"

— **¿A qué hora comienzan** Uds. a trabajar? "*At what time **do you begin** to work?*"
— **Comenzamos** a las diez. "***We begin** at ten.*"

¡VAMOS A PRACTICAR!

A. Alicia and Sergio cannot agree on anything. Supply the correct form for each verb and act out the conversation with a partner.

Alicia — ¿Tú _____ (pensar) ir a la fiesta de Olga?

Sergio — Yo no _____ (querer) ir a fiestas; _____ (preferir) ir a un restaurante con los muchachos.

Alicia — ¡Ellos también _____ (querer) ir a la fiesta!

Sergio — ¿A qué hora _____ (empezar) la fiesta?

Alicia — _____ (Comenzar) a las nueve, pero Beatriz y yo _____ (querer) estar allí a las ocho porque tenemos que llevar las cintas.

[1]For a complete list of stem-changing verbs, see Appendix B.

Sergio — Carlos y yo _____ (pensar) ir a la biblioteca.

Alicia — ¡¿Uds. _____ (pensar) ir a la biblioteca hoy?! Entonces yo voy a la fiesta con Roberto.

Sergio — ¡Magnífico! Yo voy al restaurante con Marisa.

B. Answer the following questions with complete sentences, using the illustrations as cues.

1. ¿Qué quieres tomar?

2. ¿A qué hora empieza la clase?

3. ¿Adónde quieren ir Uds.?

4. ¿Qué prefiere comer Adela?

5. ¿Cuándo comienzan las clases?

6. ¿A qué hora cierran la biblioteca?

7. ¿Qué prefieren beber Uds.?

8. ¿En qué mes empieza el invierno?

9. ¿Con quién piensas ir?

C. Ask a partner five original questions using **e > ie** stem-changing verbs.

4. **Comparative and superlative adjectives, adverbs, and nouns (*Comparativo y superlativo de adjetivos, adverbios y nombres*)**

A. Comparisons of inequality

■ In Spanish, the comparative of inequality of most adjectives, adverbs, and nouns is formed by placing **más** (*more*) or **menos** (*less*) before the adjective, the adverb, or the noun and **que** (*than*) after it.

Silvia es **más alta que** yo.	*Silvia is **taller than** I.*
Ella es **menos inteligente que** tú.	*She is **less intelligent than** you (are).*

¡Atención! **De** is used instead of **que** before a numerical expression of quantity or amount.

— ¿Cuántos estudiantes hay en la clase?	*"How many students are there in the class?"*
— Hay **más de** treinta.	*"There are **more than** thirty."*

B. Comparisons of equality

■ To form comparisons of equality with adjectives, adverbs, and nouns in Spanish, use **tan... como** when comparing adjectives or adverbs. Use **tanto, -a, -os, -as... como** when comparing nouns.

— ¿Tu hermana habla bien el español?	*"Does your sister speak Spanish well?"*
— Sí, habla español **tan bien como** nosotros.	*"Yes, she speaks Spanish **as well as** we do."*
— Tú das muchas fiestas.	*"You give many parties."*
— Sí, pero no doy **tantas fiestas como** Uds.	*"Yes, but I don't give **as many parties as** you do."*

C. The superlative

■ The superlative construction is similar to the comparative. It is formed by placing the definite article before the person or thing being compared.

— ¿Quién es **el estudiante más inteligente** de la clase?	"Who is **the most intelligent student** in the class?"
— Mario es **el**[1] **más inteligente** de todos.	"Mario is **the most intelligent** of all."

¡Atención!   Note that the Spanish **de** translates to the English *in* or *of* after a superlative.

Ellos son los más inteligentes **de** la clase.	*They are the most intelligent ones **in** the class.*

D. Irregular comparative forms

■ The following adjectives and adverbs have irregular comparative and superlative forms in Spanish.

Adjective	Adverb	Comparative	Superlative
bueno (*good*)	bien (*well*)	**mejor**	**el (la) mejor**
malo (*bad*)	mal (*badly*)	**peor**	**el (la) peor**
grande (*big*)		**mayor**	**el (la) mayor**
pequeño (*small*)		**menor**	**el (la) menor**

■ When the adjectives **grande** and **pequeño** refer to size, the regular comparative forms are generally used.

Tu clase es **más grande que** la de Antonio.	*Your class is **bigger than** Antonio's.*

When these adjectives refer to age, the irregular comparative forms **mayor** and **menor** are used.

— ¿Felipe es **mayor que** tú?	"*Is Felipe **older** than you?*"
— No, es **menor que** yo.	"*No, he's **younger** than I (am).*"

¡ V A M O S   A   P R A C T I C A R !

A. Complete the following sentences, giving the Spanish equivalent of the words in parentheses.

1. Mi hermana es _____ tu hermano.   (*taller than*)
2. ¿Tu esposo tiene _____ cuarenta años?   (*less than*)

---

[1]The noun may be omitted in the superlative construction to avoid repetition when meaning is clear from context.

3. Mi compañero(a) de cuarto habla español _____ yo.   (*as badly as*)
4. Mi amigo(a) es _____ tú.   (*less intelligent than*)
5. Mi profesor(a) es _____ mis padres.   (*much younger than*)
6. El libro que yo tengo es _____ de todos.   (*the best*)
7. Tú eres _____ ella.   (*much thinner than*)
8. Luis es _____ Ariel.   (*as nice as*)
9. Yo no tengo _____ tú.   (*as many invitations as*)
10. Nosotros tenemos _____ Uds.   (*as many records as*)

B. Establish comparisons between the following people and things, using the adjectives provided and adding any necessary words.

1. Hotel Hilton / Motel 5 / mejor
2. Einstein / yo / inteligente
3. Tu novio(a) / mi novio(a) / delgado(a)
4. Maine / Texas / pequeño
5. Charles Barkley / Dudley Moore / alto
6. Mi tío / yo / mayor
7. Brasil / Cuba / grande
8. Mi hermana / mi tía / menor

C. Read each statement, then answer the questions that follow.

1. Mario tiene A en español, José tiene B y Lolo tiene F.
   ¿Quién es el mejor estudiante?
   ¿Quién es el peor estudiante?
2. Juan tiene veinte años, Raúl tiene quince y David dieciocho.
   ¿Quién es el mayor de los tres?
   ¿Quién es el menor de los tres?
3. Lolo no es inteligente, Beto es inteligente y Rosa es muy inteligente.
   ¿Quién es más inteligente que Beto?
   ¿Quién es menos inteligente que Beto?
   ¿Quién es el (la) más inteligente de los tres?
   ¿Quién es el (la) menos inteligente de los tres?

5. Pronouns as objects of prepositions (*Pronombres usados como complemento de preposición*)

The object of a preposition is the noun or pronoun that immediately follows it.
La fiesta es *para María (ella)*. Ellos van *con nosotros.*

	Singular		Plural
mí	me	**nosotros(as)**	us
ti	you (*fam.*)	**vosotros(as)**	you (*fam. pl.*)
Ud.	you (*form.*)	**Uds.**	you (*form. pl.*)
él	him	**ellos**	them (*masc.*)
ella	her	**ellas**	them (*fem.*)

■ Only the first- and second-persons singular, **mí** and **ti,** are different from regular subject pronouns.

■ When used with the preposition **con, mí** and **ti** become **conmigo** and **contigo,** respectively. The other forms do not combine: **con él, con ella, con ustedes,** and so on.

— ¿La invitación es para **mí?**   "*Is the invitation for **me?***"
— No, no es para **ti;** es para **él.** "*No, it's not for **you;** it's for **him.***"

— ¿Vas a la fiesta **conmigo?**   "*Are you going **with me** to the party?*"

— No, no voy **contigo;** voy con "*No, I'm not going **with you;***
 ellos.   *I'm going with **them.***"

¡ V A M O S   A   P R A C T I C A R !

Complete the following sentences with the correct forms of the pronouns and prepositions in parentheses.

1. Elena no va _____, Anita.   (*with you*)
2. Esas cintas son para _____ y el disco compacto es para _____. (*me / her*)
3. Teresa está hablando de _____.   (*us*)
4. Elsa va a venir con _____.   (*them*)
5. Olga no va a ir al club _____; va a ir _____.   (*with you, pl. / with me*)
6. El vino no es para _____, Paco; es para _____.   (*him / you*)

Y ahora, ¿qué?

Palabras y más palabras

Complete each sentence, using vocabulary from **Lección 5.**

1. Tengo una _____ para ir a la fiesta de bienvenida.
2. Es alto y moreno y tiene _____ castaños.
3. Necesito llamar por _____ al profesor Vera.
4. — ¿Quieres bailar?
   — Sí, ¡ _____ no!
5. La fiesta es el _____ sábado.
6. _____ el sábado y gracias por la invitación.
7. No estoy _____, pero creo que piensan ir.
8. Estela es muy bonita. ¡Es _____!
9. Carlos tiene mucho dinero. Es _____.
10. Ella es una _____ muy inteligente.
11. Antonio no _____ ir porque está enfermo.
12. ¿Es _____ o moreno?
13. Mi novio es un _____ guapo y simpático.
14. Ella come mucho, pero es muy _____.
15. Mi compañera de _____ es la más inteligente del grupo.
16. Tener dinero no es lo _____.

¡Vamos a conversar!

A. ¿Recuerda usted? What happens before and during the party? Base your answers on the dialogues.

1. ¿Quién llama a Estela por teléfono?
2. ¿Qué día es la fiesta de bienvenida? ¿Dónde es?
3. ¿A qué hora empieza la fiesta?

4. ¿Juan y Olga van a la fiesta? ¿Qué cree Luis?
5. ¿Qué va a llevar Andrés a la fiesta?
6. ¿Qué lleva Estela?
7. ¿Cómo es Pablo? ¿Y Estela?
8. ¿Cómo es la compañera de cuarto de Estela?
9. ¿Quién es la más inteligente del grupo?
10. ¿Por qué no está Sara en la fiesta?
11. ¿Con quién va a bailar Pablo?
12. ¿Qué prefiere beber Estela?

B. Entrevista. Interview a partner, using the **tú** form.

Pregúntele a su compañero(a) de clase...

1. ...adónde piensa ir el próximo sábado
2. ...si piensa dar una fiesta
3. ...a qué hora empieza la fiesta
4. ...si prefiere beber cerveza, vino o ponche
5. ...si prefiere comer sándwiches o ensalada
6. ...si tiene muchos discos compactos
7. ...si tiene discos o cintas en español
8. ...si tiene tocadiscos
9. ...si llama a su mejor amigo(a) por teléfono todos los días
10. ...cómo es su mejor amigo(a)
11. ...si su mejor amigo(a) es menor o mayor que él o ella
12. ...a qué hora va a llegar a su casa hoy

Now ask your partner two questions of your own.

Situaciones

What would you say in the following situations? What might the other person say? Act out the scenes with a partner.

1. You want to invite a friend to go to a party with you next Friday.
2. Someone asks you to go to a party. Find out when it is and at what time it starts. Then accept and thank the person for inviting you.
3. You are hosting a party. Ask your guests what they want to eat and drink.
4. You are trying to convince a friend to go out (**salir**) with someone you have just recently met. Describe your new acquaintance to your friend.

Para escribir

You are planning a welcome party. Describe your plans. (For additional vocabulary, you may wish to refer to **Amplíe su vocabulario** in the **Un paso más** section for this unit.)

1. Who is the party for?
2. When is it? What time does it start?

3. Where is it?
4. Who is going to be there?
5. Are you going to have tapes or records?
6. What are you going to serve?

¿Qué pasa aquí?

Get together in groups of three or four and create a conversation among the people in the picture. You might have them introduce one another and discuss their friends, their activities, the occasion, or the party itself.

❧ *Un dicho* ☙

Contigo, pan y cebolla.

I'll live on bread and onions as long as you are at my side.
(Lit.: With you, bread and onions.)

AMPLÍE SU VOCABULARIO

Learn some additional words and phrases that relate to the ones you have acquired in this unit.

- **Identifying family members** (*Para identificar a los miembros de la familia*)

abuela (grandmother)
suegra (mother-in-law)

abuelo (grandfather)
suegro (father-in-law)

padres (parents)

cuñado (brother-in-law)
yerno (son-in-law)

hija (daughter)
tía (aunt)
hermana
madre (mother)
mamá (mom)

hijo (son)
padre (father)
papá (dad)
hermano
tío (uncle)

cuñada (sister-in-law)
nuera (daughter-in-law)

hijos

hijos

sobrina

sobrino (nephew)
nieto (grandson)

prima

primo

nieta (granddaughter)

- **Asking someone out** (*Para invitar a alguien a salir*)

¿Quieres ir	a bailar?	*dancing (to dance)*
	a cenar?	*to dinner (to eat dinner)*
	a esquiar?	*skiing (to ski)*
	a montar a caballo?	*horseback riding (to ride horses)*
	a un club nocturno?	*to a nightclub*
	a un partido de básquetbol?	*to a basketball game*
	a la playa?	*to the beach*
	al museo?	*to the museum*
	al parque de diversiones?	*to the amusement park*
	de pícnic?	*on a picnic*

¿Con quién conversamos y adónde vamos...?

A. Say whom you like to converse with, using the cues to determine how each person is related to you.

> MODELO: la hermana de mi mamá
> *Me gusta conversar con mi tía.*

1. la hija de mi tía
2. el hijo de mi hermano
3. la mamá de mi esposo(a)
4. el hermano de mi esposo(a)
5. el papá de mi primo
6. la mamá de mi papá
7. el esposo de mi hija
8. la esposa de mi hijo
9. la hija de mi hijo
10. la hija de mi hermana

B. Your friend has accepted your invitation. Where are you going to go? Begin your answers with **Vamos a ir...**

1. You want to sunbathe and swim.
2. You want to see the Celtics.
3. You want to go to Disneyland.
4. You want to dance the salsa.
5. You want to go to dinner.
6. You want to see Picasso's paintings.
7. You want to have lunch and commune with nature.
8. You want to hear some live music.
9. You want to go to Aspen, Colorado.
10. You want to go horseback riding.

LEYENDO EL DIARIO

Antes de leer

A. Familiarize yourself with this vocabulary in order to understand better the reading selections that follow.

bellísimo(a)   extremely beautiful
la boda   wedding
el caballero   gentleman
la cigüeña   stork
el compromiso   engagement
el cumpleaños   birthday
¡Enhorabuena!   Congratulations!
la feliz pareja   the happy couple
gentil   charming; kind
el hogar   home
la iglesia   church

los jóvenes   young people
la luna de miel   honeymoon
llevará el nombre de   will be named
la novia   bride
el pasado sábado   last Saturday
el (la) prometido(a)   fiancé(e)
se llevó a cabo, tuvo lugar   took place
el viaje   trip
viejo(a)   old

Una fiesta muy elegante a la que asisten miembros de la colonia cubana en Miami.

B. As you read the **Sociales** section of the newspaper, find the answers to the following questions.

1. ¿En qué iglesia se llevó a cabo la boda de Alina? ¿Cuándo?
2. ¿Cómo se llama el esposo de Alina?
3. ¿Qué ofrecieron los padres de la novia?
4. ¿Adónde va a ir la feliz pareja de luna de miel?
5. ¿Qué tuvo lugar en el Club Centenario?
6. ¿Cuál es la nacionalidad de los jóvenes?
7. ¿Qué estudian Marisol y Esteban?
8. ¿Para cuándo planean la boda?
9. ¿Quién va de vacaciones a Europa?
10. ¿Qué ciudades va a visitar? ¿Con quiénes?
11. ¿Con qué celebraron el cumpleaños de Isabelita? ¿Dónde?
12. ¿Qué hogar visitó la cigüeña y cómo se llama el bebé?

Díganos

Answer the following questions based on your own thoughts and experiences.

1. ¿En qué mes celebra Ud. su cumpleaños?
2. ¿Van a ofrecer sus amigos un banquete para celebrar su cumpleaños?
3. ¿Es Ud. miembro de un club? ¿De cuál?
4. Para Ud., ¿cuál es el lugar (*place*) ideal para pasar la luna de miel?
5. ¿Adónde planea Ud. ir de vacaciones?
6. ¿Qué ciudades de Europa quiere visitar Ud.?
7. ¿Le gusta a Ud. viajar con sus padres, con sus amigos o solo(a) (*alone*)?
8. ¿Qué nombre le gusta para un bebé?

S O C I A L E S

En el Club Centenario tuvo lugar la fiesta de compromiso de dos simpáticos jóvenes paraguayos: la bellísima señorita Marisol Vera Vierci y el estimado caballero Esteban Troche Infante. Marisol es estudiante de sicología en la Universidad Católica de Asunción y su prometido está terminando la carrera de médico. La enamorada pareja planea su boda para el mes de diciembre. ¡Enhorabuena!

La semana próxima va de vacaciones a Europa la señora Ana María Vásquez de Rojas. En el Viejo Continente va a visitar a sus padres, que residen en la capital española. Acompañada de sus padres, visitará París y Londres. ¡Le deseamos buen viaje!

En la iglesia de San Miguel se llevó a cabo la boda de la gentil señorita Alina de la Cruz Montejo[1] con el distinguido caballero Marcos Rafael Vargas Peña[1] el pasado sábado, 13 de agosto. Terminada la ceremonia religiosa, los padres de la novia ofrecieron un banquete en el Club Unión de Asunción. La feliz pareja va a ir de luna de miel a la hermosa ciudad de Río de Janeiro. ¡Muchas felicidades al nuevo matrimonio!

La cigüeña visitó el hogar del distinguido matrimonio Reyes-Cortesi. El hermoso bebé llevará el nombre de José Luis. ¡Enhorabuena a los nuevos padres!

El sábado pasado se celebró, con una gran fiesta infantil, el cumpleaños de la simpática Isabel Vigo Acosta en la residencia de sus padres. ¡Feliz cumpleaños, Isabelita!

[1]Native Spanish speakers often use two last names, or **apellidos:** their father's last name followed by their mother's maiden name.

A. Expressions with *tener*

Say how you feel according to each situation, using expressions with **tener.**

1. It's July and you are in Phoenix, Arizona.
2. You haven't had anything to eat for the last twelve hours.
3. Your throat is very dry.
4. You are in Alaska and it is winter.
5. You haven't slept for the last twenty-four hours.
6. You are being chased by a big dog.
7. You have one minute to get to your next class, across campus.

B. Personal *a*

Write a sentence with each group of words, adding any necessary words.

1. Yo / conocer / la tía / Julio
2. Luis / tener / tres tíos / dos tías
3. Ana / llevar / su prima / fiesta
4. Uds. / conocer / Nueva York

C. Contractions *al* and *del*

Rewrite the following sentences, replacing the words in italics with the words in parentheses. Make all necessary changes.

1. No conocemos a la *señora* Vega.   (señor)
2. Es la hermana de la *profesora*.   (profesor)
3. Venimos de la *clase*.   (laboratorio)
4. Voy a la *cafetería*.   (teatro)
5. Vengo del *concierto*.   (piscina)

D. Present indicative of *estar, ir,* and *dar*

Complete the following sentences, using the present indicative of **dar, ir,** and **estar.**

1. Yo no _____ mi número de teléfono.
2. Ella no _____ en el cine.
3. Nosotros _____ a la fiesta.
4. ¿Tú _____ bien?
5. Ellos _____ en la cafetería.
6. ¿Ud. _____ a la universidad por la mañana?
7. ¿Uds. _____ fiestas los sábados?
8. Yo _____ a la piscina.

E. *Ir a* + infinitive

Write the question that originated each response, using the cues in italics.

1. Yo voy a estudiar *en el laboratorio*.   (Use **tú**.)
2. Nosotros vamos a comer *sándwiches*.
3. Roberto va a ir *con Teresa*.
4. Yo voy a terminar *a las cuatro*.   (Use **Ud.**)
5. Ellos van a trabajar el sábado.

F. *Saber* vs. *conocer*

Write the following sentences in Spanish.

1. Do you know Mr. Soto, Anita?

    2. Do you know (how) to dance, Miss Peña?
    3. I know (have been to) several cities.
    4. Do you know Pablo's phone number, Paco?

G. Vocabulary

Complete the following sentences, using vocabulary from **Lección 4.**

1. Están en un café al aire _____ .
2. ¿Tienes _____ para comer? Tengo hambre...
3. ¿Qué actividades planean para el _____ de semana?
4. Nosotros estamos _____ a la fiesta de Gloria.
5. No tengo _____ de ir a la fiesta; estoy cansada.
6. Vamos al club a _____ al tenis.
7. Al día _____, todos van al club.
8. Nadamos en la _____ de Jorge.
9. ¿Por qué no _____ (tú) a tu hermana al cine?
10. ¿No sabes patinar? ¡Tienes que _____!

H. Culture

Answer each question, based on the **Notas culturales** you have read.

1. ¿Por quién fue descubierto Puerto Rico?
2. ¿Por qué no necesitan los puertorriqueños visa para entrar en los Estados Unidos?
3. ¿Qué es el Morro?
4. ¿Cuál es el deporte más popular en España y en la mayoría de los países latinoamericanos?

LECCIÓN 5

A. Present progressive

Use the present progressive of the verbs **comer, dormir, leer, patinar,** and **servir** to complete the following sentences. Use each verb once.

1. Nosotros _____ café.
2. Yo _____ un libro.
3. Uds. _____ muy bien.
4. ¿Qué _____ (tú)? ¿Un sándwich?
5. Carlos _____ en su cuarto (*room*).

B. Uses of *ser* and *estar*

Complete each sentence using the present indicative of **ser** or **estar.**

1. Paco _____ de Madrid, pero ahora _____ en California.
2. Gabriela _____ estudiando italiano. _____ una chica muy inteligente.
3. Las mesas _____ de metal.
4. ¡Tú _____ muy bonita hoy!
5. La fiesta _____ en el club "Los Violines".
6. Alina _____ la novia de Marcos.
7. Nosotros _____ muy cansados.
8. _____ las cinco de la tarde.

C. Stem-changing verbs (*e* > *ie*)

Complete each sentence with the Spanish equivalent of the verb in parentheses.

1. ¿Tú _____ ir al cine o al teatro?   (*prefer*)
   Roberto _____ ir al concierto.   (*wants*)
2. Las clases _____ a las seis y terminan a las nueve.   (*start*)
3. Nosotros _____ estudiar esta noche. No tenemos ganas de ir a la fiesta de Teresa.   (*plan*)
4. Ellos _____ ir a la piscina.   (*prefer*)
5. Ana y yo _____ venir mañana.   (*want*)

D. Comparison of adjectives, adverbs, and nouns

Write the following dialogues in Spanish.

1. "Is he older than you, Anita?"
   "Yes, but I'm much taller."
2. "He is very handsome."
   "You are as handsome as he (is), Paquito . . . and he is less intelligent."
3. "Are they the best students in the class?"
   "No, they're the worst!"
4. "Does she work?"
   "Yes, but she doesn't work as many hours as I."

E. Pronouns as object of prepositions

Complete each sentence with the Spanish equivalent of the words in parentheses.

1. ¿Tú vas _____, Paquito?   (*with me*)
   No, no voy _____, Anita. Voy _____.   (*with you / with them*)
2. ¿Los discos compactos son _____, Tito?   (*for you*)
   No, no son _____; son _____.   (*for me / for her*)

F. Vocabulary

Complete the following sentences, using vocabulary from **Lección 5.**

1. Ella es mi _____ de cuarto.
2. Tiene pelo y _____ castaños.
3. Yo tengo veinte años y ella tiene dieciocho; ella es _____ que yo.
4. ¿Es rubia o _____?
5. Es de _____ mediana.
6. Ella es _____. Tiene mucho dinero.
7. Dan una fiesta de _____ para Carlos.
8. Voy a _____ por teléfono a Teresa.
9. —¿Quieres ir a mi fiesta?
   —¡_____ no! ¿Cuándo es?
10. ¿Quieres ponche, vino o _____?

G. Culture

Answer each question, based on the **Notas culturales** you have read.

1. ¿Dónde está situada Costa Rica y cuál es su capital?
2. ¿Cuáles son los productos principales de Costa Rica?
3. ¿Qué características tienen los "ticos"?
4. ¿Qué forma usan los ticos en lugar de "tú" en la conversación?

IV

Diligencias y compras

De compras en la ciudad de Lima, Perú.

Lección 6: En el banco y en la oficina de correos
Lección 7: De compras

By the end of this unit, you will be able to:

- open an account and cash checks at the bank
- mail letters and buy stamps at the post office
- shop for clothing and shoes, conveying your needs with regard to sizes, styles, and colors
- discuss past actions and events
- discuss your likes and dislikes

Lección 6

En el banco y en la oficina de correos

 *En el Banco de América, en la Ciudad de Panamá*

Son las diez de la mañana y Alicia entra en el banco. No tiene que hacer cola porque no hay mucha gente.[1]

CAJERO	— ¿En qué puedo servirle, señorita?
ALICIA	— Quiero abrir una cuenta de ahorros. ¿Qué interés pagan?
CAJERO	— Pagamos el seis por ciento.
ALICIA	— ¿Puedo usar el cajero automático para sacar mi dinero en cualquier momento?
CAJERO	— Sí, pero si saca el dinero, puede perder parte del interés.
ALICIA	— Bueno... Ahora deseo cobrar este cheque.
CAJERO	— ¿Cómo quiere el dinero?
ALICIA	— Cien balboas[2] en efectivo. Voy a depositar mil en mi cuenta corriente.

---

[1]**Gente** is considered singular in Spanish.
[2]Panamanian currency

120

CAJERO — Necesito el número de su cuenta.

ALICIA — Un momento... No encuentro mi talonario de cheques y no recuerdo el número...

CAJERO — No importa. Yo lo busco.

ALICIA — Ah, ¿dónde consigo cheques de viajero?

CAJERO — Los venden en la ventanilla número dos.

En otro departamento, Alicia pide información sobre un préstamo.

Hace veinte minutos que Alicia está en la oficina de correos cuando por fin llega a la ventanilla. Allí compra estampillas y pide información.

ALICIA — Deseo mandar estas cartas por vía aérea.

EMPLEADO — ¿Quiere mandarlas certificadas?

ALICIA — Sí, por favor. ¿Cuánto es?

EMPLEADO — Diez balboas, señorita.

ALICIA — También necesito estampillas para tres tarjetas postales.

EMPLEADO — Aquí las tiene.

ALICIA — Gracias. ¿Cuánto cuesta enviar un giro postal a México?

EMPLEADO — Veinte balboas. ¿Algo más, señorita?

ALICIA — Nada más, gracias.

Alicia sale de la oficina de correos, toma un taxi y vuelve a su casa.

V OCABULARIO

Cognados

el banco bank	**la información** information	**el momento** moment
el cheque check	**el interés** interest	**la parte** part
el departamento department	**el minuto** minute	**el taxi** taxi

Nombres

el (la) cajero(a) teller

el cajero automático automatic teller machine

la carta letter

el cheque de viajero traveler's check

la ciudad city

la cuenta account

la cuenta corriente checking account

la cuenta de ahorros savings account

el (la) empleado(a) clerk

la estampilla, el sello, el timbre (*Méx.*) stamp

la gente people

el giro postal money order

el número number

la oficina de correos, el correo post office

el préstamo loan

el talonario de cheques *de navidad* checkbook

la tarjeta postal postcard

la ventanilla window (*in a bank, ticket office, etc.*)

Verbos

abrir to open

buscar to look up, to look for

comprar to buy

conseguir (e > i) to obtain, to get

costar (o > ue) to cost

depositar to deposit

encontrar (o > ue) to find

entrar (en) to enter, to go in

mandar, enviar to send

pedir (e > i) to ask for, to request

perder (e > ie) to lose

poder (o > ue) to be able to, can

recordar (o > ue) to remember

sacar to take out

salir (yo salgo) to leave, to go out

servir (e > i) to serve

vender to sell

volver (o > ue) to return, to go (come) back

Adjetivos

certificado(a) registered

otro(a) other, another

Otras palabras y expresiones

ahora now

¿algo más? anything else?

allí there

aquí here

cobrar un cheque to cash a check

en cualquier momento at any time

en efectivo in cash

¿En qué puedo servirle? How may I help you?

hacer cola to stand in line

hacer diligencias to run errands

nada más nothing else

No importa. It doesn't matter.

por ciento percent

por fin finally

por vía aérea air mail

sobre, de about

DE AQUÍ Y DE ALLÁ

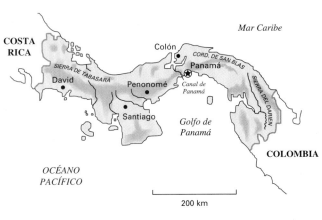

Panamá está situado en el istmo (*isthmus*) que une (*joins*) Suramérica con la América del Norte. El país, que está dividido por el Canal de Panamá, tiene una superficie de unos 78.000 km^2 y una población de unos dos millones y medio de habitantes. Su cultura es una mezcla (*mixture*) de las tradiciones españolas, africanas, indias y norteamericanas. El idioma oficial del país es el español, pero también se usa mucho el inglés.

La principal fuente de ingresos (*source of income*) del país está asociada a las operaciones del Canal, que es administrado conjuntamente por Panamá y los Estados Unidos. La construcción del Canal por parte del gobierno de los Estados Unidos duró (*lasted*) diez años y fue terminada en 1914. El Canal mide 82,4 km y tiene tres esclusas (*locks*) a cada lado del istmo que cruza. A partir del año 2000 el Canal va a pasar a poder de Panamá.

DE ESTO Y AQUELLO

El balboa es la unidad monetaria de Panamá. Su valor (*value*) es equivalente al del dólar, moneda que también se usa mucho en el país. Argentina, Chile, Colombia, Cuba, México, Uruguay y la República Dominicana usan el peso. Otras unidades monetarias en los países hispanos son el boliviano en Bolivia, el colón en Costa Rica y El Salvador, el sucre en Ecuador, el quetzal en Guatemala, el lempira en Honduras, el nuevo córdoba en Nicaragua, el sol en Perú, el guaraní en Paraguay, el bolívar en Venezuela y la peseta en España.

Vista de una de las esclusas
del Canal de Panamá.

Pronunciación

◼◼◼◼◼◼◼◼◼◼   ◼◼◼◼◼◼◼◼◼◼   ◼◼◼◼◼◼◼◼◼◼   ◼◼◼◼◼◼◼◼◼◼

Las consonantes *ll, ñ*

A. Practice the sound of Spanish **ll** in the following words.

llegar	sello
llamar	silla
estampilla	allí
llama	ventanilla
Allende	

B. Practice the sound of Spanish **ñ** in the following words.

señor	mañana
año	señorita
español	Peña
señora	España
otoño	

Puntos para recordar

◼◼◼◼◼◼◼◼◼◼   ◼◼◼◼◼◼◼◼◼◼   ◼◼◼◼◼◼◼◼◼◼   ◼◼◼◼◼◼◼◼◼◼

1. **Stem-changing verbs:** *o > ue* and *e > i* (*Verbos que cambian en la raíz:* o > ue y e > i)

A. Stem-changing verbs: **o > ue**

◼ As you learned in **Lección 5,** some Spanish verbs undergo a stem change in the present indicative tense. When **o** is the last stem vowel and it is stressed, it changes to **ue,** as shown below.

poder (*to be able to*)			
yo	**pue**do	nosotros(as)	podemos
tú	**pue**des	vosotros(as)	podéis
Ud.		Uds.	
él }	**pue**de	ellos }	**pue**den
ella		ellas	

— ¿A qué hora **vuelven** Uds.   *"What time **do you go back** to*
   al banco?   *the bank?"*
— **Volvemos** a las dos.   *"**We go back** at two o'clock."*

◼ Note that the stem vowel is not stressed in the verb forms used with **nosotros(as)** and **vosotros(as);** therefore the **o** does not change to **ue.**

Some other verbs that undergo the **o > ue** change:[1]

    costar   **dormir** (*to sleep*)   **encontrar**   **recordar**   **volver**

B. Stem-changing verbs: **e > i**

■ Some **-ir** verbs undergo a stem change in the present indicative. For these verbs, when **e** is the last stem vowel and it is stressed, it changes to **i** as shown below.

servir (*to serve*)			
yo	sirvo	nosotros(as)	servimos
tú	sirves	vosotros(as)	servís
Ud. él ella	sirve	Uds. ellos ellas	sirven

    — ¿A qué hora **sirven** Uds. el café?   *"What time **do you serve** coffee?"*
    — **Servimos** el café a las ocho.   *"**We serve** coffee at eight o'clock."*

■ Note that the stem vowel is not stressed in the verb forms used with **nosotros(as)** and **vosotros(as);** therefore the **e** does not change to **i.**

Some other verbs that undergo the **e > i** change:

    decir[2] (*to say, to tell*)   **conseguir**[3]
    pedir   **seguir** (*to follow, to continue*)

---

[1]For a complete list of stem-changing verbs, see Appendix B.
[2]First person: **yo digo**
[3]Verbs like **conseguir** drop the **u** before **a** or **o: yo consigo.**

¡ V A M O S   A   P R A C T I C A R !

A. Complete the following dialogue, using the correct forms of the verbs **costar, encontrar, poder, recordar,** and **volver.** Then act it out with a partner.

— ¿A qué hora _____ Uds. a casa?
— Yo _____ a las doce y Andrés _____ a las dos.
— ¿_____ Andrés ir al banco con nosotros?
— No, él no _____ ir, pero nosotros _____ ir con Uds.
— ¿Tú _____ el número de tu cuenta?
— No, no _____ el número, pero aquí tengo el talonario de cheques.
— Yo no _____ mi talonario de cheques. ¿Sabes tú dónde está?
— Sí, está en tu escritorio.
— Estoy cansada. ¿_____ (nosotros) tomar un taxi?
— No,... _____ mucho dinero.

B. Complete the following dialogues, using the correct forms of the verbs **servir, decir, pedir,** and **conseguir.** Then act them out with a partner.

1. — Ana, ¿cuánto dinero _____ Uds. en el banco?
   — Yo _____ cien dólares y Juan _____ quinientos.
   — ¿_____ tus cheques de viajero allí también?
   — Sí.
2. — ¿Tú _____ que la fiesta es el sábado?
   — No, yo _____ que es el viernes; Pablo _____ que es el sábado.
   — ¿Qué _____ Uds. en sus fiestas?
   — Yo _____ refrescos y Alicia _____ cerveza y ponche.

C. Interview a partner, using the following questions.

1. ¿Puedes ir a la oficina de correos los sábados?
2. ¿Recuerdas el número de tu cuenta corriente?
3. ¿Pides un préstamo para pagar la matrícula?
4. ¿Cuánto cuesta tu libro de español?
5. ¿Qué dice el (la) profesor(a) cuando llega a la clase?
6. ¿A qué hora vuelves a tu casa hoy?
7. ¿Qué sirves en tus fiestas?

2. Demonstrative adjectives and pronouns (*Adjetivos y pronombres demostrativos*)

A. Demonstrative adjectives

■ Demonstrative adjectives point out persons and things. Like all other adjectives, they agree in gender and number with the nouns they modify. The forms of the demonstrative adjectives are as follows.

Masculine		Feminine		English Equivalent	
Sing.	*Pl.*	*Sing.*	*Pl.*	*Sing.*	*Pl.*
este	estos	esta	estas	this	these
ese	esos	esa	esas	that	those
aquel	aquellos	aquella	aquellas	that (*over there*)	those (*at a distance*)

— ¿Qué quieres comprar?
— **Estos** vasos y **aquellas** tazas.

"What do you want to buy?"
*"**These** glasses and **those** cups."*

B. Demonstrative pronouns

■ The forms of the demonstrative pronouns are as follows.

Masculine		Feminine		Neuter	
Sing.	*Pl.*	*Sing.*	*Pl.*		
éste	éstos	ésta	éstas	esto	this (one), these
ése	ésos	ésa	ésas	eso	that (one), those
aquél	aquéllos	aquélla	aquéllas	aquello	that (one), those (*at a distance*)

■ The masculine and feminine demonstrative pronouns are the same as the demonstrative adjectives, except that they have a written accent.

■ Each demonstrative pronoun has a neuter form. The neuter forms have no gender and refer to unspecified situations, ideas, or things: *this, this matter; that, that business.*

■ Note that the demonstrative pronouns replace a noun.

— ¿Qué libro quiere Ud., **éste** o **ése?**	*"Which book do you want, **this one** or **that one?**"*
— Quiero **aquél.**	*"I want **that one over there.**"*
— ¿Qué crees de **eso?**	*"What do you think about **that?**"*
— Creo que es un problema.	*"I think that it's a problem."*

¡ V A M O S   A   P R A C T I C A R !

A. Describe in Spanish the following illustrations, using the suggested demonstrative adjectives.

1. this, these:

   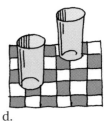

a.   b.   c.   d.

2. that, those:

  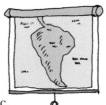 

a.   b.   c.   d.

3. that (over there); those (over there):

a.   b.   c.   d.

B. Complete the following sentences with the Spanish equivalent of the pronouns given in parentheses.

1. Quiero este libro y _____ (*that one*).
2. Necesitamos esa pluma y _____ (*that one over there*).
3. Compramos esos lápices y _____ (*these*).
4. ¿Prefiere Ud. este ponche o _____
   (*that one over there*)?
5. ¿Pongo los libros en este escritorio o en _____
   (*those over there*)?
6. ¿Van Uds. a comprar esas mesas o _____ (*this one*)?
7. Deseo aquellas sillas y _____ (*these*).
8. ¿Estudia él con ese profesor o con _____ (*this one*)?
9. ¿Compramos esta tarjeta postal o _____ (*that one*)?
10. Necesitamos estas plumas y _____ (*those*).

C. With a partner, act out the following dialogues in Spanish.

1. "Do you live in this house, Miss Rojas?"
   "No, I live in that one, over there."
2. "Do you need these letters, Pilar?"
   "Yes, I need these and those."
3. "I want to have a good education (**educación**)."
   "That's the important thing."
4. "I need a clock."
   "You can take this one."

3. Direct object pronouns (*Pronombres usados como complemento directo*)

■ In addition to a subject, most sentences have an object that directly receives the action of the verbs.

Él compra **el café.**   *He buys **the coffee.***
S.   V.   D.O.

In the preceding sentence, the subject **él** performs the action, while **el café,** the direct object, directly receives the action of the verb. (The direct object of a sentence can be either a person or a thing.)

The direct object can be easily identified as the answer to the questions *whom?* and *what?*

Él compra **el café.**   (***What** is he buying?*)
S.   V.   D.O.

Alicia llama **a Luis.**   (***Whom** is she calling?*)
S.   V.   D.O.

■ Direct object pronouns are used in place of direct objects. The forms of the direct object pronouns are as follows.

	Singular		*Plural*
me	me	**nos**	us
te	you (*fam.*)	**os**	you (*fam. pl.*)
lo	him, you (*masc. form.*), it (*masc.*)	**los**	them (*masc.*), you (*masc. form.*)
la	her, you (*fem. form.*), it (*fem.*)	**las**	them (*fem.*), you (*fem. form.*)

¿Dónde quiere **la silla?**   ¿**La** quiere allí?

*Where do you want **the chair?***   *Do you want **it** there?*

■ Position of direct object pronouns

- In Spanish, object pronouns are normally placed before a conjugated verb.

  Yo compro **el café.**   *I buy **the coffee.***
  Yo   **lo**   compro.   *I buy **it.***

- In a negative sentence, **no** must precede the object pronoun.

  Yo compro **el café.**   *I buy **the coffee.***
  Yo   **lo**   compro.   *I buy **it.***
  Yo   **no**   **lo**   compro.   *I **don't** buy **it.***

- When a conjugated verb and an infinitive appear together, the direct object pronoun is either placed before the conjugated verb or attached to the infinitive. This is also the case in a negative sentence.

  La   voy a llamar.
  Voy a llamar**la.**   } *I'm going to call **her.***

  No **la** voy a llamar.
  No   voy a llamar**la.**   } *I'm not going to call **her.***

- In the present progressive, the direct object pronoun can be placed either before the verb **estar** or after the present participle.[1]

  Lo   está leyendo.
  Está leyéndo**lo.**   } *He's reading **it.***

¡Atención!   Note the use of the written accent on present participles that have pronouns attached: **está leyéndolo, estamos mirándola.**

---

[1]Present participle is **gerundio** (-**ando** and -**iendo** forms) in Spanish.

¡VAMOS A PRACTICAR!

A. Complete the following dialogues by supplying the missing direct object pronouns. Then act them out with a partner.

1. —¿Tienes tu talonario de cheques?
   —No, no _____ tengo aquí. Tengo que buscar_____.

2. —¿A qué hora abren la oficina de correos?
   —_____ abren a las nueve. ¿Vas a mandar estas cartas?
   —Sí,_____ voy a mandar hoy.

3. —Rosita, ¿Carlos _____ va a llamar a ti o a mí?
   —_____ va a llamar a mí.

4. —¿Tú conoces a Julio?
   —No, no _____ conozco.

5. —¿Ellos _____ invitan a Uds. a sus fiestas?
   —Sí, _____ invitan.

B. Susan has a car and her teacher and her friends often need rides. Susan always says yes. What does she say to the following people?

1. *Ana*   —¿Puedes llevarme a casa?
2. *Raúl y Jorge*   —¿Puedes llevarnos a la biblioteca?
3. *Profesora*   —¿Puedes llevarme a mi apartamento?
4. *Teresa*   —¿Puedes llevar a Rosa y a Carmen a casa?
5. *Sergio*   —¿Puedes llevar a Pedro y a Luis a la residencia?
6. *Marta y Raquel* —¿Puedes llevarnos a casa?

C. You and your friends Gustavo and Jaime are making plans to go out for the evening. Answer Gustavo's questions, using direct object pronouns and the cues provided.

1. ¿A qué hora me llamas? (a las cinco)
2. ¿Adónde nos llevas? (a un restaurante)
3. ¿Recuerdas el número de teléfono de Jaime? (no)
4. ¿Tienes tu licencia para conducir? (sí)
5. ¿Cuándo vas a llamar a Teresa y a Susana? (más tarde)
6. ¿El novio de Teresa los conoce a Uds.? (no)

D. Use the appropriate direct object pronouns to say what you do with respect to the following people or things.

MODELO: el café
        Lo bebemos.

1. las cartas
2. los cheques de viajero
3. el giro postal

4. el préstamo
5. la cuenta corriente
6. el número de la cuenta
7. la información
8. los cheques
9. el taxi
10. dos chicas (dos muchachos)

E. Answer the following questions, basing your answers on the illustrations. Use direct object pronouns in your responses.

1. ¿A qué hora llama Sara a Luis?
2. ¿Cuándo tiene que llamar Luis a Sara?
3. ¿Pepe puede llevar a las chicas a casa?
4. ¿Dónde tiene Pepe los libros?
5. ¿Quién bebe el refresco?
6. ¿Quién sirve el café?
7. ¿Quién abre la puerta?
8. ¿Quién tiene las cartas?

4. Affirmative and negative expressions (*Expresiones afirmativas y negativas*)

Affirmative		Negative	
algo	something, anything	**nada**	nothing
alguien	someone, anyone	**nadie**	nobody, no one
algún **alguno(a)** **algunos(as)**	any, some	**ningún** **ninguno(a)**	none, not any; no one, nobody
siempre	always	**nunca**	never
alguna vez	ever	**jamás**	
algunas veces, a veces	sometimes		
también	also, too	**tampoco**	neither
o... o	either ... or	**ni... ni**	neither ... nor

— ¿Uds. **siempre** van a Nueva York?   "*Do you **always** go to New York?*"
— No, **nunca** vamos a Nueva York.   "*No, we **never** go to New York.*"
— Nosotros **tampoco.**   "***Neither** do we.*"

■ **Alguno** and **ninguno** drop the final **-o** before a masculine singular noun, but **alguna** and **ninguna** keep the final **a.**

— ¿Hay **algún** libro o **alguna** pluma en la mesa?   "*Is there **any** book or pen on the table?*"
— No, no hay **ningún** libro ni **ninguna** pluma.   "*No, there is **no** book or pen.*"

■ **Alguno(a)** can be used in the plural form, but **ninguno(a)** is used only in the singular.

— ¿Necesita mandar **algunas** cartas?   "*Do you need to send **some** letters?*"
— No, no necesito mandar **ninguna** carta.   "*No, I don't need to send **any** letters.*"

■ Spanish sentences frequently use a double negative. In this construction, the adverb **no** is placed before the verb. The second negative word either follows the verb or appears at the end of the sentence. **No** is never used, however, if the negative word precedes the verb.

— ¿Habla Ud. español siempre?   "*Do you always speak Spanish?*"
— No, yo **no** hablo español **nunca.**   "*No, I **never** speak Spanish.*"

or:

— No, yo **nunca** hablo español.

— ¿Compra Ud. **algo** aquí?	*"Do you buy **anything** here?"*
— No, **no** compro **nada nunca.**	*"No, I **never** buy anything."*

or:

— No, yo **nunca** compro **nada.**

■ In fact, Spanish often uses several negatives in one sentence.

Yo **nunca** pido **nada tampoco.**   *I **never** ask for **anything either.***

¡ V A M O S   A   P R A C T I C A R !

A. You and a friend cannot agree on anything. What would you say if he (she) said the following things?

> MODELO: Yo quiero comer algo.
> *Yo no quiero comer nada.*

1. Yo siempre voy a ese banco.
2. Yo tengo algunos discos compactos en español.
3. Yo tomo té o café.
4. Nosotros siempre vamos al cine también.
5. Yo quiero hablar con alguien.
6. Yo siempre compro algo.
7. Yo tengo algunas amigas españolas.
8. Ella necesita algunas cintas.

B. Interview a partner, using the following questions.

1. ¿Vas al banco por la mañana a veces?
2. ¿En el banco siempre pagan el 5% de interés?
3. ¿Siempre llevas tu talonario de cheques contigo?
4. ¿Necesitas comprar algo en el correo ahora?
5. Yo nunca voy a la oficina de correos los domingos. *tampoco* ¿Y tú?
6. ¿Tienes algunas estampillas de Venezuela?
7. ¿Alguien va contigo al correo a veces?
8. ¿Tú tomas té o café por la mañana?

C. With a partner, prepare five affirmative and five negative questions to ask your instructor.

5. *Hace... que*

■ To express how long something has been going on, Spanish uses the following formula.

> *subject*
>
> **Hace** + length of time + **que** + verb (*in the present tense*)
> **Hace** dos años **que** vivo aquí.
> *I have been living here for two years.*

— Oye, ¿dónde está Eva?
— No sé. **Hace dos días que no viene** a clase.

"Listen, where is Eva?"
*"I don't know. **She hasn't come** to class **for two days.**"*

■ The following construction is used to ask how long something has been going on.

> **¿Cuánto tiempo hace que** + verb (*present tense*)?[1]

— ¿Cuánto tiempo **hace que ella está** en el correo?
— **Hace una hora que está** allí.

*"**How long has she been** in the post office?[1]"*
*"**She has been** there for **an hour.**"*

---

[1]Note that English uses the present perfect progressive or the present perfect tense to express the same concept.

¡VAMOS A PRACTICAR!

A. In complete sentences, tell how long each action depicted below has been going on. Use **hace... que** and the length of time specified.

1. veinte minutos

2. tres años

3. una hora

4. dos horas

5. seis meses

6. quince días

B. Interview one of your classmates and then report to the class.

1. ¿Cuánto tiempo hace que vives en esta ciudad?
2. ¿Cuánto tiempo hace que estudias en esta universidad?
3. ¿Cuánto tiempo hace que trabajas en esta ciudad?
4. ¿Cuánto tiempo hace que no comes?
5. ¿Cuánto tiempo hace que no vas al banco?
6. ¿Cuánto tiempo hace que hablas español?

Y ahora, ¿qué?

Palabras y más palabras

Complete each sentence, using vocabulary from **Lección 6.**

1. Voy a depositar el dinero en mi _____ de ahorros.
2. El banco paga el seis por ciento de _____.
3. Podemos sacar el dinero en _____ momento, pero perdemos _____ del interés.
4. Ahora deseo _____ un cheque. Quiero quinientos dólares en _____.
5. ¿Puede Ud. _____ el número, por favor? Yo no lo encuentro.
6. Ella va a _____ un préstamo.
7. Voy a tener que hacer _____ porque hay mucha _____ en el banco.
8. ¿No tienes el talonario de cheques? No _____; yo tengo dinero.
9. Está hablando con el empleado, _____ información.
10. Buenos días. ¿En qué puedo _____, señora?
11. Voy a mandar las cartas por _____ aérea y _____.
12. Voy al correo para enviar un giro _____.
13. ¿Cuánto _____ las tarjetas postales? Necesito _____ dos.
14. Necesito _____ para estas cartas.
15. Venden estampillas en la _____ número siete.
16. Podemos usar el _____ automático para sacar dinero.

¡Vamos a conversar!

A. ¿Recuerda usted? What happens at the bank and at the post office? Base your answers on the dialogues.

1. ¿Qué hora es cuando Alicia entra en el banco?
2. ¿Por qué no tiene que hacer cola Alicia?
3. ¿Qué interés paga el banco en las cuentas de ahorros?
4. Alicia puede sacar su dinero en cualquier momento, pero ¿qué va a perder?
5. ¿Cuánto dinero quiere Alicia en efectivo?
6. ¿Cuánto va a depositar en su cuenta corriente?
7. ¿Qué no recuerda Alicia?
8. ¿Dónde consigue Alicia cheques de viajero?
9. ¿Cómo quiere enviar las cartas?

10. ¿Cuánto va a pagar para enviar las cartas?
11. ¿Para qué necesita estampillas Alicia?
12. ¿Cuánto cuesta enviar un giro postal a México?
13. ¿Necesita Alicia algo más?
14. ¿Cómo vuelve Alicia a su casa?

B. Entrevista. Interview a partner, using the **tú** form.

Pregúntele a su compañero(a) de clase...

1. ...si tiene cuenta de ahorros
2. ...si tiene cuenta corriente
3. ...en qué banco tiene su dinero
4. ...si sabe el número de su cuenta
5. ...si lleva el talonario de cheques todos los días
6. ...cuándo va a cobrar un cheque
7. ...dónde está la oficina de correos
8. ...cómo manda sus cartas
9. ...si sabe cuánto cuesta mandar una carta a Panamá
10. ...si recibe giros postales de sus padres
11. ...si tiene que hacer alguna diligencia hoy
12. ...a qué hora va a volver a su casa

Now ask your partner two questions of your own.

Situaciones

What would you say in the following situations? What might the other person say? Act out the scenes with a partner.

1. You are at a bank and want to open a savings account. Ask for the necessary information.
2. You need to cash a check. Tell the teller how much you want to deposit in your checking account, and how much cash you want.
3. You are at the post office in a Spanish-speaking country, and you need to send some letters and postcards to the United States. Tell the employee how you want to send the letters, and ask about prices.

Para escribir

Write about your banking practices. Tell

1. the name of your bank
2. types of accounts you have
3. the interest your bank pays
4. whether you can withdraw your money at any time without losing interest
5. whether you pay for purchases by check or by a credit card (**tarjeta de crédito**)
6. whether you save (**ahorrar**) money, and why

¿Qué dice aquí?

Read the following ad and answer the questions that follow.

¡Gratis!
Cuenta corriente junto con el depósito directo de sus cheques del Seguro Social.

METROPOLITAN TRUST BANK
Miembro F.D.I.C.

Ahora el METROPOLITAN TRUST BANK tiene un nuevo servicio para usted. Sus cheques del Seguro Social, de Pensión Federal o de Veteranos pueden ser depositados automáticamente en su cuenta corriente o de ahorros. Nuestro Servicio de Depósito Directo le ofrece estos beneficios:
- Cuenta corriente personal gratis.
- Usted no tiene que ir al banco.
- Su cheque puede ser depositado en su cuenta corriente gratis o en su cuenta de ahorros.

Le invitamos a visitar nuestra sucursal de
1768 SW 32 St., Atlanta

---

1. ¿Cómo se llama el banco?
2. ¿Cuál es la dirección de la sucursal (*branch*) del banco?
3. ¿En qué cuentas puede Ud. depositar automáticamente su cheque del Seguro Social (*Social Security*)?
4. Además (*besides*) de su cheque del Seguro Social ¿qué otros cheques puede depositar automáticamente?
5. ¿Necesita Ud. ir al banco para hacer el depósito?
6. ¿Debe pagar extra por este servicio o es gratis (*free*)?

⋖ۣ Un dicho ۣ⋗

Más vale pájaro en mano que ciento volando.

A bird in the hand is worth two in the bush.
(Lit., one hundred flying)

De compras

PROBADOR

Aurora Ibarra es estudiante de ingeniería. Es de Barranquilla, pero el año pasado[1] se mudó a Bogotá. Hoy se levantó muy temprano, se bañó y se preparó para ir de compras.

En la tienda París, que hoy tiene una gran liquidación, Aurora está hablando con la dependienta en el departamento de señoras.

AURORA — Me gusta esa blusa rosada. ¿Cuánto cuesta?

DEPENDIENTA — Cincuenta mil pesos. ¿Qué talla usa Ud.?

AURORA — Talla treinta. ¿Dónde puedo probarme la blusa?

DEPENDIENTA — Hay un probador a la derecha y otro a la izquierda.

AURORA — También voy a probarme este vestido y esa falda.

DEPENDIENTA — ¿Necesita un abrigo? Hoy tenemos una gran liquidación de abrigos.

AURORA — ¡Qué lástima! Ayer compré uno... ¿La ropa interior y las pantimedias también están en liquidación?

DEPENDIENTA — Sí, le damos un veinte por ciento de descuento.

Aurora compró la blusa y la falda, pero decidió no comprar el vestido. Después fue a la zapatería para comprar un par de sandalias y una cartera. Cuando salió de la zapatería fue a hacer varias diligencias y no volvió a su casa hasta muy tarde.

---

[1]With the words **pasado(a)** and **próximo(a)** the definite article is used: **el año pasado** (*last year*); **el mes próximo** (*next month*).

Enrique está en una zapatería porque necesita un par de zapatos y unas botas.

EMPLEADO — ¿Qué número calza Ud.? *shoe size only*

ENRIQUE — Calzo el cuarenta.

EMPLEADO — (*Le prueba unos zapatos.*) ¿Le gustan?

ENRIQUE — Sí, pero me aprietan un poco; son muy estrechos.

EMPLEADO — ¿Quiere unos más anchos?

ENRIQUE — Sí, y unas botas del mismo tamaño, por favor.

EMPLEADO — (*Le trae las botas y los zapatos.*) Estas botas son de muy buena
calidad.

ENRIQUE — (*Se prueba las botas y los zapatos.*) Los zapatos me quedan bien,
pero las botas me quedan grandes.

*Después de pagar los zapatos, Enrique fue al departamento de caballeros de
una tienda muy elegante. Allí compró un traje, un pantalón, una camisa, dos
corbatas y un par de calcetines. Después volvió a su casa.*

ENRIQUE — (*Piensa mientras se viste.*) Me voy a poner el traje nuevo para ir a
la fiesta del club.

VOCABULARIO

Cognados

elegante   elegant   **la sandalia**   sandal

Nombres

el abrigo   coat
el año   year
la blusa   blouse
la bota   boot
el calcetín   sock
la calidad   quality
la cartera, el bolso, la bolsa
  purse, handbag
la camisa   shirt
la corbata   tie
el departamento de caballeros
  men's department
el (la) dependiente(a)   clerk
el descuento   discount
la falda   skirt
la ingeniería   engineering
la liquidación, la venta   sale
el pantalón (los pantalones)
  pants, trousers
las pantimedias   pantyhose
el par   pair
el probador   fitting room
la ropa   clothes
la ropa interior   underwear
la talla,[1] el tamaño   size
la tienda   store
el traje   suit
el vestido   dress
la zapatería   shoe store
el zapato   shoe

Verbos

apretar (e > ie)   to be tight
bañarse   to bathe
calzar   to wear a certain shoe
  size
gustar   to like, to be pleasing
  to
levantarse   to get up
mudarse   to move (*relocate*)
poner (yo pongo)[2]   to put
ponerse   to put on
prepararse   to get ready
probar(se) (o > ue)   to try (on)
quedar   to fit, to suit
traer (yo traigo)[2]   to bring
usar, llevar   to wear
vestirse (e > i)   to dress oneself, to get dressed

Adjetivos

ancho(a); más ancho(a)   wide;
  wider
estrecho(a)   narrow
grande, gran[3]   big
mismo(a)   same
nuevo(a)   new
pasado(a)   last
tarde   late

Otras palabras y expresiones

a la derecha   to the right
a la izquierda   to the left
ayer   yesterday
ir de compras   to go shopping
mientras   while
qué lástima   what a pity
quedarle bien (a uno o una)
  to fit
quedarle grande (a uno o una)[4]
  to be too big (*on someone*)
temprano   early
un poco   a little

---

[1]**Talla** is used only for clothing.
[2]In the present indicative the verbs **poner** and **traer** are irregular only in the first-person singular form.
[3]**Gran** is used instead of **grande** before a singular noun.
[4]**quedarle chico(a) (a uno o una)** to be too small (*on someone*)

DE AQUÍ Y DE ALLÁ

Bogotá, la capital de Colombia, fue fundada en 1538. Como la ciudad está rodeada (*is surrounded*) de montañas, el transporte entre la capital y el resto del país es principalmente por aire. Bogotá es la base de Avianca, la línea aérea comercial más antigua de la América del Sur.

Bogotá es una ciudad de contrastes, donde hay modernos rascacielos (*skyscrapers*) junto a (*next to*) iglesias (*churches*) que datan del siglo (*century*) XVI. En Bogotá, hay excelentes hoteles y restaurantes internacionales y muchas atracciones turísticas. En el Museo del Oro (*Gold*) se encuentra una de las mejores colecciones de objetos precolombinos (*pre-Columbian*). Colombia es famosa por sus esmeraldas, que están consideradas entre las mejores del mundo.

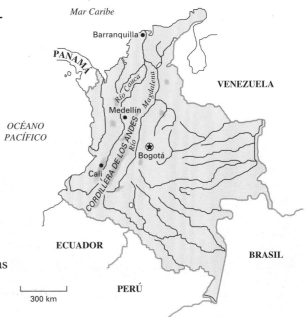

Piezas de oro en el Museo del Oro en Bogotá, Colombia.

DE ESTO Y AQUELLO

1. En la mayoría de los países hispanos la talla de la ropa se basa en el sistema métrico. Por ejemplo, la medida (*measure*) del cuello (*collar*) y el largo de las mangas (*sleeves*) de una camisa se dan en centímetros. Una talla 10 en los Estados Unidos es equivalente a la 30 en España. Estas equivalencias varían de país a país.

2. El sistema métrico decimal se usa en todos los países de habla hispana. La unidad básica del sistema es el metro, que equivale a 3,28 pies.

Pronunciación

Las consonantes *l, r, rr*

A. Practice the Spanish **l** in the following words.

falda	abril	el
mil	Ángel	¿qué tal?
Isabel	mal	volver

B. Practice the Spanish **r** in the following words.

corbata	probarse	número
primero	París	cuarenta
cartera	porque	derecha

C. Practice the Spanish **rr** (spelled **r** both at the beginning of a word and after an **n**) in the following words.

rosado	borrador	correr
Enrique	ahorros	pelirrojo
residente	pizarra	rizador

Puntos para recordar

1. Preterit of regular verbs (*El pretérito de los verbos regulares*)

■ Spanish has two simple past tenses: the preterit and the imperfect. (The imperfect will be presented in **Lección 8.**) The preterit of regular verbs is formed as follows. Note that the endings for **-er** and **-ir** verbs are identical.

-**ar** *verbs*	-**er** *verbs*	-**ir** *verbs*
tomar (*to take*)	**comer** (*to eat*)	**escribir** (*to write*)
tom**é**	com**í**	escrib**í**
tom**aste**	com**iste**	escrib**iste**
tom**ó**	com**ió**	escrib**ió**
tom**amos**	com**imos**	escrib**imos**
tom**asteis**	com**isteis**	escrib**isteis**
tom**aron**	com**ieron**	escrib**ieron**

yo **tomé**	*I took; I did take*
Ud. **comió**	*you ate; you did eat*
ellos **decidieron**	*they decided; they did decide*

■ Verbs ending in **-ar** and **-er** that are stem-changing in the present indicative are regular in the preterit.

encontrar	tú enc**ue**ntras	tú enc**o**ntraste
volver	yo v**ue**lvo	yo v**o**lví
cerrar (*to close*)	yo c**ie**rro	yo c**e**rré

■ Verbs ending in **-gar, -car,** and **-zar** change **g** to **gu, c** to **qu,** and **z** to **c** before **é** in the first person of the preterit:

pagar ⟶ **pagué buscar** ⟶ **busqué empezar** ⟶ **empecé**

■ Verbs whose stem ends in a strong vowel change the unaccented **i** of the preterit ending to **y** in the third-person singular and plural of the preterit:

leer ⟶ **leyó leyeron**

■ The preterit tense refers to actions or events that the speaker views as completed in the past.

— ¿Qué **compraste** ayer? *"What **did you buy** yesterday?"*
— **Compré** frutas y queso. *"**I bought** fruit and cheese."*

— ¿Qué **comieron** Uds.? *"What **did** you **eat**?"*
— **Comimos** ensalada. *"**We ate** salad."*

¡Atención! Note that Spanish has no equivalent for the English *did* used as an auxiliary verb in questions and negative sentences.

— ¿**Encontraste** el dinero? *"**Did you find** the money?"*
— No lo **busqué.** *"**I didn't look** for it."*

¡VAMOS A PRACTICAR!

A. Complete the following dialogues, using the correct forms of the verbs in parentheses. Then act them out with a partner.

1. — ¿A qué hora _____ (volver) Uds. ayer?
   — Yo _____ (volver) a las siete y Mario _____ (volver) a las nueve. ¿A qué hora _____ (volver) tú?

2. — ¿_____ (leer) Ud. este libro, señor Vega?
   — Sí, lo _____ (leer) ayer.
   — ¿Lo _____ (sacar) de la biblioteca o lo _____ (comprar)?
   — Lo _____ (sacar) de la biblioteca.

3. — ¿Cuándo _____ (empezar) a trabajar tú?
   — _____ (empezar) en enero.
   — ¿En qué mes _____ (llegar) aquí?
   — _____ (llegar) en noviembre del año pasado.

4. — ¿Con quién _____ (hablar) Uds.?

— Yo _____ (hablar) con el dependiente y Ramiro _____ (hablar) con el cajero.

B. Read what the following people typically do. Then complete each sentence telling how they varied from their normal routines yesterday.

1. Yo siempre hablo con mis padres, pero ayer...
2. Yo siempre escribo en inglés, pero ayer...
3. Tú siempre estudias por la mañana, pero ayer...
4. Alberto siempre compra café, pero ayer...
5. Los chicos siempre toman café, pero ayer...
6. Nosotros siempre comemos en la cafetería, pero ayer...
7. Adela siempre sale con su novio, pero ayer...
8. Ustedes siempre vuelven a las seis, pero ayer...
9. Yo siempre llego a la universidad a las ocho, pero ayer...
10. Yo siempre empiezo a trabajar a las tres, pero ayer...

C. Answer the following questions.

1. ¿A qué hora saliste de tu casa?
2. ¿A qué hora llegaste a la universidad?
3. ¿Trabajaste mucho?
4. ¿Cuántas horas estudiaste?
5. ¿Dónde comiste?
6. ¿Qué comiste?
7. ¿Qué tomaste?
8. ¿A qué hora volviste a tu casa?

2. Preterit of *ser, ir,* and *dar* (*El pretérito de* ser, ir *y* dar)

■ The preterits of **ser, ir,** and **dar** are irregular.

ser (*to be*)	ir (*to go*)	dar (*to give*)
fui	fui	di
fuiste	fuiste	diste
fue	fue	dio
fuimos	fuimos	dimos
fuisteis	fuisteis	disteis
fueron	fueron	dieron

— ¿Para qué **fuiste** a la tienda?
— **Fui** para comprar ropa. Papá me **dio** el dinero.

"*What **did you go** to the store for?*"
"*I **went** to buy clothes. Dad **gave** me the money.*"

— ¿Quién **fue** tu profesor de español?
— La Dra. Vega.

"*Who **was** your Spanish professor?*"
"*Dr. Vega.*"

¡Atención!   Note that **ser** and **ir** have identical preterit forms; however, there is no confusion as to meaning, because the context clarifies it.

¡ V A M O S   A   P R A C T I C A R !

A. Complete the following dialogues, using the preterit of **ser, ir,** and **dar.** Then act them out with a partner, adding your own original lines of dialogue.

1. — ¿Con quién _____ tú a la zapatería?
   — _____ con mi hijo.
   — ¿_____ (Uds.) por la mañana o por la tarde?
   — _____ por la tarde.

2. — ¿Cuánto dinero _____ Uds. para la fiesta?
   — Yo _____ diez dólares y Carlos _____ cinco dólares.
   — ¿Luisa _____ a la fiesta con Roberto?
   — No, ella y Marisol _____ con Juan Carlos.

3. — ¿Quién _____ el profesor de literatura de Uds. en la universidad?
   — El Dr. Rivas.
   — ¿Uds. no _____ estudiantes de la Dra. Torres?
   — No, no _____ estudiantes de ella.

B. Interview a partner, using the following questions.

1. ¿Quién fue tu profesor(a) favorito(a) el año pasado?
2. ¿Fuiste a la biblioteca ayer? (¿A qué hora?)
3. ¿Adónde fuiste el fin de semana pasado?
4. ¿Tus amigos fueron también?
5. ¿Cuándo diste una fiesta?
6. ¿Dónde la diste?

C. With a partner, prepare five questions to ask your instructor about his or her activities. Use the preterit of **ser, ir,** and **dar.**

3. Indirect object pronouns (*Los pronombres usados como complemento indirecto*)

■ In addition to a subject and direct object, a sentence can have an indirect object.

Ella les da el **dinero a los muchachos.**
    S.   **V.**   **D.O.**   **I.O.**

What does she give? **(el dinero)**

To whom does she give it? **(a los muchachos)**

In this sentence, **ella** is the subject who performs the action, **el dinero** is the direct object, and **a los muchachos** is the indirect object, the final recipient of the action expressed by the verb.

■ Indirect object nouns are for the most part preceded by the preposition **a.**

■ An indirect object usually tells to whom or for whom something is done. Compare these sentences:

Yo voy a mandar**lo** a México.   (**lo:** *direct object*)
*I'm going to send **him** to Mexico.*

Yo voy a mandar**le** dinero.   (**le:** *indirect object*)
*I'm going to send **him** money.*   (*I'm going to send money **to him.***)

■ An indirect object pronoun can be used with or in place of the indirect object. In Spanish, the indirect object pronoun includes the meaning *to* or *for.* The forms of the indirect object pronouns are as follows.

Singular		*Plural*	
me	(to/for) me	**nos**	(to/for) us
te	(to/for) you (*fam.*)	**os**	(to/for) you (*fam.*)
	(to/for) you (*form.*)		(to/for) you (*form.*)
le	(to/for) him	**les**	(to/for) them (*masc. + fem.*)
	(to/for) her		

■ Indirect object pronouns have the same form as direct object pronouns, except in the third person.

■ Indirect object pronouns are usually placed in front of the conjugated verb.

Le damos un descuento, señora.   *We are giving **you** a discount, madam.*

■ When used with an infinitive or in the present progressive, however, the indirect object pronoun may either be placed in front of the conjugated verb or attached to the infinitive or the present participle.[1]

Le voy a probar   los zapatos.
or:
   Voy a probar**le**   los zapatos.

*I'm going to try the shoes **on you.***

Les estoy diciendo   la verdad.
or:
   Estoy diciéndo**les** la verdad.

*I'm telling **them** the truth.*

---

[1]When an indirect object pronoun is attached to a present participle, an accent mark is added to maintain the correct stress.

¡Atención!   The indirect object pronouns **le** and **les** require clarification when the context does not specify the gender or the person to which they refer. Spanish provides clarification by using the preposition **a** + *pronoun or noun.*

Le doy la información.	*I give the information . . .*
but:	*(to whom? to him? to her?*
	to you?)
Le doy la información **a ella.**	*I give the information **to her.***

The prepositional phrase provides clarification or emphasis; it is not, however, a substitute for the indirect object pronoun. While the prepositional form can be omitted, the indirect object pronoun must always be used.

— ¿Qué vas a comprar**le** a tu hija?	*"What are you going to buy (for) your daughter?"*
— **Le** voy a comprar un vestido azul.	*"I'm going to buy **her** a blue dress."*

¡ V A M O S   A   P R A C T I C A R !

A. Mom was very generous and bought clothes and shoes for everyone. Say for whom she bought each item, using indirect object pronouns. Clarify when necessary.

MODELO: Mamá compró una camisa *para él.* to, for, on
Mamá le compró una camisa a él.

1. Mamá compró un vestido *para mí.*
2. Mamá compró corbatas *para nosotros.*
3. Mamá compró una falda *para ella.*
4. Mamá compró un traje *para ti.*
5. Mamá compró calcetines *para Ud.*
6. Mamá compró zapatos *para ellos.*
7. Mamá compró pantalones *para Uds.*
8. Mamá compró un par de botas *para él.*
9. Mamá compró ropa *para Rodolfo.*
10. Mamá compró pantimedias *para Sofía.*

B. Tell about yourself, your parents, and your friends by answering the following questions.

1. ¿Cuándo vas a escribirles a tus amigos?
2. ¿Le escribiste a alguien ayer?
3. ¿Tú siempre le escribes a tu mejor amigo(a)?
4. ¿Tus padres te escribieron esta semana?
5. ¿Tus padres te dieron dinero para comprar ropa?
6. ¿Tú vas a mandarle dinero a alguien? ¿A quién?
7. ¿Tus padres les hablan a Uds. en inglés o en español?
8. ¿Tú vas a decirme la verdad (*truth*) o no?

C. What languages do the people named speak and what languages are spoken to them? With a partner, match each name to the most likely language.

español	francés	italiano	portugués
inglés	alemán (*German*)	japonés	ruso (*Russian*)

MODELO: María del Pilar (a mí)
María del Pilar me habla español.
Yo le hablo español a ella.

1. Boris (a ti)
2. Giovanni (a ellos)
3. John (a mí)
4. El Sr. Toyota (a Uds.)
5. Monique y Pierre (a nosotros)
6. Hans (a Ud.)
7. Nelson (de Brasil) (a él)
8. Rosa y José (a ella)

D. With a partner, act out the following dialogues in Spanish.

1. "I'm going to buy you a pair of shoes, Carmen. What size shoe do you wear?"
   "I wear (size) 39."
2. "Are you speaking to me, Alberto?"
   "No, I'm speaking to my mother."
3. "Are you going to buy me a coat, Mom?"
   "No, I'm going to buy you a suit."
4. "What did you buy me in Mexico?"
   "I bought you a blouse, Mrs. Vera."

4. The verb *gustar* (*El verbo* gustar)

■ The verb **gustar** means to like something or somebody (literally, *to be pleasing to*). A special construction is required in Spanish to translate the English *to like*. Note that the equivalent of the English direct object becomes the subject of the Spanish sentence. The English subject then becomes the indirect object of the Spanish sentence.

	*I like **your suit.***	
Me gusta **tu traje.**	S.	D.O.
I.O. S.	***Your suit** is pleasing **to me.***	
	S.	I.O.

■ **Gustar** is *always* used with an indirect object pronoun—in this example, **me.**

■ The two most commonly used forms of **gustar** are the third-person singular **gusta** if the subject is singular or if the verb is followed by one or more infinitives; and the third-person plural **gustan** if the subject is plural.

Indirect Object
Pronouns

Me
Te   gust**a** ⟨ el café.
Le   bailar.
Nos   comer y beber.
Os   gust**an**   **esos** zapato**s.**
Les

■ Note that **gustar** agrees in number with the *subject* of the sentence, that is, the person or thing being liked.

Me gust**an los zapatos italianos.**   *Italian shoes are pleasing to me.*

■ The person who does the liking is the indirect object.

Me gustan los zapatos italianos.	*Italian shoes are pleasing **to me.***
— ¿**Te gusta** esta corbata amarilla?	"*Do **you like** this yellow tie?*"
— ¡No! No **me gustan** las corbatas amarillas.	"*No! **I** don't **like** yellow ties.*"
— ¿**Les gusta** el francés?	"*Do **you like** French?*"
— Sí, **nos gusta** mucho el francés, pero **nos gusta** más el español.	"*Yes, **we like** French very much, but **we like** Spanish better.*"

¡Atención! Note that the words **más** and **mucho** immediately follow **gustar.**

■ The preposition **a** + *a noun or pronoun* is used to clarify meaning or to emphasize the indirect object.

A Aurora (**A ella**) le gusta esa zapatería, pero **a mí** no me gusta.	"***Aurora** likes that shoe store, but **I** don't like it.*"
A Roberto y **a Rosa** les gusta esa tienda.	"***Roberto** and **Rosa** like that store.*"

¡Atención! If the thing liked is an action, the second verb is an infinitive: **Me gusta estudiar.**

¡VAMOS A PRACTICAR!

A. Tell who likes what.

> MODELO: Yo / esta blusa
> *Me gusta esta blusa.*

1. Nosotros / más / estos vestidos
2. Tú / ir de compras
3. Ellos / mucho / Buenos Aires
4. Yo / bailar
5. Él / no / mucho / estos pantalones
6. Uds. / las sandalias rojas

B. State your preferences.

1. ¿A ti te gusta más el invierno o el verano?
2. ¿A Uds. les gusta más venir a clase por la mañana o por la tarde?
3. ¿A ti te gusta más el rojo o el azul?
4. ¿Te gusta más vivir en una casa o en un apartamento?
5. ¿Te gustan más las ciudades grandes o las ciudades pequeñas?
6. ¿A Uds. les gustan más las botas o las sandalias?
7. ¿A tu mamá le gusta más usar falda o pantalones?
8. ¿A tus amigos les gusta más ir al cine o al teatro?

C. Tell what you, your parents, and your friends like and don't like to do on Saturdays.

> MODELO: A mi papá...
> *A mi papá le gusta leer. No le gusta trabajar.*

1. A mí...
2. A mi mamá...
3. A mi papá...
4. A nosotros...
5. A mis amigos...
6. A mi mejor amigo(a)...

D. With a partner, act out the following dialogues in Spanish.

1. "Do you like this purse, Elsa?"
   "Yes, it's very elegant, but I like that one better."
2. "I like these shoes but they are narrow and they are tight on me."
   "The clerk can bring you another pair."
3. "Why don't you buy the red sandals?"
   "We don't like them."

E. Look at these illustrations and say what these people like (or don't like) and what they like (or don't like) to do.

MODELO:

A Juan le gusta leer.

1. _____

2. _____

3. _____

4. _____

5. _____

6. _____

7. _____

5. Reflexive constructions (*Construcciones reflexivas*)

■ The reflexive construction (e.g., *I introduce myself*) consists in Spanish of a reflexive pronoun and a verb.

■ Reflexive pronouns refer to the same person as the subject of the sentence does.

Subjects		Reflexive Pronouns
yo	**me**	myself, to (for) myself
tú	**te**	yourself, to (for) yourself (*fam.*)
nosotros(as)	**nos**	ourselves, to (for) ourselves
vosotros(as)	**os**	yourselves, to (for) yourselves (*fam.*)
Ud.		yourself, to (for) yourself (*form.*)
Uds.		yourselves, to (for) yourselves (*form.*)
él	**se**	himself, to (for) himself
ella		herself, to (for) herself
		itself, to (for) itself
ellos, ellas		themselves, to (for) themselves

¡Atención!   Reflexive pronouns are positioned in the sentence in the same manner as object pronouns.

■ Note that except for **se,** reflexive pronouns have the same forms as the direct and indirect object pronouns.

■ The third-person singular and plural **se** is invariable, that is, it does not show gender or number.

■ Any verb that can act upon the subject can be made reflexive in Spanish with the aid of a reflexive pronoun.

Julia **le** prueba el vestido **a su hija.**   Julia **se prueba** el vestido.

vestirse (e > i)	(*to dress oneself, to get dressed*)
Yo **me visto.**	I dress myself.
Tú **te vistes.**	You dress yourself. (*fam.*)
Ud. **se viste.**	You dress yourself. (*form.*)
Él **se viste.**	He dresses himself.
Ella **se viste.**	She dresses herself.
Nosotros **nos vestimos.**	We dress ourselves.
Vosotros **os vestís.**	You dress yourselves. (*fam.*)
Uds. **se visten.**	You dress yourselves. (*form.*)
Ellos **se visten.**	They (*masc.*) dress themselves.
Ellas **se visten.**	They (*fem.*) dress themselves.

■ The following commonly used verbs are reflexive.

acostarse (o > ue)	*to go to bed*	**ponerse**	*to put on*
afeitarse, rasurarse	*to shave*	**probarse (o > ue)**	*to try on*
bañarse	*to bathe*	**quitarse**	*to take off*
despertarse (e > ie)	*to wake up*	**sentarse (e > ie)**	*to sit down*
levantarse	*to get up*		

— ¿A qué hora **se levantan** Uds.?   "*What time do **you get up?**"*
— Yo **me levanto** a las seis y Jorge   "***I get up** at six o'clock and Jorge*
    se levanta a las ocho.   ***gets up** at eight.*"

¡ V A M O S   A   P R A C T I C A R !

A. Rewrite the following sentences, using the new subjects in parentheses.

1. Yo me pruebo el vestido verde.   (Ella)
2. ¿Tú siempre te levantas temprano?   (Ud.)
3. Yo puedo bañarme y vestirme en diez minutos.   (Nosotros)
4. Él siempre se afeita por la tarde.   (Yo)
5. ¿Dónde nos sentamos?   (Uds.)
6. Ella quiere quitarse los zapatos.   (Tú)

B. Interview a partner, using the following questions.

1. ¿A qué hora te levantas?
2. ¿Te acuestas temprano?
3. ¿Te bañas por la mañana o por la noche?
4. ¿Puedes bañarte y vestirte en cinco minutos?
5. ¿Cuándo te afeitas?
6. ¿Siempre te pruebas la ropa antes (*before*) de comprarla?
7. En la clase de español, ¿te sientas cerca de la ventana o de la puerta?
8. ¿Dónde se sienta el profesor (la profesora)?

C.   Use your imagination to complete the following sentences.

1. Yo me levanté a las seis y Jorge...
2. Mi mamá se bañó por la noche y tú...
3. Yo me desperté temprano y Rosa...
4. Nosotros nos probamos los zapatos y ellas...
5. Tú te sentaste cerca de la puerta y ella...
6. Ud. se quitó las sandalias y nosotros...
7. Yo me afeité por la noche y él...
8. Nosotros nos acostamos a las once y Uds. ...

D.   Look at the illustrations below. How would José describe his routine and that of his family?

1. Yo...

2. Mi papá...

3. Yo...

4. Nosotros no...

5. Mamá...

6. Elena...

7. Nosotros...

8. Yo...

9. ¿Tú...?

E.   With a partner, prepare five questions to ask your instructor about his or her daily routine. Use reflexive constructions.

Rodeo

Subject	Direct object	Indirect object	Reflexive	Object of prepositions
yo	me	me	me	mí
tú	te	te	te	ti
usted (*fem.*)	la			usted
usted (*masc.*)	lo	le	se	usted
él	lo			él
ella	la			ella
nosotros(as)	nos	nos	nos	nosotros(as)
vosotros(as)	os	os	os	vosotros(as)
ustedes (*fem.*)	las			ustedes
ustedes (*masc.*)	los	les	se	ustedes
ellos	los			ellos
ellas	las			ellas

¡VAMOS A PRACTICAR!

Supply all the missing pronouns in the letter that Oscar wrote to his parents and read the letter aloud.

Queridos padres:

_____ escribo para decir_____ que estoy bien y estoy trabajando mucho. Ayer hablé con Eva. _____ está estudiando en la universidad y dice que quiere conocer _____ porque _____ siempre _____ hablo de _____. _____ invitó a una fiesta que ella da esta noche.

Hoy _____ levanté muy temprano y fui de compras. Para _____, papá, compré tres camisas y un pantalón. A _____, mamá, _____ compré dos vestidos y una blusa. Para _____, compré solamente un traje y un par de zapatos para la fiesta de Eva.

¿Cómo está mi hermana? Hace mucho que no _____ llamo por teléfono ni _____ escribo. ¡Ah! a _____ _____ compré un abrigo muy bonito. Bueno, _____ dejo porque ya son las seis. Tengo que bañar_____ y vestir_____ para ir a la fiesta.

Un abrazo,

Oscar

P.D.[1] Papá: todo _____ pagué con tu tarjeta de crédito. ¿Está bien?

---

[1]**postdata** *postscript (P.S.)*

Y ahora, ¿qué?

Palabras y más palabras

Complete each sentence, using vocabulary from **Lección 7.**

1. Voy a probarme el vestido en el (probador, banco, bolso).
2. Los zapatos no son anchos; son (blancos, estrechos, nuevos).
3. Quiero otro par de zapatos del mismo (requisito, tamaño, calcetín).
4. Estas botas no me quedan bien; me quedan (grandes, nuevas, simpáticas).
5. ¿Quieres comprar zapatos? ¿Qué número (traes, sirves, calzas)?
6. Hoy en la tienda Macy's tienen una gran (liquidación, ingeniería, pizarra).
7. Roberto se prueba (la blusa, el traje, la falda) azul.
8. ¿Qué (talla, unidad, descuento) usa Ud., señorita?
9. El departamento de (caballeros, tamaños, años) no está a la derecha; está a la izquierda.
10. Estas sandalias son muy estrechas; me (quedan muy grandes, aprietan, quedan muy bien).
11. Ella se va a (afeitar, preparar, poner) la blusa negra.
12. Voy a poner el dinero en mi (bolsa, puerta, borrador).
13. Yo me levanto muy temprano; me levanto a las (cinco, diez, once) de la mañana.
14. Necesito ropa. Tengo que (ir, comenzar, conocer) de compras.
15. No me gusta usar (botas, ensalada, calidad).

¡Vamos a conversar!

A. ¿Recuerda usted? Discuss Aurora's and Enrique's shopping trips. Base your answers on the dialogues.

1. ¿Cuándo se mudó Aurora a Bogotá?
2. ¿Por qué va a la tienda París?
3. ¿Qué talla usa Aurora?
4. ¿Qué va a probarse Aurora en el probador?
5. ¿Qué descuento le dan a Aurora en la ropa interior?
6. ¿Qué compró Aurora? ¿Qué decidió no comprar?
7. ¿Por qué fue Aurora a la zapatería?
8. ¿Adónde fue Aurora después?
9. ¿Qué número calza Enrique?
10. ¿A Enrique le quedan bien los zapatos? ¿Por qué o por qué no?
11. ¿Adónde fue después Enrique y qué compró?
12. ¿Qué piensa él mientras se viste?

B. Entrevista. Interview a partner, using the **tú** form.

Pregúntele a su compañero(a) de clase...

1. ...a qué hora se levantó esta mañana
2. ...si se baña por la mañana, por la tarde o por la noche
3. ...si va a las liquidaciones
4. ...en qué tienda le gusta comprar ropa
5. ...qué talla usa
6. ...en qué zapatería compra sus zapatos
7. ...qué número calza
8. ...si le gusta más usar zapatos, sandalias o botas
9. ...si los zapatos que lleva ahora le quedan anchos o le aprietan
10. ...si trabajó ayer
11. ...si ayer cuando llegó a su casa se quitó los zapatos
12. ...a qué hora se acostó anoche (*last night*)

Now ask two questions of your own.

Situaciones

What would you say in the following situations? What might the other person say? Act out the scenes with a partner.

1. You have to go clothes shopping in Bogotá. Tell the clerk what clothes you need, your size, and discuss colors and prices.
2. You go shopping for shoes, sandals, and boots. You try on several pairs, but have problems with all of them. You finally buy a pair of boots.
3. You ask a friend about his (her) daily routine.

Para escribir

Describe a typical day in your life: what time you get up, what you generally eat, where you go, clothes you wear, and so on. (For additional vocabulary, you may wish to refer to the **Un paso más** section.)

¿Qué dice aquí?

Help a friend of yours who is shopping at **El Corte Inglés** in Madrid. Answer his or her questions, using the information provided in the ad.

1. ¿Cómo se llama la tienda?
2. ¿En qué mes son las rebajas (*sales*)?
3. Tengo una hija de nueve años, ¿qué puedo comprarle en la venta?
4. Mi esposo necesita zapatos, ¿qué tipo de zapatos están en liquidación y cuánto cuestan?

5. Además de (*besides*) los zapatos, ¿qué puedo comprar para mi esposo?
6. Vamos a ir a la playa (*beach*). ¿Qué puedo comprar para mis hijos?
7. ¿Cuánto cuestan los vestidos?

En Agosto
MAS VENTAJAS

Ahora en El Corte Inglés, Rebajas sobre Rebajas. Todo cuesta mucho menos.

SEÑORAS
- Vestidos lisos y estampados, en poliéster-algodón **2.995**
- Pareos estampados, en distintos dibujos y colores **995**

CABALLEROS
- Pantalones de sport y de vestir, lisos y fantasía, en poliéster-lana y poliéster-algodón **2.595**
- Mocasines en piel de búfalo, con piso de suela _____ **3.995**

JÓVENES
- Para ellas, bañadores y bikinis, lisos y fantasía **1.595**
- Para ellos, bañadores, lisos y estampados _____ **1.495**

NIÑOS
- Camisetas para niños y niñas, lisas y estampadas **595**
- Playeros en distintos colores, todas las tallas _____ **695**

MENAJE
- Batería de cocina ocho piezas, en acero vitrificado, tres colores _____ **4.495**

TEXTILES
- Mantelería de seis servicios estampada, acabada en festón _____ **2.795**

MUEBLES
- Sillón cromado, con asiento y respaldo en piel _____ **8.160**

LAS REBAJAS
DE EL CORTE INGLÉS

El Corte Inglés

❧ *Un dicho* ❧

Todo tiempo pasado fue mejor.

Those were the good old days.

AMPLÍE SU VOCABULARIO

Learn some additional words and phrases that are related to the ones you have acquired in this unit.

- **More clothes** (*Más ropa*)

la bata	*robe*	la combinación	*slip*
la bufanda	*scarf*	el pijama, los pijamas	*pajamas*
el calzoncillo	*undershorts*	las zapatillas	*slippers*
el camisón	*nightgown*		

¿Qué se ponen?

Tell what Carlos and Elena usually wear, based on the cues provided.

Carlos

1. con el traje
2. debajo del pantalón
3. debajo de la camisa
4. para sujetarse (*hold*) los pantalones
5. para dormir
6. en las manos, cuando tiene frío
7. en la cabeza (*head*)
8. en los pies (*feet*)

Elena

1. cuando tiene frío
2. para dormir
3. debajo del vestido
4. para ir a la playa

5. con el camisón
6. en los pies
7. en el cuello (*neck*), cuando tiene frío

¿Y dónde ponen los dos el dinero?

LEYENDO EL DIARIO

Antes de leer

A. Familiarize yourself with this vocabulary in order to better understand the reading selection that follows.

asegurado(a) insured
cargo fee
dar derecho to entitle
inscribirse to sign up

mensual monthly
para mayor comodidad for extra convenience
por medio de by, through
el saldo balance

B. As you read this ad in the newspaper, find the answers to the following questions.

1. ¿Cuál es el propósito (*purpose*) de la cuenta "Christmas Club"?
2. ¿Cómo se efectúan los depósitos en esta cuenta?
3. ¿En qué mes se le envía por correo o se le deposita el saldo completo de esta cuenta a Ud.?
4. ¿Hasta qué cantidad (*amount*) están asegurados los planes de ahorro?
5. ¿Cuánto dinero necesito tener en mi cuenta de ahorros para no tener que pagar por los servicios del banco?

SECCIÓN FINANCIERA

Si Ud. desea abrir una cuenta para ahorrar para las fiestas navideñas debe tener en cuenta lo siguiente.

Cuenta "Christmas Club"

La Cuenta "Christmas Club" es un programa especial de ahorros para las fiestas navideñas. Gana interés como una cuenta de ahorros regular y los depósitos son efectuados automáticamente por medio de depósitos mensuales. El saldo completo, incluyendo los intereses, se le envía por correo o se deposita en su cuenta de cheques o de ahorros regular en noviembre de cada año.

¡Ud. debe comenzar hoy su Plan de Ahorros!

Para mayor comodidad Ud. puede inscribirse en nuestro Plan de Ahorros Automático. Sólo debe decirnos cuánto quiere transferir cada mes de su cuenta de cheques Security Pacific a la Cuenta "Christmas Club".

Todos nuestros planes de ahorros están asegurados por el FDIC hasta $100.000. Y recuerde, un saldo de $1.500 o más le da derecho a una cuenta de cheques sin cargo mensual por servicios.

Díganos

Answer the following questions based on your own thoughts and experiences.

1. ¿Es una buena idea tener la cuenta "Christmas Club"? ¿Por qué?
2. ¿En qué banco tiene Ud. cuenta?
3. ¿Tiene su banco un plan de ahorros automático?
4. ¿Qué tipos de cuenta tiene?
5. ¿Qué interés le pagan en su cuenta de ahorros?
6. ¿Sabe Ud. cuál es el saldo de su cuenta?
7. ¿Paga Ud. un cargo mensual por su cuenta corriente?

LECCIÓN 6

A. Stem-changing verbs: *o > ue* and *e > i*

1. Complete each sentence, using one of the following verbs: **costar, encontrar, recordar, poder** (use twice), **volver, dormir.**

   1. Yo no _____ el número de mi cuenta de ahorros.
   2. Jorge _____ a casa a las cinco.
   3. Los libros _____ cincuenta dólares.
   4. ¿En qué _____ (yo) servirle?
   5. Nosotros no _____ el dinero. ¿Dónde está?
   6. Nosotros no _____ enviar un giro postal.
   7. Él _____ en su cuarto (*room*).

2. Complete these sentences, using the present indicative of the following verbs: **conseguir, servir, pedir, decir.** (Use each verb twice.)

   1. Ellos _____ un préstamo en el banco.
   2. Nosotros _____ ensalada y sándwiches en la fiesta.
   3. ¿Dónde _____ tú los cheques de viajero?
   4. Él _____ que está enfermo.
   5. Ella me _____ una taza de café.
   6. Yo _____ que es muy bonito.
   7. Mi esposo y yo _____ vino.
   8. ¿Dónde _____ Ud. las tarjetas de México?

B. Demonstrative adjectives and pronouns

Complete each sentence, using the Spanish equivalent of the words in parentheses.

   1. ¿Quieres comprar _____ vino o _____? (*this, that one*)
   2. No quiero _____ tarjetas. Prefiero _____. (*these, those over there*)
   3. ¿Tus libros son _____ o _____? (*those, those over there*)
   4. _____ casa es pequeña, pero _____ es muy grande. (*this, that one*)
   5. No quiero _____. (*that*) (*neuter*)

C. Direct object pronouns

Answer the following questions in the negative, replacing the italicized words with direct object pronouns.

   1. ¿Vas a leer *estos libros*?
   2. ¿Él *me* conoce? (Use the **Ud.** form.) *fem. asking* Sí, la conoce
   3. ¿*Te* llevan ellos a la biblioteca?
   4. ¿Ella *me* llama mañana? (Use the **tú** form.)
   5. ¿Necesitas *el talonario de cheques*?
   6. ¿Tienes *la carta de Sergio*?
   7. ¿Ellos *los* conocen a Uds.? Ellos nos conocen
   8. ¿Uds. consiguen *las tarjetas*?
      ↳ Nosotros

D. Affirmative and negative expressions

Rewrite the following sentences, changing the negative expressions to the affirmative.

1. No tengo ninguna tarjeta postal.
2. ¿No quiere nada más?
3. Nunca vamos al banco los lunes.
4. No quiero ni la pluma roja ni la pluma verde.
5. Nunca llamo a nadie.

E. *Hace... que*

Write the following sentences in Spanish.

1. I have been living in Caracas for five years.
2. How long have you been studying Spanish, Mr. Smith?
3. They have been writing for two hours.
4. She hasn't eaten for two days.

F. Vocabulary

Complete the following sentences, using vocabulary from **Lección 6.**

1. El banco paga un _____ del seis por _____.
2. Puede _____ el dinero del banco en _____ momento.
3. Ahora necesito una _____ para poder enviar la carta.
4. No tengo mi _____ de cheques aquí.
5. Voy a _____ mi dinero en el banco.
6. ¿Vas a enviar la carta por vía _____?
7. Envían el giro _____ certificado.
8. Quiero el dinero en _____.
9. No voy a sacar el dinero ahora porque pierdo _____ del interés.
10. ¿No recuerdas el número? No _____.
11. Voy a Panamá. Necesito cheques de _____.
12. Voy a pedir un _____ para comprar una casa.

G. Culture

Circle the correct answer, based on the **Notas culturales** you have read.

1. El idioma oficial de Panamá es el (inglés / español).
2. La principal fuente de ingresos de Panamá está asociada a (la agricultura / las operaciones del Canal).
3. La construcción del Canal de Panamá duró (cinco / diez) años.
4. La unidad monetaria de Panamá es el (balboa / peso).

A. Preterit of regular verbs

Complete the following sentences, using the preterit of the verbs in parentheses.

1. Yo _____ (vender) la casa ayer.
2. Ella _____ (comprar) frutas y queso.
3. Ellos _____ (comer) a las dos.
4. ¿A qué hora _____ (salir) tú ayer?
5. Nosotros no _____ (beber) agua.
6. ¿Ud. le _____ (escribir) una carta ayer?
7. Anoche yo _____ (volver) a casa a las diez.
8. ¿Tú _____ (trabajar) ayer?

B. Preterit of *ser, ir,* and *dar*

Change the verbs in the following sentences to the preterit.

1. Ella va a la oficina de correos.
2. Dan mucho dinero.
3. ¿Ud. es profesor?
4. Yo voy más tarde.
5. ¿Quién es tu profesora?
6. Doy muchas fiestas.
7. Yo soy dependiente de esa tienda.
8. Nosotros vamos a la zapatería.

C. Indirect object pronouns

Answer the following questions in the negative.

1. ¿Te quedan grandes los zapatos?
2. ¿Le das el abrigo a Aurora?
3. ¿Me vas a comprar una corbata?
4. ¿Le vas a dar las sandalias a la chica?
5. ¿Le aprietan las botas, señora Peña?
6. ¿Ellos les van a dar las camisas a Uds.?

D. The verb *gustar*

Write the following sentences in Spanish.

1. She doesn't like that blouse.
2. I like to wear this coat.
3. We like these trousers.
4. Do you like this skirt, Anita?
5. They like to dance.

E. Reflexive constructions

Complete these sentences, using the verbs from the following list appropriately. Use each verb once.

acostarse   bañarse   probarse   vestirse
afeitarse   levantarse   sentarse

1. Mis hijos _____ muy temprano y _____ tarde.
2. Yo voy a _____ la barba.
3. ¿Tú _____ el vestido en el probador?
4. Ella siempre _____ en esa silla.
5. Nosotros nunca _____ por la noche.
6. Él va a _____ ahora. Necesita el traje azul.

F. Vocabulary

Complete the following sentences, using vocabulary from **Lección 7.**

1. Voy a la _____ para comprar un _____ de sandalias.
2. Estos pantalones no son _____; son estrechos.
3. A lo mejor voy a comprarte unos zapatos. ¿Qué número _____?
4. Vamos a ir de _____ porque hoy tienen una gran _____ en la tienda París y yo necesito _____ interior.
5. Quiero unas sandalias _____ treinta y seis.
6. Ella ya tiene el talonario de cheques en la _____.
7. No necesitas probarte los calcetines en el _____.
8. Sandra trabaja como _____ en esa tienda y por eso le dan el diez por ciento de _____.
9. Después voy a ir al _____ de caballeros. ¿Está a la derecha o a la _____?
10. Muchos hombres tienen que llevar traje y _____ a la oficina.
11. Necesito un _____ de calcetines nuevos.
12. Me mudé a esta casa el año _____.
13. Siempre te _____ esos zapatos.
14. Uso el número 7 y estos zapatos son 8 y medio. Me _____ grandes.

G. Culture

Circle the correct answer, based on the **Notas culturales** you have read.

1. Colombia es famosa por sus (perlas / esmeraldas / turquesas), que están consideradas entre las mejores del mundo.
2. Algunas iglesias de Bogotá datan del siglo (XIV / XII / XVI).
3. La talla 10 en los Estados Unidos es equivalente a la talla (30 / 35 / 32) en España.
4. Un metro equivale a (3 / 3,28 / 3,08) pies.

Las comidas

Un restaurante en la Zona Rosa, en la Ciudad de México.

Lección 8: En el supermercado
Lección 9: En el restaurante

By the end of this unit you will be able to:

• shop for groceries in supermarkets and specialty stores
• order meals at cafes and restaurants
• request and pay your bill
• discuss past actions and events
• converse about the weather

En el supermercado

Beto y Sara están comprando comestibles y otras cosas en un supermercado en Quito.

BETO — No necesitamos lechuga ni tomates porque ayer Rosa compró muchos vegetales.

SARA — ¿Ella vino al mercado ayer?

BETO — Sí, ayer hizo muchas cosas: limpió el piso, fue a la farmacia...

SARA — Hizo una torta... Oye, necesitamos mantequilla, azúcar y cereal.

BETO — También dijiste que necesitábamos dos docenas de huevos.

SARA — Sí. ¡Ah! ¿Mamá vino ayer?

BETO — Sí, te lo dije anoche... Nos trajo unas revistas y unos periódicos. Ah, ¿tenemos papel higiénico?

SARA — No. También necesitamos lejía, detergente y jabón.

BETO — Bueno, tenemos que apurarnos. Rosa me dijo que sólo podía quedarse con los niños hasta las cinco.

SARA — ¡Ah! ¿Dónde pusiste la tarjeta de crédito?

BETO — Creo que la dejé en casa... ¡Ah, no, aquí está!

Cuando Beto y Sara iban para su casa, vieron a Rosa y a los niños, que estaban jugando en el parque.

Irene y Paco están en un mercado al aire libre.

IRENE — Tú estuviste aquí ayer. ¿No compraste manzanas?

PACO — Sí, pero se las di a Marta. Ella las quería usar para hacer un pastel para su hijo.

IRENE — Necesitamos manzanas, naranjas, peras, uvas y duraznos para la ensalada de frutas.

PACO — También tenemos que comprar carne y pescado. Vamos ahora a la carnicería y a la pescadería.

IRENE — Y a la panadería para comprar pan. Yo no tuve tiempo de ir ayer.

PACO — Oye, necesitamos zanahorias, papas, cebollas y...

IRENE — ¡Y nada más! No tenemos mucho dinero...

PACO — Es verdad... Desgraciadamente gastamos mucho la semana pasada.

IRENE — ¿Trajiste dinero?

PACO — Sí, traje suficiente dinero para todo.

IRENE — ¡Menos mal!

VOCABULARIO

Cognados

el **cereal**   cereal
el **detergente**   detergent
la **docena**   dozen
la **farmacia**   pharmacy

el **parque**   park
la **pera**   pear
el **tomate**   tomato
el **vegetal**   vegetable

Nombres

el **azúcar**   sugar
la **carne**   meat
la **carnicería**   meat market
la **cebolla**   onion
los **comestibles**   groceries (*food items*)
la **comida**   food, meal
la **cosa**   thing
el **durazno**, el **melocotón**   peach
la **hija**   daughter
el **hijo**   son
el **huevo**, el **blanquillo** (*Mex.*)   egg
el **jabón**   soap
la **lechuga**   lettuce
la **lejía**   bleach
la **mantequilla**   butter
la **manzana**   apple
el **mercado**   market
____ **al aire libre**   outdoor market
la **naranja**   orange
el (la) **niño(a)**   child
el **pan**   bread
la **panadería**   bakery
la **papa**, la **patata** (*Spain*)   potato
el **papel higiénico**   toilet paper
el **pastel**   pie, pastry, cake
el **periódico**, el **diario**   newspaper

la **pescadería**   fish market
el **pescado**   fish
el **piso**   floor
la **revista**   magazine
la **semana**   week
el **supermercado**   supermarket
la **tarjeta de crédito**   credit card
el **tiempo**   time
la **torta**, la **tarta**   cake
la **uva**   grape
la **zanahoria**   carrot

Verbos

apurarse   to hurry
dejar   to leave (behind)
gastar   to spend (e.g., money)
jugar[1]   to play
limpiar   to clean
quedarse   to stay, to remain
usar   to use

Otras palabras y expresiones

anoche   last night
desgraciadamente   unfortunately
menos mal   thank goodness
sólo, solamente   only

[1]Present Indicative: **yo juego, tú juegas, él juega, nosotros jugamos, vosotros jugáis, ellos juegan**

NOTAS CULTURALES

DE AQUÍ Y DE ALLÁ

Quito, la capital de Ecuador, está situada en la ladera (*hillside*) del volcán Pichincha, a más de 9.000 pies de altura sobre el nivel del mar. Por eso, aunque (*although*) la ciudad está muy cerca de la línea del ecuador, su clima es templado (*moderate*) y agradable. Quito es la capital más antigua de América del Sur y todavía hoy mantiene un aspecto colonial. Su arquitectura corresponde al estilo barroco español.

En Quito se estableció la primera escuela de arte de Hispanoamérica en 1553 y fue Ecuador el primer país latinoamericano que le concedió el voto a la mujer en 1929.

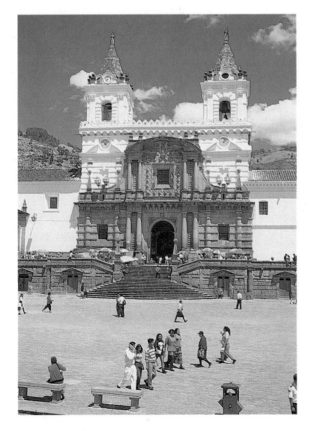

DE ESTO Y AQUELLO

Aunque en la actualidad los supermercados son muy populares en los países de habla hispana, todavía es costumbre (*custom*) comprar en pequeñas tiendas especializadas en uno o dos productos: panaderías, pescaderías, carnicerías, fruterías, verdulerías (*vegetable markets*), etc.

La mayoría de los pueblos hispanos tienen un mercado central, con pequeñas tiendas. Mucha gente todavía prefiere comprar en estos mercados, donde los precios generalmente son más bajos y los clientes pueden regatear (*bargain*) con los vendedores (*merchants*).

Iglesia de San Francisco en la Plaza de San Francisco, Quito, Ecuador.

Puntos para recordar   *mentiras – lies*

1. Preterit of some irregular verbs (*El pretérito de algunos verbos irregulares*)

■ The following Spanish verbs are irregular in the preterit.

tener	tuve, tuviste, tuvo, tuvimos, tuvisteis, tuvieron
estar	estuve, estuviste, estuvo, estuvimos, estuvisteis, estuvieron
poder	pude, pudiste, pudo, pudimos, pudisteis, pudieron
poner	puse, pusiste, puso, pusimos, pusisteis, pusieron
saber	supe, supiste, supo, supimos, supisteis, supieron
hacer	hice, hiciste, hizo, hicimos, hicisteis, hicieron
venir	vine, viniste, vino, vinimos, vinisteis, vinieron
querer	quise, quisiste, quiso, quisimos, quisisteis, quisieron
decir	dije, dijiste, dijo, dijimos, dijisteis, dijeron — *verb que said that*
traer	traje, trajiste, trajo, trajimos, trajisteis, trajeron
conducir[1] *drive*	conduje, condujiste, condujo, condujimos, condujisteis, condujeron
traducir[1]	traduje, tradujiste, tradujo, tradujimos, tradujisteis, tradujeron

to love, to want — querer

to bring — traer

¡Atención!   The third-person singular of the verb **hacer** changes the **c** to **z** in order to maintain the original soft sound of the **c** in the infinitive. The **i** is omitted in the third-person plural ending of the verbs **decir, traer, conducir,** and **traducir.**

— Ayer no **viniste** a clase. ¿Qué **hiciste?**

— **Tuve** que trabajar. **¿Hubo** un examen?

— No.

"*You did not come to class yesterday. What did you do?*"

"*I had to work. Was there an exam?*"

"*No.*"

---

[1]**conducir**   *to drive;* **traducir**   *to translate*

¡Atención!   Hubo (*there was, there were*) is the preterit of **hay**.

¡ V A M O S   A   P R A C T I C A R !

A. Rewrite the following sentences, using the verbs in parentheses.

1. Ellos compraron las revistas.   (traer)
2. Ella estudió la lección.   (traducir)
3. ¿Tú estudiaste con Luis?   (venir)
4. Yo fui a la carnicería.   (venir)
5. Nosotros compramos la comida.   (hacer)
6. ¿Ud. volvió con su hijo?   (estar)
7. ¿Dónde compró el jabón?   (poner)
8. ¿Qué le dejaron Uds.?   (decir)
9. Yo no quise hacerlo.   (poder)
10. Nosotros no encontramos trabajo.   (tener)

B. Read what the following people typically do. Then complete each sentence, using the same verb and telling how they varied their normal routines.

1. Ella siempre *conduce* los sábados, pero la semana pasada...
2. Nosotros siempre *hacemos* sándwiches, pero ayer...
3. Tú siempre *vienes* temprano, pero el sábado pasado...
4. Uds. siempre *traen* los periódicos, pero ayer...
5. Yo siempre *estoy* en casa a las ocho, pero ayer...
6. Paco siempre *quiere* comer pescado, pero ayer...
7. Yo siempre lo *pongo* allí, pero ayer...
8. Nosotros siempre *tenemos* tiempo para ir de compras, pero la semana pasada...

C. Interview a partner, using the following questions.

1. ¿A qué hora viniste a la universidad ayer?
2. ¿Condujiste tu coche (*car*) o viniste en ómnibus (*bus*)?
3. ¿Tuviste algún examen? ¿En qué clase?
4. ¿Estuviste en la biblioteca por la tarde?
5. ¿Trajiste algún libro de la biblioteca a la clase?
6. ¿Dónde pusiste tus libros?
7. ¿Hiciste la tarea de la clase de español?
8. ¿Pudiste terminarla?
9. ¿Estuviste en tu casa por la noche?
10. ¿Tuviste una fiesta en tu casa? (¿Quiénes vinieron?)

D. In groups of three, prepare some questions for your instructor about what he or she did yesterday, last night, or last week. Use irregular preterit forms in your questions.

2. Direct and indirect object pronouns used together
(*Los pronombres de complemento directo e indirecto usados juntos*)

- When an indirect object pronoun and a direct object pronoun are used together, the indirect object pronoun always comes first.

Ana   **me**   da la comida.   Ana   **me**   la da.

- With an infinitive, the pronouns can be placed either before the conjugated verb or after the infinitive. Note that the use of the written accent in the examples below follows the standard rules for the use of accents. (See Appendix A.)

Ana   **me**   **la**   va a dar.

Ana   va a   **dármela.**

Ana is going to give it to me.

- With a present participle, the pronouns can be placed either before the conjugated verb or after the present participle.

Ella   **te**   **lo**   está diciendo.

Ella   está   **diciéndotelo.**

She is saying it to you.

- If both pronouns begin with **l,** the indirect object pronoun (**le** or **les**) is changed to **se.**

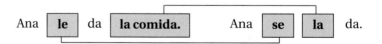

Ana   **le**   da   **la comida.**   Ana   **se**   **la**   da.

For clarification, it is sometimes necessary to add **a él, a ella, a Ud., a Uds., a ellos,** or **a ellas.**

— ¿A quién le dio la comida Ana?   "*To whom did Ana give the meal?*"
— **Se la** dio **a él.**   "*She gave it to him.*"

A proper name may also be given for clarification.

Se la dio **a Luis.**   *She gave it to Luis.*

¡ V A M O S   A   P R A C T I C A R !

A. Rewrite the following sentences, changing the italicized words to direct object pronouns and making any other necessary changes. Follow the model.

> MODELO: Yo te doy *el dinero.*
> *Yo te lo doy.*

1. Yo le traigo *las peras y las manzanas.*
2. Ellos no van a comprarme *esas cosas.*   (*two ways*)
3. ¿Te doy *los vegetales?*
4. ¿Uds. nos trajeron *la lejía?*
5. ¿Puedes comprarme *el pan?*   (*two ways*)
6. Ud. no le trajo *el azúcar.*
7. Yo te di *las papas.*
8. Ellos nos están sirviendo *el pescado.*   (*two ways*)

B. What excuses would you give in response to these questions? Follow the model and use the cues provided.

> MODELO: ¿Por qué no le diste el dinero a Olga?   (no estuvo aquí)
> *No se lo di porque no estuvo aquí.*

1. ¿Por qué no me trajiste los comestibles?   (no pude)
2. ¿Por qué no les mandaste las cartas?   (no fui al correo)
3. ¿Por qué no te compró Paco el queso?   (no quiso)
4. ¿Por qué no les dio Lupe el dinero a Uds.?   (no vino a casa)
5. ¿Por qué te escribió Johnny la carta en inglés?   (no sabe español)
6. ¿Por qué no les llevaste el pastel a los niños?   (no tuve tiempo)

C. Respond to the following requests for help.

1. Yo necesito veinte dólares. ¿Puedes dármelos?
2. No tengo mantequilla. ¿Puedes comprármela? (*Use formal.*)
3. Tengo las cebollas en el coche. ¿Puedes traérmelas?
4. Nosotros necesitamos melocotones. ¿Puedes vendérnoslos?
5. Elena no encuentra las zanahorias. ¿Puedes buscárselas?
6. Los libros de Eva están en mi casa. ¿Puedes llevárselos?

D. You went to the market to get groceries for your family. Tell about your errands.

MODELO: ¿Quién te dio la lista?   (mi mamá)
Mi mamá me la dio.

1. ¿Tu papá te escribió la lista de los comestibles?   (sí)
2. ¿A quién le pediste el dinero?   (a mi papá)
3. ¿A quién le trajiste las naranjas?   (a mi mamá)
4. ¿A quién le compraste el queso?   (a mi hermana)
5. ¿Quién te dio el dinero para comprar la leche?   (mi hermano)
6. ¿Le trajiste la carne a tu hermana?   (sí)
7. Nosotros te pedimos uvas. ¿Nos las compraste?   (no)
8. ¿Dónde le compraste el pan a tu mamá?   (la panadería)

E. With a partner, act out the following dialogues in Spanish.

1. "Did you give him the cake, Anita?"
   "Yes. I gave it to him last night."
   "Thank goodness."
2. "When can you bring me the groceries, Paco?"
   "I can bring them to you tomorrow morning, Miss Ruiz."
   "I need the newspaper, too. When can you bring it to me?"
   "I can bring it to you this afternoon."
3. "Where are the letters?"
   "I sent them to my son."

F. Volunteer to do everything for everybody. Respond to each statement, following the model.

MODELO: Raquel no sabe traducir las cartas.
*Yo **se las** traduzco.*

1. Marta no tiene tiempo para limpiar el piso.
2. Roberto necesita frutas para la ensalada.
3. Yo no tengo suficiente dinero. (*Use tú.*)
4. Nosotros no podemos comprar los melocotones.
5. Estrella no puede mandarme las cartas. (*Use tú.*)
6. Luis no puede llevarle la revista a Teresa.

3. Stem-changing verbs in the preterit
(*Los verbos con cambio radical en el pretérito*)

■ As you will recall, **-ar** and **-er** verbs with stem changes in the present tense have no stem changes in the preterit. However, **-ir** verbs with stem changes in the present tense have <u>stem changes in the third-person singular</u> and <u>plural forms of the preterit (**e > i** and **o > u**)</u>, as shown below.

servir (e > i)		dormir (o > u)	
serví	servimos	dormí	dormimos
serviste	servisteis	dormiste	dormisteis
sirvió	sirvieron	durmió	durmieron

■ Other **-ir** verbs that follow the same pattern are **pedir** (*to order, to request*), **seguir** (*to continue; to follow*), **sentir(se)** (*to feel*), **conseguir, divertirse** (*to have fun*), and **morir** (*to die*).

— ¿Qué te **sirvieron** en la cafetería?
— Me **sirvieron** café y sándwiches.

— ¿Cómo **durmió** Ud. anoche?
— **Dormí** muy bien.

*"What **did they serve** you at the cafeteria?"*
*"**They served** me coffee and sandwiches."*

*"How **did you sleep** last night?"*
*"**I slept** very well."*

¡ V A M O S   A   P R A C T I C A R !

A. Complete the following dialogues by supplying the preterit of the verbs given.

    1. **dormir**   — ¿Cómo _____ Uds. anoche?
                       — Yo _____ muy bien, pero mamá no _____ bien.

    2. **pedir**   — ¿Qué _____ ellos?
                       — Ana _____ pastel y los niños _____ torta.

    3. **seguir**   — ¿Hasta qué hora _____ hablando Uds.?
                       — _____ hablando hasta las doce.

    4. **servir**   — ¿Qué _____ Uds. en la fiesta?
                       — _____ torta y refrescos.

    5. **divertirse**   — ¿_____ Uds. mucho?
                       — Yo _____ pero Julio no _____ mucho.

    6. **conseguir**   — ¿_____ ellos el dinero?
                       — No, no lo _____.

    7. **morir**   — Hubo un accidente, ¿no?
                       — Sí, y _____ mucha gente.

B. Use your imagination to complete each statement, using the verb in italics.

    1. Yo no *dormí* bien pero Julio...
    2. En la fiesta nosotros *servimos* café y ellos...
    3. Yo *conseguí* una habitación (*room*) en el hotel Azteca y mis padres...
    4. Nosotros *pedimos* ensalada y ella...
    5. Yo no me *divertí* pero Uds. ...
    6. El papá de Toto *murió* en 1970 y sus hermanos...

C. With a partner, describe what the following people did last night.

1. Arturo
2. Mirta y Rafael
3. El mozo
4. Ernesto
5. Rosa
6. Pilar
7. Paco

4. The imperfect tense (*El imperfecto de indicativo*)

A. Forms of the imperfect

■ There are two simple past tenses in the Spanish indicative: the preterit, which you studied in **Lecciones 7** and **8,** and the imperfect. To form the imperfect, add the following endings to the verb stem.

-ar *verbs*	-er *and* -ir *verbs*	
hablar	**comer**	**vivir**
habl- **aba**	com- **ía**	viv- **ía**
habl- **abas**	com- **ías**	viv- **ías**
habl- **aba**	com- **ía**	viv- **ía**
habl- **ábamos**	com- **íamos**	viv- **íamos**
habl- **abais**	com- **íais**	viv- **íais**
habl- **aban**	com- **ían**	viv- **ían**

Note that the endings of the -**er** and -**ir** verbs are the same. Observe the accent on the first-person plural form of -**ar** verbs: **hablábamos.** Note also that there is a written accent on the first **í** of the endings of the -**er** and -**ir** verbs.

— Tú siempre te **levantabas** a las seis, ¿no?
— Sí, porque mis clases **empezaban** a las siete y media y yo **vivía** lejos de la universidad.

*"You always **used to get up** at six, didn't you?"*
*"Yes, because my classes **started** at seven-thirty and **I lived** far from the university."*

¡Atención! Stem-changing verbs are regular in the imperfect.

■ Only three Spanish verbs are irregular in the imperfect tense: **ser, ir,** and **ver.**

ser	ir	ver
era	iba	veía
eras	ibas	veías
era	iba	veía
éramos	íbamos	veíamos
erais	ibais	veíais
eran	iban	veían

— Cuando yo **era** chica, siempre   *"When I **was** little, I always **went**
  iba a México en el verano.   to Mexico in the summer."*
— Nosotros **íbamos** también.   *"We **used to go** too."*

— ¿Cuándo **veías** a tus amigos?   *"When **did you see** your
                                      friends?"*

— Sólo los **veía** los sábados y los   *"I only **used to see** them on
  domingos.   Saturdays and Sundays."*

B. Uses of the imperfect

■ The Spanish imperfect tense is equivalent to three English forms.

$$\text{Yo } \mathbf{vivía} \text{ en Chicago.} \quad \begin{cases} \textit{I used to live in Chicago.} \\ \textit{I was living in Chicago.} \\ \textit{I lived in Chicago.} \end{cases}$$

■ The imperfect is used to describe actions or events that the speaker views
as in the process of happening in the past, <u>with no reference to when they
began or ended.</u>

Empezábamos a estudiar cuando   *We **were beginning** to study when
  él vino.   he came.*

■ It is also used to refer to <u>habitual or repeated</u> actions in the past, again with
no reference to when they began or ended.

— ¿Uds. **hablaban** inglés cuando   *"**Did you speak** English when
  vivían en México?   **you lived** in Mexico?"*
— No, cuando **vivíamos** en México,   *"No, when **we lived** in Mexico **we**
  siempre **hablábamos** español.   always **spoke** Spanish."*

■ It describes physical, mental, or emotional conditions in the past.

Mi casa **era** muy grande.   *My house **was** very big.*
No me **gustaba** estudiar.   *I **didn't like** to study.*
Yo no me **sentía** bien.   *I **wasn't feeling** well.*

■ It expresses time and age in the past.

| — ¿Qué hora **era?** | *"What time **was it**?"* |
| — **Eran** las seis. | *"**It was** six o'clock."* |

Julia **tenía** veinte años.   *Julia **was** twenty years old.*

■ The imperfect is used to describe or set the stage in the past.

| Mi novia **era** bonita. | *My girlfriend **was** pretty.* |
| **Era** muy tarde. | *It **was** very late.* |

¡ V A M O S   A   P R A C T I C A R !

A. Things have changed; tell how they used to be.

1. Ahora vivo en Quito, pero cuando era niño(a)...
2. Ahora hablamos español, pero cuando éramos niños(as)...
3. Ahora comemos pescado, pero cuando éramos niños(as)...
4. Ahora mis padres no se divierten mucho, pero cuando tenían veinte años...
5. Ahora Julia no ve a sus tíos, pero cuando era niña...
6. Ahora tú vas al teatro, pero cuando eras niño(a)...
7. Ahora mi hermana no da fiestas, pero cuando tenía dieciocho años...
8. Ahora me gustan los vegetales, pero cuando era niño(a)...
9. Ahora mi mamá nada muy bien, pero cuando era pequeña...
10. Ahora Ud. se levanta a las nueve, pero cuando era pequeño(a)...

B. Interview a partner, using the following questions.

1. ¿Dónde vivías?
2. ¿Con quién vivías?
3. ¿Tu casa era grande o pequeña?
4. ¿Cuántas habitaciones (*rooms*) tenía?
5. ¿En qué idioma te hablaban tus padres?
6. ¿A qué escuela (*school*) ibas?
7. ¿Te gustaba estudiar?
8. ¿Qué te gustaba comer?
9. ¿Qué te gustaba hacer los sábados? ¿Y los domingos?
10. ¿Veías a tus amigos los fines de semana?

C. Use your imagination to tell what was happening when you and your friends were seen in the park.

Anoche te vi en el parque con unos amigos.

1. ¿Qué hora era?
2. ¿Con quiénes estabas?
3. ¿De dónde venían Uds.?
4. ¿Adónde iban?
5. ¿De qué hablaban?

6. ¿Quién era la chica rubia?
7. ¿Quién era el muchacho alto y moreno?
8. ¿Qué ropa usaban?

D. With a partner prepare five questions to ask your instructor about what he
or she used to do when he or she was a teenager (**adolescente**).

5. Formation of adverbs (*La formación de los adverbios*)

■ Most Spanish adverbs are formed by adding **-mente** (the equivalent of the
English *-ly*) to the adjective.

| general | *general* | general**mente** | *generally* |
| reciente | *recent* | reciente**mente** | *recently* |

— ¿La fiesta de bienvenida es   *"The welcome party is for Olga?"*
  para Olga?
— Sí, es **especialmente** para ella.   *"Yes, it's especially for her."*

■ Adjectives ending in **-o** change the **-o** to **-a** before adding **-mente.**

| lent**o** | *slow* | lent**amente** | *slowly* |
| rápid**o** | *rapid* | rápid**amente** | *rapidly* |

■ If two or more adverbs are used together, both change the **-o** to **- a,** but only
the last one in the sentence ends in **-mente.**

Habla clar**a** y lent**amente.**   *She speaks clearly and slowly.*

■ If the adjective has an accent mark, the adverb retains it.

fácil   *easy*   **fá**cilmente   *easily*

¡ V A M O S   A   P R A C T I C A R !

A. You can recognize the following Spanish adjectives because they are cognates. Change them to adverbs.

1. real
2. completo
3. raro
4. frecuente
5. posible
6. general
7. franco
8. normal

B. Use some of the adverbs you have learned to complete the following sentences appropriately.

1. Ellos hablan _____ y _____.
2. Viene a casa _____.
3. Yo _____ estudio por la mañana.
4. _____, no quiero bailar con Ud.
5. Ellos vuelven mañana, _____.
6. Los chicos escriben muy _____.
7. _____ estoy muy cansado.
8. Yo no escribo cartas; _____ escribo tarjetas postales.

Y ahora, ¿qué?

Palabras y más palabras

Complete each sentence, using vocabulary from **Lección 8.**

1. Usan _____ para hacer vino.
2. Fui a la _____ solamente para comprar aspirinas.
3. Compré la carne en la _____ y el _____ en la pescadería.
4. Prefiero café con leche y _____.
5. Ayer tuve que trabajar y no tuve _____ para ir a la panadería.
6. Fui al supermercado y traje papel _____.
7. Desgraciadamente, no podemos ir; tenemos que _____ en casa.
8. Quiero una ensalada de _____ y tomate.
9. Voy a ponerle _____ al pan.
10. Compré una _____ de huevos en el _____.
11. Para hacer la ensalada de frutas, necesitamos _____, _____, _____, _____ y _____.
12. Las zanahorias y las papas son _____.
13. Compraron las frutas en un mercado al aire _____.
14. Son las seis y tenemos que estar allí a las seis y cuarto. Tenemos que _____.
15. Ellos _____ mucho dinero en el mercado.

¡Vamos a conversar!

A. **¿Recuerda usted?** What is happening at the market? Base your answers on the dialogues.

1. ¿Qué están haciendo Beto y Sara en el supermercado?
2. ¿Por qué no necesitan lechuga ni tomates?
3. ¿Qué limpió Rosa ayer y adónde fue?
4. ¿Qué dice Sara que necesitan?
5. ¿Qué les trajo la mamá de Sara?
6. ¿Qué otras cosas necesitan comprar en el supermercado?
7. ¿Hasta qué hora dijo Rosa que podía quedarse con los niños?
8. ¿Dejó Beto la tarjeta de crédito en su casa?
9. ¿A quiénes vieron Beto y Sara cuando iban para su casa?
10. ¿Dónde están Irene y Paco?
11. ¿Qué compró Paco ayer?
12. ¿A quién se las dio? ¿Por qué?
13. ¿Qué necesitan para la ensalada de frutas?
14. ¿Por qué no pueden comprar más cosas Irene y Paco?

B. **Entrevista.** Interview a partner, using the **tú** form.

Pregúntele a su compañero(a) de clase...

1. ...en qué supermercado compra los comestibles
2. ...dónde compra la carne
3. ...dónde compra el pescado
4. ...si tuvo tiempo de ir de compras ayer
5. ...si le pone azúcar al café
6. ...si le pone mantequilla al pan
7. ...qué frutas prefiere
8. ...qué vegetales comió ayer
9. ...cuántas horas durmió anoche
10. ...qué jabón usa para bañarse
11. ...si limpió el piso la semana pasada
12. ...si usó detergente para limpiarlo

Now ask your partner two questions of your own.

Situaciones

What would you say in the following situations? What might the other person say? Act out the scenes with a partner.

1. You are telling a friend what you need from the supermarket.
2. You are at an outdoor market in Quito and you need vegetables, fish, meat, and bread. You inquire about prices and so on.
3. You are telling a friend what you did yesterday.
4. You are inquiring about a classmate's childhood: where he (she) used to live, what he (she) used to do, etc.

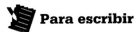 **Para escribir**

Imagine that last Saturday you had a very important guest. Who was the guest? What did you do to prepare for the occasion? What housework did you do? What did you buy and prepare for dinner? What else did you do in honor of your guest's arrival? (For additional vocabulary, you may wish to refer to **Amplíe su vocabulario** in the **Un paso más** section for this unit.)

¿Qué pasa aquí?

Working with classmates in groups of three or four, describe what is happening in the picture. Create a story, naming the characters and explaining their relationship to one another. Each group will compare its story with the rest of the class.

⇜ *Un dicho* ⇝

No sólo de pan vive el hombre.

Man doesn't live by bread alone.

En el restaurante

Pilar y su esposo, Víctor, están de vacaciones en Perú, y hace dos días que llegaron a Lima, donde piensan estar por un mes. Anoche casi no durmieron porque fueron al teatro y luego a un club nocturno para celebrar su aniversario de bodas. Ahora están en el café de un hotel internacional, listos para desayunar. El mozo les trae el menú.

VÍCTOR — (*Al mozo.*) Quiero dos huevos fritos, jugo de naranja, café y pan con mantequilla.

MOZO — Y Ud., señora, ¿quiere lo mismo?

PILAR — No, yo sólo quiero café con leche y pan tostado con mermelada.

VÍCTOR — ¿Por qué no comes huevos con tocino o chorizo y panqueques?

PILAR — No, porque a la una vamos a almorzar en casa de los Acosta.

VÍCTOR — Es verdad. Y esta noche vamos a ir a cenar a un restaurante.

Por la tarde Víctor llamó por teléfono desde el hotel al restaurante La Carreta y preguntó a qué hora se abría. Hizo reservaciones para las nueve.

En el restaurante.

MOZO — Quiero recomendarles la especialidad de la casa: biftec con langosta, arroz y ensalada. De postre, flan con crema.

PILAR — No, yo quiero sopa de pescado y pollo asado con puré de papas. De postre, helado.

VÍCTOR — Para mí, chuletas de cordero, papa al horno, no, perdón, papas fritas y ensalada. De postre, un pedazo de pastel.

El mozo anotó el pedido y se fue para la cocina.

PILAR — Mi abuela hacía unos pasteles riquísimos. Cuando yo era chica, siempre iba a su casa para comer pasteles.

VÍCTOR — Yo no veía mucho a la mía porque vivía en el campo, pero ella cocinaba muy bien también.

Después de cenar, siguieron hablando un rato. Luego Víctor pidió la cuenta, pagó cien soles[1] por la cena, y le dejó una buena propina al mozo. Cuando salieron hacía frío y tuvieron que tomar un taxi para ir al hotel.

---

[1]Peruvian currency

VOCABULARIO

Cognados

el aniversario   anniversary
la crema   cream (also color)
la especialidad   specialty
el hotel   hotel

internacional   international
el menú   menu
el panqueque   pancake
la reservación   reservation

el restaurante   restaurant
la sopa   soup (pasta)
las vacaciones[1]   vacation

Nombres

la abuela   grandmother
el abuelo   grandfather
el aniversario de bodas
  wedding anniversary
el arroz   rice
el bistec, el biftec   steak
el campo   country (as opposed to the city)
la cena   dinner, supper
el chorizo   sausage
la chuleta   chop (of meat)
el club nocturno   night club
la cocina   kitchen
el cordero   lamb
la cuenta   bill, check (at a restaurant)
el flan   caramel custard
el helado   ice cream
el jugo, el zumo (Spain)   juice
la langosta   lobster
la mermelada   jam, marmalade
el mes   month
el pan tostado, la tostada   toast
las papas fritas   french fries
el pedazo, trozo   piece

el pedido   order
el pollo   chicken
el postre   dessert
la propina   tip (for service)
el puré de papas   mashed potatoes
el tocino   bacon

Verbos

almorzar (o>ue)   to have lunch
anotar   to write down
celebrar   to celebrate
cenar   to have dinner (supper)
cocinar   to cook
desayunar   to have breakfast
irse   to go away
preguntar   to ask (a question)
recomendar (e>ie)   to recommend

Adjetivos

asado(a)   roast
chico(a), pequeño(a)   little
frito(a)   fried
listo(a)   ready
riquísimo(a)   delicious

Otras palabras y expresiones

al horno   baked
casi   almost
de postre   for dessert
desde   from
después de   after
estar de vacaciones   to be on vacation
hacer frío   to be cold (weather)
lo mismo   the same thing
luego   then, later
para   in order to
Perdón.   Excuse me.

[1]In Spanish, this noun is always used in the plural form.

NOTAS CULTURALES

DE AQUÍ Y DE ALLÁ

Lima, la capital de Perú, fue fundada en 1535 por el explorador español Francisco Pizarro. Hoy, la capital es el centro industrial y comercial del país. Debido a problemas económicos en el campo, muchos campesinos han ido (*have gone*) a la capital buscando trabajo y es por esto que hoy día la tercera parte (*one-third*) de la población de Perú vive en Lima. En la arquitectura de esta ciudad se mezclan (*are mixed*) el estilo colonial y el moderno. Todavía hay hoy en Lima muchos edificios del período colonial. En Lima está el Museo de Oro donde hay una gran variedad de objetos precolombinos de oro (*gold*) y plata (*silver*).

DE ESTO Y AQUELLO

1. En la mayoría de los países de habla hispana el desayuno generalmente es café con leche y pan con mantequilla. El almuerzo (*lunch*), que es la comida principal del día, se sirve entre la una y las dos de la tarde. A las cuatro de la tarde, la mayoría de las personas toma la merienda (*afternoon snack*). La cena generalmente no se sirve antes de las nueve de la noche.

2. En muchos países del mundo hispano la propina está incluida en la cuenta del restaurante. Normalmente en el menú se especifica: servicio incluido. Si usted no está seguro(a) debe preguntar: ¿Está incluido el servicio?

Vista del Distrito de Miraflores en Lima, Peru.

Puntos para recordar

1. Some uses of *por* and *para* (*Algunos usos de* por *y* para)

The preposition **por** is used to express the following concepts.

- motion (*through, along, by, via*)

No puedo salir **por** la ventana.	*I can't go out **through** the window.*
Fuimos **por** la calle Quinta.	*We went **via** Fifth Street.*

- cause or motive of an action (*because of, on account of, on behalf of*)

No compré las sandalias **por** no tener dinero.	*I didn't buy the sandals **because** I didn't have any money.*
Lo hice **por** ti.	*I did it **on** your **behalf.***
Llegaron tarde **por** el tráfico.	*They arrived late **on account of** the traffic.*

- means, manner, unit of measure (*by, per*)

No me gusta viajar **por** tren.	*I don't like to travel **by** train.*
Va a setenta kilómetros **por** hora.	*She is doing seventy kilometers **per** hour.*
Cobran cien dólares **por** noche.	*They charge a hundred dollars **per** night.*

- *in exchange for*

Pagamos un dólar **por** una docena de huevos.	*We paid a dollar **for** a dozen eggs.*

- period of time during which an action takes place (*during, in, for*)

Voy a quedarme aquí **por** un mes.	*I'm going to stay here **for** a month.*
Ella prepara la comida **por** la mañana.	*She prepares the meal **in** the morning.*

The preposition **para** is used to express the following concepts.

- destination

¿Cuándo sales **para** Río?	*When are you leaving **for** Rio?*

- goal for a specific point in the future (*by* or *for* a certain time in the future)

Necesito los vegetales y el pescado **para** mañana.	*I need the vegetables and the fish **for** tomorrow.*

- whom or what something is for

El jabón y la lejía son **para** ti.	*The soap and the bleach are **for** you.*

deadline

■ *in order to*

direction

purpose

— Ayer fui a su casa.
— **¿Para** qué?
— **Para** hablar con él.

"Yesterday I went to his house."
*"What **for?"***
*"**(In order) to** talk with him."*

¡ V A M O S   A   P R A C T I C A R !

A. Supply **por** or **para** in each dialogue. Then act each one out with a partner.

1. — ¿_____ qué calle fuiste?
   — Fui _____ la calle Magnolia.

2. — ¿_____ cuándo necesitas los pantalones?
   — Los necesito _____ el sábado _____ la noche.

3. — ¿Para qué fuiste al mercado?
   — _____ comprar los comestibles. Lo hice _____ ti, porque
     estabas muy cansada... Y no compré más carne _____ no
     tener más dinero.

4. — ¿Cuánto pagaron Uds. _____ ese vestido?
   — Cincuenta dólares. Es _____ nuestra hija.
   — ¿Cuándo sale ella _____ Los Ángeles?
   — El tres de enero. Va a estar allí _____ dos meses.
     Va _____ visitar a su abuela.
   — ¿Va _____ tren?
   — Sí.

B. Look at the illustrations and describe what is happening, using **por** or **para.**

1. Fuimos _____
   a Machu Picchu.

2. Roberto salió _____.

3. La torta es _____.

4. Marisa va a estar en
   Lima _____.

5. Jorge pagó _____ el vino.

6. Ana sale mañana _____.

C. With a partner, act out the following dialogue in Spanish.

"How much did you pay for the coat, Mr. Torres?"
"Two hundred dollars."
"When are you leaving for Alaska?"
"On Saturday afternoon."
"How long are you going to be in Alaska?"
"I'm going to be there for two weeks."
"By when do you need the traveler's checks?"
"I need them by tomorrow morning."

2. Weather expressions (*Expresiones para describir el tiempo*)

■ The following expressions are used when talking about the weather.

Hace (mucho) frío.	*It is (very) cold.*
Hace (mucho) calor.	*It is (very) hot.*
Hace (mucho) viento.	*It is (very) windy.*
Hace sol.	*It is sunny.*

— ¿Qué tiempo **hace** hoy?   *"What's the weather **like** today?"*
— **Hace buen** (mal) **tiempo.**   ***"The weather is good** (bad)."*

¡Atención!   All of the expressions above use the verb **hacer** followed by a noun.

— ¿Abro la ventana?   *"Shall I open the window?"*
— ¡Sí! ¡**Hace** mucho **calor**!   *"Yes! **It's** very **hot!**"*

■ The impersonal verbs **llover (o > ue)** *(to rain)* and **nevar (e > ie)** *(to snow)* are also used to describe the weather. They are used only in the third-person singular forms of all tenses, and in the infinitive, the present participle, and the past participle.

nieva

Aquí **llueve** mucho.	*It **rains** a lot here.*
Creo que va a **nevar** hoy.	*I think it's going to **snow** today.*
Está **lloviendo;** no podemos salir.	*It's **raining;** we can't go out.*

Other weather-related words are **lluvia** *(rain)* and **niebla** *(fog).*

la   *la*

Hay **niebla.**	*It's foggy.*
No me gusta **la lluvia.**	*I don't like **rain.***

polvo—dusty

¡ V A M O S   A   P R A C T I C A R !

A. ¿Qué tiempo hace?

a está lloviendo

1.

2.

3.

4.

5.

6.   7.

B. With a partner, complete the exchanges in a logical manner.

1. — ¿Necesitas un paraguas *(umbrella)*?
   — Sí, porque _____.

2. — ¿No necesitas un abrigo?
   — No, porque _____.

3. — ¿Quieres un impermeable *(raincoat)*?
   — Sí, porque _____ mucho.

4. — ¿No quieres llevar el suéter?
   — ¡No! ¡Hace _____!

5. — ¿Vas a llevar la sombrilla *(parasol)*?
   — Sí, porque _____.

6. — ¿Necesitas un suéter y un abrigo?
   — Sí, porque _____.

7. — ¿Un impermeable? ¿Por qué? ¿Está lloviendo?
   — No, pero _____.

8. — ¡Qué lluvia! Necesito un _____ y un _____.

9. — No hay vuelos *(flights)* porque hay mucha _____.

C. A Spanish friend of yours is going to travel in the United States for a year. With a partner, discuss what kind of weather he's going to find in cities like Chicago, Boston, Los Angeles, and San Francisco.

3. The preterit contrasted with the imperfect
(*El pretérito contrastado con el imperfecto*)

■ The difference between the preterit and imperfect tense can be visualized in the following way.

Imperfect | Preterit

The wavy line representing the imperfect shows an action or event taking place over a period of time in the past. There is no reference as to when the action began or ended. The vertical line representing the preterit shows an action or event completed in the past.

In many instances, the choice between the preterit and the imperfect depends on how the speaker views the action or event. The following table summarizes the most important uses of both tenses.

Preterit	*Imperfect*
• Reports past actions or events that the speaker views as completed. Ella **vino** ayer.	• Describes past actions or events in the process of happening, with no reference to their beginning or end. **Íbamos** al cine cuando...
• Sums up a condition or state viewed as a whole (and no longer in effect). **Estuve** cansada todo el día.	• Indicates a repeated or habitual action *(used to . . . , would).* Todos los días **íbamos** con él.[1]
	• Describes a physical, mental, or emotional state or condition in the past. **Estaba** muy cansada.
	• Expresses time and age in the past. **Eran** las dos. **Tenía** veinte años.
	• Is used in indirect discourse.– Dijo que **venía.**
	• Describes in the past or sets the stage. Mi novia **era** muy bonita. **Hacía** frío y **llovía.**

(handwritten margin note: "direct discourse")

¡Atención!   *Direct discourse:*   Juan dijo: «Vengo mañana.»
                  Indirect discourse: Juan dijo que **venía** mañana.

— ¿**Viste** a Eva ayer?   *"**Did you see** Eva yesterday?"*
— Sí, **estaba** en el restaurante   *"Yes, **she was** at the restaurant*
  cuando la **vi.**   *when **I saw** her."*

— ¿Qué te **dijo** Raúl?   *"What **did** Raul **say** to you?"*
— Dijo que **necesitaba** dinero.   *"He said **he needed** money."*

---

[1]Note that this use of the imperfect corresponds to the English *would* used to describe a repeated action in the past. *Every day we **used to** go with him. = Every day we **would** go with him.* Do not confuse this with the English conditional *would,* as in: *If I had the time I **would go** with him.*

¡ V A M O S   A   P R A C T I C A R !

A. Complete the following stories, using the appropriate form of the preterit or the imperfect of the verbs provided. Then read the stories aloud.

1. Anoche Ana y Carlos _____ (ir) a cenar al restaurante El Azteca. Ana _____ (pedir) bistec con papas fritas y Carlos _____ (comer) chuletas de cordero y arroz. El mozo les _____ (decir) que el flan con crema _____ (ser) la especialidad de la casa. Los dos lo _____ (pedir) y les _____ (gustar) mucho.

2. _____ (ser) las once y _____ (hacer) frío cuando Antonio _____ (llegar) a su casa anoche. El muchacho _____ (estar) muy cansado y no _____ (sentirse) bien. Su mamá _____ (levantarse) y le _____ (hacer) una taza de té.

3. Cuando yo _____ (ser) niña yo _____ (vivir) en Chile. Todos los veranos _____ (ir) a visitar a mis abuelos, que _____ (vivir) en el campo. El año pasado mi familia y yo _____ (mudarse) a Cuzco y mis abuelos _____ (venir) a vivir con nosotros.

B. Interview a partner, using the following questions.

1. ¿Dónde vivías tú cuando eras niño(a)?
2. ¿Qué idioma hablabas tú cuando eras niño(a)?
3. ¿Tú siempre estudiabas mucho cuando eras niño(a)?
4. ¿Cómo era tu primer(a) novio(a)?
5. ¿En qué año comenzaste a estudiar en la universidad?
6. ¿De qué hablaste con tus amigos ayer?
7. ¿Tú estudiaste mucho anoche?
8. ¿Qué hora era cuando llegaste a la universidad hoy?
9. ¿Qué hacías cuando llegó el (la) profesor(a)?
10. ¿Qué te dijo el (la) profesor(a) que tenías que estudiar esta noche?

C. With a partner, talk about what you used to do when you were in high school and then discuss what you did last week. Use the following phrases to start.

1. Cuando yo estaba en la escuela secundaria,
   a. todos los días yo...
   b. los fines de semana mi familia y yo...
   c. en mi clase de inglés mi profesor(a)...
   d. en la cafetería mis amigos y yo...
   e. mi mejor amigo(a) siempre...
   f. los viernes por la noche yo...

2. La semana pasada,
   a. el lunes por la mañana yo...
   b. en mi clase de español mi profesor(a)...
   c. el martes por la noche...
   d. el jueves por la tarde...
   e. el sábado mis amigos y yo...
   f. el domingo yo...

D. With a partner, act out the following dialogues in Spanish.

1. "Where did you go on vacation last summer?"
   "We went to Mexico."
   "I used to go to Mexico when I was a child and always had a good time."
2. "What did you ask the waiter, Anita?"
   "I asked him if they had lobster, and he told me that it was the specialty of the house."
   "Did you order it?"
   "No, I ordered roast chicken and mashed potatoes."
3. "What time was it when you got home last night, Paco?"
   "It was very late. When I was coming home, I saw Raúl and we talked until eleven."

E. Working with your classmates in groups of three or four, write the Spanish version of the story "Goldilocks and the Three Bears." Some useful vocabulary is provided.

Había una vez	Once upon a time there was/were	**mediana**	medium
Ricitos de oro	Goldilocks	**bosque**	forest
oso	bear	**caliente**	hot
avena	porridge	**cama**	bed
		tazón	bowl

F. Use your imagination to finish the following story.

Eran las dos de la mañana y yo estaba durmiendo en mi apartamento. Sonó el timbre (*the doorbell rang*) y yo fui a abrir la puerta. Cuando la abrí, vi...

4. *Hace...* meaning *ago* (Hace... *como equivalente de* ago)

In sentences in the preterit and in some cases the imperfect, **hace** + *period of time* is equivalent to the English *ago*. When **hace** is placed at the beginning of the sentence, the construction is as follows.

> **Hace** + period of time + **que** + verb (*preterit*)
> **Hace** + **dos años**   + **que** + la conocí.
> *I met her two years **ago**.*

— ¿Cuánto tiempo hace que tú llegaste?

"How long ago did you arrive?"

— **Hace tres años** que llegué.

*"I arrived **three years ago**."*

¡VAMOS A PRACTICAR!

A. Say how long ago the following events took place.

MODELO: Son las cuatro. Yo llegué a las tres.
Hace una hora que yo llegué.

1. Estamos en noviembre. Los García celebraron su aniversario de bodas en septiembre.
2. Son las seis. Yo almorcé a la una.
3. Hoy es viernes. Esteban salió para México el martes.
4. Son las diez. Pedimos el postre a las diez menos cuarto.
5. Estamos en 1997. Vinimos a California en el año 1990.
6. Son las diez. Ellos empezaron a estudiar a las siete.

B. Discuss with a partner how long ago the following events happened in your life.

1. ¿Cuánto tiempo hace que empezaste a estudiar español?
2. ¿Cuánto tiempo hace que Uds. tomaron el último examen?
3. ¿Cuánto tiempo hace que hablaste con tus padres?
4. ¿Cuánto tiempo hace que le escribiste a un(a) amigo(a)?
5. ¿Cuánto tiempo hace que tu mejor amigo(a) te llamó por teléfono?
6. ¿Cuánto tiempo hace que estuviste en un buen restaurante?

5. Possessive pronouns (*Pronombres posesivos*)

■ Possessive pronouns in Spanish agree in gender and number with the person or thing possessed. They are generally used with the definite article.

Singular		Plural		
Masc.	*Fem.*	*Masc.*	*Fem.*	
(el) mío	(la) mía	(los) míos	(las) mías	mine
(el) tuyo	(la) tuya	(los) tuyos	(las) tuyas	yours (*fam.*)
(el) suyo	(la) suya	(los) suyos	(las) suyas	{ yours (*form.*) his hers
(el) nuestro	(la) nuestra	(los) nuestros	(las) nuestras	ours
(el) vuestro	(la) vuestra	(los) vuestros	(las) vuestras	yours (*fam.*)
(el) suyo	(la) suya	(los) suyos	(las) suyas	{ yours (*form.*) theirs

— Mis libros están aquí.
 ¿Dónde están los **tuyos?**
— Los **míos** están en la mesa.

"My books are here.
 *Where are **yours?**"*
*"**Mine** are on the table."*

Este zapato no puede ser suyo...

¡Atención! Note that **los tuyos** substitutes for **los *libros* tuyos;** the noun has been deleted. Also note that after the verb **ser,** the article is usually omitted.

— ¿Estas invitaciones son **tuyas?**
— Sí, son **mías.**

*"Are these invitations **yours?**"*
*"Yes, they're **mine.**"*

■ Because the third-person forms of the possessive pronouns (**el suyo, la suya, los suyos, las suyas**) can be ambiguous, they can be replaced with the following for clarification.

$$
\left.\begin{array}{ll}
\textbf{el} & \text{de} \\
\textbf{la} & \text{de} \\
\textbf{los} & \text{de} \\
\textbf{las} & \text{de}
\end{array}\right\}
\left\{\begin{array}{l}
\textbf{Ud.} \\
\textbf{él} \\
\textbf{ella} \\
\textbf{Uds.} \\
\textbf{ellos} \\
\textbf{ellas}
\end{array}\right.
$$

¿El diccionario? Es **suyo.** (*unclarified*) *The dictionary? It's theirs.*

Es **el de ellas.** (*clarified*) (*pl. fem. possessor*)

¡ V A M O S   A   P R A C T I C A R !

A. Supply the correct possessive pronoun to agree with each subject. Clarify when necessary.

MODELO: Yo tengo una pluma. Es _____.
Yo tengo una pluma. Es mía.

1. Nosotros tenemos un bolso. Es _____.
2. Ellos tienen una mesa. Es _____. (Es _____ _____ _____.)
3. Él tiene dos libros. Son _____. (Son _____ _____ _____.)
4. Yo tengo una camisa. Es _____.
5. Tú tienes dos cheques. Son _____.
6. Nosotros tenemos una casa. Es _____.
7. Ustedes tienen muchos zapatos. Son _____. (Son _____ _____ _____.)
8. Ella tiene dos abrigos. Son _____. (Son _____ _____ _____.)

B. Who owns the following items?

1. Aquí hay una blusa verde. ¿Es tuya?
2. Yo encontré cien dólares. ¿Son tuyos?
3. ¿La cartera roja es de tu mamá?
4. El libro que tú tienes, ¿es mío?
5. Las plumas que están en mi escritorio, ¿son de ustedes?
6. Aquí hay un diccionario. ¿Es de ustedes?

C. With a partner, make comparisons between the objects and people described and those in your own experience. Use appropriate possessive pronouns when asking each other questions.

MODELO: — El hermano de Teresa tiene quince años. ¿Cuántos años tiene el tuyo?
— El mío tiene dieciocho.

1. Mi casa está en la calle Quinta. ¿En qué calle está la tuya?
2. Mis abuelos son de Barcelona. ¿De dónde son los tuyos?
3. Mi mejor amigo se llama Gustavo. ¿Cómo se llama el tuyo?
4. Nuestra profesora es española. ¿Y la de Uds.?
5. Mis padres están en Madrid. ¿Dónde están los padres de tu mejor amigo?

D. With a partner, act out the following dialogues in Spanish.

1. "My house is on Magnolia Street. Where is yours, Miss Vega?"
   "Mine is on Victoria Street."
2. "Our daughter is studying at the University of California."
   "Ours is working at a bank."
3. "The waiter wrote down my order. Did he write down yours, Rosita?"
   "Yes, he wrote down mine also."

Y ahora, ¿qué?

Palabras y más palabras

Complete each sentence, using vocabulary from **Lección 7.**

1. Mi esposo y yo celebramos nuestro aniversario de _____ ayer.
2. Para desayunar no quiero huevos con chorizo; quiero huevos con _____.
3. No estoy _____ para salir. Tengo que bañarme y vestirme.
4. Quiero tostadas con _____ y _____.
5. El mozo anota el _____ y luego se va.
6. Si la cena cuesta cincuenta dólares, debes dejar $7.50 de _____.
7. De postre quiero un _____ de pastel y helado.
8. ¿A qué hora se cierra el club nocturno? Se lo voy a _____ al camarero.
9. Quiero cordero asado y _____ de papas.
10. No quiero pescado frito. Lo quiero al _____.
11. Voy a desayunar pero no voy a _____ porque hoy ceno en un restaurante.
12. El mozo nos trajo el _____ y nos _____ la especialidad de la casa.
13. Pagó la _____ y llamó un taxi.
14. Yo quiero panqueques y café y ella quiere lo _____.
15. Siempre como en restaurantes porque no me gusta _____.
16. Él la llamó por teléfono _____ el restaurante.

¡Vamos a conversar!

A. ¿Recuerda usted? What are Víctor and Pilar doing in Lima? Base your answers on the dialogues.

1. ¿Cuánto tiempo hace que Pilar y Víctor llegaron a Lima?
2. ¿Por qué casi no durmieron?
3. ¿Qué celebraron? ¿Dónde?

4. ¿Para qué van a un café?
5. ¿Qué desayunó Víctor?
6. ¿Desayunó lo mismo Pilar? ¿Qué desayunó ella?
7. ¿Dónde van a almorzar Víctor y Pilar hoy?
8. ¿Para qué llamó Víctor al restaurante La Carreta?
9. ¿Qué les recomienda el mozo?
10. ¿Quién come chuletas de cordero y papas fritas?
11. ¿Qué piden Víctor y Pilar de postre?
12. ¿Adónde iba Pilar cuando era chica?
13. ¿Quién hacía unos pasteles riquísimos?
14. ¿Dónde vivían los abuelos de Víctor?
15. ¿Por qué tuvieron que tomar un taxi Víctor y Pilar?

B. Entrevista. Interview a partner, using the **tú** form.

Pregúntele a su compañero(a) de clase...

1. ...cuánto tiempo hace que vive en esta ciudad
2. ...cuánto tiempo hace que empezó a estudiar español
3. ...adónde fue ayer
4. ...si le gustan los panqueques
5. ...si le gusta más el pescado o la carne
6. ...si le gusta más comer papas fritas, puré de papas o papa al horno
7. ...qué desayuna generalmente
8. ...dónde almuerza generalmente
9. ...a qué hora cena
10. ...qué va a cenar esta noche
11. ...qué prefiere comer de postre
12. ...qué le gustaba comer cuando era chico(a)

Situaciones

What would you say in the following situations? What might the other person say? Act out the scenes with a partner.

1. You are at a cafe having breakfast. You are very hungry. Order a big breakfast.
2. You are having lunch with a friend. Suggest a few things he can have to eat and drink.
3. Call a restaurant and make reservations for dinner.
4. You are having dinner with a friend. Order for you and for your friend. Then ask for the bill.
5. You and a friend are talking about what you both liked and didn't like to do when you were children.

 ## Para escribir

Following the style of the dialogues in this lesson, write a dialogue describing a dinner in a restaurant you may have had recently. (For additional vocabulary, you may wish to refer to **Amplíe su vocabulario** in the **Un paso más** section at the end of this unit.)

¿Qué dice aquí?

With a classmate, study these ads and answer the questions that follow.

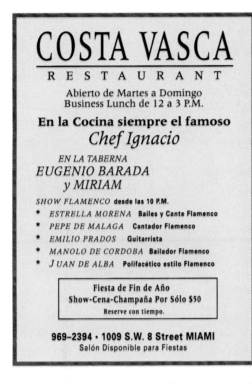

COSTA VASCA
R E S T A U R A N T

Abierto de Martes a Domingo
Business Lunch de 12 a 3 P.M.

En la Cocina siempre el famoso
Chef Ignacio

EN LA TABERNA
EUGENIO BARADA
y MIRIAM

SHOW FLAMENCO **desde las 10 P.M.**
* *ESTRELLA MORENA* **Bailes y Cante Flamenco**
* *PEPE DE MALAGA* **Cantador Flamenco**
* *EMILIO PRADOS* **Guitarrista**
* *MANOLO DE CORDOBA* **Bailador Flamenco**
* *JUAN DE ALBA* **Polifacético estilo Flamenco**

Fiesta de Fin de Año
Show-Cena-Champaña Por Sólo $50
Reserve con tiempo.

969-2394 · 1009 S.W. 8 Street MIAMI
Salón Disponible para Fiestas

**CENA Y RUMBA
DE AÑO NUEVO**

MASSAI

Delicioso Buffet
Ceviche de Camarón
Pavo Bellavista
Lomo al Oporto
Arroz con Coco y Pasas
Alcachofas y
Espárragos Vinagreta
Ensalada de Frutas y
Postre de Navidad

Diciembre 31 · Orquesta Maya

$7.000 por persona
Reservaciones: 610 46 64 - 236 53 36

MASSAI CLUB
Restaurante · Discoteca · Bar · Casino
Km. 4 Vía Calera

1. ¿Qué hay el 31 de diciembre en el Massai Club?
2. ¿Qué podemos comer en el buffet?
3. ¿A qué números debemos llamar para hacer reservaciones?
4. Además de cenar en el Massai Club, ¿qué otras cosas podemos hacer allí?
5. ¿En cuál de los dos restaurantes hay «show»? ¿Qué tipo de show?
6. ¿A qué hora comienza el show?
7. ¿Cuánto debemos pagar por la cena de fin de año en el restaurante Costa Vasca?
8. ¿Por qué no podemos ir a este restaurante los lunes?
9. ¿A qué hora sirven el almuerzo (*lunch*) en Costa Vasca?

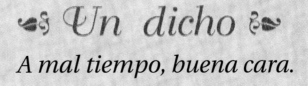

❦ *Un dicho* ❧

A mal tiempo, buena cara.

Keep a stiff upper lip.
(Lit., To bad weather, a good face.)

UN PASO MÁS

AMPLÍE SU VOCABULARIO

Learn some additional words and phrases that relate to the ones you have acquired in this unit.

- **To set the table** (*Para poner la mesa*)

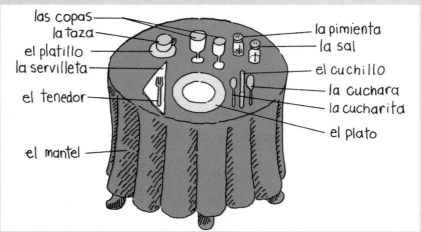

las copas
la taza
el platillo
la servilleta
el tenedor
el mantel

la pimienta
la sal
el cuchillo
la cuchara
la cucharita
el plato

- **More about food** (*Más sobre la comida*)

las albóndigas   *meatballs*   carne de res

el batido de
- fresas   *strawberry*
- chocolate   *chocolate*   } *shake*
- vainilla   *vanilla*

el biftec
- bien cocido   *well-done*
- término medio   *medium-rare*
- medio crudo   *rare*

la carne asada, el rosbif   *roast beef*

las chuletas
- de cerdo puerco   *pork*
- de ternera   *veal*   } *chops*

la ensalada mixta   *mixed salad*

la hamburguesa   *hamburger*

el jamón   *ham*

los mariscos   *shellfish*
- el cangrejo   la jaiba-mexico   *crab*
- los camarones, las gambas   *shrimp*

el perro caliente   *hot dog*

los tallarines, los espaguetis   *spaghetti*

- ## **More about the weather**

El cielo está $\begin{cases} \text{nublado.} \\ \text{despejado.} \end{cases}$ *The sky is* $\begin{cases} \textit{cloudy.} \\ \textit{clear.} \end{cases}$

el grado   *degree*

el clima $\begin{cases} \text{cálido} \\ \text{templado} \\ \text{frío} \\ \text{seco} \\ \text{húmedo} \end{cases}$ $\begin{array}{l} \textit{hot} \\ \textit{warm} \\ \textit{cold} \\ \textit{dry} \\ \textit{humid} \end{array}$ $\Big\}$ *climate*

¿Qué temperatura hace?   *What is the temperature?*
Hace... grados.   *It's . . . degrees.*

- ## **Natural phenomena** (*Fenómenos naturales*)

el ciclón	*cyclone*	la tormenta	*storm*
el huracán	*hurricane*	el tornado	*tornado*
la nevada	*blizzard*	el terremoto	*earthquake*

el granizo
hail

¿Qué necesitan? ¿Qué prefieren?

A. What items do you need to do the following?

1. Para comer un biftec
2. Para tomar café
3. Para tomar vino
4. Para tomar[1] sopa
5. Para poner una mesa elegante
6. Para condimentar (*season*) la comida

B. Supply the missing words or phrases to talk about what these people like or don't like to eat.

1. A Ricardo no le gusta el chocolate; quiere un batido de _____ o de _____ .
2. Olga quiere rosbif, que es carne _____ .
3. A Sergio le gusta ir a McDonald's para comer _____ . Nunca come perros _____ .
4. A Luisa le gustan mucho los mariscos. Siempre pide langosta o _____ .
5. Pedro y Enrique van a un restaurante italiano donde sirven _____ muy buenos.

---

[1]In Spanish, **tomar sopa** and **tomar helado** are the equivalents of *to eat soup* and *to eat ice cream.*

6. Raquel siempre come sándwiches de _____ y queso.
7. Con la carne, Andrés siempre pide una ensalada _____.
8. A Carmen no le gusta el biftec bien _____ ni _____ medio. Siempre lo pide medio _____.
9. A Braulio no le gusta la carne de cordero; por eso siempre pide chuletas de _____ o de _____.
10. Eloísa siempre pide tallarines con _____.

Un menú

Prepare a menu for a popular restaurant that serves breakfast, lunch, and dinner. Include drinks and prices.

Hablando del tiempo

1. ¿Cómo es el clima de
   a. Alaska?   c. Oregón?   e. San Diego?
   b. Arizona?   d. Miami?
2. Va a llover. ¿Cómo está el cielo?
3. El cielo no está nublado. ¿Cómo está?
4. ¿Cuál es la temperatura de hoy?
5. ¿Qué fenómenos naturales ocurren en
   a. Miami?   c. Kansas?   e. Minnesota?
   b. California?   d. el trópico?

LEYENDO EL DIARIO

Antes de leer

A. Familiarize yourself with this vocabulary in order to better understand the selection that follows.

a fuego lento at low temperature	**el fuego** fire
a gusto to taste	**el grado** degree
el aceite oil	**el horno** oven
el Baño María double boiler	**mezclar** to mix
batir to beat	**pelar** to peel
la cocina kitchen, stove	**la rajita** small slice
el comedor dining room	**la receta** recipe
cubrir to cover	**el sabor** flavor
la cucharada spoonful	**sabroso(a)** delicious, tasty
dejarlo enfriar to let it cool	**la sartén** frying pan
derretir (e > i) to melt	**sobrante** excess, left over
dorado(a) golden brown	**verter** (e > ie) to pour
freír to fry	**virar** to turn over

B. As you read these recipes, answer the following questions.

1. ¿Qué ingredientes necesita Ud. para preparar una tortilla a la española?
2. ¿Cómo debe cortar las papas y en qué debe freírlas?
3. Después de batir los huevos, ¿qué debe hacer?
4. ¿Qué debe hacer después que la tortilla está cocinada por un lado?
5. ¿Para cuántas personas es esta receta?
6. ¿Qué ingredientes necesita para hacer el flan?
7. ¿Qué cantidad de azúcar necesita para el caramelo?
8. ¿Qué color debe tener el azúcar para el caramelo?
9. Después de batir los huevos, ¿qué debe agregar (*add*)?
10. ¿Cómo y a qué temperatura debe cocinar el flan?
11. ¿Qué tiene que hacer después de sacarlo del horno?
12. ¿Cuántas horas debe dejar el flan en el refrigerador antes de servirlo?

DE LA COCINA AL COMEDOR

¡En la variedad está el gusto!

¿Por qué no sirve Ud. hoy estos platos de sabor español?

RECETAS

Tortilla a la española

Ingredientes

4 papas (patatas) grandes
1/2 taza de aceite
sal, a gusto
3 huevos
2 cucharadas de leche

Preparación

Después de pelar las papas, debe cortarlas en rajitas muy delgadas y freírlas en el aceite. Después de freírlas debe quitarles el aceite sobrante y ponerles sal a gusto.

En otro recipiente debe batir los huevos con dos cucharadas de leche y sal a gusto. En seguida debe mezclar los huevos con las papas y ponerlo todo en una sartén a fuego lento. Cuando la tortilla está cocinada por un lado, la voltea en un plato, y la cocina por el otro lado. Esta receta es para cuatro personas.

Flan

Después de la tortilla, de postre, pruebe este sabroso flan.

Ingredientes

4 huevos
1/2 taza de azúcar
2 tazas de leche
1 cucharada de vainilla

Para el caramelo
3/4 taza de azúcar

Preparación

Primero debe preparar el molde y para eso debe derretir al fuego 3/4 taza de azúcar. Después de unos momentos el azúcar va a tener un color dorado. Es el momento de verter el caramelo en el molde y moverlo hasta cubrirlo todo.

Después debe batir los huevos y mezclarlos con el azúcar, la leche y la vainilla. En seguida lo pone todo en el molde y lo cocina a Baño María en el horno, a 350 grados, por una hora. (Para saber si está cocinado, debe introducir un cuchillo en el flan y, si sale limpio, ya el flan está listo.)

Después de sacar el flan del horno, debe dejarlo enfriar antes de ponerlo en el refrigerador y debe dejarlo allí por lo menos seis horas. Antes de servirlo, debe voltear el molde en un plato.

Díganos

Answer the following questions based on your own thoughts and experiences.

1. ¿Cuál de las dos recetas cree Ud. que es más fácil de preparar?
2. ¿Va a preparar Ud. la tortilla a la española o el flan?
3. ¿Prefiere Ud. freír o cocinar al horno?
4. ¿Quién cocina en su casa?
5. ¿Qué comida le gusta más a Ud.?
6. ¿Le pone Ud. mucha sal y pimienta a la comida?
7. ¿Le gusta cocinar o prefiere comer en restaurantes?

A. Preterit of some irregular verbs

Change the verbs in the following sentences to the preterit tense.

1. Ellos traen la lechuga y los huevos.
2. Tengo que apurarme.
3. ¿Qué hace él con los tomates?
4. ¿Qué te dice tu hijo?
5. Laura viene al parque conmigo.
6. Tú y yo estamos aquí.
7. Ella hace todos los pasteles.
8. Yo sé toda la verdad.
9. Ellas conducen muy bien.
10. Enrique no quiere ir al mercado.

B. Direct and indirect object pronouns used together

Answer the following questions in the affirmative, replacing the direct objects with direct object pronouns.

1. ¿Me compraste *las manzanas y las naranjas?*
2. ¿Nos trajeron Uds. *los huevos?*
3. ¿Ellos te van a dar *el azúcar?*   (*two ways*)
4. ¿Él les va a traer *los vegetales* a Uds.?
5. ¿Ella me va a comprar *la cebolla?*   (*Use the **Ud.** form.*) (*two ways*)
6. ¿Ellos te traen *las cosas del mercado?*

C. Stem-changing verbs in the preterit

Complete the following sentences in the preterit tense, using the verbs listed.

seguir   divertirse   pedir
conseguir   morir   dormir

1. Ana y Eva _____ mucho en la fiesta. Cuando volvieron a casa _____ hablando y no _____ mucho por la noche.
2. Elsa _____ la comida y Juan se la trajo.
3. Hubo un accidente, pero no _____ nadie.
4. Roberto _____ el jabón en la farmacia.

D. The imperfect tense

Change the verbs in the following sentences to the imperfect.

1. ¿Tú vas al supermercado con tu papá?
2. Ella es muy bonita.
3. Ellos hablan español.
4. Nosotros no vemos a nuestros abuelos frecuentemente.
5. Uds. nunca comen mantequilla.
6. Yo siempre como frutas por la mañana.

E. Formation of adverbs

Write the following adverbs in Spanish.

1. easily
2. especially
3. slowly
4. rapidly
5. slowly and clearly
6. frankly

F. Vocabulary

Complete the following sentences, using vocabulary from **Lección 8.**

1. Tenemos que _____ porque es muy tarde.
2. Voy a la _____ para comprar aspirinas.
3. No quiero ensalada de _____ y tomates; quiero ensalada de papas.
4. _____ no tengo dinero para comprar la comida.
5. Otro nombre para el melocotón es el _____.
6. Voy a la _____ porque necesito pan.
7. Siempre como _____ con leche por la mañana.
8. Voy al _____ porque necesito una _____ de huevos.
9. Para limpiar el piso yo no uso jabón; uso _____.
10. Cuando compro comestibles siempre _____ mucho dinero.
11. Voy a comprar manzanas para hacer un _____ para la comida.
12. Los niños estaban _____ en el parque.

G. Culture

Circle the correct answer, based on the **Notas culturales** you have read.

1. En Quito el clima es (frío / templado).
2. Quito está (cerca / lejos) de la línea del ecuador.
3. Quito es la capital más (moderna / antigua) de Suramérica.
4. Ecuador fue el primer país latinoamericano que les concedió el voto a (los hombres / las mujeres).
5. En muchos países latinos todavía es costumbre comprar en los (supermercados / mercados pequeños con tiendas especiales).

LECCIÓN 9

A. Some uses of *por* and *para*

Complete each sentence, using **por** or **para.**

1. El jugo de naranja es _____ ti, abuela.
2. ¿Cuánto pagaron _____ la cena?
3. Yo no cocino _____ la mañana.
4. Los chicos salieron _____ la ventana.
5. Ellos fueron al club nocturno _____ bailar.
6. Necesito las reservaciones _____ mañana _____ la tarde.
7. El sábado salimos _____ Lima. Vamos _____ avión. Vamos a estar allí _____ una semana.
8. En ese hotel cobran cien dólares _____ noche.

B. **Weather expressions**

Complete each sentence with the appropriate word(s).

1. En verano _____ mucho _____ en Texas.
2. En invierno en Denver _____ mucho _____ y _____ mucho.
3. En Oregón _____ todo el año.
4. Hoy no hay vuelos (*flights*) porque _____ mucha _____.
5. Necesito la sombrilla porque _____ mucho _____.

C. **The preterit contrasted with the imperfect**

Complete each sentence, using the preterit or the imperfect tense of the verbs in parentheses.

1. Ayer nosotros _____ (celebrar) nuestro aniversario.
2. _Eran_ (ser) las cuatro de la tarde cuando yo _salí_ (salir) del restaurante.
3. El mozo me _dijo_ (decir) que la especialidad de la casa _era_ (ser) langosta.
4. Cuando Raúl _era_ (ser) pequeño _vivía_ (vivir) aquí.
5. Jorge _estaba_ (estar) en el café cuando yo lo _ve_ (ver).
6. Ella no _fue_ (ir) a la fiesta anoche porque _estaba_ (estar) muy cansada.
7. Ayer yo _hice_ (hacer) las reservaciones.
8. Nosotros _estábam_ (estar) almorzando cuando tú _llamast_ (llamar).

D. *Hace...* meaning *ago*

Write the following sentences in Spanish.

1. The waiter arrived three hours ago.
2. I began to study Spanish two years ago.
3. We arrived three months ago.
4. They brought me the dessert ten minutes ago.
5. We made the reservations two weeks ago.

E. **Possessive pronouns**

Complete each sentence, giving the Spanish equivalent of the word in parentheses.

1. Mi postre es mejor que _____, María. (*yours*)
2. Las tostadas que están en la mesa son _____. (*mine*)
3. Yo voy a invitar a mis amigos. ¿Tú vas a invitar a _____? (*yours*)
4. Estos zapatos son _____. (*ours*)
5. Mi abuelo es de México. _____ es de Cuba. (*Theirs*)
6. Ese libro no es _____; es _____. (*mine / hers*)

F. Vocabulary

Complete the following sentences, using vocabulary from **Lección 9.**

1. Las chuletas están muy buenas. Están _____.
2. Voy a _____ a las siete de la mañana. Quiero café con leche y pan tostado con _____.
3. La _____ de la casa es cordero _____.
4. No quiero _____ de papas. Quiero papa al _____.
5. Mis abuelos no vivían en el _____; vivían en la ciudad.
6. Anoche _____ en un restaurante y el mozo nos recomendó las chuletas.
7. Esta noche vamos a ir a un club _____ para celebrar nuestro aniversario.
8. No puedo pagar la _____ del restaurante porque no tengo dinero.
9. Siempre tomo el café con _____ y azúcar.
10. ¿Cuánto le vas a _____ de propina al mozo?
11. Este año vamos de _____ a Acapulco.
12. Vamos al restaurante y _____ vamos a casa.

G. Culture

Circle the correct answer, based on the **Notas culturales** you have read.

1. Lima fue fundada por los (españoles / mexicanos).
2. Lima es la capital de (Colombia / Perú).
3. La (décima / tercera) parte de la población de Perú vive en Lima.
4. El Museo de (Plata / Esmeraldas / Oro) está en Lima.
5. En los países hispanos (el almuerzo / la cena) es la comida principal.
6. En España la cena se sirve muy (temprano / tarde).

VI

La salud

Una farmacia en Caracas, Venezuela.

Lección 10: En un hospital
**Lección 11: En la farmacia y en el consultorio
del médico**

By the end of this unit, you will be able to:

- give and request information about physical symptoms
- discuss health problems, medical emergencies, common
  medical procedures and treatments
- give and request information about medications and how to
  take them
- ask and respond to questions concerning personal medical
  history

En un hospital

En Santiago de Chile.

Susana ha tenido un accidente y la han traído al hospital en una ambulancia. Ahora está en la sala de emergencia hablando con el médico.

DOCTOR — Dígame qué le pasó, señorita.

SUSANA — Yo había parado en una esquina y un autobús chocó con mi coche.

DOCTOR — ¿Perdió Ud. el conocimiento después del accidente?

SUSANA — Sí, por unos segundos.

DOCTOR — ¿Tiene Ud. dolor en alguna parte?

SUSANA — Sí, doctor, me duele mucho la herida del brazo.

DOCTOR — Voy a vendársela ahora mismo. Y después la enfermera va a ponerle una inyección para el dolor. ¿Le duele algo más?

SUSANA — Me duele mucho la[1] espalda y también me duele la cabeza.

DOCTOR — Bueno, vamos a hacerle unas radiografías para ver si se ha fracturado algo. (*A la enfermera.*) Lleve a la señorita a la sala de rayos X.

Una hora después, Susana salió del hospital. No tuvo que pagar nada porque tenía seguro médico. Fue a la farmacia y compró la medicina que le había recetado el médico para el dolor.

---

[1]Note that definite articles, rather than possessive adjectives, are used in Spanish with parts of the body.

Pepito se cayó[1] en la escalera de su casa y su mamá lo llevó al hospital. Hace una hora que esperan cuando por fin viene la doctora Alba.

DOCTORA — ¿Qué le pasó a su hijo, señora?
SEÑORA — Parece que se ha torcido el tobillo.
DOCTORA — A ver... creo que es una fractura.

Han llevado a Pepito a la sala de rayos X y le han hecho varias radiografías.

DOCTORA — Tiene la pierna rota. Vamos a tener que enyesársela.
SEÑORA — ¿Va a tener que usar muletas para caminar?
DOCTORA — Sí, por seis semanas. Déle estas pastillas para el dolor y pida turno para la semana que viene.

Más tarde:

SEÑORA — ¿Cómo te sientes, mi vida?
PEPITO — Un poco mejor. ¿Llamaste a papá?
SEÑORA — Sí, en seguida viene a buscarnos.

---

[1]In the third-person singular and plural of the preterit, verbs whose stems end in a strong vowel—that is, **a, e,** or **o**—change the unaccented **i** between vowels to **y: se cayó, se cayeron.**

VOCABULARIO

Cognados

el accidente accident	**la fractura** fracture
la ambulancia ambulance	**el hospital** hospital
la emergencia emergency	**la medicina** medicine

Nombres

el autobús, el ómnibus bus
el brazo arm
la cabeza head
el coche, el automóvil, el auto, el carro automobile
el dolor pain
el (la) enfermero(a) nurse
la escalera stairs
la espalda back
la esquina corner
la herida wound
la inyección shot, injection
el (la) médico(a), doctor(a) doctor, M.D.
las muletas crutches
la pastilla pill
la pierna leg
la radiografía X-ray (picture)
la sala de emergencia emergency room
la sala de rayos X (equis) X-ray room
la salud health
el segundo second
el seguro médico medical insurance
el tobillo ankle

Verbos

buscar to pick up
caerse (yo me caigo) to fall down
caminar to walk
chocar (con) to run into, to collide (with)
doler[1] (o > ue) to hurt, ache
enyesar to put a cast on
esperar to wait (for)
fracturar(se), romper(se) to fracture
parar to stop
parecer (yo parezco) to seem
pasar to happen
recetar to prescribe
torcerse (o>ue) to twist
vendar to bandage

Adjetivo

roto(a) broken

Otras palabras y expresiones

ahora mismo right now
dígame tell me
en alguna parte anywhere, somewhere
en seguida right away
más tarde later
mi vida darling
pedir turno to make an appointment
perder el conocimiento, desmayarse to lose consciousness, to faint
poner una inyección to give a shot
que viene next

[1]The construction for **doler** is the same as that for **gustar:** Me **duele** la cabeza. Me **duelen** las piernas.

NOTAS CULTURALES

DE AQUÍ Y DE ALLÁ

Santiago, que tiene una población de más de cuatro millones de habitantes, es la capital de Chile. Fue fundada por los españoles en el año 1541 y es actualmente el centro industrial y cultural del país. El clima de la ciudad es muy similar al de la región del Mediterráneo.

Santiago es una ciudad cosmopolita que refleja la influencia de Europa y de Norteamérica. La ciudad tiene muchos lugares de recreo: hermosos parques, un estadio que tiene capacidad para ochenta mil personas y numerosos teatros y cines. Muy cerca de la ciudad hay excelentes lugares para esquiar.

DE ESTO Y AQUELLO

Los servicios médicos son gratis en la mayoría de los países hispanos porque el gobierno mantiene los centros médicos y los hospitales. Para la gente que puede y quiere pagar para recibir atención especial, existen además clínicas privadas.

**Plaza de Armas en
Santiago, Chile.**

Puntos para recordar

1. Past participles (*Los participios pasivos*)

■ In Spanish, regular past participles are formed by adding the following endings to the stem of the verb.

-**ar** *verbs*	-**er** *verbs*	-**ir** *verbs*
habl- **ado** (*spoken*)	com- **ido** (*eaten*)	recib- **ido** (*received*)

The following verbs have irregular past participles in Spanish.[1]

abrir	**abierto**	poner	**puesto**
decir	**dicho**	romper	**roto**
escribir	**escrito**	ver	**visto**
hacer	**hecho**	volver	**vuelto**
morir	**muerto**		

¡Atención! The past participle of **ir** is **ido**.

■ Past participles used as adjectives

In Spanish, most past participles can be used as adjectives. As such, they agree in number and gender with the nouns they modify.

— ¿Tuviste un accidente?   *"Did you have an accident?"*
— Sí, y tengo **la pierna rota.**   *"Yes, and I have a **broken leg.**"*
— ¿Y el brazo?   *"And your arm?"*
— No, **el brazo** no está **roto.** *"No, **my arm** isn't **broken.**"*

— **¿Las ventanas** están **abiertas?** *"Are **the windows open?**"*
— No, están **cerradas.**   *"No, they're **shut.**"*

¡ V A M O S   A   P R A C T I C A R !

A. Give the past participles of the following verbs.

1. decir	6. poner	11. ir
2. cerrar	7. vivir	12. tener
3. hacer	8. ver	13. romper
4. beber	9. recetar	14. abrir
5. morir	10. volver	15. comprar

---

[1]Verbs ending in -**er** and -**ir** whose stem ends in a strong vowel require an accent mark on the **i** of the -**ido** ending: **leer, leído; oír, oído; traer, traído; creer, creído.**

B. Complete the description of each illustration, using the verb **estar** and the appropriate past participle.

1. Los niños _____.

2. La puerta _____.

3. La ventana _____.

4. El restaurante _____.

5. La carta _____ en español.

6. El cuaderno _____.

7. La señora _____ cerca de la ventana.

2. Present perfect tense (*Pretérito perfecto*)

■ The present perfect tense is formed by using the present tense of the auxiliary verb **haber** with the past participle of the verb that expresses the action or state.

Present indicative of **haber** (*to have*)[1]	
he	hemos
has	habéis
ha	han

FORMATION OF THE PRESENT PERFECT TENSE			
	Present of + haber	**Past Participle**	
yo	**he**	**hablado**	I have spoken
tú	**has**	**comido**	you (*fam.*) have eaten
Ud., él, ella	**ha**	**vuelto**	you (*form.*) have returned; he, she has returned
nosotros(as)	**hemos**	**dicho**	we have said
vosotros(as)	**habéis**	**roto**	you (*fam.*) have broken
Uds., ellos, ellas	**han**	**hecho**	you (*form.*) have done, made; they have done, made

■ The present perfect tense is equivalent to the use in English of the auxiliary verb *have* + *past participle*, as in *I have spoken.*

— ¿Qué le **ha pasado** a Mercedes?   *"What **has happened** to Mercedes?"*
— **Ha tenido** un accidente.   *"She **has had** an accident."*
— ¿Ya **han ido** Uds. al hospital a verla?   *"**Have** you already **gone** to the hospital to see her?"*
— Sí, ya la **hemos visto**.   *"Yes, we **have** (already) **seen** her."*

■ Note that in Spanish, when the past participle is part of a perfect tense, its form does not vary for gender or number agreement.

Él **ha venido**.   *He **has come**.*
Ella **ha venido**.   *She **has come**.*

---

[1]Note that the English verb *to have* has two equivalents in Spanish: **haber** (used as an auxiliary verb) and **tener**.

■ Unlike English, the past participle in Spanish is never separated from the auxiliary verb **haber.**

Ella **nunca ha hecho** nada.
Él **siempre ha escrito** las cartas en inglés.

*She **has never done** anything.*
*He **has always written** the letters in English.*

¡ V A M O S   A   P R A C T I C A R !

A. Teresa has broken her leg. Using the cues given, tell what everybody has done for her.

MODELO: Mamá / llevarla / hospital
Mamá la ha llevado al hospital.

1. el médico / enyesarle / pierna
2. la enfermera / ponerle / una inyección
3. yo / limpiar / su apartamento
4. nosotros / escribirle / una carta / su supervisora
5. ellos / poner / sus libros / el escritorio
6. tú / hablar / con el médico
7. Uds. / abrir / la ventana / de su cuarto
8. su mamá / hacerle / la cena

B. Interview a partner, using the following questions.

1. ¿Has tenido un accidente alguna vez?
2. ¿Te has torcido el tobillo alguna vez?
3. ¿Has usado muletas alguna vez? (¿Por qué?)
4. ¿Has perdido el conocimiento? (¿Por cuánto tiempo?)
5. ¿Te han hecho una radiografía últimamente (*lately*)?
6. ¿Te han puesto una inyección últimamente?

7. ¿Has estado en el hospital últimamente? (¿Por cuánto tiempo?)
8. ¿Has ido al médico recientemente? (¿Cuándo?)

C. With a partner, discuss what you have done since yesterday. Include what you have eaten, whom you have seen and spoken to, and so on.

3. Past perfect (pluperfect) tense (*Pretérito pluscuamperfecto*)

■ The past perfect tense is formed by using the imperfect tense of the auxiliary verb **haber** with the past participle of the verb that expresses the action or state.

Imperfect of haber	
había	**habíamos**
habías	**habíais**
había	**habían**

FORMATION OF THE PAST PERFECT TENSE

	Imperfect of + haber	*Past Participle*	
yo	**había**	**hablado**	I had spoken
tú	**habías**	**comido**	you (*fam.*) had eaten
Ud., él, ella	**había**	**vuelto**	you (*form.*), he, she had returned
nosotros(as)	**habíamos**	**dicho**	we had said
vosotros(as)	**habíais**	**roto**	you (*fam.*) had broken
Uds., ellos, ellas	**habían**	**hecho**	you (*form.*) had done, made; they had done, made

■ The past perfect tense is equivalent to the use in English of the auxiliary verb *had* + *past participle,* as in *I had spoken.*

In Spanish, as in English, this tense refers to actions, states, or events that were already completed before the start of another past action, state, or event.

— ¿Uds. **habían estado** en Chile alguna vez?   *"**Had** you ever **been** in Chile?"*
— No, nunca **habíamos estado** allí.   *"No, we **had** never **been** there."*

— ¿Ricardo está aquí?   *"Is Ricardo here?"*
— Sí, cuando yo vine, él ya **había llegado.**   *"Yes, when I came, he **had** already **arrived.**"*

¡VAMOS A PRACTICAR!

A. Tell what these people had or had not done.

1. Nosotros les _____ (traer) unas pastillas para el dolor de cabeza.
2. Él me _____ (decir) que necesitaba usar muletas.
3. La enfermera ya le _____ (poner) la inyección.
4. El médico me _____ (dar) la medicina.
5. Los chicos _____ (dormirse) en seguida.
6. Tú _____ (romper) la ventana.
7. Ellos ya _____ (volver) cuando yo llegué.
8. Yo nunca _____ (conducir) ese coche.
9. Esa mujer no _____ (hacer) nada.
10. Mi papá nunca lo _____ (ver).
11. Ud. _____ (pedir) turno para la semana que viene.
12. Mi mamá _____ (venir) a buscarme.

Me habían dicho que el hotel tenía piscina.

B. Work with a partner and ask each other the following questions.

1. ¿Tú y tus amigos habían estudiado español antes de (*before*) venir a la universidad?
2. ¿Ya habían preparado la cena cuando tú llegaste a tu casa anoche?
3. ¿El profesor (la profesora) ya había venido cuando tú llegaste a clase hoy?
4. ¿Te habían dicho que esta clase era fácil?
5. ¿Ya habías comprado el libro antes de empezar esta clase?

C. Your parents just got back from a vacation. Say what everybody had done by the time they came back.

1. yo
2. mi amiga
3. mis hermanos
4. mi tío y yo
5. tú
6. Uds.

4. Formal commands: *Ud.* and *Uds.* (*Mandatos formales: Ud. y Uds.*)

■ The command forms for **Ud.** and **Uds.**[1] are formed by dropping the **-o** of the first-person singular of the present indicative and adding **-e** and **-en** for the **-ar** verbs and **-a** and **-an** for the **-er** and **-ir** verbs.

Infinitive	First-Person Sing. Present Indicative	Stem	Commands Ud.	Uds.
hab**lar**	yo hab**lo**	habl-	hab**le**	hab**len**
com**er**	yo com**o**	com-	com**a**	com**an**
abr**ir**	yo abr**o**	abr-	abr**a**	abr**an**
cer**rar**	yo cie**rro**	cierr-	cie**rre**	cie**rren**
vol**ver**	yo vue**lvo**	vuelv-	vue**lva**	vue**lvan**
ped**ir**	yo p**ido**	pid-	p**ida**	p**idan**
dec**ir**	yo d**igo**	dig-	d**iga**	d**igan**

— ¿Con quién debo hablar?   *"With whom must I speak?"*
— **Hable** con el enfermero.   *"**Speak** with the nurse."*

— ¿Cuándo debemos volver?   *"When must we come back?"*
— **Vuelvan** mañana.   *"**Come back** tomorrow."*

■ The command forms of the following verbs are irregular.

	dar	estar	ser	ir
Ud.	**dé**	**esté**	**sea**	**vaya**
Uds.	**den**	**estén**	**sean**	**vayan**

— ¿Vamos a la farmacia ahora?   *"Shall we go to the pharmacy now?"*

— No, no **vayan** ahora; **vayan** a las dos.   *"No, don't **go** now; **go** at two o'clock."*

■ With all direct *affirmative* commands, object pronouns are placed after the verb and are attached to it, thus forming only one word. With all *negative* commands, the object pronouns are placed in front of the verb.

— ¿Dónde pongo las muletas?   *"Where shall I put the crutches?"*
— Pónga**las** aquí; **no las ponga** allí.   *"**Put them** here; **don't put them** there."*

¡Atención!   Note the use of the written accent in **póngalas.**

---

[1]The command form for **tú** will be studied in **Lección 12.**

¡ V A M O S   A   P R A C T I C A R !

A. The receptionist at a doctor's office must give the patients certain instructions. Following the model, change each sentence to the appropriate command.

> MODELO: Tiene que hablar con el médico.
> *Hable con el médico.*

1. Tienen que volver mañana.
2. Tiene que pedir turno.
3. Tienen que estar aquí a las tres.
4. Tiene que hablar con el enfermero.
5. Tiene que esperar un momento.
6. Tienen que venir más tarde.
7. Tiene que dar su nombre.
8. Tiene que dejar su número de teléfono.
9. Tiene que llamar a su esposo.
10. Tiene que tomar estas pastillas.

B. You are the teacher and your students are asking you what to do. Answer, using the command forms and the cues provided.

1. ¿Qué lección estudiamos? (la Lección 3)
2. ¿Dónde escribimos? (en la pizarra)
3. ¿Cuándo venimos? (por la tarde)
4. ¿A qué hora debemos estar aquí? (a las siete)
5. ¿Qué debemos comprar? (un diccionario)
6. ¿Qué libro usamos? (el libro de física)
7. ¿Adónde vamos? (al laboratorio de lenguas)
8. ¿A qué hora volvemos? (a las cuatro)

9. ¿Qué requisitos debemos tomar? (inglés y matemáticas)
10. ¿A qué hora empezamos a estudiar? (a las cinco)
11. ¿A quién llamamos? (al profesor de historia)
12. ¿Dónde esperamos? (en la biblioteca)

C. Andrés says *yes* to everything, while Ana always says *no*. Answer these questions as Andrés or Ana would, using a command and a direct object pronoun to replace each direct object.

(handwritten in margin: mande las hoy / No, no las compre)

1. ¿Mando las radiografías hoy? (Andrés) Y
2. ¿Compramos las pastillas? (Ana) N
3. ¿Traigo las muletas? (Ana) N
4. ¿Compramos el seguro médico? (Andrés) Y
5. ¿Llamo la ambulancia? (Andrés) Y
6. ¿Limpiamos la escalera? (Ana) N
7. ¿Hago la comida? (Ana) N
8. ¿Pido turno? (Andrés) Y
9. ¿Los llamo (a Uds.) más tarde? (Andrés) Y
10. ¿Tomamos el autobús? (Ana) N

D. Using commands, tell your secretary to do the following tasks.

1. Escribirles al señor López y al señor Smith. Escribirle al señor López en español y escribirle al señor Smith en inglés. Decirles que los libros están aquí. Mandarles las cartas hoy.
2. Comprarle (a Ud.) papel y lápices.
3. Darle al señor Gómez su número de teléfono, pero no darle su dirección (*address*).
4. No hablarles a los empleados de la fiesta de la compañía.
5. Llevarle los documentos al señor Soto, pero no llevarle los cheques.

E. You are going to be gone for a few days, and you have two very irresponsible roommates. Write them a note telling them four things to do and four things not to do in your absence.

Y ahora, ¿qué?

Palabras y más palabras

A. Complete each sentence, using vocabulary from **Lección 10.**

1. Alfredo tuvo un _____ y lo llevaron al hospital en una _____. Ahora está en la _____ de emergencia.
2. Le pusieron una _____ para el dolor.
3. Pepito se _____ en la escalera de su casa.
4. Le hicieron una radiografía para ver si tenía una _____ en el tobillo.

5. ¿Tengo que usar las _____ para caminar?
6. Perdió el _____ por unos segundos.
7. El doctor le va a _____ la herida.
8. No fuimos en coche; fuimos en _____.
9. Paula no se _____ el tobillo; se lo fracturó.
10. ¿Qué le _____ a su hijo? ¿Tiene dolor en _____ parte?
11. Roberto _____ el coche en la esquina.
12. Fui al médico porque me _____ mucho la espalda. Me _____ una medicina.
13. Se rompió la pierna. Se la van a _____.
14. No tiene que pagar nada por la consulta porque tiene _____ médico.
15. Mi coche _____ con un ómnibus anoche.
16. Me tienes que _____ un momento. Vuelvo en seguida, mi _____.

B. Name the parts of the body that correspond to the numbers below.

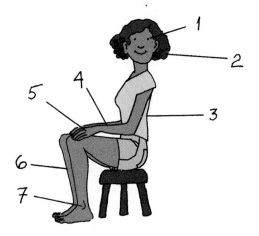

¡Vamos a conversar!

A. ¿Recuerda usted? What happened to Susana and Pepito? Base your answers on the dialogues.

1. ¿Qué le ha pasado a Susana?
2. ¿Cómo la llevaron al hospital?
3. ¿Por cuánto tiempo perdió el conocimiento?
4. ¿Qué le duele?
5. ¿Qué le va a hacer el médico?
6. ¿Tiene Susana algún otro dolor?
7. Susana no ha tenido que pagar nada por la consulta. ¿Por qué?
8. ¿Qué le pasó a Pepito en la escalera de su casa?
9. ¿Qué ha hecho su mamá?

10. ¿Pepito se ha torcido el tobillo? ¿Qué dice la doctora?
11. ¿Para qué han llevado a Pepito a la sala de rayos X?
12. ¿Por qué van a tener que enyesarle la pierna a Pepito?
13. ¿Cuánto tiempo tiene que usar Pepito las muletas?
14. ¿Qué le da la doctora para el dolor?
15. ¿Cómo se siente Pepito?
16. ¿Quién va a venir a buscarlos al hospital?

B. Entrevista. Interview a partner, using the **tú** form.

Pregúntele a su compañero(a) de clase...

1. ...si ha tenido algún accidente
2. ...si le duele algo ahora
3. ...si le han hecho alguna radiografía
4. ...si ha tenido alguna fractura
5. ...si viene a la universidad en ómnibus
6. ...si había tomado español antes de esta clase
7. ...si las ventanas de su cuarto están abiertas o cerradas
8. ...si en su casa hay escalera
9. ...qué ha comido hasta ahora hoy
10. ...si cuando llegó a su casa ayer ya había comido

Now ask your partner two questions of your own.

Situaciones

What would you say in the following situations? What might the other person say? Act out the scenes with a partner.

1. You were in an accident and were brought to the hospital. Tell the doctor what happened and where it hurts. Ask him or her any relevant questions you may have regarding your injuries, any procedures the doctor may wish to perform, and your treatment.
2. You and your English-speaking friend are traveling in Chile. Your friend has fallen down the stairs in the hotel, so you take him or her to the doctor. Tell the doctor what happened, and ask any pertinent questions ("Is a cast necessary?," "How long must the crutches be used?," and so on).

BOMBEROS INCENDIOS EMERGENCIA 19 **POLICIA 12** **SECRETARIA DE SALUD 15**
SERVICIO LAS 24 HORAS.

HOSPITALES

La Hortúa	246 4020
La Victoria	272 2028
Lorencita Villegas	231 8849
Militar	232 5333
Misericordia	246 7520
Samaritana	233 8880

AMBULANCIAS

Para escribir

Use your imagination to finish the story, telling what happened to Julio. (For additional vocabulary, you may wish to refer to **Amplíe su vocabulario** in the **Un paso más** section for this unit.)

Eran las ocho de la noche y Julio iba en su coche cuando tuvo un accidente...

¿Qué pasa aquí?

In groups of three or four, create a story about the people in the illustrations. Say who they are, what happened to them, and what they need.

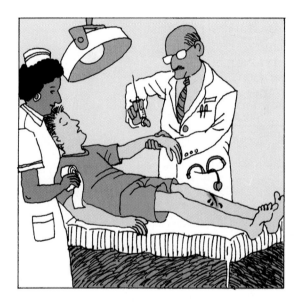 

❧ Un dicho ☙

Es mejor prevenir que curar.

An ounce of prevention is worth a pound of cure.

En la farmacia y en el consultorio del médico

Alicia llegó a Asunción ayer. Durante el día se divirtió mucho, pero por la noche se sintió mal y no durmió bien. Eran las cuatro de la madrugada cuando por fin pudo dormirse. Se levantó a las ocho y fue a la farmacia. Allí habló con el Sr. Paz, el farmacéutico.

SR. PAZ — ¿En qué puedo servirle, señorita?

ALICIA — Quiero que me dé algo para el catarro.

SR. PAZ — ¿Tiene fiebre?

ALICIA — Sí, tengo una temperatura de treinta y nueve grados.[1] Además tengo tos y mucho dolor de cabeza.

SR. PAZ — Tome dos aspirinas cada cuatro horas y este jarabe para la tos.

ALICIA — ¿Y si la fiebre no baja?

SR. PAZ — En ese caso, va a necesitar penicilina. Yo le sugiero que vaya al médico.

ALICIA — Espero que no sea gripe..., ¡o pulmonía!

SR. PAZ — No lo creo... ¿Necesita algo más?

ALICIA — Sí, unas gotas para la nariz, curitas y algodón.

---

[1]Centigrade temperature, equivalent to 102° Fahrenheit.

Al día siguiente, Alicia sigue enferma y decide ir al médico. El doctor la examina y luego habla con ella.

DR. SOTO — Ud. tiene una infección en la garganta y en los oídos. ¿Es Ud. alérgica a alguna medicina?

ALICIA — No, doctor.

DR. SOTO — Muy bien. Le voy a recetar unas pastillas. Ud. no está embarazada, ¿verdad?

ALICIA — No, doctor. ¿Hay alguna farmacia cerca de aquí?

DR. SOTO — Sí, hay una en la esquina. Aquí tiene la receta.

ALICIA — ¿Tengo que tomar las pastillas antes o después de las comidas?

DR. SOTO — Después. Espero que se mejore pronto.

Alicia sale del consultorio del médico y va a la farmacia.

ALICIA — (*Piensa*) Ojalá que las pastillas sean baratas. Si son muy caras no voy a tener suficiente dinero.

VOCABULARIO

Cognados

alérgico(a) allergic	**la penicilina** penicillin
la aspirina aspirin	**la temperatura** temperature
la infección infection	

Nombres

el algodón   cotton

el catarro, el resfrío, el resfriado
  cold

el consultorio   doctor's office

la curita   adhesive bandage

el (la) farmacéutico(a)   pharmacist

la fiebre   fever

la garganta   throat

la gota   drop

el grado   degree (*temperature*)

la gripe   flu

el jarabe   syrup

la madrugada   early morning
  (pre-dawn)

la nariz   nose

el oído   ear (*internal*)

la pulmonía   pneumonia

la receta   prescription

la tos   cough

Verbos

bajar   to go down

dormirse (o > ue)   to fall asleep

esperar   to hope

examinar   to examine, to check

mejorarse   to get better

sentirse (e > ie)   to feel

sugerir (e > ie)   to suggest

Adjetivos

barato(a)   inexpensive

caro(a)   expensive

embarazada   pregnant

Otras palabras y expresiones

al día siguiente   next day

antes (de)   before

cerca de aquí   near here

(el) dolor de cabeza   headache

durante   during

en ese caso   in that case

las gotas para la nariz   nose drops

mal   badly, poorly

no lo creo   I don't think so

ojalá   I hope

pronto   soon

DE AQUÍ Y DE ALLÁ

Paraguay es un país que tiene más o menos el tamaño de California. Paraguay y Bolivia son los únicos países latinoamericanos que no tienen salida al mar.

Las principales exportaciones de Paraguay eran el algodón, el ganado (*cattle*), el tabaco, la madera (*wood*) y las frutas cítricas, pero ahora Paraguay es el principal exportador de energía hidroeléctrica del mundo. La represa (*dam*) construida sobre el río Paraná tiene la capacidad de producir seis veces la electricidad que produce la represa de Asuán (Sadd al-Alí), en Egipto.

La moneda de Paraguay, el guaraní, es de valor bastante estable. El idioma oficial es el español, pero los paraguayos hablan también el guaraní, una lengua indígena que aún se conserva. El ochenta y uno por ciento de la población sabe leer y escribir.

Asunción, la capital, fue fundada en 1537. Allí se ve un gran contraste entre los edificios muy modernos y las casas coloniales.

Paraguay no tiene muchos problemas sociales. No muchos turistas visitan Paraguay, pero los que lo hacen hablan muy bien de la hospitalidad de los paraguayos.

200 km

DE ESTO Y AQUELLO

En España y en Latinoamérica, las farmacias venden medicinas principalmente y en algunos de esos países es posible comprar medicinas sin receta. Con frecuencia los farmacéuticos recomiendan medicinas y ponen inyecciones.

En algunos países latinoamericanos, especialmente en la zona del Caribe, existen tiendas llamadas **botánicas,** donde se pueden comprar diferentes clases de hierbas, raíces (*roots*) y polvos (*powders*) vegetales. Estos productos se utilizan para curar dolores de espalda, de cabeza y otros problemas similares.

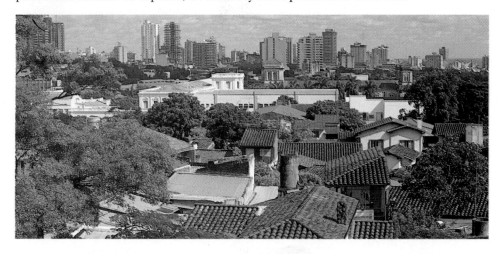

Vista panorámica de Asunción, Paraguay.

235

Puntos para recordar

1. Introduction to the subjunctive mood
(*Introducción al modo subjuntivo*)

Until now, you have been using verbs in the indicative mood. The indicative is used to express factual, definite events. By contrast, the subjunctive is used to reflect the speaker's feelings or attitudes toward events, or when the speaker views events as uncertain, unreal, or hypothetical. Because expressions of volition, doubt, surprise, fear, and the like all represent reactions to the speaker's perception of reality, they are naturally followed in Spanish by the subjunctive.

■ Present subjunctive forms of regular verbs

To form the present subjunctive, add the following endings to the stem of the first-person singular of the present indicative, after dropping the **o.** Note that the endings for the **-er** and **-ir** verbs are identical.

-ar *verbs*	-er *verbs*	-ir *verbs*
habl- **e**	com- **a**	viv- **a**
habl- **es**	com- **as**	viv- **as**
habl- **e**	com- **a**	viv- **a**
habl- **emos**	com- **amos**	viv- **amos**
habl- **éis**	com- **áis**	viv- **áis**
habl- **en**	com- **an**	viv- **an**

The following table shows how to form the first-person singular of the present subjunctive.

Verb	First-Person Sing. (Indicative)	Stem	First-Person Sing. (Subjunctive)
habl**ar**	hablo	habl-	habl**e**
aprend**er**	aprendo	aprend-	aprend**a**
escrib**ir**	escribo	escrib-	escrib**a**
cono**cer**	conozco	conozc-	conozc**a**
de**cir**	digo	dig-	dig**a**
ha**cer**	hago	hag-	hag**a**
tra**er**	traigo	traig-	traig**a**
ve**nir**	vengo	veng-	veng**a**

¡ V A M O S   A   P R A C T I C A R !

Give the present subjunctive forms of the following verbs.

1. *yo:*   comer, venir, hablar, hacer, salir, ponerse
2. *tú:*   decir, ver, traer, trabajar, escribir, esperar
3. *él:*   vivir, aprender, salir, estudiar, ver, levantarse
4. *nosotros:*   escribir, caminar, poner, desear, tener, afeitarse
5. *ellos:*   salir, hacer, llevar, conocer, ver, bañarse

■ Present subjunctive forms of stem-changing and irregular verbs

- Verbs ending in **-ar** and **-er** undergo the same stem changes in the present subjunctive as in the present indicative.

recomendar (e > ie)		recordar (o > ue)	
recomiende	recomendemos	recuerde	recordemos
recomiendes	recomendéis	recuerdes	recordéis
recomiende	recomienden	recuerde	recuerden

entender (e > ie) (*to understand*)		volver (o > ue)	
entienda	entendamos	vuelva	volvamos
entiendas	entendáis	vuelvas	volváis
entienda	entiendan	vuelva	vuelvan

- For verbs ending in **-ir,** the three singular forms and the third-person plural form undergo the same stem changes in the present subjunctive as in the present indicative. However, in addition, observe that unstressed **e** changes to **i** and unstressed **o** changes to **u** in the first- and second-person plural forms.

mentir (*to lie*)		dormir	
mienta	mintamos	duerma	durmamos
mientas	mintáis	duermas	durmáis
mienta	mientan	duerma	duerman

■ The following verbs are irregular in the subjunctive.

dar	estar	saber	ser	ir
dé	esté	sepa	sea	vaya
des	estés	sepas	seas	vayas
dé	esté	sepa	sea	vaya
demos	estemos	sepamos	seamos	vayamos
deis	estéis	sepáis	seáis	vayáis
den	estén	sepan	sean	vayan

¡Atención!   The subjunctive of **hay** (impersonal form of **haber**) is **haya.**

¡VAMOS A PRACTICAR!

Give the present subjunctive forms of the following verbs.

1. *yo:*   dormir, ir, cerrar, sentir, ser
2. *tú:*   mentir, volver, ir, dar, recordar
3. *ella:*   estar, saber, perder, dormir, ser
4. *nosotros:*   pensar, recordar, dar, morir, cerrar
5. *ellos:*   preferir, dar, ir, saber, dormir

2. Uses of the subjunctive (*Usos del subjuntivo*)

■ The Spanish subjunctive is used in subordinate, or dependent, clauses. The subjunctive is also used in English, although not as often as in Spanish. For example:

Sugiero	que **llegue** mañana.		*I suggest*	*that he arrive tomorrow.*
Main clause	**Dependent clause**		**Main clause**	**Dependent clause**

The expression that requires the use of the subjunctive is in the main clause, *I suggest.* The subjunctive appears in the dependent clause, *that he arrive tomorrow.* The subjunctive mood is used because the action of arriving is not real; it is only what is *suggested* that he do.

■ There are four main conditions that call for the use of the subjunctive in Spanish.

• *Volition:* demands, wishes, advice, persuasion, and other impositions of will

Ella **quiere** que yo le **escriba.**	*She **wants** me to **write** to her.*
Te **aconsejo** que no **vayas** a ese hotel.	*I **advise** you not to **go** to that hotel.*

- *Emotion:* pity, joy, fear, surprise, hope, and so on

Me **sorprende** que **llegues** tan temprano.	*I am **surprised** that you **are arriving** so early.*

- *Unreality:* expectations, indefiniteness, uncertainty, <u>nonexistence</u>

— **¿Hay alguien** aquí que **hable** español?	*"**Is there anyone** here who **speaks** Spanish?"*
— No, **no hay nadie** que lo **sepa**.	*"No, **there is no one** who **knows** it."*

- *Doubt and denial:* negated facts, disbelief

No es verdad que Rosa **sea** paraguaya.	*It isn't true that Rosa is Paraguayan.*
Dudo que **puedas** estudiar para ingeniero.	*I doubt that **you can** study to be an engineer.*
Roberto **niega** que ella **sea** su esposa.	*Roberto **denies** that she **is** his wife.*

3. Subjunctive with verbs of volition (*El subjuntivo con verbos que indican voluntad o deseo*)

All expressions of will require the use of the subjunctive in subordinate clauses. Note that the subject in the main clause must be different from the subject in the subordinate clause. Some verbs of volition that require the use of the subjunctive are:

aconsejar (*to advise*)	pedir
decir (*to tell*)	querer
desear	recomendar
mandar (*to order*)	sugerir
necesitar	

Mi	madre	quiere	que	yo	trabaje.
My	*mother*	*wants*		*me*	*to work.*

— ¿Qué **quieres** que **haga?**	*"What do you **want me to do?"***
— **Quiero** que **vayas** a la farmacia.	*"**I want** you to **go** to the drugstore."*
— Quiero **comer** comida mexicana.	*"**I want to eat** Mexican food."*
— Te **sugiero** que **vayas** al restaurante *El Azteca*.	*"**I suggest** that **you go** to* The Azteca *restaurant."*

¡Atención!

- Note that the infinitive is used following verbs of volition if there is no change of subject.

- Certain verbs of volition (**mandar, sugerir, aconsejar,** and **pedir**) are often preceded by an indirect object pronoun, which indicates the subject of the verb in the subjunctive.

Te sugiero que **vayas** al médico.	*I suggest* that *you go* to the doctor.
Le aconsejo que **venga** temprano.	*I advise you* to *come* early.

¡ V A M O S   A   P R A C T I C A R !

A. Complete the following dialogues, using either the subjunctive or the infinitive, as appropriate.

1. — Marcos quiere que (nosotros) _____ (ir) a su casa esta noche. ¿Tú quieres _____ (ir)?
   — No, hoy me quiero _____ (acostar) temprano porque no me siento bien.
   — Te sugiero que _____ (tomar) dos aspirinas antes de acostarte.
   — No quiero _____ (tomar) aspirina porque soy alérgica a la aspirina.

2. — Tengo una infección en los oídos.
   — Pídale al médico que le _____ (recetar) penicilina.
   — No quiero que (ellos) me *pongan* (poner) una inyección.
   — Dígale al doctor que le _____ (recetar) pastillas.

3. — Nuestro profesor siempre nos manda que _____ (escribir) composiciones en español, pero yo no quiero _____ (escribir) composiciones.
   — Te aconsejo que _____ (hacer) la tarea si quieres _____ (recibir) una A.

4. — Elena quiere que yo le _____ (comprar) un vestido porque quiere _____ (ir) a una fiesta.

— Te sugiero que _____ (ir) a la tienda La Francia porque hoy tiene una liquidación.

5. — Si vas a ese restaurante te recomiendo que _____ (pedir) langosta.

— No quiero _____ (comer) langosta porque no me gusta.

6. — Adela, quiero que hoy _____ (volver) antes de las nueve y que te _____ (acostar) porque mañana tienes que levantarte a las cinco.

— ¿Por qué quieres que nos _____ (levantar) a las cinco?

— Porque el médico quiere que nosotros _____ (estar) en el hospital a las seis.

B. Complete each sentence creatively, using a verb in either the infinitive or the subjunctive, as appropriate.

> MODELO: Yo quiero volver en agosto, pero mi padre quiere que...
> *Yo quiero volver en agosto, pero mi padre quiere que vuelva en julio.*

1. Luis quiere que yo hable sobre Paraguay, pero yo quiero...
2. El médico les aconseja que tomen las pastillas ahora, pero yo les aconsejo que...
3. Yo quiero ir a casa, pero mis amigos...
4. Ellos le sugieren que pase todo el día aquí, pero ella quiere...
5. Ellos quieren ir al hospital, pero nosotros queremos que...
6. Ella quiere darnos el diez por ciento y nosotros queremos que...
7. Mi esposo(a) quiere que yo tome aspirina, pero yo...
8. Beto quiere tomar un jarabe, pero yo le sugiero que...
9. Los chicos se quieren acostar a las once, pero la mamá quiere que...
10. Nosotros queremos hacer las diligencias por la mañana, pero tú quieres que...

C. Complete the following according to the illustrations below.

1. Ana quiere
_____.

2. Te sugiero
_____.

3. Te aconsejo
_____.

4. Olga quiere que
   Paco le _____.

5. La doctora le
   recomienda
   _____.

6. Pablo no quiere
   que el enfermero
   _____.

D. Say what you and these people want (or don't want) everybody to do.

1. Yo quiero que mi mamá...
2. Mis padres no quieren que yo...
3. La novia de Julio quiere que él...
4. El profesor quiere que nosotros...
5. El médico quiere que mi padre...
6. Tu papá no quiere que tú...
7. Yo quiero que mis abuelos...
8. Nosotros no queremos que ellos...

4. Subjunctive with verbs of emotion (*El subjuntivo con verbos que expresan emoción*)

■ In Spanish, the subjunctive mood is always used in the subordinate clause when the verb in the main clause expresses the emotions of the subject, such as fear, joy, pity, hope, regret, sorrow, surprise, and anger. Again, the subject in the subordinate clause must be different from the subject in the main clause for the subjunctive to be used.

■ Some verbs of emotion that call for the subjunctive are **temer** (*to be afraid*), **esperar, alegrarse (de)** (*to be glad*), and **sentir.**

— Mañana salgo para Asunción.	*"Tomorrow I leave for Asunción."*
— **Espero** que te **diviertas** mucho.	*"**I hope you have a** very **good time.**"*
— **Temo** no **poder** ir de vacaciones con ustedes este verano.	*"**I'm afraid** that **I cannot** go on vacation with you this summer."*
— **Espero** que **puedas** ir con nosotros el verano que viene.	*"**I hope** that **you can** go with us next summer."*

¡Atención!   • If there is no change of subject, the infinitive is used.

Temo no **poder** ir.   ***I'm afraid** that **I can**not go.*

• The expression **ojalá** always takes the subjunctive.

Ojalá que **puedas** venir.   *I hope you can **come.***

¡ V A M O S   A   P R A C T I C A R !

A. Complete the following dialogues, using the subjunctive or the infinitive, as appropriate. Then act them out with a partner.

1. — Temo que Estela no _____ (ir) a la fiesta porque tiene pulmonía.
   — Siento mucho que _____ (estar) enferma, pero espero que se _____ (mejorar) pronto.

2. — Me alegro de _____ (estar) aquí con Uds. por una semana.
   — Y nosotros nos alegramos de que tú _____ (estar) aquí y esperamos que te _____ (divertir) mucho durante ese tiempo.

3. — Necesito comprar un jarabe para la tos. Espero que _____ (haber) una farmacia cerca de aquí.
   — Hay una farmacia cerca, pero temo que no _____ (estar) abierta a esta hora.

4. — Temo no _____ (poder) ir hoy al hospital a ver a Rita. Espero que Uds. la _____ (visitar).
   — Rita va a sentir mucho que tú no _____ (ir) a verla.

5. — Espero que Jorge _____ (poder) ir a la farmacia.
   — Ojalá que las medicinas no _____ (ser) muy caras.
   — No lo creo...

B. Complete each sentence in an original manner. Use the subjunctive or the infinitive, as appropriate.

1. Ojalá que el (la) doctor(a)...
2. Siento mucho no poder...

3. Me alegro de que mi papá...
4. Temo no...
5. Mi amigo(a) espera...
6. El (La) profesor(a) siente que nosotros...
7. Mi madre se alegra de...
8. Tememos que las clases...

C. React appropriately to a friend's statements.

1. Mi mamá está enferma.
2. Mi papá está mejor.
3. No puedo ir contigo.
4. Son las cinco. Tengo que estar en el hospital a las cinco y diez.
5. Quiero comprar un coche, pero es muy caro.
6. El mes próximo voy a México de vacaciones.

Y ahora, ¿qué?

Palabras y más palabras

Complete each sentence, using vocabulary from **Lección 11.**

1. Necesito ver al doctor; voy a su _____.
2. Mi hijo es _____ a la aspirina.
3. Tiene una temperatura de 102 _____. Tiene mucha fiebre. Ojalá que le _____ pronto.
4. Compró unas _____ para la nariz porque tiene catarro.
5. El doctor quiere que tome dos pastillas _____ de cada comida, y no después de comer.
6. Para comprar penicilina necesito una _____.
7. Está _____. Va a tener un bebé.
8. Voy al médico porque me siento muy _____. Me duele la cabeza y no puedo hablar porque me duele mucho la _____.
9. Dormí muy mal. Me desperté a las cuatro de la _____.
10. ¿Hay una farmacia _____ de aquí?
11. El jarabe no es caro; es _____.
12. ¿No vas? En ese _____ voy con Raquel.

¡Vamos a conversar!

A. ¿Recuerda usted? What happens to Alicia in Asunción? Base your answers on the dialogue.

1. ¿Cómo se sintió Alicia anoche?
2. ¿Durmió bien?
3. ¿Qué hora era cuando por fin pudo dormirse?
4. ¿Adónde fue cuando se levantó por la mañana?
5. ¿Quién es el señor Paz?

6. ¿Qué problemas tenía Alicia?
7. ¿Qué le dice el farmacéutico que tome cada cuatro horas?
8. ¿Qué le sugiere el farmacéutico que haga?
9. Además del jarabe, ¿qué compró Alicia?
10. ¿Adónde fue Alicia al día siguiente?
11. ¿Quién la examinó?
12. ¿Dónde tenía Alicia una infección?
13. ¿A qué medicina es alérgica Alicia?
14. ¿Hay alguna farmacia cerca del consultorio del médico? ¿Dónde?
15. ¿Cuándo tiene que tomar Alicia las pastillas?
16. ¿Qué espera el doctor?
17. ¿Por qué espera Alicia que las pastillas no sean muy caras?

B. Entrevista. Interview a partner, using the **tú** form.

Pregúntele a su compañero(a) de clase...

1. ...cómo se siente hoy
2. ...si durmió bien anoche
3. ...a qué hora se levantó hoy
4. ...si es alérgico(a) a alguna medicina
5. ...si está tomando alguna medicina
6. ...si tiene catarro (resfrío)
7. ...qué toma cuando tiene tos
8. ...qué hace cuando tiene fiebre
9. ...qué toma cuando tiene dolor de cabeza
10. ...si alguna vez tuvo pulmonía
11. ...si hay alguna farmacia cerca de aquí
12. ...quién es su médico

Now ask your partner two questions of your own.

Situaciones

What would you say in the following situations? What might the other person say? Act out the scenes with a partner.

1. You have a cold. Tell the doctor what your symptoms are.
2. You are giving advice to someone who has a cold and a bad cough.
3. You are telling someone what your mother wants you to do when you are sick.

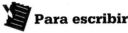 **Para escribir**

Write a dialogue between you and your doctor. Among the things you might discuss are: symptoms, general questions the doctor might ask, any questions you have, the advice and/or treatment the doctor offers. (For additional vocabulary, you may wish to refer to **Amplíe su vocabulario** in the **Un paso más** section at the end of this unit.)

¿Qué dice aquí?

Read the following ad, and answer the questions that follow.

CENTRO MEDICO FAMILIAR
Calle Estrella 492, Asunción
25–39–48

Dra. Luisa Paván
Dermatóloga

- Enfermedades
  de la piel
- Cirugía cosmética
- Cáncer de la piel
- Acné
- Venas varicosas

Dr. Ernesto Cortés
Oculista

- Examen completo de la vista
- Anteojos y lentes de contacto
- Cirugía de cataratas
- Glaucoma

Horas de consulta:
Lunes, martes y jueves de 9 a 5
Miércoles y viernes de 8 a 12
**Llamadas de Emergencia
las 24 horas**

Dra. Isabel Rivera
Medicina General

- Exámenes físicos completos
- Programas para controlar
  el peso
- Alergias
- Accidentes de trabajo
- Rayos X–Laboratorio

Dr. Carlos Araujo
Ginecólogo Obstetra

- Pruebas de embarazo
- Partos naturales
- Papanicolaus
- Mamografías

*Aceptamos todo tipo de seguro
Planes de pago para
pacientes sin seguro*

1. Si una persona necesita perder peso (*weight*), ¿a cuál de los médicos del Centro debe ver?
2. ¿Cuál es la especialidad de la Dra. Paván?
3. Una amiga mía cree que está embarazada. ¿Por qué debe ir al consultorio del Dr. Araújo?
4. Además del papanicolaus (*pap smear*), ¿qué otra prueba rutinaria debe hacerse una mujer?
5. ¿Qué servicios ofrece el Dr. Cortés?
6. ¿Cuál de los médicos del Centro cree Ud. que tiene más pacientes adolescentes? ¿Por qué?
7. Hace muchos años que no voy al médico. ¿A cuál de estos médicos me aconseja Ud. que vea? ¿Por qué?
8. ¿Puedo ir al Centro Médico Familiar el sábado? ¿Por qué?
9. ¿Cuál es la dirección y el número de teléfono del Centro Médico Familiar?

❧ Un dicho ❧

Mente sana en cuerpo sano.

A healthy mind in a healthy body.

AMPLÍE SU VOCABULARIO

Learn some additional words and phrases that relate to the ones you have acquired in this unit.

- **Other parts of the body** (*Otras partes del cuerpo*)

la boca	*mouth*	el diente	*tooth*
la cara	*face*	el estómago	*stomach*
el codo	*elbow*	la lengua	*tongue*
el corazón	*heart*	la muñeca	*wrist*
el cuello	*neck*	la oreja	*ear* (external)
el cuerpo	*body*	el pecho	*chest*
el dedo	*finger*	el pie	*foot*
el dedo del pie	*toe*	la rodilla	*knee*

¿Qué sabes de anatomía?

Today you're the professor! Teach your students these parts of the body in Spanish.

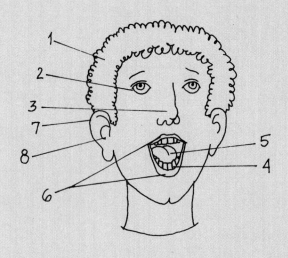

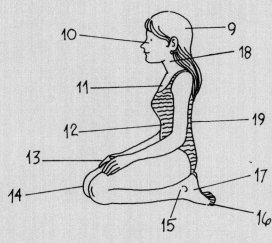

LEYENDO EL DIARIO

Antes de leer

A. Familiarize yourself with this vocabulary to better understand the reading selection that follows.

agradable   pleasant
ahorrar   to save
aunque   although
cambiar   to change
cuidarse   to take care of oneself
dejar para mañana lo que uno puede hacer hoy
   to procrastinate
el deporte   sport
el diario   diary
la época   time (*period*)
la fe   faith
hacer ejercicio   to exercise
el jardín   garden
lastimarse   to get hurt
libre   free, available
la llamada telefónica   phone call
mejorar   to improve
la meta   goal
el pasatiempo   pastime
prepararse   to prepare oneself
tener cuidado   to be careful
el tiempo   time
todo el día   all day long
tomar una decisión   to make a decision
tranquilo(a)   quiet
tratar (de)   to try (to)
últimamente   lately

B. Based on the horoscopes on page 251, say whether the following statements would be true or false. Correct the false statements.

   1. Teresa es del signo de Libra.
      a. No ha hecho nada últimamente.
      b. Debe trabajar más.
   2. David es del signo de Escorpión.
      a. Ésta es una buena época para ir de compras.
      b. Probablemente va a viajar pronto.

3. Roberto es del signo de Sagitario.
   a. Necesita comer mucho más.
   b. Debe dormir más.

4. María Luisa es del signo de Capricornio.
   a. Va a poder comprar muchas cosas.
   b. Alguien le va a escribir.

5. Fernando es del signo de Acuario.
   a. Tiene actividades fascinantes.
   b. A Fernando probablemente le va a gustar la sorpresa que va a recibir.

6. Elena es del signo de Piscis.
   a. Ella sabe perfectamente lo que va a hacer.
   b. Nadie cree en ella.

7. Pablo es del signo de Aries.
   a. Si trabaja en su jardín, se va a lastimar la rodilla.
   b. Ésta no es una buena época para dedicarse a sus pasatiempos favoritos.

8. Ricardo es del signo de Tauro.
   a. Hay muchos problemas en su futuro.
   b. Pronto va a tener menos problemas.

9. Nora es del signo de Géminis.
   a. Puede tener problemas con la rodilla.
   b. Su médico puede decirle qué ejercicio es bueno para ella.

10. Juan Carlos es del signo de Cáncer.
    a. Tiene que organizar su trabajo.
    b. Su horóscopo le aconseja que sea impulsivo.

11. Raquel es del signo de Leo.
    a. Este fin de semana va a ser muy agitado.
    b. Alguien la va a recordar.

12. Anita es del signo de Virgo.
    a. Alguien le va a escribir una carta.
    b. Alguien quiere hablar con ella.

Díganos

Answer the following questions based on your own thoughts and experiences.

1. ¿Generalmente lee Ud. su horóscopo?
2. ¿Cuál es su signo?
3. ¿Sabe Ud. cuáles son las características de las personas de su signo?
4. ¿Cuáles de esas características tiene Ud.?
5. ¿Qué le dice el horóscopo a Ud.?
6. ¿Cree Ud. todo lo que le dice su horóscopo?
7. ¿Cuál es el signo de su mejor amigo(a)?
8. ¿Qué le dice el horóscopo a él (ella)?

Horóscopo
¿Qué dice su horóscopo?

 LIBRA   (24 de sept.—23 de oct.)
Has tenido mucho trabajo última-mente. Debes tratar de tener más tiempo libre para divertirte un poco. ¡No debes trabajar todo el día!

 ESCORPIÓN (24 de oct.—22 de nov.)
Últimamente has gastado mucho dinero. Debes tratar de ahorrar más porque necesitas empezar a prepa-rarte para un viaje muy largo.

 SAGITARIO   (23 de nov.—21 de dic.)
Tienes que cuidarte más, seguir una dieta balanceada y hacer ejercicio. Puedes caminar, correr o bailar.

 CAPRICORNIO   (22 de dic.—20 de enero)
Vas a recibir mucho dinero y una carta de alguien que hace mucho que no te escribe.

 ACUARIO   (21 de ene.—19 de feb.)
Aunque ahora no tienes mucho que escribir en tu diario, las cosas van a cambiar. Pronto vas a recibir una sorpresa muy agradable.

 PISCIS   (20 de feb.—20 de mar.)
Necesitas estudiar más y tener metas definidas. Hay alguien que tiene mucha fe en tu talento y en tu habilidad.

 ARIES   (21 de mar.—20 de abril)
Ésta es una buena época para tra-bajar en el jardín o dedicarte a tus pasatiempos favoritos.

 TAURO   (21 de abril—21 de mayo)
¿Hubo algún problema en tu vida últimamente? ¿Te lastimaste o estuviste enfermo(a)? Las cosas van a mejorar pronto.

 GÉMINIS   (22 de mayo—21 de jun.)
Si practicas algún deporte o haces ejercicio, debes tener cuidado con la rodilla. Puedes preguntarle a tu médico qué tipo de ejercicio es bueno para ti.

 CÁNCER   (22 de jun.—22 de jul.)
¡Trata de no dejar para mañana lo que puedes hacer hoy! Debes pen-sar mucho antes de tomar una deci-sión importante.

 LEO   (24 de julio—23 de ago.)
Un fin de semana tranquilo pero interesante. Alguien va a estar pen-sando mucho en ti.

 VIRGO   (24 de ago.—23 de sep.)
Vas a recibir una llamada telefónica (probablemente de larga distancia). Hay alguien de tu pasado que quiere comunicarse contigo.

LECCIÓN 10

A. Past participles

Complete each sentence, using the past participle of the verb in parentheses.

1. Las puertas están _____. (cerrar)
2. La sala de emergencia está _____. (abrir)
3. La pierna no está _____. (romper)
4. Los niños están _____. (dormir)
5. Las cartas están _____ en italiano. (escribir)
6. La radiografía ya está _____. (hacer)

B. Present perfect tense

Complete each sentence, using the present perfect of the verb in parentheses.

1. La ambulancia no _____. (llegar)
2. Yo me _____ la pierna. (romper)
3. Ellos no _____ las muletas. (traer)
4. Como los niños no _____, nosotros no _____ salir. (volver / poder)
5. Ellos _____ en el accidente. (morir)
6. Tú se lo _____ antes. (decir)

C. Past perfect (Pluperfect) tense

Change the verbs in the following sentences from the preterit to the past perfect.

1. Él me dio las muletas.
2. Yo le dije que sí.
3. No vieron al médico.
4. ¿Tú no le pusiste la inyección?
5. Él no murió en el accidente.
6. Nosotros abrimos las ventanas.

D. Formal commands

Complete each sentence, using the command form of the verb in parentheses. Use the **Ud.** or **Uds.** form, as needed.

1. _____ a su esposa, Sr. García. (llamar)
2. _____, Sr. Vega. (caminar)
3. _____ en seguida, señoritas. (salir)
4. _____ en la sala de rayos X a las dos, señora. (estar)
5. No _____ aquí, Sra. Soto. (venir)
6. _____ a la izquierda, señores. (ir)
7. Señor, no _____ su número de teléfono. (dar)
8. No _____ Ud. ahora. (hacerlo)

9. Chicos, _____ buenos, por favor.   (ser)
10. _____ aquí, Srta. Pérez.   (ponerla)

E. Vocabulary

Complete the following sentences, using vocabulary from **Lección 10.**

1. El doctor me va a _____ la herida.
2. El médico le va a _____ una inyección.
3. Está en la _____ porque le van a hacer una radiografía.
4. Se cayó en la _____ de su casa, y lo llevaron a la _____ de emergencia.
5. No me rompí el tobillo; me lo _____.
6. ¿Qué le _____? ¿Se desmayó?
7. El doctor me dio la _____ para comprar la medicina.
8. Tengo que usar muletas porque me he roto una _____.
9. Él perdió el _____ por sólo unos minutos.
10. Lo llevaron al hospital en una _____.
11. Tengo que pagar la consulta del médico porque no tengo _____.
12. Le _____ la pierna porque se la fracturó.

F. Culture

Circle the correct answer, based on the **Notas culturales** you have read.

1. La capital de Chile es (Bogotá / Santiago).
2. Santiago fue fundada por los (portugueses / españoles).
3. En Santiago (se ve / no se ve) la influencia de Europa.
4. (Cerca / Lejos) de la ciudad hay lugares para esquiar.
5. En la mayoría de los países hispanos los servicios médicos (son / no son) gratis.
6. En los países hispanos la mayoría de los hospitales son (privados / mantenidos por el gobierno).

LECCIÓN 11

A. Subjunctive with verbs of volition

Write sentences in the present tense, using the elements given below. Use the present subjunctive or the infinitive, as appropriate, and add any necessary words.

1. Yo / querer / ella / ir / hospital
2. Nosotros / desear / doctor / examinarnos
3. Ella / sugerirme / tomar / aspirinas
4. El farmacéutico / no querer / venderme / penicilina
5. Ellos / aconsejarnos / comprar / pastillas
6. Yo / no querer / usar / esas gotas
7. Ellos / no querer / ella / llevarlos / médico
8. Nosotros / no querer / ir / su consultorio

9. ¿Tú / sugerirme / venir / luego?
10. Ella / necesitar / Uds. / darle / las curitas

B. Subjunctive with verbs of emotion

Rewrite the following sentences, beginning each with the phrase in parentheses and using the subjunctive or the infinitive, as appropriate.

1. Ella se mejora pronto.   (Espero...)
2. Las radiografías son muy caras.   (Elsa teme...)
3. Yo estoy aquí.   (Me alegro de...)
4. Ella se va de vacaciones.   (Ella espera...)
5. Mamá se siente bien hoy.   (Esperamos...)
6. Ellos no pueden ir a la fiesta.   (Siento...)

C. Vocabulary

Complete the following sentences, using vocabulary from **Lección 11.**

1. Tengo una _____ en la garganta. Necesito penicilina.
2. Un sinónimo de catarro es _____.
3. Voy a comprar unas _____ para la nariz.
4. Tiene una temperatura de treinta y nueve _____. Tiene mucha _____.
5. Ayer el médico me recetó un jarabe para la _____.
6. Espero que Ud. se _____ con estas medicinas.
7. Ella es _____ a la penicilina.
8. Quiero _____ para el dolor de cabeza.
9. Fui a la farmacia, pero el _____ no estaba.
10. ¿Debo tomar el jarabe _____ de las comidas o después?

D. Culture

Circle the correct answer, based on the **Notas culturales** you have read.

1. Paraguay (tiene / no tiene) salida al mar.
2. La moneda de Paraguay es el (balboa / guaraní).
3. Paraguay es el principal exportador de (tabaco / energía hidroeléctrica).
4. Los paraguayos hablan (una lengua / dos lenguas).
5. En muchos países latinos los farmacéuticos (no recomiendan medicinas / ponen inyecciones).
6. En las botánicas se pueden comprar (medicinas / hierbas y raíces).

VII

Las vacaciones

Viajeras en el aeropuerto de la Ciudad de México.

Lección 12: De viaje a Caracas
Lección 13: ¿Dónde nos hospedamos?

By the end of this unit, you will be able to:

- handle routine travel arrangements
- discuss tour features and prices
- request information regarding stopovers, plane changes, gate numbers, and seating
- register at a hotel
- discuss room prices, accommodations, and hotel services

Lección 12

De viaje a Caracas

Isabel y Delia quieren ir de vacaciones a Caracas y van a una agencia de viajes para reservar los pasajes. Ahora están hablando con el agente.

ISABEL — ¿Cuánto cuesta un pasaje de ida y vuelta a Caracas en clase turista?
AGENTE — Mil quinientos dólares si viajan entre semana.
ISABEL — ¿Hay alguna excursión que incluya el hotel?
AGENTE — Sí, hay varias que incluyen el hotel, especialmente para personas que viajan acompañadas.

El agente les muestra folletos sobre varios tipos de excursiones.

DELIA — Nos gusta ésta. ¿Hay algún vuelo que salga el jueves?
AGENTE — A ver... Sí, hay uno que sale por la tarde y hace escala en Miami.
ISABEL — ¿Tenemos que trasbordar?
AGENTE — No, no tienen que cambiar de avión. ¿Cuándo desean regresar?
DELIA — Dentro de quince días.
AGENTE — Muy bien. Necesitan pasaporte pero no necesitan visa para viajar a Venezuela.
ISABEL — (A Delia.) Llama por teléfono a tu mamá y dile que necesitas tu pasaporte.
DELIA — Bueno... y tú ve al banco y compra cheques de viajero.

El día del viaje, Isabel y Delia hablan con la agente de la aerolínea en el aeropuerto.

ISABEL — Queremos un asiento de pasillo y uno de ventanilla en la sección de no fumar.

AGENTE — Muy bien. ¿Cuántas maletas tienen?

ISABEL — Cinco, y dos bolsos de mano.

AGENTE — Tienen que pagar exceso de equipaje. Son cincuenta dólares.

DELIA — Está bien. ¿Cuál es la puerta de salida?

AGENTE — La número cuatro. Aquí tienen los comprobantes. ¡Buen viaje!

En la puerta número cuatro.

"Última llamada. Pasajeros del vuelo 712 a Caracas, suban al avión, por favor."

ISABEL — ¡Cobraron demasiado por el exceso de equipaje!

DELIA — ¡No hay nadie que viaje con tanto equipaje como nosotras!

Isabel y Delia suben al avión, le dan la tarjeta de embarque al auxiliar de vuelo y ponen los bolsos de mano debajo de sus asientos.

VOCABULARIO

Cognados

la aerolínea airline	**el pasaporte** passport
el aeropuerto airport	**la persona** person
la agencia agency	**la sección** section
el (la) agente agent	**el tipo** type
la clase class	**el (la) turista** tourist
la excursión excursion, tour	**la visa** visa

Hacer el veliz to pack
(conjugate)

Nombres

la agencia de viajes   travel agency
el asiento   seat
— de pasillo   aisle seat
— de ventanilla   window seat
el (la) auxiliar de vuelo   flight attendant
el avión   plane
el bolso de mano   carry-on bag
el comprobante   claim check
el equipaje   luggage
el folleto   brochure
la llamada   call
la maleta, la valija   suitcase   *veliz*
el pasaje, el billete   ticket
el (la) pasajero(a)   passenger
la puerta de salida   boarding gate
la salida   exit
la tarjeta de embarque   boarding pass
el viaje   trip
el vuelo   flight

Verbos

cambiar   to change
cobrar   to charge
fumar   to smoke
incluir[1]   to include
mostrar (o > ue), enseñar   to show

regresar   to return
reservar   to reserve
subir (a)   to board (*a vehicle*)
trasbordar   to change planes, ships, etc.
viajar   to travel

Adjetivos

acompañado(a)   with someone else, accompanied
tanto(a)   as much

Otras palabras y expresiones

¡Buen viaje!   Have a nice trip!
cambiar de avión   to change planes
de ida   one-way
de ida y vuelta   round-trip
de viaje   on a trip
debajo de   under
demasiado   too much
dentro de quince días   in two weeks
entre semana   during the week
el exceso de equipaje   excess baggage (*charge*)
hacer escala   to stop over
ir(se) de vacaciones   to go on vacation
sección de (no) fumar   (non)smoking section

[1]In the present indicative, **incluir** changes from **ui** to **uy** in all forms except the first- and second-person plural: **incluyo, incluyes, incluye, incluimos, incluís, incluyen.**

NOTAS CULTURALES

 DE AQUÍ Y DE ALLÁ

Venezuela es un país que tiene un área como las de Tejas y Oklahoma combinadas. Tiene una población de unos 21 millones de habitantes, en su mayoría de origen europeo, indio y africano. Aproximadamente el 85 por ciento de sus habitantes viven en centros urbanos. Además de su capital, Caracas, hay otras ciudades muy importantes como Maracaibo, Valencia y Barquisimeto.

Su exportación más importante es el petróleo, pero también exporta acero, aluminio, productos textiles, café y cacao.

La capital de Venezuela es una ciudad de contrastes, situada entre dos altas cordilleras (*mountain ranges*). En el valle encontramos una ciudad moderna, de altos edificios, mientras que en las laderas (*sides*) de las montañas viven los pobres de la ciudad. Caracas es el lugar de nacimiento de Simón Bolívar, el Libertador de América.

DE ESTO Y AQUELLO

En la mayoría de los países de habla hispana, cuando una mujer se casa (*gets married*) retiene su apellido de soltera (*maiden name*). Puede también añadir (*add*) el apellido (*last name*) de su esposo. Por ejemplo, si Eva Rivas se casa con Jorge Vega, su nombre completo va a ser Eva Rivas de Vega.

La mayoría de los hispanos usan dos apellidos: el del padre y el de la madre, en ese orden. Si Eva Rivas y Jorge Vega tienen un hijo que se llama Esteban, su nombre completo va a ser Esteban Vega Rivas.

Caracas, Venezuela

Puntos para recordar

1. Subjunctive to express indefiniteness and nonexistence (*El subjuntivo para expresar lo indefinido y lo no existente*)

■ The subjunctive is always used in the subordinate clause when the main clause refers to something or someone that is indefinite, unspecified, hypothetical, or nonexistent.

— ¿Hay alguna **excursión** que **incluya** el hotel?	"*Is there any tour that includes the hotel?*"
— No, **no hay ninguna** que lo **incluya.**	"*No, there is not any that includes it.*"
— **Necesito un secretario** que **hable** francés.	"*I need a secretary who speaks French.*"
— **No conozco a nadie** que **hable** francés.	"*I don't know anyone who speaks French.*"
— **Estamos buscando un restaurante** donde **sirvan** comida italiana.	"*We're looking for a restaurant where they serve Italian food.*"
— **Hay varios restaurantes** donde **sirven** comida italiana.	"*There are several restaurants where they serve Italian food.*"

¡Atención!   If the subordinate clause refers to existent, definite, or specified persons or things, the indicative is used instead of the subjunctive.

Hay varios restaurantes donde **sirven** comida italiana.

¡VAMOS A PRACTICAR!

A. Complete the following dialogues, using the indicative or the subjunctive, as appropriate. Then act out the dialogues with a partner.

    1. — ¿Hay algún restaurante cerca que _____ (servir) comida española?
       — Sí, el restaurante Madrid _____ (servir) una comida española excelente.

    2. — ¿Sabes si hay alguna aerolínea que _____ (dar) descuentos?
       — No, no hay ninguna que _____ (dar) descuentos en verano.

    3. — ¿Hay alguien aquí que no _____ (tener) pasaporte?
       — No, todos (nosotros) _____ (tener) pasaporte y visa.

    4. — Necesito una secretaria que _____ (saber) inglés.
       — Conozco a una mujer que lo _____ (hablar) muy bien.

B. A Cuban family has recently moved into your neighborhood. Answer their questions about your hometown.

    1. ¿Hay alguien que venda su casa?
    2. ¿Hay algún restaurante que sirva comida cubana?
    3. ¿Hay alguien que sepa español y quiera trabajar de secretario(a)?
    4. ¿Hay algún mercado que venda productos cubanos?
    5. Nuestro hijo es agente de viajes. ¿Sabe Ud. de alguna agencia que necesite empleados?
    6. Tenemos un Ford que queremos vender. ¿Conoce Ud. a alguien que necesite un auto?

C. Use your imagination to complete each statement.

    1. Vivimos en una casa que tiene cuatro habitaciones, pero necesitamos una...
    2. Tengo una camisa que es azul y blanca, pero prefiero una...
    3. Hay un vuelo que sale por la mañana, pero yo necesito uno...
    4. Tenemos una agente que habla inglés y español, pero ahora necesitamos una...
    5. Hay una excursión que regresa por Nueva York, pero yo necesito una...

D. You and a classmate want to find out about each other's relatives and friends. Ask each other questions about the following, always beginning with **¿Hay alguien en tu familia o entre tus amigos que...?**

    1. jugar al béisbol
    2. viajar a México todos los veranos
    3. bailar muy bien
    4. tener una piscina en su casa
    5. ser rico(a)

6. celebrar su aniversario de bodas este mes
7. conocer Buenos Aires
8. hablar japonés
9. saber varios idiomas
10. vivir en el campo
11. ser médico(a)
12. trabajar para una aerolínea
13. ser empleado(a) de banco
14. levantarse de madrugada
15. fumar mucho

2. Familiar commands (*Las formas imperativas de* tú *y de* vosotros)

■ Regular affirmative commands in the **tú** form have exactly the same forms as the third-person singular (**él** form) of the present indicative.

Verb	*Present Indicative Third-Person Sing.*	*Familiar Command (tú)*
hablar	él habla	**habla**
comer	él come	**come**
abrir	él abre	**abre**
cerrar	él cierra	**cierra**
volver	él vuelve	**vuelve**
pedir	él pide	**pide**
traer	él trae	**trae**

— ¿Qué quieres que haga ahora?   *"What do you want me to do now?"*

— **Compra** los billetes para el viaje.   *"**Buy** the tickets for the trip."*

— ¿Vas a poner el equipaje aquí?   *"Are you going to put the luggage here?"*

— Sí, **tráeme** las maletas y el bolso de mano.   *"Yes, **bring me** the suitcases and the carry-on bag."*

¡Atención!   As with the formal commands, direct, indirect, and reflexive pronouns are always placed *after* an affirmative command and are attached to it. A written accent must be placed on the stressed syllable.

■ Eight Spanish verbs are irregular in the affirmative command for the **tú** form. They are listed below.

decir	**di**	salir	**sal**
hacer	**haz**	ser	**sé**
ir	**ve**[1]	tener	**ten**
poner	**pon**	venir	**ven**

— **Dime,** ¿a qué hora quieres que venga?   *"Tell me, at what time do you want me to come?"*

— **Ven** a las ocho.   *"Come at eight."*

— **Haz**me un favor: **pon** esta silla en la cocina.   *"Do me a favor: put this chair in the kitchen."*

— Sí, en seguida.   *"Yes, right away."*

■ The affirmative command form for **vosotros** is formed by changing the final **r** of the infinitive to **d**.

Infinitive	*Familiar Command* (vosotros)
hablar	hablad
comer	comed
escribir	escribid
ir	id
salir	salid

When the affirmative command of **vosotros** is used with the reflexive pronoun **os,** the final **d** is dropped.

bañar	bañad	**bañaos**
poner	poned	**poneos**
vestir	vestid	**vestíos**[2]

Bañaos antes de cenar.	*Bathe before dinner.*
Poneos los zapatos.	*Put your shoes on.*
Vestíos aquí.	*Get dressed here.*

Only one verb doesn't drop the final **d** when the **os** is added.

irse ¡**Idos!**	*Go away!*

---

[1] Note that **ir** and **ver** have the same affirmative **tú** command, **ve.**
[2] Note that the -**ir** verbs take a written accent over the **i** when the reflexive pronoun **os** is added.

■ The negative commands of **tú** and **vosotros** use the corresponding forms of the present subjunctive.

hablar	no **hables** tú	no **habléis** vosotros
vender	no **vendas** tú	no **vendáis** vosotros
decir	no **digas** tú	no **digáis** vosotros
salir	no **salgas** tú	no **salgáis** vosotros

— **No vayas** a la agencia de viajes hoy.
    "***Don't go** to the travel agency today.*"

— Entonces voy mañana.
    "*Then I'm going tomorrow.*"

— **No** me **esperes** para comer.
    "***Don't wait** for me to eat.*"

— ¡**No** me **digas** que hoy también tienes que trabajar!
    "***Don't tell** me you have to work today also!*"

¡Atención! In a negative command, all object pronouns are placed before the verb.

No **me** esperes para comer.

¡ V A M O S   A   P R A C T I C A R !

A. Using command forms, tell your friend what to do.

> MODELO: Tienes que subir al avión ahora.
> *Sube al avión ahora.*

1. Tienes que llamarme este fin de semana.
2. Tienes que traernos el desayuno.
3. Tienes que tener paciencia con él.
4. Tienes que decirle que no venga entre semana.
5. Tienes que ir a la agencia de viajes y comprar los pasajes.
6. Tienes que salir en seguida.
7. Tienes que hacer cola ahora.
8. Tienes que venir dentro de quince días.

B. You are going away for the day. Tell your younger brother what to do and what not to do.

1. levantarse temprano y bañarse
2. preparar el desayuno
3. no tomar refrescos
4. hacer la tarea
5. no abrirle la puerta a nadie
6. limpiar su cuarto
7. no mirar la televisión y no traer a sus amigos a la casa
8. traer pan y ponerlo en la mesa
9. ir al mercado y comprar frutas
10. llamar a papá y decirle que venga temprano

C. Say two commands, one affirmative and one negative, that the following people would be likely to give.

1. una madre a su hijo de quince años
2. un estudiante a su compañero de cuarto
3. una muchacha a su novio
4. una doctora a una niña
5. un profesor a un estudiante

3. Some uses of the prepositions *a*, *de*, and *en* (*Algunos usos de las preposiciones* a, de *y* en)

■ The preposition **a** (*to, at, in*) expresses direction toward a point in space or a moment in time. It is used for the following purposes:

- to indicate the time (hour) of day

    A las cinco salimos para Lima.   *At five we leave for Lima.*

- after verbs of motion, when followed by an infinitive, a noun, or a pronoun

    Siempre venimos **a** bailar aquí.   *We always come to dance here.*

- after the verbs **empezar, comenzar, enseñar,** and **aprender,** when followed by an infinitive

    Los pasajeros empezaron **a** salir.   *The passengers began to leave.*
    Te enseñé **a** conducir.   *I taught you to drive.*

- after the verb **llegar**

    Cuando él llegó **al** aeropuerto, le   *When he arrived at the airport,*
        dieron los comprobantes.   *they gave him the claim checks.*

- before a direct object noun that refers to a specific person. It may also be used to personify an animal or a thing.

    Yo no conozco **a** ese agente.   *I don't know that agent.*
    Bañé **a** mi perro.   *I bathed my dog.*

¡Atención!   If the direct object is not a definite person, the personal **a** is not used.

    Busco un buen médico.   *I'm looking for a good doctor.*

■ The preposition **de** (*of, from, about, with, in*) indicates possession, material, and origin. It is also used in the following ways:

- to refer to a specific period of the day or night when telling time

    El sábado pasado trabajamos   *Last Saturday we worked until*
        hasta las ocho **de** la noche.   *8 P.M.*

- after the superlative to express *in* or *of*

    Orlando es el más simpático **de**   *Orlando is the nicest **in** the*
        la familia.   *family.*

- to describe personal physical characteristics

    Es morena, **de** ojos negros.   *She is brunette, **with** dark eyes.*

- as a synonym for **sobre** or **acerca de** (*about*)

    Hablaban **de** todo menos **del** viaje.   *They were talking **about** everything except **about** the trip.*

■ The preposition **en** (*at, in, on, inside, over*) in general situates someone or something within an area of time or space. It is used for the following purposes:

- to refer to a definite place

    Él siempre se queda **en** casa.   *He always stays **at** home.*

- as a synonym for **sobre** (*on*)

    Está sentada **en** la silla.   *She is sitting **on** the chair.*

- to indicate means of transportation

    Nunca he viajado **en** avión.   *I have never traveled **by** plane.*

¡ V A M O S   A   P R A C T I C A R !

A. Complete the following letter, adding the missing prepositions.

Querida Alicia:

Como te prometí, te escribo en seguida. Ayer llegamos _____ Caracas. Es una _____ las ciudades más hermosas _____ Venezuela. Llegamos _____ las tres _____ la tarde y fuimos _____ buscar hotel.

_____ el hotel conocimos _____ unos chicos muy simpáticos que nos invitaron a salir con ellos. Yo salí con Carlos, que es alto, moreno, _____ ojos verdes. Me ha dicho que me va _____ enseñar _____ bailar el joropo. Espero aprender _____ bailar otros bailes venezolanos también. Mañana vamos _____ ir _____ visitar la colonia Tovar. Vamos _____ ir _____ el coche _____ Carlos.

   Bueno, _____ la próxima carta espero poder contarte más _____ mi vida _____ esta hermosa ciudad.

Isabel

B. Use the illustrations to complete the following sentences. Use appropriate prepositions.

1. Delia va a...

2. Sergio y Toña están...

3. Beatriz es rubia...

4. Teresa se quedó...

5. Rogelio quiere ir al club...

6. Tito salió de su casa...

7. Julio es... grupo.

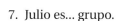

8. Eva llega...

Y ahora, ¿qué?

Palabras y más palabras

Complete each sentence with the correct word in parentheses, based on the vocabulary from **Lección 12.**

1. Voy a comprar el pasaje en la (sala de rayos X, agencia de viajes, oficina de correos).
2. Si vas a viajar a Venezuela, te sugiero que lleves (el pasaporte, el recibo, la radiografía).
3. Necesito el comprobante para su (auxiliar de vuelo, tobillo, equipaje).
4. La puerta de (salida, venta, turno) es la número cinco.
5. Tengo dos maletas y un (avión, autobús, bolso de mano).
6. "Última llamada para el (diario, vuelo, mercado) número 228 a Caracas."
7. Creo que el pasaje es muy (caro, estrecho, ancho).
8. Los vuelos son más baratos entre (semana, personas, materias).
9. Los (grados, pasajeros, pisos) salen por la puerta número cuatro.
10. ¿Vas a la agencia de viajes? Te aconsejo que (pidas, pagues, cobres) folletos.
11. El avión (hace escala, trasborda, cambia) en Miami.
12. Esa excursión (muestra, incluye, enseña) el hotel.
13. Rebeca viaja por avión. Quiere que la llevemos (al aeropuerto, al cine, al mercado).
14. Yo no fumo. Quiero un asiento (de ventanilla, de pasillo, en la sección de no fumar).
15. Elsa sale de viaje (demasiado, tanto, dentro) de quince días.

¡Vamos a conversar!

A. **¿Recuerda usted?** What happens to Isabel and Delia? Base your answers on the dialogue.

1. ¿Adónde quieren ir de vacaciones Isabel y Delia?
2. ¿Para qué van ellas a la agencia de viajes?
3. ¿Van a viajar en primera clase o en clase turista?
4. ¿Quieren un billete de ida o de ida y vuelta?
5. ¿Cuánto cuesta el pasaje si viajan entre semana?
6. ¿Hay alguna excursión que incluya el hotel?
7. ¿Qué les muestra el agente a las chicas?
8. ¿Para qué día quieren que el agente les reserve los pasajes?
9. ¿Qué necesitan para viajar a Caracas?
10. ¿Dónde hace escala el avión? ¿Tienen que trasbordar?
11. ¿A quién tiene que llamar Delia y qué tiene que decirle?
12. ¿Por qué tienen que pagar Isabel y Delia exceso de equipaje?

13. ¿Qué les dice la agente?
14. ¿Cuál es la puerta de salida?
15. ¿Qué hacen Isabel y Delia cuando suben al avión?

B. Entrevista. Interview a partner, using the **tú** form.

Pregúntele a su compañero(a) de clase...

1. ...cuál es un hotel de primera clase en la ciudad donde vive
2. ...cuándo tiene vacaciones
3. ...adónde quiere irse de vacaciones
4. ...si tiene algunos folletos sobre excursiones a ese lugar
5. ...si se necesita visa para viajar a ese lugar
6. ...si sabe cuándo hay vuelos para allá
7. ...si prefiere un asiento de ventanilla o de pasillo
8. ...si viaja en primera clase o en clase turista
9. ...si prefiere viajar solo(a) o acompañado(a)
10. ...cuántas maletas lleva cuando viaja
11. ...si generalmente tiene que pagar exceso de equipaje
12. ...adónde le sugiere (a Ud.) que vaya de vacaciones

Now ask your partner two questions of your own.

Situaciones

What would you say in the following situations? What might the other person say? Act out the scenes with a partner.

1. You want to find out how much a round-trip ticket to Lima costs and what documents you need for travel.
2. You ask the travel agent to give you brochures on several types of tours. Ask whether there are any excursions that include the hotel.
3. You need to know if there are flights to Guatemala on Sundays, and if it is cheaper to travel during the week.
4. A friend of yours is traveling abroad for the first time. Tell him (her) the do's and don'ts of traveling abroad.

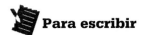

Para escribir

Using elements from the dialogues at the beginning of the lesson, write a dialogue between you and a travel agent. Choose your destination, ask about prices, flights, and any necessary documentation. Then make your reservations and choose your seat.

¿Qué dice aquí?

Read the ad on page 270 and answer the questions below.

INAUGURAMOS DESDE MIAMI

NUEVOS VUELOS SIN ESCALA A:

Managua
NICARAGUA

Comenzando Diciembre 15

**Para información y reservaciones
consulte a su Agente de Viajes
o llame a nuestro teléfono hispano
libre de cargos**

1-800-633-3711
24 horas al día, 7 días a la semana.

American Airlines
Todo es especial

1. ¿De qué ciudad salen los vuelos a Managua?
2. ¿Tenían antes vuelos a Managua desde esta ciudad?
3. Si viajamos de esta ciudad a Managua, ¿tenemos que hacer escala?
4. ¿Cuándo comienzan estos vuelos?
5. ¿Cómo podemos obtener más información sobre estos vuelos y hacer reservaciones?
6. ¿Tenemos que pagar para llamar a la aerolínea?
7. ¿Cuál es el número de teléfono?
8. ¿Podemos llamar cualquier (*any*) día de la semana y a cualquier hora? ¿Cómo lo sabe?

⊷ *Un dicho* ⊶

Martes 13, no te cases ni
te embarques.

On Tuesday the 13th, don't get married or set off on a trip.

¿Dónde nos hospedamos?

Hace unos minutos que los señores Paz llegaron al hotel Regis, en Buenos Aires. Como no tienen reservación, hablan con el gerente para pedir una habitación.

SR. PAZ — Queremos una habitación con baño privado, aire acondicionado y una cama doble.

GERENTE — Hay una con vista a la calle, pero tienen que esperar hasta que terminen de limpiarla.

SR. PAZ — Bien. Somos dos personas. ¿Cuánto cobran por el cuarto?

GERENTE — Noventa pesos[1] por noche.

SRA. PAZ — ¿Tienen servicio de habitación? Queremos comer en cuanto lleguemos al cuarto.

GERENTE — Sí, señora, pero dudo que a esta hora sirvan comida.

El señor Paz firma el registro; el gerente le da la llave y llama al botones para que lleve las maletas al cuarto.

---

[1]Argentinian currency. About $90.00.

SR. PAZ	— ¿A qué hora tenemos que desocupar el cuarto?
GERENTE	— Al mediodía, aunque pueden quedarse media hora extra.
SRA. PAZ	— (*A su esposo.*) Vamos a un restaurante y comamos algo antes de subir a la habitación.
SR. PAZ	— Sí, pero primero dejemos tus joyas en la caja de seguridad del hotel.
SRA. PAZ	— Oye, no es verdad que el Regis sea tan caro como nos dijeron.

Mario y Jorge están hablando con el dueño de la pensión Carreras, donde piensan hospedarse. Le preguntan el precio de las habitaciones.

DUEÑO	— Con comida, cobramos trescientos pesos por semana.
MARIO	— ¿Eso incluye desayuno, almuerzo y cena?
DUEÑO	— Sí. Es pensión completa. ¿Por cuánto tiempo piensan quedarse?
MARIO	— No creo que podamos quedarnos más de una semana.
JORGE	— Tienes razón... (*Al dueño.*) ¿El baño tiene bañadera o ducha?
DUEÑO	— Ducha, con agua caliente y fría. Y todos los cuartos tienen calefacción.
MARIO	— ¿Hay televisor en el cuarto?
DUEÑO	— No, pero hay uno en el comedor.
MARIO	— Gracias. (*A Jorge.*) Cuando vayamos a Mar del Plata, tratemos de encontrar otra pensión como ésta.
JORGE	— Sí. Oye, tenemos que apurarnos o vamos a llegar tarde al cine.

VOCABULARIO

Cognados

el aire acondicionado air-conditioning	**privado(a)** private
extra extra	**el registro** register

Nombres

el agua (*f.*)   water
el almuerzo   lunch
la bañadera   bathtub
el baño, el cuarto de baño
 bathroom
el botones   bellhop
la caja de seguridad   safe-deposit
 box
la calefacción   heating
la calle   street
la cama doble (matrimonial)
 double bed
el comedor   dining room
el desayuno   breakfast
la ducha, la regadera (*Mex.*)
 shower
el (la) dueño(a)   owner, proprietor
el (la) gerente   manager
la habitación, el cuarto   room
la hora   hour, time
la joya, las joyas   jewel, jewelry
la llave   key
el mediodía   noon
la pensión   boarding house
la pensión completa   room and
 board
el precio   price
el servicio de habitación   room
 service
el televisor   TV set

Verbos

desocupar   to vacate
dudar   to doubt
firmar   to sign
hospedarse   to stay, to lodge
subir   to go up
tratar (de)   to try

Adjetivos

caliente   hot
frío(a)   cold

Otras palabras y expresiones

al mediodía   at noon
aunque   although
como   as, like
con vista a   overlooking (with a
 view of)
desocupar el cuarto   to check out
 of a hotel room
en cuanto, tan pronto como   as
 soon as
hasta que   until
llegar tarde (temprano)   to be late
 (early)
los señores   Mr. and Mrs.
más de   more than
media hora   half an hour
¿por cuánto tiempo?   how long?
por noche   per night
Somos dos.   There are two of us.

DE AQUÍ Y DE ALLÁ

Buenos Aires, con cinco millones de habitantes, es la capital de la Argentina y la ciudad más grande del hemisferio sur. Es el centro nacional de la cultura, el comercio, la industria y la política.

La población de Buenos Aires es casi enteramente de origen europeo. Predominan los españoles y los italianos, pero hay también gran número de ingleses, franceses y alemanes. A las personas de Buenos Aires se las llama **porteños,** que significa "gente del puerto".

En Buenos Aires hay más de cuarenta universidades y la ciudad tiene una vida cultural muy activa. Hay numerosos museos y teatros muy importantes; el Teatro Colón es uno de los más famosos del mundo. La ciudad tiene muchos parques muy hermosos y la Avenida 9 de Julio es una de las más anchas del mundo.

DE ESTO Y AQUELLO

1. La moneda nacional argentina era el austral, pero ahora es el peso.
2. Las pensiones son muy populares en los países de habla hispana. Son más económicas que los hoteles y generalmente el precio incluye el cuarto y las comidas.

Vista panorámica de Buenos Aires, Argentina.

Puntos para recordar

1. Subjunctive to express doubt, denial, and disbelief
(*El subjuntivo para expresar duda, negación e incredulidad*)

■ Doubt

When the verb of the main clause expresses uncertainty or doubt, the verb in the subordinate clause is in the subjunctive.

— Te esperan a las cinco y son las cuatro y media.	*"They expect you at five and it is four-thirty."*
— **Dudo** que yo **pueda** estar ahí a esa hora.	*"**I doubt** that I **can** be there at that time."*
— Podemos tomar el desayuno a las once.	*"We can have breakfast at eleven."*
— **Dudo** que lo **sirvan** después de las diez.	*"**I doubt** that **they serve** it after ten."*
— Estoy segura de que lo sirven hasta las once.	*"I am sure that they serve it until eleven."*

¡Atención! Notice that when no doubt is expressed and the speaker is certain of the reality (**estoy seguro[a], no dudo, sé**), the indicative is used.

Estoy seguro de que lo **sirven** hasta las once.	*I am sure that they serve it until eleven.*

¡VAMOS A PRACTICAR!

A. Respond to each of the following statements, beginning with the suggested phrases.

1. — Dudo que el agente nos dé los comprobantes ahora.
   — ¡Sí, sí! Estoy seguro(a) de que...
2. — No dudo que hay vuelos por la mañana.
   — Pues, yo dudo que...
3. — Estoy seguro de que el avión hace escala en Panamá.
   — Yo sé que hace escala, pero no estoy seguro(a) de que...
4. — Dudo que tengan asiento de ventanilla.
   — Estoy seguro(a) de que...
5. — Dudo que tengan habitaciones con baño privado.
   — Yo tampoco estoy seguro(a) de que...
6. — Estoy segura de que ellos necesitan reservación.
   — ¿Sí? Yo dudo que...

B. Use your imagination to complete each statement.

1. Dudamos que el (la) profesor(a)...
2. Mi mamá está segura de que yo...
3. Estoy seguro(a) de que en la pensión...
4. No dudo que mi mejor amigo(a)...
5. Mi médico(a) duda que yo...
6. Dudo que yo...
7. El (La) profesor(a) no está seguro(a) de que nosotros...
8. Estoy seguro(a) de que mañana...

■ Denial

When the main clause denies or negates what is expressed in the subordinate clause, the subjunctive is used.

— Ana **niega** que Carlos **sea** su novio.
— Sí, dice que son amigos...

"*Ana **denies** that Carlos **is** her boyfriend.*"
"*Yes, she says that they are friends . . .*"

— Ellos trabajan mucho y siempre tienen dinero.
— Es verdad que trabajan mucho, pero **no es cierto** que siempre **tengan** dinero.

"*They work hard and always have money.*"
"*It's true that they work hard, but **it's not true** that they always have money.*"

¡Atención!   Notice that when the main clause does not deny what is said in the subordinate clause, the indicative is used.

Es verdad que **trabajan** mucho.   *It's true that they work hard.*

¡ V A M O S   A   P R A C T I C A R !

Say whether each of the following statements is true or not.

MODELO: Nosotros celebramos la independencia de Chile.
No es verdad que celebremos la independencia de Chile.

1. Argentina es más grande que Brasil.
2. Las pensiones son más caras que los hoteles.
3. Brasilia es la capital de Brasil.
4. En esta clase estudiamos francés.
5. Los Andes están en México.
6. Hoy hace mucho frío.
7. Está lloviendo.
8. Tengo un millón de dólares.

■ Disbelief

The verb **creer** is followed by the subjunctive in negative sentences, where it expresses disbelief.

— ¿Teresa va a comprar el vestido? — *"Is Teresa going to buy the dress?"*

— No, **no creo** que **tenga** suficiente dinero. — *"No, **I don't think** that **she has** enough money."*

¡Atención! **Creer** is followed by the indicative in affirmative sentences, where it expresses belief.

— ¿Qué van a servir de postre? — *"What are they going to serve for dessert?"*

— **Creo** que **van** a servir flan. — *"**I think they are going** to serve flan."*

¡ VAMOS A PRACTICAR !

A. Carlos always contradicts everyone. How would he react to these statements?

MODELO: Creo que Ana es bonita.
No creo que sea bonita.

1. No creo que el baño tenga ducha y bañadera.
2. Creo que todos los cuartos tienen aire acondicionado.
3. Creo que tienen que desocupar el cuarto al mediodía.
4. No creo que cobren mucho.
5. No creo que él necesite la llave.
6. Creo que el cuarto tiene vista a la calle.

B. Use your imagination to complete each statement, using the subjunctive or the indicative as appropriate.

1. Yo creo que el (la) profesor(a)...
2. No es verdad que yo...
3. Es cierto que los estudiantes...
4. No creo que en la cafetería de la universidad...
5. No es verdad que la clase de español...
6. No es cierto que los norteamericanos...
7. Dudo que yo...
8. No estoy seguro(a) de que el hotel Hilton...
9. No dudo que mis padres...
10. Estoy seguro(a) de que en los Estados Unidos...

C. Use the illustrations to complete the following sentences.

1. Yo no creo que el papá de Beto...

2. Dudo que Paquito...

3. No es verdad que Carlos...

4. Rita cree que el hotel México...

5. No es cierto que el baño...

6. No es verdad que Esteban siempre...

2. Subjunctive with certain conjunctions (*El subjuntivo con ciertas conjunciones*)

■ Subjunctive after conjunctions of time

The subjunctive is used after conjunctions of time when the main clause refers to a future action or is a command. Some conjunctions of time are:

cuando when
hasta que until
tan pronto como, en cuanto as soon as

Note in the following examples that the action in the subordinate clause has not yet taken place.

— ¿Vamos a la pensión ahora? — *"Are we going to the boarding house now?"*

— No, vamos a esperar **hasta que venga** Eva. — *"No, we're going to wait **until** Eva **comes**."*

— Bueno, llámeme **en cuanto llegue.** — *"Okay, call me **as soon as she arrives**."*

— ¿Cuándo vas a comprar los libros? — *"When are you going to buy the books?"*

— **Cuando** mi papá me **dé** el dinero. — *"**When** my dad **gives** me the money."*

¡Atención! If the action has already taken place or if the speaker views the action of the subordinate clause as a habitual occurrence, the indicative is used after the conjunction of time.

— ¿Ya llamaste a Rodolfo? — *"Did you already call Rodolfo?"*
— Sí, lo llamé **en cuanto llegué.** — *"Yes, I called him **as soon as I arrived**."*

— ¿Cuándo llamas a Rodolfo? — *"When do you call Rodolfo?"*
— Siempre lo llamo **cuando llego** del trabajo. — *"I always call him **when I arrive** from work."*

■ Conjunctions that always take the subjunctive

Certain conjunctions by their very meaning imply uncertainty or condition; they are therefore always followed by the subjunctive. Examples include:

a menos que unless   **con tal (de) que** provided that
antes de que before   **para que** in order that

— Voy a llamar a Carlos **para que** me **traiga** el talonario de cheques. — *"I'm going to call Carlos **so that he brings** me my checkbook."*
— Llámelo ahora, **antes de que salga** para el hospital. — *"Call him now, **before he leaves** for the hospital."*

■ Subjunctive with **aunque**

The conjunction **aunque** (*even if*) takes the subjunctive if the speaker wants to express uncertainty. If not, **aunque** (*although*) takes the indicative.

— ¿Vamos a ir mañana **aunque llueva?**
— Sí.

*"Are we going tomorrow, **even if it rains?**"*
"Yes."

— ¿Vamos a comer?
— Sí, **aunque** no **tengo** mucha hambre.

"Shall we eat?"
*"Yes, **although** I'm not very hungry."*

¡VAMOS A PRACTICAR!

A. Complete the following dialogues, using the indicative or the subjunctive of each verb.

1. desocupar / llegar
   — ¿Podemos limpiar el cuarto ahora?
   — No, no podemos limpiarlo hasta que ellos lo _____.
   — ¿Cuándo lo van a desocupar?
   — En cuanto _____ el taxi.

2. dar
   — ¿Qué vas a hacer si tus padres no te dan el dinero?
   — Aunque no me lo _____, yo voy a asistir a (*to attend*) la universidad.

3. llegar / traer
   — ¿Qué vas a hacer en cuanto _____ al hotel?
   — Voy a llamar al servicio de habitación para que (ellos) me _____ el almuerzo.

4. llamar
   — ¿Cuándo van a venir tus amigos?
   — Tan pronto como yo los _____.

5. terminar
   — ¿Los señores García te esperaron?
   — Sí, me esperaron hasta que _____ el examen.

6. hablar / ver
   — Cuando Ud. _____ con el dueño, dígale que no tenemos agua caliente.
   — Voy a decírselo en cuanto lo _____.

7. servir
   — Todos los días, cuando yo _____ el desayuno, tú te vas...
   — Te he dicho que no me gusta comer por la mañana.

8. irse / salir
   — ¿Tú puedes subir a hablar con el gerente antes de que él _____?
   — Sí, a menos que (él) _____ muy temprano.

B. Use your imagination to complete each statement, using the indicative or the subjunctive as appropriate.

1. Vamos a salir tan pronto como...
2. Ayer mi padre me llamó en cuanto...
3. No voy a poder hacer la reservación a menos que...
4. Voy a quedarme en el hotel hasta que...
5. No podemos ir al restaurante antes de que...
6. Siempre vamos de vacaciones cuando...
7. Yo trabajo para que mis hijos...
8. Voy a llamar a mi amigo(a) tan pronto como...

3. First-person plural commands (*El imperativo de la primera persona del plural*)

■ In Spanish, the first-person plural of an affirmative command (*let's* + *verb*) can be expressed in two ways:

• by using the first-person plural of the present subjunctive.

Preguntemos el precio de la habitación.	*Let's ask the price of the room.*

• by using the expression **vamos a** + *infinitive*.

Vamos a preguntar el precio de la habitación.	*Let's ask the price of the room.*

■ The verb **ir** does not use the subjunctive form in the first-person plural affirmative command.

Vamos a Buenos Aires.	*Let's go to Buenos Aires.*

In a negative command, however, the subjunctive form is used.

No vayamos a Buenos Aires.	*Let's not go to Buenos Aires.*

■ In all direct, affirmative commands, object pronouns are attached to the verb, and a written accent is then placed on the stressed syllable.

Comprémos**lo**.	*Let's buy it.*
Llamémos**los**.	*Let's call them.*

If the pronouns **nos** or **se** are attached to the verb, the final **-s** of the verb is dropped before adding the pronoun.

Sentémo**nos** aquí.	*Let's sit here.*
Vistámo**nos** ahora.	*Let's get dressed now.*
Démo**selo** a los niños.	*Let's give it to the children.*
— **Vamos** a Mar del Plata; **no vayamos** a Córdoba.	*"Let's go to Mar del Plata; let's not go to Córdoba."*
— **Quedémonos** en Buenos Aires.	*"Let's stay in Buenos Aires."*

— ¿Dónde queda el Teatro Colón?	*"Where is the Colón Theater located?"*
— No sé. **Preguntémoselo** a aquel señor.	*"I don't know. **Let's ask** that gentleman."*

¡ V A M O S   A   P R A C T I C A R !

A. What should these people do in the following situations? Respond, using the first-person plural command.

1. Tenemos hambre.
2. Estamos en un restaurante y necesitamos el menú.
3. No queremos hospedarnos en una pensión.
4. No sabemos el precio de la habitación.
5. No tenemos la llave del cuarto.
6. Estamos cansados.
7. Tenemos sueño.
8. No sabemos qué hacer este fin de semana.

B. You and a classmate are making plans to go on a trip. Take turns answering the following questions using the first-person plural command.

1. ¿Adónde vamos?
2. ¿Cómo viajamos?
3. ¿Qué día y a qué hora salimos?
4. ¿Cuántas maletas llevamos?
5. ¿Nos hospedamos en un hotel o en una pensión?
6. ¿Pedimos una habitación con vista a la calle?
7. ¿Cuántos días nos quedamos en la ciudad?
8. ¿Comemos en un restaurante o en nuestra habitación?
9. ¿Dónde dejamos las joyas?
10. ¿Cuándo regresamos?

C. With a partner, act out the following dialogues in Spanish.

1. "Where do we sit?"
   "Let's sit in the dining room."
2. "What do we buy for your parents?"
   "Let's buy them a TV set."
3. "What time do we get up?"
   "Let's get up at six."
4. "Where do we leave the jewels?"
   "Let's put them in the hotel safe-deposit box."
5. "We can't carry all of the suitcases. Whom do we call?"
   "Let's call the bellhop."

Rodeo

SUMMARY OF THE COMMAND FORMS
(*Resumen de las formas del imperativo*)

Usted	Ustedes	Tú		Nosotros
		Affirmative	*Negative*	
hable	hablen	habla	no hables	hablemos
coma	coman	come	no comas	comamos
abra	abran	abre	no abras	abramos
cierre	cierren	cierra	no cierres	cerremos
vaya	vayan	ve	no vayas	vamos[1]

Notice that the command forms of these verbs are identical to the subjunctive forms, except for the affirmative forms for **tú,** which use the third-person singular of the present indicative. Also, the following verbs have irregular **tú** command forms.

decir	**di**	ir	**ve**	salir	**sal**	tener	**ten**
hacer	**haz**	poner	**pon**	ser	**sé**	venir	**ven**

Remember the position of direct, indirect, and reflexive pronouns with commands.

Affirmative	*Negative*
Cómpre**lo.**	No **lo** compre.
Dí**selo.**	No **se lo** digas.
Levanté**monos.**	No **nos** levantemos.

---

[1]Remember that the affirmative command uses the indicative form **vamos,** but the negative command uses the subjunctive form **no vayamos.**

¡VAMOS A PRACTICAR!

You and a partner are busy making plans for a visit by some foreign students who will spend the weekend with you and your friends. One of your neighbors, Sra. Vega, and her young daughter, María, offer their help. Use the appropriate command form to say who is going to do each of the following chores and categorize them under the appropriate heading.

| nosotros | la señora Vega | María |

1. limpiar el apartamento
2. ir al mercado
3. poner la mesa
4. preparar la comida
5. hacer las camas
6. invitar a otros estudiantes
7. ir al aeropuerto a esperar a los viajeros (*travelers*)
8. sacar entradas para el teatro
9. levantarse temprano
10. llevarlos a visitar los lugares (*places*) de interés
11. servir la comida
12. lavar los platos
13. darles una fiesta de bienvenida
14. pedirle los discos compactos a Roberto
15. llevarlos a las tiendas
16. no olvidarse de (*forget*) sacar dinero del banco

Y ahora, ¿qué?

Palabras y más palabras

Read the following statements and say whether each one is logical (**lógico**) or illogical (**ilógico**). If the statement is illogical, explain why.

1. Cuando tengo frío pongo (*I turn on*) el aire acondicionado.
2. Necesito la llave para abrir la puerta.
3. Mi esposo y yo vamos a necesitar una cama doble porque somos dos.
4. Sirven el almuerzo a las cinco de la tarde.
5. No hay ningún baño que tenga ducha y bañadera.
6. Voy a poner las joyas en la caja de seguridad.
7. Generalmente sirven el desayuno por la noche.
8. Tenemos que desocupar el cuarto dentro de media hora.
9. Todos los cuartos del hotel Hilton tienen baño privado.
10. Quieren una habitación interior con vista a la calle.

¡Vamos a conversar!

A. **¿Recuerda usted?** What happens while Mr. and Mrs. Paz and Jorge and Mario are getting rooms? Base your answers on the dialogues.

1. ¿Para qué hablan los señores Paz con el gerente del hotel?
2. ¿Qué quieren los señores Paz?
3. La señora Paz quiere comer en su cuarto pero, ¿qué duda el gerente?
4. ¿Qué firman los Paz?
5. ¿Para qué llama el gerente al botones?
6. ¿Qué le pregunta el señor Paz al gerente?
7. ¿Dónde van a dejar las joyas de la señora Paz?
8. ¿Qué dice la señora Paz que no es verdad?
9. ¿Cuánto van a pagar Mario y Jorge por la pensión completa?

10. ¿Por cuánto tiempo van a quedarse en la pensión Mario y Jorge?
11. ¿Jorge y Mario pueden bañarse con agua fría solamente?
12. ¿Cree Ud. que el cuarto de Jorge y Mario tiene calefacción? ¿Por qué?
13. ¿Qué dice Mario que deben hacer cuando lleguen a Mar del Plata?
14. ¿Qué va a pasar si Jorge y Mario no se apuran?

B. Entrevista. Interview a partner, using the **tú** form.

Pregúntele a su compañero(a) de clase...

1. ...si cuando viaja prefiere ir a un hotel o a una pensión
2. ...si cree que veinticinco dólares por noche es muy caro
3. ...si duerme en una cama doble
4. ...si prefiere bañadera o ducha
5. ...a qué hora toma el desayuno
6. ...si su casa o apartamento tiene calefacción y aire acondicionado
7. ...si hay algún restaurante cerca de su casa que sirva comida argentina
8. ...qué va a hacer cuando termine la clase
9. ...si va a llamar por teléfono a alguien en cuanto llegue a su casa hoy
10. ...si está seguro(a) de que se va a quedar en la universidad por más de un año

Now ask your partner two questions of your own.

Situaciones

What would you say in the following situations? What might the other person say? Act out the scenes with a partner.

1. You don't have reservations, but you need a room for two people with a private bathroom and air-conditioning. You want to know the price and when you have to check out. You also want to know whether the room overlooks the street and whether the hotel has room service.
2. You are at a boarding house, and you need to find out what meals the price includes and what else the establishment has to offer.
3. A Spanish-speaking friend will be staying at your house (apartment) while you are away on vacation. Tell him (her) what to do while you are away.

 **Para escribir**

Following the style of the dialogue in this lesson, write a conversation between you and a hotel clerk in Argentina. Make reservations and ask about prices and accommodations. (For additional vocabulary, you may wish to refer to **Amplíe su vocabulario** in the **Un paso más** section at the end of this unit.)

¿Qué dice aquí?

Read this ad and answer the questions that follow.

HOTEL
Sol Bariloche

Mitre 212 Tel. 2-2715   Telex 80761 SOLBA 8400 San Carlos de Bariloche Argentina

140 habitaciones y 13 suites, todas con baño privado.

Salas de convenciones con capacidad para 1.200 personas. 2 canales video. TV color.

Música funcional. Cajas de seguridad.

Sala de juegos. Sauna.

Peluquería y salón de belleza.

Restaurante internacional con capacidad para 1.000 personas.

Panadería y repostería propias.

Garaje.

Todo en pleno centro de Bariloche.

1. ¿Cómo se llama el hotel?
2. ¿En qué ciudad argentina está?
3. ¿Es muy pequeño el hotel? ¿Cómo lo sabe Ud.?
4. ¿Qué tienen todas las habitaciones?
5. ¿Dónde puede Ud. dejar sus joyas si se hospeda en ese hotel?
6. Si necesita cortarse el pelo, ¿puede hacerlo en el hotel? ¿Dónde?
7. ¿Qué tipo de comida sirven en el restaurante del hotel?
8. ¿Cuántas personas pueden comer en el restaurante?
9. ¿Hay un lugar para dejar el coche?
10. Si Ud. quiere organizar una convención, ¿puede hacerlo en el hotel Sol Bariloche? ¿Cuántas personas pueden asistir (*attend*)?

❦ *Un dicho* ❧

No hay mal que por bien no venga.

Everything happens for the best.

UN PASO MÁS

AMPLÍE SU VOCABULARIO

Learn some additional words and phrases that relate to the ones you have acquired in this unit.

- **More about travel** (*Más sobre los viajes*)

¿A cómo está el cambio de moneda?	*What's the rate of (monetary) exchange?*
el balneario	*beach resort*
cancelar	*to cancel*
confirmar	*to confirm*
el crucero	*cruise*
el documento	*document*
la lista de espera	*waiting list*
los lugares de interés	*places of interest*
el maletín	*small suitcase, hand luggage*
(de) primera clase	*first-class*
Todo está en regla.	*Everything is in order.*
veranear	*to spend the summer (vacationing)*

- **More about hotels** (*Más sobre los hoteles*)

Quiero una habitación con vista

- al jardín — *garden*
- a la piscina — *swimming pool*
- al patio
- al mar — *ocean*
- a la playa — *beach*

Quiero una habitación

- interior
- exterior

cama chica (pequeña)	*twin bed*
ocupado(a)	*occupied*
libre, disponible	*vacant, available*
el puesto de revistas	*magazine stand*
el sofá-cama	*sleeper sofa*
la tienda de regalos	*souvenir shop*
el vestíbulo	*lobby*

¿Qué hago? ¿Adónde voy?

A. Complete the following sentences.

1. Van a _____ el vuelo porque hay mucha niebla.
2. No quiero viajar en clase turista; quiero un billete de _____.
3. ¿Cuáles son los _____ de interés en la ciudad donde Ud. vive?

4. El pasaporte es un _____ que necesitamos para viajar.
5. Tengo que _____ la reservación en el hotel porque ellos llegan mañana.
6. ¿A cómo está el _____ de _____?
7. No hay pasaje para hoy, pero podemos ponerlo en la lista de _____.
8. Este año no vamos a veranear en el _____; vamos a hacer un _____ por el Caribe o por el Mediterráneo.
9. Solamente puede llevar un _____ con usted en el avión.
10. No necesita nada más. Todo está en _____.

B. What is the solution to these problems?

1. Quiero leer *Newsweek* pero no hay una copia en mi habitación.
2. No me gustan las habitaciones interiores.
3. Somos tres y sólo hay una cama doble en el cuarto.
4. Quiero comprar algo para llevarles a mis padres.
5. No hay habitaciones libres en los hoteles baratos.
6. No quiero recibir a mi amigo(a) en la habitación del hotel.

LEYENDO EL DIARIO

Antes de leer

A. Familiarize yourself with this vocabulary in order to better understand the reading selection that follows.

alquilar to rent	**el norte** the north
antiguo(a) old	**el oeste** the west
el centro downtown	**pasar** to spend (*time*)
España Spain	**pasar por la aduana** to go
la llegada arrival	through customs
el metro, el subterráneo subway	**el sur** South
mezclar to unite, to mix	**visitar** to visit

B. As you read the travel section of the newspaper on page 290, find the answers to the following questions.

1. A su llegada al aeropuerto, ¿por dónde debe pasar primero?
2. ¿Dónde puede cambiar sus dólares por pesetas?
3. ¿Cómo puede ir del aeropuerto al centro?
4. ¿Son caros los taxis en España?
5. ¿Cómo es la transportación pública en España?
6. ¿Cómo se puede viajar?
7. ¿Qué ciudades tienen buenos sistemas de metro?

8. ¿Cuáles son algunos lugares de interés en Madrid?
9. ¿Dónde se puede comer comida típica de todas las regiones de España?
10. En Madrid, ¿dónde pasa mucha gente el domingo?
11. ¿Qué ciudades de interés se pueden visitar en el sur?
12. ¿En qué región de España está la Catedral de Santiago de Compostela?
13. ¿Qué se puede visitar al oeste de España?
14. ¿Cómo es el clima en el norte de España? ¿Qué debe llevar?
15. ¿Cómo es el clima en el sur? ¿Qué debe llevar?

¿VA A ESPAÑA ESTE VERANO?
¡Esto le puede interesar!

Hermosa catedral de estilo barroco en Santiago de Compostela, Galicia, España. Data del Siglo XVII.

Llegada. Cuando llegue al Aeropuerto de Barajas, Madrid, después de pasar por la aduana, puede cambiar sus dólares por pesetas en el banco que hay en el aeropuerto.

Para ir del aeropuerto al centro, puede tomar un autobús o un taxi. En España los taxis son baratos.

Transportación. En España, la transportación pública es muy eficiente y no es cara. Se puede viajar en tren, en autobús, en avión o se puede alquilar un automóvil. Madrid y Barcelona tienen buenos sistemas de metro.

Lugares de interés en Madrid. En Madrid se mezcla lo moderno con lo antiguo. En la parte antigua de la ciudad, se puede comer comida típica de todas las regiones de España.

Madrid tiene muchos monumentos y museos importantes, especialmente el famoso Museo del Prado. También hay plazas y parques interesantes. Mucha gente pasa el domingo en el hermoso Parque del Retiro.

Otras ciudades de interés. En el sur de España, visite Sevilla, Córdoba y Granada, ciudades donde se ve la influencia de la cultura árabe. En el norte, vaya a Galicia; allí debe visitar la Catedral de Santiago de Compostela. Otras ciudades importantes en España son Barcelona, Toledo y Salamanca. Si tiene tiempo, vaya a Portugal, que está al oeste de España.

Clima. En el norte hace frío y llueve frecuentemente. Lleve un paraguas, un impermeable y un abrigo. En el sur hace mucho calor; debe llevar ropa de verano.

La Mezquita de Córdoba, una muestra de la arquitectura árabe, que aún se conserva en la ciudad de Córdoba, en la región de Andalucía en el sur de España.

Díganos

Answer the following questions based on your own thoughts and experiences.

1. ¿Cómo se llama el aeropuerto de la ciudad donde Ud. vive?
2. ¿Es un aeropuerto internacional?
3. ¿Son baratos o caros los taxis en la ciudad donde vive Ud.?
4. ¿En qué ciudades norteamericanas tienen un sistema de metro?
5. ¿Su casa queda cerca o lejos del centro?
6. ¿Vive Ud. en la parte antigua o en la parte moderna de la ciudad?
7. ¿Hay un parque cerca de su casa?
8. ¿Qué lugares interesantes hay en la ciudad donde Ud. vive?
9. ¿Cuáles son las ciudades más importantes del estado (*state*) en que Ud. vive?
10. ¿Cómo es el clima en su estado?

A. Subjunctive to express indefiniteness and nonexistence

Rewrite each sentence, using the subjunctive or the indicative, as appropriate.

1. El agente habla español.
   Necesitamos un agente que...
2. Ese viaje incluye el hotel.
   Aquí no hay ningún viaje que...
3. No hay ningún pasaje que no
   sea caro.
   Tenemos unos pasajes que...
4. No hay ningún vuelo que salga
   a las seis.
   Hay varios vuelos que...
5. Hay una señora que puede reservar
   los pasajes.
   ¿Hay alguien que...?

B. Familiar commands

Change the following negative commands to the affirmative.

1. No compres el pasaje.
2. No se lo digas.
3. No viajes mañana.
4. No salgas con esa persona.
5. No pongas la maleta debajo
   del asiento.
6. No lo invites.
7. No te vayas.
8. No vengas entre semana.
9. No regreses tarde.
10. No hagas escala.
11. No me traigas el folleto.
12. No le pidas los comprobantes
    ahora.

C. Some uses of the prepositions *a, de,* and *en*

Complete with **a, de,** or **en,** as necessary.

1. Anoche llamé _____ mi hermano por teléfono y hablamos _____ nuestros planes para el fin de semana. Pensamos ir _____ San Diego. Él quiere viajar _____ autobús, pero yo prefiero ir _____ coche. Mi hermana no quiere ir con nosotros; prefiere quedarse _____ casa porque no tiene con quién dejar _____ su perro.
2. Ayer Marta llegó _____ la biblioteca _____ las ocho y media _____ la mañana, pero no empezó _____ trabajar hasta las diez.
3. Mi hija es muy bonita; es morena, _____ ojos verdes y yo pienso que es la más inteligente _____ todos mis hijos.

D. Vocabulary

Complete the following sentences, using vocabulary from **Lección 12.**

1. Todos los _____ de esa aerolínea son 747.
2. ¿Necesito _____ para viajar a Caracas o es suficiente el pasaporte?
3. La puerta de _____ es la número siete.
4. Este verano vamos a ir de _____ a Lima.
5. "Última _____. Pasajeros del _____ 472, favor de _____ al avión."
6. Voy a la agencia de _____ para comprar el pasaje.
7. ¿Te vas a Montevideo? ¡Buen _____!

8. Voy a viajar en clase _____.
9. El agente le mostró _____ sobre varios _____ de excursiones.
10. No pienso volver. ¡Sólo quiero un billete de _____!
11. ¿Quiere asiento de _____ o de ventanilla?
12. No fumo. Quiero un asiento en la _____ de no _____.
13. Tenemos que hacer _____ en Panamá, pero no tenemos que

   _____.
14. Debe pagar _____ de equipaje porque tiene muchas _____.
15. Debe darle la tarjeta de _____ a la auxiliar de _____.

E. Culture

Circle the correct answer, based on the **Notas culturales** you have read.

1. Caracas está situada a siete millas del (Mar Caribe / Océano Atlántico / Océano Pacífico).
2. La economía de Venezuela se basa en el (hierro / petróleo / gas natural).
3. Si Ana Ortiz se casa con Juan Rivas y ellos tienen un hijo, su nombre completo va a ser Julio (Rivas de Ortiz / Rivas Ortiz / Ortiz Rivas).

LECCIÓN 13

A. Subjunctive to express doubt

Complete the following sentences, using the subjunctive or the indicative of the verbs in parentheses.

1. Estoy seguro de que ellos _____ (desocupar) el cuarto hoy.
2. Dudo que el hotel _____ (tener) aire acondicionado.
3. No estoy seguro de que él _____ (poder) traernos el desayuno.
4. Estamos seguros de que él te _____ (dar) el televisor.
5. No dudo que ellos _____ (servir) el almuerzo a esa hora.

B. Subjunctive to express disbelief and denial

Rewrite each of the following sentences, using the phrases in parentheses and the subjunctive or the indicative, as appropriate.

1. Están firmando el registro.   (No es cierto que...)
2. Ellos van a hospedarse en una pensión.   (No creo que...)
3. Ella prefiere una cama doble.   (Es verdad que ella...)
4. Cobran cincuenta dólares por noche.   (Creo que...)
5. El cuarto no tiene calefacción.   (No es verdad que...)
6. Ella es mi novia.   (Luis niega que...)

C. Subjunctive with certain conjunctions

Complete each sentence with the Spanish equivalent of the word(s) in parentheses.

1. Voy a llamar al gerente en cuanto ellos _____.   (*finish*)
2. No vamos a menos que _____ quedarnos en una pensión.   (*we can*)
3. Voy a llamar al botones para que nos _____ la llave.   (*bring*)

4. Vamos a ir a la cafetería tan pronto como ellos _____ a servir la comida. (*begin*)
5. Siempre reservo una habitación con baño privado cuando _____. (*I travel*)
6. En cuanto yo _____ a casa voy a poner la calefacción. (*arrive*)
7. Aunque _____, vamos al comedor. (*I'm not hungry*)
8. Mañana vamos a ir al cine aunque _____. (*it may rain*)

D. First-person plural command

Answer the following questions, using the information provided in parentheses and first-person plural (**nosotros**) commands.

1. ¿Dónde nos hospedamos? (aquí)
2. ¿A quién se lo decimos? (a nadie)
3. ¿A qué hora nos levantamos? (a las siete)
4. ¿Qué preguntamos? (el precio)
5. ¿A quién se lo damos? (al dueño)
6. ¿Adónde vamos? (al hotel)

E. Vocabulary

Complete the following sentences, using vocabulary from **Lección 13**.

1. Necesito un cuarto que tenga _____ privado.
2. El baño no tiene bañadera; tiene _____.
3. Ahora debe _____ el registro.
4. Tengo mucho frío y este cuarto no tiene _____.
5. Mi esposo(a) y yo queremos una _____ doble.
6. El _____ de la pensión incluye todas las comidas.
7. El _____ va a llevar las maletas al cuarto.
8. ¿A qué hora debemos _____ el cuarto?
9. Dudo que haya una pensión _____ ésta en Mar del Plata.
10. El baño tiene agua _____ y agua _____.
11. Sirven el _____ de siete a nueve de la mañana y el _____ de doce a dos.
12. Mi cuarto no es con _____ a la calle; es interior.
13. Ellos no van a _____ en una pensión; van a quedarse en un hotel.
14. La pensión no tiene _____ de habitación. Tenemos que comer en el comedor.
15. Si no salimos ahora, vamos a _____ tarde a la fiesta.

F. Culture

Circle the correct answer, based on the **Notas culturales** you have read.

1. La población de Buenos Aires es casi toda de origen (indio / europeo).
2. En Buenos Aires hay (muchas / pocas) universidades.
3. La Avenida 9 de Julio es una de las avenidas (menos / más) anchas del mundo.
4. La moneda argentina es (la peseta / el peso).
5. Las pensiones son (más / menos) económicas que los hoteles.

VIII

En el hogar

Casas en Caracas, Venezuela.

Lección 14: Un día muy ocupado
Lección 15: Buscando apartamento

By the end of this unit, you will be able to:

- discuss various features of living accommodations (house, apartment) and furnishings
- describe family relationships
- talk about household chores
- discuss future events
- draw conclusions about the possible effects of various conditions on a given situation

Un día muy ocupado

Hace dos meses que Rosa y Luis viven en el barrio Mirasierra, en Madrid. Hoy están limpiando la casa y cocinando porque los padres de Luis vendrán a pasar el fin de semana con ellos y la criada tiene el día libre.

ROSA — Luis, pásale la aspiradora a la alfombra mientras yo barro la cocina.
LUIS — ¡Ten paciencia, mi amor! Estoy fregando los platos.
ROSA — ¿¡Todavía!? Dame tu pantalón gris para lavarlo después.
LUIS — Yo no lo lavaría aquí; yo lo mandaría a la tintorería para limpiarlo en seco.
ROSA — Entonces tráeme las sábanas, las fundas y las toallas.
LUIS — No las laves ahora; yo lo haré luego.
ROSA — Gracias. Eres un ángel. No te olvides de sacar la basura. Está debajo del fregadero.
LUIS — Bueno, y si quieres que limpie el garaje, dame la escoba y el recogedor.
ROSA — Tendremos que darnos prisa. Oye, acuérdate de llevar mi coche para que lo arreglen.
LUIS — Sí, ayer me di cuenta de que los frenos no funcionaban bien.

Luis cortó el césped, limpió el refrigerador y el garaje, bañó al perro y llevó el coche al taller de mecánica. Rosa lavó, planchó y cocinó.

Por la noche.

ROSA — Tus padres estarán aquí dentro de media hora.

LUIS — ¿Quieres que te ayude a hacer la sangría[1]?

ROSA — No, eso lo haremos después. Pon estas flores en el florero.

LUIS — ¿Ya pusiste el pan en el horno?

ROSA — No, todavía no. Ahora voy a preparar la ensalada.

LUIS — Ponle un poco de aceite, pero no le pongas mucho vinagre.

ROSA — Fíjate si tenemos brócoli y alcachofas.

LUIS — Sí, hay. Oye, ¿qué necesitas para poner la mesa?

ROSA — El mantel, las servilletas, los cuchillos, los tenedores, las cucharas y los platos... ¡Ah! Y también la sal y la pimienta.

LUIS — Tocan a la puerta. Voy a abrir.

---

[1]A typical Spanish drink made with red wine and fruit.

VOCABULARIO

Cognados

el ángel angel	**el refrigerador** refrigerator
el brócoli broccoli	**la sal** salt
el garaje garage	**el vinagre** vinegar
la paciencia patience	

Nombres

el aceite   oil
la alcachofa   artichoke
la alfombra   rug
la aspiradora   vacuum cleaner
el barrio   neighborhood
la basura   trash, garbage
el césped, el zacate (*Mex.*)   lawn
la cocina   kitchen
la criada, la muchacha   maid
la cuchara   spoon
el cuchillo   knife
la escoba   broom
la flor   flower
el florero   vase
el fregadero   sink
los frenos   brakes
la funda   pillowcase
el horno   oven
el mantel   tablecloth
el perro   dog
la pimienta   pepper
el plato   plate, dish
el recogedor   dustpan
la sábana   sheet
la servilleta   napkin
el taller de mecánica   repair shop
el tenedor   fork
la tintorería   dry cleaner's
la toalla   towel

Verbos

acordarse (o>ue) (de)   to remember
arreglar   to fix, to repair
ayudar   to help
barrer   to sweep
cortar   to cut
fijarse   to check, to notice
fregar (e>ie), lavar   to wash (*dishes*)
funcionar   to work, to function
lavar   to wash
olvidar(se) (de)   to forget
pasar   to spend (*time*)
planchar   to iron

Adjetivo

ocupado(a)   busy

Otras palabras y expresiones

cortar el césped   to mow the lawn
darse cuenta de   to notice, to realize
darse prisa   to hurry up
limpiar (lavar) en seco   to dry clean
mi amor   my love, darling
pasar la aspiradora   to vacuum
poner la mesa   to set the table
tener el día libre   to have the day off
tocar (llamar) a la puerta   to knock at the door
todavía   still
todavía no   not yet

DE AQUÍ Y DE ALLÁ

Madrid, la capital de España, es una de las ciudades más visitadas del mundo. Es famosa por sus museos, sus plazas y sus jardines. De los museos, el más conocido es el Museo del Prado. Entre las plazas, las más visitadas son la Plaza Mayor, la Plaza de la Cibeles y la Puerta del Sol, que es el centro tradicional de la ciudad. Otros lugares de gran interés son el Parque del Buen Retiro, la calle la Gran Vía, el Paseo de la Castellana, el Palacio de Cristal y el Palacio Real, residencia anterior de los Reyes de España.

Madrid es una ciudad muy animada y su vida nocturna es muy activa. Sus teatros, cines, discotecas y cafés al aire libre están llenos de gente aún después de la medianoche. Pero lo que más impresiona a los millones de turistas que visitan Madrid cada año es la hospitalidad de los madrileños. Madrid es la ciudad de la amistad (*friendship*).

DE ESTO Y AQUELLO

1. El famoso Museo del Prado se encuentra en un espléndido edificio del siglo dieciocho. Su colección de pinturas contiene obras (*works*) que datan desde el siglo doce. Contiene la mayor colección de pinturas (*paintings*) de artistas españoles como El Greco, Velázquez, Ribera, Murillo y Goya.

La Fuente de la Cibeles y la Oficina de Correos, Madrid, España.

También hay obras de otros pintores europeos como Bosch, Van Eyck y Rembrandt. Además, el Prado tiene una colección de esculturas, otra de monedas antiguas (*old coins*) y una colección de objetos de oro muy valiosa.

2. Actualmente muchos hombres hispanos, especialmente los más jóvenes, ayudan a sus esposas con los trabajos de la casa. Esto es debido a que los dos trabajan fuera de la casa.

El Palacio de Cristal en el Parque del Retiro, Madrid.

Museo del Prado, Madrid, España.

Puntos para recordar

1. Future tense (*Futuro*)

■ Most Spanish verbs are regular in the future, and the infinitive serves as the stem of almost all verbs. The endings are the same for all three conjugations.

FORMATION OF THE FUTURE TENSE			
Infinitive		*Stem*	*Endings*
trabajar	yo	trabajar-	é
aprender	tú	aprender-	ás
escribir	Ud., él, ella	escribir-	á
entender	nosotros(as)	entender-	emos
ir	vosotros(as)	ir-	éis
dar	Uds., ellos, ellas	dar-	án

¡Atención! Note that all the endings, except that of the **nosotros(as)** form, take accent marks.

— ¿Adónde **irán** Uds. este fin de semana?   *"Where **will you go** this weekend?"*

— **Iremos** de excursión si hace buen tiempo.   *"**We will go** on a trip if the weather is good."*

■ A small number of Spanish verbs are irregular in the future tense. These verbs have an irregular stem; however, the endings are the same as those for regular verbs.

IRREGULAR FUTURE STEMS		
Infinitive	*Stem*	*First-Person Sing.*
decir	dir-	**diré**
hacer	har-	**haré**
haber	habr-	**habré**
querer	querr-	**querré**
saber	sabr-	**sabré**
poder	podr-	**podré**
salir	saldr-	**saldré**
poner	pondr-	**pondré**
venir	vendr-	**vendré**
tener	tendr-	**tendré**

— ¿A qué hora **saldrán** para el aeropuerto?	*"At what time **will you leave** for the airport?"*
— **Saldremos** tan pronto como lleguen mis padres.	*"**We will leave** as soon as my parents arrive."*
— ¿**Podrás** venir mañana?	*"**Will you be able** to come tomorrow?"*
— Sí, **vendré** a menos que llueva.	*"Yes, **I will come** unless it rains."*

¡Atención!   The future of **hay** (impersonal form of **haber**) is **habrá**.

      ¿**Habrá** una fiesta?   ***Will there be** a party?*

■ Uses of the future tense

• The English equivalent of the Spanish future tense is *will* or *shall* plus a verb. As you have already learned, Spanish also uses the construction **ir a** plus an infinitive, or the present tense with a time expression, to refer to future actions, events, or states.

Esta noche **iremos** al cine.	*Tonight **we will go** to the movies.*
Esta noche **vamos a ir** al cine.	*Tonight **we're going to go** to the movies.*
Esta noche **vamos** al cine.	*Tonight **we're going** to the movies.*

• Unlike English, the Spanish future is *not* used to express willingness. In Spanish, willingness is expressed by the verb **querer**.

— ¿**Quieres** barrer la cocina?	*"**Will you** sweep the kitchen?"*
— Ahora no puedo.	*"I can't now."*

¡ V A M O S   A   P R A C T I C A R !

A. Rewrite the following sentences, using the future tense. Follow the model below.

> MODELO: Los hombres van a preparar el almuerzo.
> *Los hombres prepararán el almuerzo.*

1. Le voy a decir que debe limpiar el garaje.
2. Ella va a tener que pagar para arreglar el coche.
3. Ellos van a servir pollo con papas fritas.
4. Vamos a poner el pan en el horno.
5. ¿Luis va a bañar al perro?
6. ¿Qué va a hacer la criada?
7. ¿Tú vas a salir para el restaurante dentro de media hora?
8. ¿Qué le vas a decir a tu tío?
9. ¿Uds. van a venir a hacer las reservaciones?
10. Mañana va a hacer calor.

B. Tell what everybody will do, using the future tense.

1. Yo llevaré mi vestido a la tintorería y mi hijo...
2. Yo tendré que fregar los platos y ellos...
3. Elena pondrá los platos en la mesa y yo...
4. De postre, yo haré helado y tú...
5. Nosotros iremos al cine y Uds. ...
6. Olga podrá ir en el coche de Juan y yo...
7. Nosotros cobraremos veinte dólares y Ud. ...
8. Ellos comprarán los boletos y nosotros...

C. Interview a partner, using the following questions.

1. ¿Cuándo cortarás el césped en tu casa?
2. ¿Lavarás tu suéter o lo mandarás a la tintorería?
3. ¿Vendrás a la universidad mañana?
4. ¿Qué tendrás que hacer mañana por la mañana?
5. ¿Cuándo tendrás el día libre?
6. ¿Qué harás el sábado por la noche?
7. ¿Con quién saldrás este fin de semana?
8. ¿Adónde irán tú y tu familia de vacaciones?

D. With a partner prepare five or six questions to ask your instructor. Use the future tense.

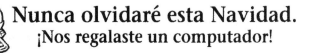

Nunca olvidaré esta Navidad.
¡Nos regalaste un computador!

2. Conditional tense (*Condicional*)

■ Like the future, the Spanish conditional uses the infinitive as the stem for most verbs and has only one set of endings for all three conjugations.

FORMATION OF THE CONDITIONAL TENSE			
Infinitive		*Stem*	*Endings*
trabajar	yo	trabajar-	ía
aprender	tú	aprender-	ías
escribir	Ud., él, ella	escribir-	ía
dar	nosotros(as)	dar-	íamos
hablar	vosotros(as)	hablar-	íais
preferir	Uds., ellos, ellas	preferir-	ían

— Me **gustaría** ir al parque.   "*I would like to go to the park.*"
— Nosotros **preferiríamos** ir a   "*We would prefer to go to the la piscina.*   *pool.*"

— Voy a barrer la cocina.   "*I'm going to sweep the kitchen.*"
— Yo no la **barrería** ahora.   "*I would not sweep it now.*"

■ The verbs that are irregular in the future tense have the same irregular stems in the conditional. The endings are the same as those for regular verbs.

IRREGULAR CONDITIONAL STEMS		
Infinitive	*Stem*	*First-Person Sing.*
decir	dir-	**diría**
hacer	har-	**haría**
haber	habr-	**habría**
querer	querr-	**querría**
saber	sabr-	**sabría**
poder	podr-	**podría**
salir	saldr-	**saldría**
poner	pondr-	**pondría**
venir	vendr-	**vendría**
tener	tendr-	**tendría**

— ¿Qué **podría** hacer yo para   "*What could I do to help you?*" ayudarte?
— **Podrías** cocinar.   "*You could cook.*"

¡Atención!   The conditional of **hay** (impersonal form of **haber**) is **habría.**

Dijo que **habría** una fiesta.   *He said there would be a party.*

■ Uses of the conditional

- The Spanish conditional is equivalent to the English *would* plus a verb.

  — ¿Qué **harías** tú?   *"What **would** you do?"*
  — Yo lo **mandaría** a la tintorería.   *"I **would send** it to the dry cleaner."*

- In Spanish, the conditional is also used to soften a request or to express politeness.

  — ¿**Podrías** venir un momento?   *"**Could you** come for a minute?"*
  — Sí, en seguida.   *"Yes, right away."*

¡ V A M O S   A   P R A C T I C A R !

A. Rewrite the following sentences using the conditional.

> MODELO: Yo prefiero no ponerle pimienta a la comida.
> *Yo no le pondría pimienta a la comida.*

1. Yo prefiero decírselo a la criada.
2. Nosotros preferimos pasar la aspiradora.
3. Ángel prefiere lavar el pantalón en seco.
4. ¿Ud. prefiere fregar los platos?
5. Ellos prefieren venir por la noche.
6. ¿Tú prefieres invitarlos a la fiesta?
7. Yo prefiero limpiar el refrigerador.
8. Ella prefiere no planchar el mantel y las servilletas.
9. Yo prefiero salir mañana.
10. Uds. prefieren poner la mesa ahora.

B. Tell what you would do in the following situations, using the conditional.

> MODELO: El (La) profesor(a) le dice que mañana hay un examen.
> *Yo estudiaría mucho.*

1. Su hermana le pide que limpie la cocina, pero Ud. está estudiando.
2. Hoy es el último día para pagar la matrícula y Ud. no tiene dinero.
3. El mozo le trae la sopa y está fría.
4. Sus padres vienen a pasar el fin de semana con Ud.
5. Le duele mucho la cabeza.
6. Los frenos del coche no funcionan.

C. Interview a partner, using the following questions.

1. Para preparar una ensalada, ¿qué vegetales comprarías?
2. ¿Qué le pondrías a la ensalada?
3. ¿Tú servirías brócoli o alcachofas?
4. ¿Qué te gustaría cenar esta noche?
5. ¿Lavarías un suéter de angora o lo mandarías a la tintorería?
6. ¿Qué cosas usarías para barrer la cocina?
7. ¿Tú preferirías pasarle la aspiradora a la alfombra o cortar el césped?
8. ¿Tú llevarías tu coche al taller de mecánica o lo arreglarías tú?

D. With a partner, discuss what you would do to be the perfect host to some foreign students who are visiting your home town.

3. Verbs and prepositions (*Verbos y preposiciones*)

The prepositions **con, de,** and **en** can be used with verbs to form certain expressions. Some of the idioms are as follows:

casarse con	to marry, to get married (to)
comprometerse con	to get engaged to
acordarse de	to remember
alegrarse de	to be glad
darse cuenta de	to realize
enamorarse de	to fall in love with
olvidarse de	to forget
confiar en	to trust
convenir en	to agree on
entrar en	to go (come) into
fijarse en	to notice
insistir en	to insist on

— Celia **se comprometió con** David. — "*Celia **got engaged to** David.*"
— Yo creía que **se casaría con** Alberto. — "*I thought **she would marry** Alberto.*"
— No, ella **se enamoró de** David. — "*No, she **fell in love with** David.*"

— **Insistieron en** venir esta noche.

"*They insisted on coming tonight.*"

— Sí, no **se dieron cuenta de** que teníamos que trabajar.

"*Yes, they didn't realize that we had to work.*"

¡Atención! Notice that the English translation of these expressions may not use an equivalent preposition.

¡VAMOS A PRACTICAR!

A. Answer the following questions.

1. ¿En quién confía Ud.?
2. ¿Preferiría Ud. casarse con un(a) médico(a) o con un(a) profesor(a)?
3. ¿De quién se enamoró Ud. por primera vez (*first time*)?
4. ¿Algún amigo suyo se ha comprometido últimamente? ¿Con quién?
5. ¿Se fijó Ud. si la biblioteca estaba abierta?
6. ¿Se acordó Ud. de traer sus libros a clase?
7. ¿Se alegra Ud. de estar en esta universidad?
8. ¿A qué hora entró el (la) profesor(a) en la clase?

B. With a partner, act out the following dialogues in Spanish.

1. "They agreed on being here at five, but they haven't arrived."
   "You have to realize that they are very busy."
2. "Did you wash the sheets and the pillowcases?"
   "Yes, and Lidia insisted on helping me."
3. "Did you forget to take out the garbage?"
   "Yes, I'm sorry, darling."
4. "Did you notice that he brought me flowers?"
   "Yes, I think he's in love with you."

C. Look at the pictures below and complete each statement.

1. Marisa decidió _____ _____ Daniel.

2. Mirta _____ _____. Piensan casarse en junio.

3. Graciela no _____ _____.

4. Marisol _____ _____ a Tito.

5. Rodolfo _____

_____

_____ .

6. Pedro _____

_____

_____ .

Rodeo

SUMMARY OF THE TENSES OF THE INDICATIVE
(*Resumen de los tiempos del indicativo*)

Tiempos simples

	-ar	**-er**	**-ir**
Presente	hablo	como	vivo
Pretérito	hablé	comí	viví
Imperfecto	hablaba	comía	vivía
Futuro	hablaré	comeré	viviré
Condicional	hablaría	comería	viviría

Tiempos compuestos

	-ar	**-er**	**-ir**
Pretérito perfecto	**he** hablado	**he** comido	**he** vivido
Pretérito plus-cuamperfecto	**había** hablado	**había** comido	**había** vivido
Futuro perfecto[1]	**habré** hablado	**habré** comido	**habré** vivido
Condicional perfecto[1]	**habría** hablado	**habría** comido	**habría** vivido

[1]Optional material. See pages 333–335.

¡VAMOS A PRACTICAR!

Answer the following questions.

1. ¿Cuánto tiempo hace que Ud. estudia español?
2. ¿En qué año empezó Ud. a estudiar español?
3. ¿Quién fue su profesor(a) de español el semestre pasado?
4. ¿Había hablado Ud. con el (la) profesor(a) antes de comenzar esta clase?

5. ¿Sabía Ud. un poco de español antes de venir a la universidad?
6. ¿Continuará Ud. estudiando español?
7. ¿Qué tendría que hacer Ud. para hablar español perfectamente?
8. ¿Ha visitado algún país de habla hispana?
9. ¿En qué país de habla hispana le gustaría vivir?
10. ¿Qué ciudades importantes de los Estados Unidos ha visitado Ud.?
11. ¿Qué le gustaba hacer cuando estaba en la escuela secundaria?
12. ¿Qué películas ha visto Ud. últimamente?
13. ¿Qué tuvo que hacer hoy antes de venir a la clase?
14. ¿Vive Ud. cerca o lejos de la universidad?

Y ahora, ¿qué?

Palabras y más palabras

Complete each sentence, using vocabulary from **Lección 14.**

1. Voy a poner las frutas en el (refrigerador, cuchillo, catarro).
2. Vamos a pasarle (el fregadero, la sal, la aspiradora) al cuarto.
3. Necesito cortar el (tenedor, dependiente, césped) del jardín.
4. Todavía no he barrido. Necesito (la escoba, la sábana, la funda).
5. Mandaré el (resfrío, probador, pantalón) a la tintorería mañana.
6. Yo usaría detergente para (fregar, planchar, pasar) los platos.
7. ¿Podrías (ayudar, cortar, sacar) la basura?
8. Llaman a la puerta. ¡Date (fractura, prisa, herida)! ¡Ve a abrir!
9. Voy a (lavarme, fijarme, olvidarme) si hay alcachofas en el refrigerador.
10. Le puse vinagre y (biftec, paciencia, aceite) a la ensalada.
11. Voy a poner el pan en el (horno, recogedor, césped).
12. Snoopy es un (barrio, perro, pollo).
13. Él quiere que yo (cocine, barra, lave) mi cuarto.
14. Mis padres (tienen, funcionan, tocan) a la puerta.
15. Te ayudaré a planchar (la cuchara, los pantalones, el papel higiénico).

¡Vamos a conversar!

A. **¿Recuerda usted?** How are Rosa and Luis preparing for his parents' visit?
Base your answers on the dialogue.

1. ¿Qué están haciendo Rosa y Luis?
2. ¿Por qué no está con ellos la criada?
3. ¿Quiénes vendrán a pasar el fin de semana con ellos?
4. ¿Qué mandaría Luis a la tintorería? ¿Para qué?
5. ¿Qué debe traerle Luis a Rosa?
6. ¿Dónde está la basura?
7. ¿Qué tiene que acordarse Luis de hacer?
8. ¿Qué hizo Luis?
9. ¿Qué hizo Rosa?

10. ¿Cuándo estarán los padres de Luis en la casa?
11. ¿Qué va a preparar Rosa?
12. ¿Dónde tiene que poner Luis las flores?
13. ¿Qué vegetales quiere Rosa?
14. ¿Qué necesita Rosa para poner la mesa?

B. Entrevista. Interview a partner, using the **tú** form.

Pregúntele a su compañero(a) de clase...

1. ...si está muy ocupado(a) hoy
2. ...qué le gusta cocinar
3. ...qué día de la semana limpia el refrigerador
4. ...quién saca la basura en su casa
5. ...si le gusta cortar el césped
6. ...cuántas veces a la semana le pasa la aspiradora a su casa
7. ...cuánto tiempo hace que no limpia su cuarto
8. ...si lo (la) ayudaría a Ud. a limpiar su cuarto
9. ...si está enamorado(a) de alguien y quién es
10. ...a qué hora volverá a su casa hoy
11. ...qué tendrá que hacer mañana por la tarde
12. ...a quién le gustaría invitar a pasar el fin de semana en su casa

Now add two more questions of your own to ask your partner.

Situaciones

What would you say in the following situations? What might the other person say? Act out the scenes with a partner.

1. You and a friend have invited guests over for dinner and must decide what each of you will do to prepare for them. The house will have to be spotless and you will have to prepare a lavish dinner.
2. You and a friend are discussing what each of you would like to do next weekend. Money is no object.
3. You and a friend are discussing three things that each of you forgot to do and three things that you remembered to do last week.

Para escribir

You have been asked to play fortune teller at a charity bazaar. Using the future tense, prepare a few predictions for the following clients. Include some advice about what they will have to do. (For additional vocabulary, refer to **Amplíe su vocabulario** on page 326.)

1. a teenage girl	5. an unmarried woman in her thirties
2. a young woman	6. a married man in his forties
3. a sixteen-year-old boy	7. an older man
4. a man in his twenties	8. an older woman

¿Qué pasa aquí?

Get together in groups of three or four and create a story about the people in the illustration. Say who they are, what their relationship is to one another, what they are doing, and what they might be getting ready for.

❧ Un dicho ❧

*Dime con quién andas
y te diré quién eres.*

You are known by the company you keep.

Buscando apartamento

🔊 *Magali, una chica cubana, y Rafael, un muchacho catalán, están comprometidos para casarse. Ahora están preparando las invitaciones para la boda.*

MAGALI — (*Bromeando.*) Si no tuvieras tantos parientes, no tendríamos que mandar tantas invitaciones.

RAFAEL — (*Se ríe.*) ¡Pero, cariño, si no los invitáramos, no nos traerían regalos! ¡Ah! Y no te olvides de invitar a mis padrinos.

MAGALI — ¡Claro que no! Pero, en serio... La recepción va a costar un ojo de la cara...

RAFAEL — No te preocupes... Oye, mis padres me dijeron ayer que eligiéramos los muebles para el dormitorio.

MAGALI — Yo tengo una cama, así que sólo vamos a necesitar la cómoda y dos mesitas de noche. Y dos lámparas...

RAFAEL — Mira, Magali. Aquí en el periódico anuncian un piso que parece estupendo. Escucha.

AVISOS CLASIFICADOS
Se alquila piso con dos dormitorios.
Sala, comedor, cocina y cuarto de baño.
Calefacción central. Espacio para estacionar.
Cerca de la estación del metro.
Teléfono: 256-34-28

MAGALI — ¡Vamos a verlo hoy mismo!

Esa tarde.

RAFAEL — Yo preferiría un piso que tuviera sala de estar y una terraza...

MAGALI — ¡Me encantan las cortinas y el piso de madera!

RAFAEL — Sí, pero si alquiláramos este piso, tendríamos que pintarlo. Además, es un poco caro...

MAGALI — Si lo pintáramos, a lo mejor no nos cobrarían el depósito de limpieza.

RAFAEL — Bueno, y debo admitir que tiene una ventaja: no tenemos que conducir mucho porque estamos cerca del centro.

MAGALI — Vamos a hablar con el encargado. Si consigo el puesto en la compañía de seguros, no tendremos problemas para pagar el alquiler.

RAFAEL — Bueno, cariño, me has convencido.

Un mes más tarde, Rafael y Magali se casan y van a Mallorca[1] de luna de miel.

---

[1]One of the Balearic Islands. See map on p. 315.

VOCABULARIO

Cognados

clasificados classified	**la estación** station	**la recepción** reception
la compañía company	**la lámpara** lamp	**la terraza** terrace
el depósito deposit		

Nombres

el alquiler rent
el anuncio, aviso ad
la boda wedding
el centro downtown (*area*)
la cómoda chest of drawers
la cortina curtain, drape
el dormitorio, la recámara
   (*Mex.*) bedroom
el (la) encargado(a) manager
   (*of an apartment building*),
   superintendent
el espacio para estacionar
   parking space
la limpieza cleaning
la luna de miel honeymoon
la madera wood
la madrina godmother
la mesita de noche night table
el metro, subterráneo subway
los muebles furniture
el padrino godfather
los padrinos godparents
el (la) pariente(a) relative
el periódico newspaper
el piso (*Spain*) apartment
el puesto position, job
el regalo gift, present
la sala living room
la sala de estar den, family
   room
la ventaja advantage

Verbos

admitir to admit
alquilar to rent
anunciar to announce
convencer (yo convenzo) to
   convince
elegir (e>i), escoger (yo escojo)
   to choose
escuchar to listen (to)
estacionar, aparcar, parquear
   to park
invitar to invite
pintar to paint
preocuparse to worry
reírse[1] to laugh

Adjetivos

catalán (catalana) person
   from Catalonia (Catalonian)
comprometido(a) engaged (to
   be married)
estupendo(a) great,
   wonderful

Otras palabras y expresiones

así que so
cariño love (*term of
   endearment*)
¡Claro (que sí)! Of course!
¡Claro que no! Of course not!
costar un ojo de la cara to
   cost an arm and a leg
en serio seriously
encantarle a uno to love, to
   like very much
hoy mismo this very day
se alquila for rent
tantos(as) so many

[1]Present indicative: **me río, te ríes, se ríe, nos reímos, os reís, se ríen.**

DE AQUÍ Y DE ALLÁ

Barcelona, la capital de la provincia del mismo nombre en la región de Cataluña, es el puerto principal y el centro comercial más importante de España en el Mediterráneo; en ella se encuentra la mayor parte de las instituciones financieras y las grandes industrias del país.

Barcelona es una ciudad cosmopolita, de gran individualidad por su herencia (*heritage*) catalana. Aunque la ciudad es muy moderna, conserva todavía numerosos monumentos históricos muy antiguos como, por ejemplo, algunos de los muros (*walls*) que construyeron los romanos, que ocuparon la región durante el siglo tercero. Otros puntos de interés son: la iglesia de La Sagrada Familia, la obra más famosa del arquitecto catalán Antonio Gaudí; el monumento a Cristóbal Colón; el paseo de las Ramblas y la Plaza de Cataluña.

Hay numerosos teatros, bibliotecas y museos en Barcelona. Barcelona fue una de las primeras ciudades españolas que tuvo una imprenta (*printing press*) y una de las primeras de Europa donde se publicó un periódico.

En Barcelona, como en toda Cataluña, se hablan dos idiomas: el español y el catalán. Desde 1980, Cataluña es una región autónoma dentro de España.

DE ESTO Y AQUELLO

Cuando se bautiza un hijo o una hija, los padres invitan a dos amigos o parientes a participar en la ceremonia del bautismo. El compadre es el que sirve de padrino del hijo o de la hija. La comadre es la madrina, y los hijos son respectivamente ahijado y ahijada de los padrinos.

Bailando la Sardana frente a la Catedral, Barcelona, España.

Puntos para recordar

1. **Forms of the imperfect subjunctive (*Formas del imperfecto de subjuntivo*)**

■ To form the imperfect subjunctive of all Spanish verbs—regular and irregular—drop the **-ron** ending of the third-person plural of the preterit and add the following endings to the stem.

IMPERFECT SUBJUNCTIVE ENDINGS	
-ra	-´ramos
-ras	-rais
-ra	-ran

¡Atención! Notice that an accent mark is required by the **nosotros(as)** form: **...que nosotros habláramos, ...que nosotros fuéramos.**

FORMS OF THE IMPERFECT SUBJUNCTIVE

Verb	Third-Person Preterit	Stem	First-Person Sing. Imperf. Subjunctive
			(*-ra* form)
hablar	hablaron	habla-	hablara
aprender	aprendieron	aprendie-	aprendiera
vivir	vivieron	vivie-	viviera
dejar	dejaron	deja-	dejara
ir	fueron	fue-	fuera
saber	supieron	supie-	supiera
decir	dijeron	dije-	dijera
poner	pusieron	pusie-	pusiera
pedir	pidieron	pidie-	pidiera
estar	estuvieron	estuvie-	estuviera

¡Atención! The imperfect subjunctive of **hay** (impersonal form of **haber**) is **hubiera.**

¡ V A M O S   A   P R A C T I C A R !

Supply the imperfect subjunctive forms of the following verbs.

1. *que yo:* llenar, comer, vivir, decir, ir, admitir
2. *que tú:* dejar, atender, abrir, poner, estar, elegir
3. *que él:* volver, dormir, pedir, tener, alquilar, traer

4. *que nosotros:* ver, ser, entrar, saber, hacer, pedir
5. *que ellas:* leer, salir, llegar, sentarse, aprender, poder

2. Uses of the imperfect subjunctive (*Usos del imperfecto de subjuntivo*)

■ The imperfect subjunctive is always used in a subordinate clause when the verb of the main clause calls for the subjunctive and is in the past or the conditional.

— ¿Por qué no compraste los billetes?	*"Why didn't you buy the tickets?"*
— **Temía** que no **pudiéramos** viajar hoy.	*"I was afraid we wouldn't be able to travel today."*

■ When the verb of the main clause is in the present, but the subordinate clause refers to the past, the imperfect subjunctive is often used.

— Oscar es un muchacho muy simpático.	*"Oscar is a very charming young man."*
— ¡Sí! **Me alegro** de que **viniera** a vernos ayer.	*"Yes! I'm glad (that) he came to see us yesterday."*

Mamá me dijo que pusiera la mesa, pero no me dijo dónde...

¡VAMOS A PRACTICAR!

A. Rewrite the following sentences, using the cues in parentheses and making any other necessary changes.

MODELO: Me alegro de que estés aquí. (Me alegré)
Me alegré de que estuvieras aquí.

1. Dudo que consigas ese puesto.   (Dudaba)
2. No es verdad que necesite cortinas.   (No era verdad)

3. Es difícil que ellos alquilen ese piso.   (Era difícil)
4. Quiero que me escuche.   (Quería)
5. Le digo que no compre esa cómoda.   (Le dije)
6. Me sugiere que no vaya a la boda.   (Me sugirió)
7. Le pido que me alquile su casa.   (Le pedí)
8. Siento que tu padrino no pueda venir.   (Sentí)

B. Say what Mrs. Vega told her children to do or not to do while she was away.

> MODELO: Roberto, lava el coche.
>   *La Sra. Vega le dijo a Roberto que lavara el coche.*

1. Marta, no estaciones el coche allí y no vayas al centro hoy.
2. Pablo, pinta tu dormitorio y limpia la sala de estar.
3. Luis, pon el anuncio en el periódico, llama a tu padre y dile que traiga frutas.
4. Ana, haz la comida.
5. Inés, compra el regalo para tu madrina.
6. Inés y Ana, pásenle la aspiradora a la alfombra.
7. Chicos, no le abran la puerta a nadie.

C. Interview a partner, using the following questions.

1. ¿Tú querías que el (la) profesor(a) nos diera un examen hoy?
2. ¿Te gustaría que tus hijos supieran hablar español?
3. Cuando eras niño(a), ¿qué querían tus padres que hicieras?
4. Cuando estabas en la escuela secundaria, ¿qué te decían tus padres que no hicieras?
5. ¿Tus padres te permitían que manejaras cuando tenías quince años?
6. ¿Quién te sugirió que tomaras esta clase?

3. *If*-clauses (*Cláusulas que comienzan con* si)

■ When a clause introduced by **si** refers to a situation that is hypothetical or contrary to fact, **si** is always followed by the imperfect subjunctive.

— **Si** yo **tuviera** dinero, le daría mil dólares a mi hijo.	*"If I **had** money, I would give my son a thousand dollars."*
— **Si** yo **fuera** tú, no le daría nada.	*"If I **were** you, I wouldn't give him anything."*

Hypothetical
Si yo **hablara** con el presidente...   *If I **were to speak** to the president . . .*

Contrary-to-fact
Si yo **fuera** tú...   *If I **were** you . . .*

¡Atención!   Note that the imperfect subjunctive is used in the *if*-clause, while the conditional is used in the main clause.

Si yo **tuviera** dinero, le **daría** mil
dólares a mi hijo.

*If I **had** money, I **would give** a
thousand dollars to my son.*

■ When the *if*-clause refers to something that is likely to happen or possible,
the indicative is used.

— **¿Puedes** llevar mi coche al
taller de mecánica mañana?

— Lo llevaré si **tengo** tiempo.

*"**Can you** take my car to the
repair shop tomorrow?"*

*"I will take it if **I have** time."*

¡Atención! The present subjunctive is never used in an *if*-clause.

■ The imperfect subjunctive is always used after the expression **como si** (*as if*)
because it implies a condition that is contrary to fact.

— Marcos se compra mucha ropa.

— Sí, ese muchacho gasta dinero
como si fuera rico.

*"Marcos buys himself a lot of
clothes."*

*"Yes, that boy spends money **as if
he were** rich."*

¡ V A M O S   A   P R A C T I C A R !

A. Complete each sentence with the correct form of the verb in parentheses.
Use the imperfect subjunctive or indicative as appropriate.

1. Si yo _____ (poder) estacionar aquí, lo haría.
2. Si _____ (tener) tiempo, iré a verte.
3. Habla como si lo _____ (saber) todo.
4. Me aconseja como si ella _____ (ser) mi mamá.
5. Si Carlos _____ (estar) aquí, le daría el regalo.
6. Si Uds. lo _____ (ver), díganle que ponga el anuncio en el diario.
7. Si el encargado _____ (venir) hoy, le voy a pagar el alquiler.
8. Si nosotros _____ (tener) dinero, compraríamos una mesita de
   noche.
9. Si yo _____ (querer) vender mi auto, lo anunciaría en el *Times*.
10. Oye, cariño, tú te quejas (*complain*) como si yo te _____ (dar)
    muchos problemas.

B. Referring to the pictures below for ideas, tell what the following people would do if circumstances were different.

MODELO: Yo no tengo dinero. Si...
Si yo tuviera dinero, viajaría.

1. Ellos no tienen hambre. Si...

2. Nosotros no podemos estudiar hoy. Si...

3. Tú tienes que trabajar. Si no...

4. Uds. no van a la fiesta. Si...

5. Hoy es sábado. Si...

6. El coche funciona. Si...

7. Laura no está enferma. Si...

8. La señora Soto no tiene el periódico. Si...

C. Interview a partner, using the following questions.

1. ¿Qué harías si tuvieras un millón de dólares?
2. Si fueras muy rico(a), ¿trabajarías?
3. Si yo te pidiera cien dólares, ¿me los darías?
4. Si pudieras viajar a Latinoamérica, ¿qué país (*country*) visitarías?
5. Si el coche que te gusta costara un ojo de la cara, ¿qué harías?
6. Si te casaras hoy mismo, ¿adónde irías de luna de miel?
7. Si tu mejor amigo(a) se casara en Australia, ¿irías a la boda?
8. Si te dieran un puesto en Barcelona, ¿lo aceptarías?

D. With a partner, discuss what you would do if circumstances in your lives were different. Include place of residence, schooling, work, and so on.

Rodeo

SUMMARY OF THE USES OF THE SUBJUNCTIVE
(*Resumen de los usos del subjuntivo*)

Subjunctive vs. Infinitive

Use the subjunctive . . .

1. After verbs of volition (when there is a change of subject).

   Yo quiero que **él salga.**

2. After verbs of emotion (when there is a change of subject).

   Me alegro de que **tú estés** aquí.

3. After impersonal expressions (when there is a subject).

   Es necesario que **él estudie.**

Use the infinitive . . .

1. After verbs of volition (where there is no change of subject).

   Yo quiero **salir.**

2. After verbs of emotion (when there is no change of subject).

   Me alegro de **estar** aquí.

3. After impersonal expressions (when speaking in general).

   Es necesario **estudiar.**

Subjunctive vs. Indicative

Use the subjunctive . . .	Use the indicative . . .
1. To refer to something indefinite or nonexistent.	1. To refer to something that exists or is specific.
Busco una casa que **sea** grande. No hay nadie que lo **sepa.**	Tengo una casa que **es** grande. Hay alguien que lo **sabe.**
2. If the action is to occur at some indefinite time in the future as a condition of another action.	2. If the action has been completed or is habitual.
Cenarán cuando él **llegue.**	Cenaron cuando él **llegó.** Siempre cenan cuando él **llega.**
3. To express doubt, disbelief, and denial.	3. When there is no doubt, disbelief, or denial.
Dudo que **pueda** venir. Niego que él **esté** aquí. No creo que él **venga.**	No dudo que **puede** venir. No niego que él **está** aquí. Creo que él **viene.**
4. In an *if*-clause, to refer to something contrary to fact, impossible, or very improbable.	4. In an *if*-clause, when referring to something that is factual, probable, or very possible.
Si **pudiera,** iría. Si el presidente me **invitara** a la Casa Blanca, yo aceptaría.	Si **puedo,** iré. Si Juan me **invita** a su casa, aceptaré.

¡VAMOS A PRACTICAR!

Marisa wrote this letter to her parents from Barcelona. Complete it, using the subjunctive, indicative, or infinitive of the verbs that appear in parentheses.

10 de junio

Queridos papá y mamá:

Recibí la tarjeta que me mandaron de Acapulco. Me alegro de que se _____ (estar) divirtiendo; cuando _____ (volver) a México el año próximo, yo quiero _____ (ir) con Uds. También me gustaría que Uds. _____ (poder) visitar Barcelona, porque es una ciudad magnífica.

Ana y yo encontramos un piso que _____ (estar) en el centro, cerca de la estación del metro. Si Uds. _____ (decidir) venir a visitarme, tenemos un dormitorio extra. No creo que los padres de Ana _____ (poder) venir, como nos habían dicho, porque no les dan vacaciones.

Mamá, es verdad que la comida de aquí _____ (ser) muy buena, pero no hay nadie que _____ (cocinar) tan bien como tú, así que en cuanto yo _____ (llegar) a California, quiero que me _____ (hacer) tu famoso pollo con mole[1].

Ayer fuimos con unos amigos a visitar la Iglesia de la Sagrada Familia y después fuimos a un café en el paseo de Las Ramblas. ¡Me estoy enamorando de Barcelona! Si _____ (poder), me quedaría a vivir aquí. ¡No se rían! Ya sé que no puedo vivir lejos de Uds.

Díganle a Héctor que quiero que me _____ (escribir) y me _____ (contar) cómo le va en la universidad.

Besos,

Marisa

Y ahora, ¿qué?

Palabras y más palabras

Match the questions in column A with the answers in column B, using the vocabulary from **Lección 15**.

A	B
1. ¿Para dónde son los muebles?	a. No, se alquila.
2. ¿Estás bromeando?	b. Para pagar el alquiler.
3. ¿Te gusta esta lámpara?	c. No, no pude convencerlo.
4. ¿Se vende la casa?	d. No, tomé el metro.
5. ¿Están comprometidos?	e. ¡No hay espacio!
6. ¿Para qué necesitas el dinero?	f. Con Prudential.
7. ¿Qué estás leyendo?	g. Es grande y barata.
8. ¿Viniste en coche?	h. Con el encargado.
9. ¿De qué es la mesa?	i. ¡Me encanta!
10. ¿José fue a la boda?	j. Los avisos clasificados.
11. ¿Es pariente tuyo?	k. Para la sala de estar.
12. ¿Con qué compañía tienes el seguro?	l. Es de madera.
13. ¿Con quién vas a hablar?	m. Claro que sí. Se casan en mayo.
14. ¿Por qué no estacionas aquí?	n. Sí, es mi tío.
15. ¿Qué ventajas tiene la casa?	o. No, lo digo en serio.

[1]**Mole** is a sauce made with many spices and unsweetened chocolate. It is used in Mexican cuisine.

¡Vamos a conversar!

A. ¿Recuerda usted? What is happening with Magali and Rafael? Base your answers on the dialogue.

1. ¿De dónde son Magali y Rafael?
2. ¿Qué están preparando?
3. ¿Cree Magali que Rafael tiene muchos parientes?
4. ¿A quiénes quiere invitar Rafael especialmente?
5. ¿Magali cree que la recepción va a ser muy cara? ¿Cómo lo sabe Ud.?
6. ¿Qué le dijeron a Rafael sus padres?
7. ¿Qué muebles necesitan los chicos para el dormitorio?
8. Cuando Rafael lee el anuncio clasificado, ¿qué dice del piso?
9. ¿Cuándo quiere Magali ir a ver el piso?
10. ¿Qué tipo de piso preferiría Rafael?
11. ¿Qué cosas le encantan a Magali?
12. ¿Qué dice Magali que a lo mejor pasaría si pintaran el piso?
13. ¿Qué ventaja tiene el piso?
14. ¿Qué pasará si Magali consigue el puesto?
15. ¿Dónde van a pasar la luna de miel los chicos?

B. Entrevista. Interview a partner, using the **tú** form.

Pregúntele a su compañero(a) de clase...

1. ...dónde viven sus parientes
2. ...si tiene padrinos
3. ...si su casa (apartamento) está en el centro
4. ...si tuvo que pagar un depósito de limpieza
5. ...cuántos dormitorios tiene su casa o apartamento
6. ...qué muebles tiene en su dormitorio
7. ...si su casa (apartamento) tiene sala de estar (terraza)
8. ...qué tipo de coche conduce
9. ...con qué compañía tiene el seguro de su coche
10. ...si se preocupa mucho. ¿Por qué o por quién(es)?

Now ask your partner two questions of your own.

Situaciones

What would you say in the following situations? What might the other person say? Act out the scenes with a partner.

1. You are helping a friend make plans for a wedding reception. Discuss all the arrangements that have to be made.
2. You are discussing your idea of the "perfect house" with a friend.
3. You and a friend are debating various possible wedding gifts for a mutual friend.

 **Para escribir**

Develop a conversation involving you, your fiancé(e), spouse, or roommate and a rental agent showing you apartments. Assume that the agent has shown you a number of apartments, none of which met your needs. Discuss why the apartments were unsuitable and reiterate your requirements. Do not let the agent dissuade you with persuasive arguments!

¿Qué dice aquí?

Read these ads and answer the questions that follow.

VIVA EN EL CENTRO
DE BLANES
A 5 minutos de la playa
APARTAMENTOS
Con Plazas de Parking, 1 y 2 hab. Salón–Comedor–
Cocina equipada–Baño completo–Acabados
ALTO STANDING. Información: FINCAS VERA.
C. Murala, n.º 3. BLANES. Tels.:(972)33-53-74 y (972)33-70-47

CONJUNTO RESIDENCIAL DE **TIANA**

Con participación en Club Social Piscina, tenis, squash, y zona ajardinada de recreo.

ALTING
Tel. 321 32 36

Vivir todo el año a 8 Km. de Barcelona.
4 dormitorios (1 suite) • cocina office • salón con chimenea • 3 baños • 1 aseo • 1 estudio • 1 solarium y terraza • garaje 3 coches.
Acabados de calidad. 225 m² + jardín individual.

Veranee todo el año en Barcelona. Vista panorámica, por encima capa polución ciudad, 135 m. sobre el nivel del mar

APARTAMENTOS
(JUNTO AL PARQUE GUINARDO)

Calle Dr. Cadevall, 1-3 Barcelona (entrada por Avda. V.de Montserrat y calle Fco. Alegre)
Gran calidad, estar-comedor, 2 ó 3 dorm., cocina, baño, calef. ind., terraza, antena colectiva, y parabólica, 70 a 90 m². A partir de ptas. 7.000.000

Información: MANSUR, S.A. De 5:30 a 8.30 h. tarde
Tel. 257-53-45. Con financiación de Caja Postal

1. ¿Hay algún apartamento que esté cerca de la ciudad de Barcelona? ¿Cuál? ¿Cuántos dormitorios tiene? ¿Tiene piscina?
2. ¿Hay algún apartamento que quede cerca de la playa? ¿Cuál es la dirección? ¿Los apartamentos son grandes o pequeños? ¿Se puede estacionar allí?
3. ¿Hay algún apartamento que quede cerca de un parque? ¿De qué parque? ¿A qué hora se puede ver? ¿Cuánto cuesta el apartamento más barato?
4. ¿Qué apartamentos tienen terraza?
5. ¿Qué apartamentos tienen un club social ?

❧ *Un dicho* ☙
Hogar, dulce hogar
Home, sweet home

UN PASO MÁS

AMPLÍE SU VOCABULARIO

Learn some additional words and phrases that relate to the ones you have acquired in this unit.

- **Other relatives** (*Otros parientes*)

la hermanastra	*stepsister*
el hermanastro	*stepbrother*
la media hermana	*half sister*
el medio hermano	*half brother*
la hijastra	*stepdaughter*
el hijastro	*stepson*
la madrastra	*stepmother*
el padrastro	*stepfather*

- **Home appliances and kitchen utensils** (*Aparatos electrodomésticos y batería de cocina*)

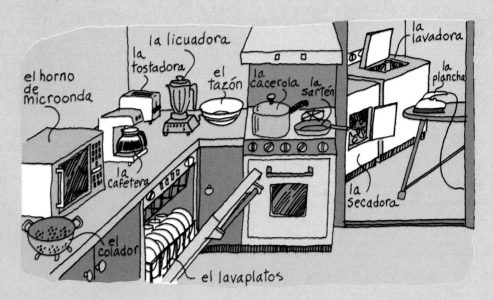

Para practicar

A. Who is related to whom?

1. No es mi madre, pero es la esposa de mi padre; es mi _____.
2. No es mi papá, pero es el esposo de mi mamá; es mi _____.
3. La hija de mi madrastra, pero no de mi padre es mi _____.
4. El hijo de mi padrastro, pero no de mi madre es mi _____.
5. El hijo de mi padre y de mi madrastra es mi _____.

B. What do you need in order to do the following tasks? Begin each answer with
   Necesitamos...

1. para lavar la ropa
2. para secar la ropa
3. para planchar
4. para lavar los platos
5. para hacer papas fritas
6. para tostar el pan
7. para preparar un batido
8. para cocinar algo muy rápido
9. para hacer sopa
10. para preparar una ensalada
11. para colar (*strain*) espaguetis
12. para hacer café

LEYENDO EL DIARIO

Antes de leer

A. Familiarize yourself with this vocabulary in order to better understand the
   reading selections that follow.

el alma   soul
el beso   kiss
la búsqueda   search
clavar la pupila   to stare, to fix one's gaze
el fondo   depth
junto a   next to
la lágrima   tear
el mar   sea
la mirada   glance
el mundo   world
la obra   work (*of an artist or writer*)
la poesía   poetry
prender   to pin
qué te diera   what I would give you (*poetic*)
sonreír[1]   to smile
la sonrisa   smile
el suspiro   sigh
la tierra   earth

---

[1]Present indicative: **sonrío, sonríes, sonríe, sonreímos, sonreís, sonríen.**

B. As you read this section of the newspaper, answer the following questions.

1. ¿Dónde y en qué año nació el poeta?
2. ¿En qué año murió?
3. ¿Bécquer es un poeta moderno o un precursor de la poesía moderna?
4. ¿Qué es lo más conocido de su obra?
5. ¿Cómo es la poesía de Bécquer y cuáles son sus temas principales?
6. ¿En quién cree hoy el poeta porque ha visto a la mujer que ama (*he loves*)?
7. ¿De qué color son los ojos de la mujer que el poeta ama?
8. ¿Qué le pregunta la mujer al poeta?
9. ¿Qué le contesta el poeta?
10. ¿Qué flor ha prendido la mujer junto a su corazón?
11. ¿Con qué compara el poeta el corazón de su amada (*loved one*)?
12. ¿Qué daría el poeta por una mirada de su amada?
13. ¿Qué daría por una sonrisa?
14. ¿Qué cree Ud. que sería lo más maravilloso para el poeta?
15. ¿Con qué compara el poeta los suspiros y las lágrimas?

RECORDANDO A BÉCQUER...

Gustavo Adolfo Bécquer nació en Sevilla, España, en 1836 y murió en el año 1870. Se le considera un precursor de la poesía moderna, y se le conoce mayormente por sus *Rimas* y sus *Leyendas*. Sus poemas son breves y suponen la máxima condensación lírica. Los temas principales de su poesía son el amor, la soledad y el misterio.

RIMAS

XVII

Hoy la tierra y los cielos me sonríen;
hoy llega al fondo de mi alma el sol;
hoy la he visto..., la he visto y me ha mirado...
¡Hoy creo en Dios!

XXI

"¿Qué es poesía?," dices mientras clavas
en mi pupila tu pupila azul;
¿Qué es poesía? ¿Y tú me lo preguntas?
Poesía... eres tú.

XXII

¿Cómo vive esa rosa que has prendido
junto a tu corazón?
Nunca hasta ahora contemplé en el mundo
junto al volcán la flor.

XXIII

Por una mirada, un mundo;
por una sonrisa, un cielo;
por un beso... ¡yo no sé
qué te diera por un beso!

XXXVIII

¡Los suspiros son aire y van al aire!
¡Las lágrimas son agua y van al mar!
Dime, mujer, cuando el amor se olvida,
¿sabes tú a dónde va?

Díganos

Answer the following questions based on your own thoughts and experiences.

1. ¿Le gusta a Ud. la poesía?
2. ¿Quién es su poeta favorito(a)?
3. ¿Había leído Ud. un poema en español antes?
4. ¿Está usted enamorado(a)? ¿De quién? ¿De qué color son los ojos de su amado(a)?
5. ¿De qué color prefiere usted las rosas?
6. ¿A quién le ha dado usted un beso últimamente (*lately*)?
7. Las rosas rojas simbolizan amor. ¿Qué simbolizan las rosas amarillas?

Y ahora, seleccione Ud. su rima favorita para poder recitarla de memoria.

A. Future tense

Change the verbs from the past tense to the future tense.

1. Fui al taller de mecánica.
2. Tuvimos que arreglar el coche.
3. Salieron para Madrid.
4. Vino en avión.
5. Estuvo ocupado.
6. Tú no te diste cuenta de nada.
7. Alicia no pudo ayudar.
8. Cerraron todas las puertas antes de salir.

B. Conditional tense

Complete the following sentences, using the conditional form of the verbs in parentheses.

1. Nosotros no _____ (hablar) con ellos.
2. Yo _____ (poner) la escoba en la cocina.
3. ¿Tú _____ (hacer) eso?
4. Ella no _____ (saber) qué hacer.
5. ¿Adónde _____ (ir) usted de vacaciones?
6. Ellos no le _____ (pedir) dinero a su padre.

C. Verbs and prepositions

Write the following sentences in Spanish.

1. When she fell in love with Roberto, she forgot Luis.
2. Did you remember to wash the clothes, Paquito?
3. I realized that I wouldn't be able to marry her.
4. She insisted on getting engaged to Mario.
5. I don't trust him. Did you notice his eyes . . . ?
6. We agreed on having the party next Saturday.

D. Vocabulary

Complete the following sentences, using vocabulary from **Lección 14.**

1. Le voy a poner _____ y vinagre a la ensalada.
2. ¿Trabajas o tienes el día _____?
3. Voy a _____ los platos después de comer.
4. Tocan a la _____. ¿Puedes abrirla, por favor?
5. Le voy a _____ la aspiradora a la _____.
6. ¿Lo van a _____ o lo van a limpiar en _____?
7. ¡Ya son las cinco! Tengo que darme _____.
8. ¿Vas a _____ el césped hoy?
9. No puedo ir a la universidad porque mi coche no _____.
10. Voy a poner las flores en un _____.

11. Necesito la _____ para barrer la cocina.
12. No hay _____ en el baño.
13. Voy a _____ la mesa. ¿Dónde están las _____ y el mantel?
14. Necesito un _____ para cortar la carne y una _____ para tomar la sopa.
15. Mis amigos van a _____ el fin de semana aquí conmigo.

E. Culture

Answer the following questions, based on the **Notas culturales** you have read.

1. ¿Cuál es la capital de España?
2. ¿Cuál es el parque más famoso de Madrid?
3. ¿Qué es la Gran Vía?
4. ¿Cuál es el museo más importante de Madrid?
5. Actualmente, ¿por qué ayuda más el hombre hispano a su esposa con los trabajos de la casa?

LECCIÓN 15

A. Forms of the imperfect subjunctive

Give the imperfect subjunctive of the following verbs according to the cues provided.

1. nosotros / poder
2. tú / entender
3. ellos / poner
4. yo / querer
5. Ud. / traer
6. Uds. / tener
7. nosotras / saber
8. ella / decir
9. yo / ir
10. tú / ser

B. Uses of the imperfect subjunctive

Write the following sentences in Spanish.

1. My brother wanted me to rent the apartment.
2. I'm glad she came to see me last night.
3. I told him not to worry.
4. He suggested that we go to Mallorca.
5. I would like my children to speak Spanish.

C. *If*-clauses

Complete each sentence with the Spanish equivalent of the words in parentheses.

1. Yo compraría el coche... (*if I had money*).
2. Vamos a ir a verte... (*if we have time*).
3. Nosotros iríamos a México... (*if we could*).
4. (*If you see her*)..., díganle que venga mañana.
5. Ella le habla a su esposo,... (*as if she were his mother*).

D. Vocabulary

Complete the following sentences, using vocabulary from **Lección 15.**

1. Está leyendo los _____ clasificados.
2. Mi apartamento queda en el _____.
3. Compró _____ nuevas para la ventana del dormitorio.
4. ¿Tuviste que pagar depósito de _____?
5. Necesito una mesita de _____.
6. Fueron de _____ de miel a Río.
7. Vienen todos mis _____: mis tíos, mis primos, etc.
8. Mi casa tiene una sala de _____ muy grande.
9. No puede alquilar el apartamento porque no tiene dinero para pagar el _____.
10. ¿Dónde puedo estacionar mi coche? Aquí no hay _____ para estacionar.
11. Ella está _____. Se casa en febrero.
12. Mi cómoda no es de plástico, es de _____.
13. El coche le costó un ojo de la _____.
14. No estoy bromeando; te lo digo en _____.
15. No vamos a ir mañana; vamos a ir hoy _____.

E. Culture

Answer the following questions, based on the **Notas culturales** you have read.

1. ¿En qué región de España está Barcelona?
2. ¿Quiénes ocuparon la región durante el siglo tercero?
3. ¿Cuál es la obra más famosa del arquitecto Antonio Gaudí?
4. ¿Qué idiomas se hablan en Barcelona?
5. ¿Qué relación tienen mi compadre y mi comadre con mi hijo después que lo bautizan?

Un poco más

Material suplementario

Compound tenses of the indicative

1. Future perfect (*El futuro perfecto*)

■ Forms

The future perfect tense in Spanish corresponds closely in formation and meaning to the same tense in English. The Spanish future perfect is formed with the future tense of the auxiliary verb **haber** + past participle of the main verb.

FORMATION OF THE FUTURE PERFECT TENSE			
	Future of **haber** +	*Past Participle*	
yo	habré	terminado	I will have finished
tú	habrás	vuelto	you (*fam.*) will have returned
Ud., él, ella	habrá	comido	you (*form.*), he, she will have eaten
nosotros(as)	habremos	escrito	we will have written
vosotros(as)	habréis	dicho	you (*fam.*) will have said
Uds., ellos, ellas	habrán	salido	you (*form.*), they will have left

■ Use

Like its English equivalent, the Spanish future perfect tense is used to express an action that will have taken place by a certain time in the future.

— ¿Tus padres estarán aquí para el dos de junio?
— Sí, para esa fecha ya **habrán vuelto** de Madrid.

"Will your parents be here by June second?"
*"Yes, by that date **they will have returned** from Madrid."*

¡ V A M O S   A   P R A C T I C A R !

A. Complete each sentence with the corresponding form of the future perfect tense.

1. Para junio nosotros _____ (volver) del viaje, pero Carlos no _____ (llegar) de México todavía.
2. Para las nueve yo _____ (servir) la cena y ellos _____ (comer).
3. ¿A qué hora _____ (terminar) tú el trabajo?
4. ¿Ya _____ (leer) Uds. la novela para la próxima semana?
5. Para las doce la secretaria _____ (escribir) todas las cartas.

B. Interview a partner, using the following questions.

1. ¿Habremos terminado esta lección para la semana que viene?
2. ¿Las clases habrán terminado para el 15 de junio?
3. ¿Te habrás graduado (*graduate*) para el año que viene?
4. ¿Tú habrás vuelto a tu casa para las 10 de la noche?
5. ¿Tú y tu familia habrán terminado de cenar para las siete de la noche?
6. ¿Te habrás acostado para las once de la noche?

C. Use your imagination to complete each statement, using the future perfect tense.

1. Para el próximo año yo...
2. Para diciembre mis padres...
3. Para el sábado mi mejor amigo(a)...
4. Para la próxima semana el (la) profesor(a)...
5. Para el verano nosotros(as)...
6. Para esta noche tú...

2. Conditional perfect (*El condicional perfecto*)

■ Forms

The conditional perfect tense is formed with the conditional of the verb **haber** + past participle of the main verb.

FORMATION OF THE CONDITIONAL PERFECT TENSE			
	Conditional + of **haber**	*Past Participle*	
yo	**habría**	**hablado**	I would have spoken
tú	**habrías**	**comido**	you (*fam.*) would have eaten
Ud., él, ella	**habría**	**vuelto**	you (*form.*), he, she would have returned
nosotros(as)	**habríamos**	**dicho**	we would have said
vosotros(as)	**habríais**	**roto**	you (*fam.*) would have broken
Uds., ellos, ellas	**habrían**	**hecho**	you (*form.*), they would have done, made

■ Uses

The conditional perfect (expressed in English by *would have* + past participle of the main verb) is used:

• To indicate an action that *would have taken place* (*but didn't*), if a certain condition had been true.

De haber sabido[1] que venía, lo   *Had I known that he was coming,*
   habría llamado.   *I would have called him.*

• To refer to a future action in relation to the past.

Él dijo que para mayo **habrían**   *He said that by May **they would**
   terminado la clase.   ***have finished** the class.*

¡ V A M O S   A   P R A C T I C A R !

A. Complete each sentence, using the conditional perfect tense of the verbs given in parentheses.

1. De haber sabido que él no estaba aquí, yo no _____ (venir).
2. De haber sabido que yo no tenía dinero, él me lo _____ (comprar).
3. Él dijo que para mayo nosotros _____ (volver).
4. Carlos nos dijo que para septiembre tú _____ (terminar).
5. De haber sabido que Uds. tenían los libros, ellos se los _____ (pedir).
6. Él me dijo que para esta noche ellos _____ (llamar).

B. Using the conditional perfect tense and the cues provided, tell what you and the other people would have done differently.

MODELO: Tú fuiste de vacaciones a México. (yo)
   Yo también habría ido a México.
       or
   Yo habría ido a España.

1. Ellos comieron hamburguesas.   (yo)
2. Teresa salió con Ernesto.   (tú)
3. Yo preparé pollo para la cena.   (ellos)
4. Uds. estuvieron en México por una semana.   (nosotras)
5. Nosotros invitamos a muchas personas.   (Marta)
6. Yo escribí las cartas en español.   (Uds.)

C. With a classmate, discuss what you did last summer. Say whether you would have done the same thing as your partner or if you would have done something different.

---

[1]**De haber sabido** is an impersonal expression.

Compound tenses of the subjunctive

1. Present perfect subjunctive (*El pretérito perfecto de subjuntivo*)

■ Forms

The present perfect subjunctive tense is formed with the present subjunctive of the auxiliary verb **haber** + past participle of the main verb.

FORMATION OF THE PRESENT PERFECT SUBJUNCTIVE		
Present Subjunctive of **haber**	+	*Past Participle*
yo haya		hablado
tú hayas		comido
Ud., él, ella haya		vivido
nosotros(as) hayamos		hecho
vosotros(as) hayáis		ido
Uds., ellos, ellas hayan		puesto

¡ VAMOS A PRACTICAR !

For each subject below, conjugate the following verbs in the present perfect subjunctive.

1. *que yo:*   escuchar, oír, divertirse, decir
2. *que tú:*   llenar, despertarse, volver, pedir
3. *que ella:*   celebrar, poner, estacionar, escribir
4. *que nosotros:*   hacer, decidir, vestirse, ayudar
5. *que ellos:*   conversar, abrir, morir, irse

■ Uses

The Spanish present perfect subjunctive tense is used in the same way as the present perfect tense in English, but only in sentences that call for the subjunctive in the subordinate clause.

— Espero que Eva **haya traído** las cintas.
*"I hope (that) Eva **has brought** the tapes."*

— Sí, y también ha traído el tocadiscos.
"Yes, and she has also brought the record player."

— Álvaro prometió llevar a los niños al cine.
"Álvaro promised to take the children to the movies."

— Dudo que lo **haya hecho.**
*"I doubt that he **has done** it."*

¡ V A M O S   A   P R A C T I C A R !

A. Rewrite the following sentences, using the cues in parentheses. Make any necessary changes.

> MODELO: Ha llevado el coche al taller de mecánica.
> *Espero que haya llevado el coche al taller de mecánica.*

1. Ha estado aquí sólo un momento.   (Dudo)
2. Han comprado una casa nueva.   (Espero)
3. Ha podido celebrar su aniversario.   (No creo)
4. Has perdido parte del interés.   (Es posible)
5. No hemos comprado la alfombra.   (Siento)
6. Me he divertido mucho en la fiesta.   (No es verdad)
7. Han pasado unos días felices.   (Me alegro de)
8. Le han dado la dirección del teatro.   (Espero)
9. Le han mandado el dinero.   (No creo)
10. Han ido al concierto.   (No es cierto)

B. Complete the following dialogues by supplying the present perfect subjunctive of the verbs given. Then act them out with a partner.

1. — Espero que los chicos _____ (volver).
   — Dudo que ya _____ (regresar) porque es muy temprano.
   — Temo que _____ (tener) un accidente.
   — Tú te preocupas demasiado.
2. — ¿Hay alguien que _____ (estar) en Madrid alguna vez?
   — No, aquí no hay nadie que _____ (ir) a España.
3. — Siento que Uds. no _____ (poder) terminar el trabajo (*work*).
   — No es verdad que no lo _____ (terminar).
4. — ¿Ellos van a vivir en San Diego?
   — Sí, pero no creo que ya _____ (alquilar) un apartamento.
5. — Me alegro de que tú _____ (conseguir) el puesto.
   — Yo también.

C. Use your imagination to complete each statement, using the present perfect subjunctive tense.

1. Me alegro mucho de que mis padres...
2. Siento mucho que los invitados...
3. Espero que la clase de español...
4. No creo que los estudiantes...
5. No es cierto que yo...
6. Me sorprende que el concierto...
7. Dudo que el (la) profesor(a)...
8. No es verdad que él...

2. Pluperfect subjunctive (*El pluscuamperfecto de subjuntivo*)

■ Forms

The Spanish pluperfect subjunctive is formed with the imperfect subjunctive of the auxiliary verb **haber** + past participle of the main verb.

FORMATION OF THE PLUPERFECT SUBJUNCTIVE TENSE		
Imperfect Subjunctive of haber	**+**	*Past Participle*
yo hubiera		hablado
tú hubieras		comido
Ud., él, ella hubiera		vivido
nosotros(as) hubiéramos		visto
vosotros(as) hubierais		hecho
Uds., ellos, ellas hubieran		vuelto

■ Use

The Spanish pluperfect subjunctive tense is used in the same way the past perfect is used in English, but in sentences in which the main clause calls for the subjunctive.

Yo dudaba que ellos **hubieran llegado.**   *I doubted that they **had arrived.***

Yo esperaba que tú **hubieras pagado** tus cuentas.   *I was hoping that you **had paid** your bills.*

¡ VAMOS A PRACTICAR !

A. Rewrite the following sentences, using the cues in parentheses. Make any necessary changes.

MODELO: Él se alegra de que ellos hayan hecho el trabajo.   (Él se alegró)
Él se alegró de que ellos hubieran hecho el trabajo.

1. Nosotros sentimos que hayas estado solo en Lima.   (Nosotros sentíamos)
2. Yo espero que Uds. hayan hecho el trabajo.   (Yo esperaba)
3. Siente que yo no haya podido venir el sábado.   (Sintió)
4. No creo que hayas comprado esas sábanas.   (No creí)
5. Me sorprende que no hayas cambiado el pasaje.   (Me sorprendió)
6. Me alegro de que hayamos conseguido la reservación.   (Me alegré)
7. Es probable que ellos hayan tenido que trasbordar.   (Era probable)
8. No es verdad que él haya llegado tarde.   (No era verdad)

B. Write the following sentences in Spanish.

1. We were hoping that they had done the work.
2. I was sorry you had been sick.
3. They were glad that he had bought the tickets for the trip.
4. I didn't think that they hadn't gotten a discount.
5. We were glad that you had brought your driver's license.

C. Use the pluperfect subjunctive to finish the following in an original manner.

1. Mis padres se alegraron de que yo...
2. Yo esperaba que mis amigos...
3. Ellos sintieron que nosotros...
4. Aquí no había nadie que...
5. ¿Había alguien en esa familia que... ?
6. Mi compañero de cuarto dudaba que yo...

APPENDIXES

Appendix A   Spanish Sounds

Vowels

There are five distinct vowels in Spanish: **a, e, i, o, u.** Each vowel has only one basic, constant sound. The pronunciation of each vowel is constant, clear, and brief. The length of the sound is practically the same whether it is produced in a stressed or unstressed syllable.[1]

While producing the sounds of the English stressed vowels that most closely resemble the Spanish ones, the speaker changes the position of the tongue, lips, and lower jaw, so that the vowel actually starts as one sound and then *glides* into another. In Spanish, however, the tongue, lips, and jaw keep a constant position during the production of the sound.

>   **English:** ban*a*na   **Spanish:** ban*a*na

The stress falls on the same vowel and syllable in both Spanish and English, but the English stressed *a* is longer than the Spanish stressed **a.**

>   **English:** ban*a*na   **Spanish:** ban*a*na

Note also that the English stressed *a* has a sound different from the other *a*'s in the word, while the Spanish **a** sound remains constant.

a   in Spanish sounds similar to the English *a* in the word *father.*

>   alta   casa   palma   Ana   cama   Panamá   alma   apagar

e   is pronounced like the English *e* in the word *eight.*

>   mes   entre   este   deje   ese   encender   teme   prender

i   has a sound similar to the English *ee* in the word *see.*

>   fin   ir   sí   sin   dividir   Trini   difícil

o   is similar to the English *o* in the word *no,* but without the glide.

>   toco   como   poco   roto   corto   corro   solo   loco

u   is pronounced like the English *oo* sound in the word *shoot* or the *ue* sound in the word *Sue.*

>   su   Lulú   Úrsula   cultura   un   luna   sucursal   Uruguay

---

[1]In a stressed syllable, the prominence of the vowel is indicated by its loudness.

Diphthongs and triphthongs

When unstressed **i** or **u** falls next to another vowel in a syllable, it unites with that vowel to form what is called a *diphthong.* Both vowels are pronounced as one syllable. Their sounds do not change; they are only pronounced more rapidly and with a glide. For example:

traiga	Lidia	treinta	siete	**o**igo	adi**ó**s
Aurora	agua	bueno	antiguo	ciudad	Luis

A triphthong is the union of three vowels, a stressed vowel between two unstressed ones (**i** or **u**) in the same syllable. For example: Para**guay,** estudi**éi**s.

NOTE: Stressed **i** and **u** do not form diphthongs with other vowels, except in the combinations **iu** and **ui**. For example: rí-o, sa-bí-ais.

In syllabication, diphthongs and triphthongs are considered a single vowel; their components cannot be separated.

Consonants

p Spanish **p** is pronounced in a manner similar to the English *p* sound, but without the puff of air that follows after the English sound is produced.

pesca	pude	puedo	parte	papá
postre	piña	puente	Paco	

k The Spanish **k** sound, represented by the letters **k** and **c** before **a, o, u,** or a consonant, and **qu,** is similar to the English *k* sound, but without the puff of air.

casa	comer	cuna	clima	acción	que
quinto	queso	aunque	kiosko	kilómetro	

t Spanish **t** is produced by touching the back of the upper front teeth with the tip of the tongue. It has no puff of air as in the English *t.*

todo	antes	corto	Guatemala	diente
resto	tonto	roto	tanque	

d The Spanish consonant **d** has two different sounds depending on its position. At the beginning of an utterance and after **n** or **l,** the tip of the tongue presses the back of the upper front teeth.

día	doma	dice	dolor	dar
anda	Aldo	caldo	el deseo	un domicilio

In all other positions the sound of **d** is similar to the *th* sound in the English word *they,* but softer.

medida	todo	nada	nadie	medio
puedo	moda	queda	nudo	

g   The Spanish consonant **g** is similar to the English *g* sound in the word *guy* except before **e** or **i.**

goma   glotón   gallo   gloria   lago   alga
gorrión   garra   guerra   angustia   algo   Dagoberto

j   The sound of Spanish **j** (or **g** before **e** and **i**) is similar to a strongly exaggerated English *h* sound.

gemir   juez   jarro   gitano   agente
juego   giro   bajo   gente

b, v   There is no difference in sound between Spanish **b** and **v.** Both letters are pronounced alike. At the beginning of an utterance or after **m** or **n, b** and **v** have a sound identical to the English *b* sound in the word *boy.*

vivir   beber   vamos   barco   enviar
hambre   batea   bueno   vestido

When pronounced between vowels, the Spanish **b** and **v** sound is produced by bringing the lips together but not closing them, so that some air may pass through.

sábado   autobús   yo voy   su barco

y, ll   In most countries, Spanish **ll** and **y** have a sound similar to the English sound in the word *yes.*

el llavero   un yelmo   el yeso   su yunta   llama   yema
oye   trayecto   trayectoria   mayo   milla   bella

NOTE: When it stands alone or is at the end of a word, Spanish **y** is pronounced like the vowel **i.**

rey   hoy   y   doy   buey   muy   voy   estoy   soy

r   The sound of Spanish **r** is similar to the English *dd* sound in the word *ladder.*

crema   aroma   cara   arena   aro
harina   toro   oro   eres   portero

rr   Spanish **rr** and also **r** in an initial position and after **n, l,** or **s** are pronounced with a very strong trill. This trill is produced by bringing the tip of the tongue near the alveolar ridge and letting it vibrate freely while the air passes through the mouth.

rama   carro   Israel   cierra   roto
perro   alrededor   rizo   corre   Enrique

s   Spanish **s** is represented in most of the Spanish world by the letters **s, z,** and **c** before **e** or **i.** The sound is very similar to the English sibilant *s* in the word *sink.*

sale   sitio   presidente   signo
salsa   seda   suma   vaso
sobrino   ciudad   cima   canción
zapato   zarza   cerveza   centro

h   The letter **h** is silent in Spanish.

hoy   hora   hilo   ahora
humor   huevo   horror   almohada

ch   Spanish **ch** is pronounced like the English *ch* in the word *chief.*

hecho   chico   coche   Chile
mucho   muchacho   salchicha

f   Spanish **f** is identical in sound to the English *f.*

difícil   feo   fuego   forma
fácil   fecha   foto   fueron

l   Spanish **l** is similar to the English *l* in the word *let.*

dolor   lata   ángel   lago   sueldo
los   pelo   lana   general   fácil

m   Spanish **m** is pronounced like the English *m* in the word *mother.*

mano   moda   mucho   muy
mismo   tampoco   multa   cómoda

n   In most cases, Spanish **n** has a sound similar to the English *n.*

nada   nunca   ninguno   norte
entra   tiene   sienta

The sound of Spanish **n** is often affected by the sounds that occur around it. When it appears before **b, v,** or **p,** it is pronounced like an **m.**

tan bueno   toman vino   sin poder
un pobre   comen peras   siguen bebiendo

ñ   Spanish **ñ** is similar to the English *ny* sound in the word *canyon.*

señor   otoño   ñoño   uña
leña   dueño   niños   años

x   Spanish **x** has two pronunciations depending on its position. Between vowels the sound is similar to English *ks.*

examen   exacto   boxeo   éxito
oxidar   oxígeno   existencia

When it occurs before a consonant, Spanish **x** sounds like *s.*

expresión   explicar   extraer   excusa
expreso   exquisito   extremo

Note: When **x** appears in **México** or in other words of Mexican origin, it is pronounced like the Spanish letter **j.**

Rhythm

Rhythm is the variation of sound intensity that we usually associate with music. Spanish and English each regulate these variations in speech differently, because they have different patterns of syllable length. In Spanish the length of the stressed and unstressed syllables remains almost the same, while in English stressed syllables are considerably longer than unstressed ones. Pronounce the following Spanish words, enunciating each syllable clearly.

es-tu-dian-te	bue-no	Úr-su-la
com-po-si-ción	di-fí-cil	ki-ló-me-tro
po-li-cí-a	Pa-ra-guay	

Because the length of the Spanish syllables remains constant, the greater the number of syllables in a given word or phrase, the longer the phrase will be.

Linking

In spoken Spanish, the different words in a phrase or a sentence are not pronounced as isolated elements but combined together. This is called *linking*.

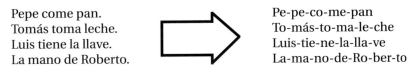

Pepe come pan.	Pe-pe-co-me-pan
Tomás toma leche.	To-más-to-ma-le-che
Luis tiene la llave.	Luis-tie-ne-la-lla-ve
La mano de Roberto.	La-ma-no-de-Ro-ber-to

1. The final consonant of a word is pronounced together with the initial vowel of the following word.

Carlos anda	Car-lo-san-da
un ángel	u-nán-gel
el otoño	e-lo-to-ño
unos estudios interesantes	u-no-ses-tu-dio-sin-te-re-san-tes

2. A diphthong is formed between the final vowel of a word and the initial vowel of the following word. A triphthong is formed when there is a combination of three vowels (see rules for the formation of diphthongs and triphthongs on page 342).

su hermana	suher-ma-na
tu escopeta	tues-co-pe-ta
Roberto y Luis	Ro-ber-toy-Luis
negocio importante	ne-go-cioim-por-tan-te
lluvia y nieve	llu-viay-nie-ve
ardua empresa	ar-duaem-pre-sa

3. When the final vowel of a word and the initial vowel of the following word are identical, they are pronounced slightly longer than one vowel.

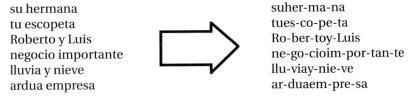

Ana alcanza	A-n*a*l-can-za	tiene eso	tie-n*e*-so
lo olvido	l*o*l-vi-do	Ada atiende	Ad*a*-tien-de

The same rule applies when two identical vowels appear within a word.

crees	cr*e*s
Teherán	T*e*-rán
coordinación	c*o*r-di-na-ción

4. When the final consonant of a word and the initial consonant of the following word are the same, they are pronounced like one consonant with slightly longer than normal duration.

el lado	e-*l*a-do	tienes sed	tie-ne-*s*ed
Carlos salta	Car-lo-*s*al-ta		

Intonation

Intonation is the rise and fall of pitch in the delivery of a phrase or sentence. In general, Spanish pitch tends to change less than English, giving the impression that the language is less emphatic.

As a rule, the intonation for normal statements in Spanish starts in a low tone, raises to a higher one on the first stressed syllable, maintains that tone until the last stressed syllable, and then goes back to the initial low tone, with still another drop at the very end.

Tu amigo viene mañana.	José come pan.
Ada está en casa.	Carlos toma café.

Syllable formation in Spanish

Below are general rules for dividing words into syllables:

Vowels

1. A vowel or a vowel combination can constitute a syllable.

    a-lum-no   a-bue-la   Eu-ro-pa

2. Diphthongs and triphthongs are considered single vowels and cannot be divided.

    bai-le   puen-te   Dia-na   es-tu-diáis   an-ti-guo

3. Two strong vowels (**a, e, o**) do not form a diphthong and are separated into two syllables.

    em-ple-ar   vol-te-ar   lo-a

4. A written accent on a weak vowel (**i** or **u**) breaks the diphthong, separating the vowels into two syllables.

    trí-o   dú-o   Ma-rí-a

Consonants

1. A single consonant forms a syllable with the vowel that follows it.

   po-der   ma-no   mi-nu-to

   NOTE: **ch, ll,** and **rr** are considered single consonants: **a-ma-ri-llo, co-che, pe-rro.**

2. When two consonants appear between two vowels, they are separated into two syllables.

   al-fa-be-to   cam-pe-ón   me-ter-se   mo-les-tia

   EXCEPTION: When a consonant cluster composed of **b, c, d, f, g, p,** or **t** with **l** or **r** appears between two vowels, the cluster joins the following vowel: **so-bre, o-tros, ca-ble, te-lé-gra-fo.**

3. When three consonants appear between two vowels, only the last one goes with the following vowel.

   ins-pec-tor   trans-por-te   trans-for-mar

   EXCEPTION: When there is a cluster of three consonants in the combinations described in rule 2, the first consonant joins the preceding vowel and the cluster joins the following vowel: **es-cri-bir, ex-tran-je-ro, im-plo-rar, es-tre-cho.**

Accentuation

In Spanish, all words are stressed according to specific rules. Words that do not follow the rules must have a written accent to indicate the change of stress. The basic rules for accentuation are as follows.

1. Words ending in a vowel, **n,** or **s** are stressed on the next-to-the-last syllable.

   hi-jo   **ca**-lle   **me**-sa   fa-**mo**-sos
   flo-**re**-cen   **pla**-ya   **ve**-ces

2. Words ending in a consonant, except **n** or **s,** are stressed on the last syllable.

   ma-**yor**   a-**mor**   tro-pi-**cal**   na-**riz**   re-**loj**   co-rre-**dor**

3. All words that do not follow these rules must have a written accent.

   ca-**fé**   sa-**lió**   rin-**cón**   fran-**cés**   sa-**lón**
   án-gel   **lá**-piz   **dé**-bil   a-**zú**-car   **Víc**-tor
   sim-**pá**-ti-co   **lí**-qui-do   **mú**-si-ca   e-**xá**-me-nes   de-**mó**-cra-ta

4. Pronouns and adverbs of interrogation and exclamation have a written accent to distinguish them from relative pronouns.

¿Qué comes?	*What are you eating?*
La pera que él no comió.	*The pear that he did not eat.*
¿Quién está ahí?	*Who is there?*
El hombre a quien tú llamaste.	*The man whom you called.*

¿Dónde está él?		*Where is he?*	
En el lugar donde trabaja.		*At the place where he works.*	

5. Words that have the same spelling but different meanings take a written accent to differentiate one from the other.

el	*the*	él	*he, him*	te	*you*	té	*tea*
mi	*my*	mí	*me*	si	*if*	sí	*yes*
tu	*your*	tú	*you*	mas	*but*	más	*more*

Appendix B   Verbs

Regular verbs

Model -ar, -er, -ir verbs

INFINITIVE

amar (*to love*)   comer (*to eat*)   vivir (*to live*)

PRESENT PARTICIPLE

amando (*loving*)   comiendo (*eating*)   viviendo (*living*)

PAST PARTICIPLE

amado (*loved*)   comido (*eaten*)   vivido (*lived*)

SIMPLE TENSES

Indicative Mood

PRESENT

(*I love*)		(*I eat*)		(*I live*)	
amo	amamos	como	comemos	vivo	vivimos
amas	amáis	comes	coméis	vives	vivís
ama	aman	come	comen	vive	viven

IMPERFECT

(*I used to love*)		(*I used to eat*)		(*I used to live*)	
amaba	amábamos	comía	comíamos	vivía	vivíamos
amabas	amabais	comías	comíais	vivías	vivíais
amaba	amaban	comía	comían	vivía	vivían

PRETERIT

(*I loved*)		(*I ate*)		(*I lived*)	
amé	amamos	comí	comimos	viví	vivimos
amaste	amasteis	comiste	comisteis	viviste	vivisteis
amó	amaron	comió	comieron	vivió	vivieron

FUTURE

(*I will love*)		(*I will eat*)		(*I will live*)	
amaré	amaremos	comeré	comeremos	viviré	viviremos
amarás	amaréis	comerás	comeréis	vivirás	viviréis
amará	amarán	comerá	comerán	vivirá	vivirán

CONDITIONAL

(*I would love*)		(*I would eat*)		(*I would live*)	
amaría	amaríamos	comería	comeríamos	viviría	viviríamos
amarías	amaríais	comerías	comeríais	vivirías	viviríais
amaría	amarían	comería	comerían	viviría	vivirían

Subjunctive Mood

PRESENT

([*that*] I [*may*] love)		([*that*] I [*may*] eat)		([*that*] I [*may*] live)	
ame	amemos	coma	comamos	viva	vivamos
ames	améis	comas	comáis	vivas	viváis
ame	amen	coma	coman	viva	vivan

IMPERFECT

(two forms: **-ara, -ase**)

([*that*] I [*might*] love)	([*that*] I [*might*] eat)	([*that*] I [*might*] live)
amara(-ase)	comiera(-iese)	viviera(-iese)
amaras(-ases)	comieras(-ieses)	vivieras(-ieses)
amara(-ase)	comiera(-iese)	viviera(-iese)
amáramos(-ásemos)	comiéramos(-iésemos)	viviéramos(-iésemos)
amarais(-aseis)	comierais(-ieseis)	vivierais(-ieseis)
amaran(-asen)	comieran(-iesen)	vivieran(-iesen)

IMPERATIVE MOOD

(*love*)	(*eat*)	(*live*)
ama (tú)	come (tú)	vive (tú)
ame (Ud.)	coma (Ud.)	viva (Ud.)
amemos (nosotros)	comamos (nosotros)	vivamos (nosotros)
amad (vosotros)	comed (vosotros)	vivid (vosotros)
amen (Uds.)	coman (Uds.)	vivan (Uds.)

COMPOUND TENSES

PERFECT INFINITIVE

haber amado   **haber comido**   **haber vivido**

PERFECT PARTICIPLE

habiendo amado   **habiendo comido**   **habiendo vivido**

Indicative Mood

PRESENT PERFECT

(*I have loved*)		(*I have eaten*)		(*I have lived*)	
he amado	hemos amado	he comido	hemos comido	he vivido	hemos vivido
has amado	habéis amado	has comido	habéis comido	has vivido	habéis vivido
ha amado	han amado	ha comido	han comido	ha vivido	han vivido

PAST PERFECT (PLUPERFECT)

(*I had loved*)	(*I had eaten*)	(*I had lived*)
había amado	había comido	había vivido
habías amado	habías comido	habías vivido
había amado	había comido	había vivido
habíamos amado	habíamos comido	habíamos vivido
habíais amado	habíais comido	habíais vivido
habían amado	habían comido	habían vivido

FUTURE PERFECT

(*I will have loved*)	(*I will have eaten*)	(*I will have lived*)
habré amado	habré comido	habré vivido
habrás amado	habrás comido	habrás vivido
habrá amado	habrá comido	habrá vivido
habremos amado	habremos comido	habremos vivido
habréis amado	habréis comido	habréis vivido
habrán amado	habrán comido	habrán vivido

CONDITIONAL PERFECT

(*I would have loved*)	(*I would have eaten*)	(*I would have lived*)
habría amado	habría comido	habría vivido
habrías amado	habrías comido	habrías vivido
habría amado	habría comido	habría vivido
habríamos amado	habríamos comido	habríamos vivido
habríais amado	habríais comido	habríais vivido
habrían amado	habrían comido	habrían vivido

Subjunctive Mood

PRESENT PERFECT

([*that*] *I* [*may*] *have loved*)
haya amado
hayas amado
haya amado

hayamos amado
hayáis amado
hayan amado

([*that*] *I* [*may*] *have eaten*)
haya comido
hayas comido
haya comido

hayamos comido
hayáis comido
hayan comido

([*that*] *I* [*may*] *have lived*)
haya vivido
hayas vivido
haya vivido

hayamos vivido
hayáis vivido
hayan vivido

PAST PERFECT (PLUPERFECT)

(two forms: **-ra, -se**)

([*that*] *I* [*might*] *have loved*)
hubiera(-iese) amado
hubieras(-ieses) amado
hubiera(-iese) amado

hubiéramos(-iésemos) amado
hubierais(-ieseis) amado
hubieran(-iesen) amado

([*that*] *I* [*might*] *have eaten*)
hubiera(-iese) comido
hubieras(-ieses) comido
hubiera(-iese) comido

hubiéramos(-iésemos) comido
hubierais(-ieseis) comido
hubieran(-iesen) comido

([*that*] *I* [*might*] *have lived*)
hubiera(-iese) vivido
hubieras(-ieses) vivido
hubiera(-iese) vivido

hubiéramos(-iésemos) vivido
hubierais(-ieseis) vivido
hubieran(-iesen) vivido

Stem-changing verbs

The -ar and -er stem-changing verbs

Stem-changing verbs are those that have a spelling change in the root of the verb. Verbs that end in
-**ar** and -**er** change the stressed vowel **e** to **ie,** and the stressed **o** to **ue.** These changes occur in all persons, except the first- and second-persons plural of the present indicative, present subjunctive, and
imperative.

INFINITIVE	Indicative	Imperative	Subjunctive
cerrar (*to close*)	cierro	_____	cierre
	cierras	cierra	cierres
	cierra	cierre	cierre
	cerramos	cerremos	cerremos
	cerráis	cerrad	cerréis
	cierran	cierren	cierren
perder (*to lose*)	pierdo	_____	pierda
	pierdes	pierde	pierdas
	pierde	pierda	pierda
	perdemos	perdamos	perdamos
	perdéis	perded	perdáis
	pierden	pierdan	pierdan

INFINITIVE	Indicative	Imperative	Subjunctive
contar (*to count; to tell*)	cuento cuentas cuenta	———— cuenta cuente	cuente cuentes cuente
	contamos contáis cuentan	contemos contad cuenten	contemos contéis cuenten
volver (*to return*)	vuelvo vuelves vuelve	———— vuelve vuelva	vuelva vuelvas vuelva
	volvemos volvéis vuelven	volvamos volved vuelvan	volvamos volváis vuelvan

Verbs that follow the same pattern are:

acordarse	*to remember*	despertar(se)	*to wake up*	nevar	*to snow*
acostar(se)	*to go to bed*	discernir	*to discern*	pensar	*to think; to plan*
almorzar	*to have lunch*	empezar	*to begin*	probar	*to prove; to taste*
atravesar	*to go through*	encender	*to light; to turn on*	recordar	*to remember*
cocer	*to cook*	encontrar	*to find*	rogar	*to beg*
colgar	*to hang*	entender	*to understand*	sentar(se)	*to sit down*
comenzar	*to begin*	llover	*to rain*	soler	*to be in the habit of*
confesar	*to confess*	mover	*to move*	soñar	*to dream*
costar	*to cost*	mostrar	*to show*	tender	*to stretch; to unfold*
demostrar	*to demonstrate, show*	negar	*to deny*	torcer	*to twist*

The -ir stem-changing verbs

There are two types of stem-changing verbs that end in **-ir**: one type changes stressed **e** to **ie** in some tenses and to **i** in others, and stressed **o** to **ue** or **u**; the second type changes stressed **e** to **i** only in all the irregular tenses.

Type I: -ir: e > ie or i / o > ue or u

These changes occur as follows.

Present Indicative: all persons except the first- and second-persons plural change **e** to **ie** and **o** to **ue**. *Preterit:* third person, singular and plural, changes **e** to **i** and **o** to **u**. *Present Subjunctive:* all persons change **e** to **ie** and **o** to **ue**, except the first- and second-persons plural, which change **e** to **i** and **o** to **u**. *Imperfect Subjunctive:* all persons change **e** to **i** and **o** to **u**. *Imperative:* all persons except the first- and second-persons plural change **e** to **ie** and **o** to **ue**; first-person plural changes **e** to **i** and **o** to **u**. *Present Participle:* changes **e** to **i** and **o** to **u**.

INFINITIVE	Indicative		Imperative	Subjunctive	
sentir *(to feel)*	PRESENT	PRETERIT		PRESENT	IMPERFECT
PRESENT PARTICIPLE sintiendo	siento	sentí		sienta	sintiera(-iese)
	sientes	sentiste	siente	sientas	sintieras
	siente	sintió	sienta	sienta	sintiera
	sentimos	sentimos	sintamos	sintamos	sintiéramos
	sentís	sentisteis	sentid	sintáis	sintierais
	sienten	sintieron	sientan	sientan	sintieran
dormir *(to sleep)* PRESENT PARTICIPLE durmiendo	duermo	dormí		duerma	durmiera(-iese)
	duermes	dormiste	duerme	duermas	durmieras
	duerme	durmió	duerma	duerma	durmiera
	dormimos	dormimos	durmamos	durmamos	durmiéramos
	dormís	dormisteis	dormid	durmáis	durmierais
	duermen	durmieron	duerman	duerman	durmieran

Other verbs that follow the same pattern are:

advertir	*to warn*	divertir(se)	*to amuse (oneself)*	preferir	*to prefer*
arrepentirse	*to repent*	herir	*to wound, hurt*	referir	*to refer*
consentir	*to consent; to pamper*	mentir	*to lie*	sugerir	*to suggest*
convertir(se)	*to turn into*	morir	*to die*		

Type II: -ir: e > i

The verbs in the second category are irregular in the same tenses as those of the first type. The only difference is that they have just one change: **e > i** in all irregular persons.

INFINITIVE	Indicative		Imperative	Subjunctive	
pedir *(to ask for, request)*	PRESENT	PRETERIT		PRESENT	IMPERFECT
PRESENT PARTICIPLE pidiendo	pido	pedí		pida	pidiera(-iese)
	pides	pediste	pide	pidas	pidieras
	pide	pidió	pida	pida	pidiera
	pedimos	pedimos	pidamos	pidamos	pidiéramos
	pedís	pedisteis	pedid	pidáis	pidierais
	piden	pidieron	pidan	pidan	pidieran

Verbs that follow this pattern:

concebir	*to conceive*	impedir	*to prevent*	reñir	*to fight*
competir	*to compete*	perseguir	*to pursue*	seguir	*to follow*
despedir(se)	*to say good-bye*	reír(se)	*to laugh*	servir	*to serve*
elegir	*to choose*	repetir	*to repeat*	vestir(se)	*to dress*

Orthographic-changing verbs

Some verbs undergo a change in the spelling of the stem in some tenses in order to maintain the sound of the final consonant. The most common ones are those with the consonants **g** and **c**. Remember that **g** and **c** in front of **e** or **i** have a soft sound, and in front of **a, o,** or **u** have a hard sound. In order to keep the soft sound in front of **a, o,** or **u**, **g** and **c** change to **j** and **z**, respectively. In order to keep the hard sound of **g** or **c** in front of **e** and **i**, **u** is added to the **g** (**gu**) and the **c** changes to **qu**. The following are the most important verbs of this type that are regular in all tenses but change in spelling.

1. Verbs ending in **-gar** change **g** to **gu** before **e** in the first person of the preterit and in all persons of the present subjunctive.

   pagar   *to pay*
   Preterit: pa**gu**é, pagaste, pagó, etc.
   Pres. Subj.:   pa**gu**e, pa**gu**es, pa**gu**e, pa**gu**emos, pa**gu**éis, pa**gu**en

   Verbs that follow the same pattern: **colgar, llegar, navegar, negar, regar, rogar, jugar.**

2. Verbs ending in **-ger** or **-gir** change **g** to **j** before **o** and **a** in the first person of the present indicative and in all the persons of the present subjunctive.

   proteger   *to protect*
   Pres. Ind.:   protejo, proteges, protege, etc.
   Pres. Subj.:   proteja, protejas, proteja, protejamos, protejáis, protejan

   Verbs that follow the same pattern: **coger, dirigir, elegir, escoger, exigir, recoger, corregir.**

3. Verbs ending in **-guar** change **gu** to **gü** before **e** in the first person of the preterit and in all persons of the present subjunctive.

   averiguar   *to find out*
   Preterit: averi**gü**é, averiguaste, averiguó, etc.
   Pres. Subj.:   averi**gü**e, averi**gü**es, averi**gü**e, averi**gü**emos, averi**gü**éis, averi**gü**en

   The verb **apaciguar** follows the same pattern.

4. Verbs ending in **-guir** change **gu** to **g** before **o** and **a** in the first person of the present indicative and in all persons of the present subjunctive.

   conseguir   *to get*
   Pres. Ind.:   consigo, consigues, consigue, etc.
   Pres. Subj.:   consiga, consigas, consiga, consigamos, consigáis, consigan

   Verbs that follow the same pattern: **distinguir, perseguir, proseguir, seguir.**

5. Verbs ending in **-car** change **c** to **qu** before **e** in the first person of the preterit and in all persons of the present subjunctive.

   tocar   *to touch; to play (a musical instrument)*
   Preterit: to**qu**é, tocaste, tocó, etc.
   Pres. Subj.:   to**qu**e, to**qu**es, to**qu**e, to**qu**emos, to**qu**éis, to**qu**en

   Verbs that follow the same pattern: **atacar, buscar, comunicar, explicar, indicar, sacar, pescar.**

6. Verbs ending in **-cer** or **-cir** preceded by a consonant change **c** to **z** before **o** and **a** in the first person of the present indicative and in all persons of the present subjunctive.

   torcer   *to twist*
   Pres. Ind.:   tuerzo, tuerces, tuerce, etc.
   Pres. Subj.:   tuerza, tuerzas, tuerza, torzamos, torzáis, tuerzan

   Verbs that follow the same pattern: **convencer, esparcir, vencer.**

7. Verbs ending in **-cer** or **-cir** preceded by a vowel change **c** to **zc** before **o** and **a** in the first person of the present indicative and in all persons of the present subjunctive.

   conocer   *to know, be acquainted with*
   Pres. Ind.:   conozco, conoces, conoce, etc.
   Pres. Subj.:   conozca, conozcas, conozca, conozcamos, conozcáis, conozcan

   Verbs that follow the same pattern: **agradecer, aparecer, carecer, establecer, entristecer** (*to sadden*), **lucir, nacer, obedecer, ofrecer, padecer, parecer, pertenecer, relucir, reconocer.**

8. Verbs ending in **-zar** change **z** to **c** before **e** in the first person of the preterit and in all persons of the present subjunctive.

   rezar   *to pray*
   Preterit: recé, rezaste, rezó, etc.
   Pres. Subj.:   rece, reces, rece, recemos, recéis, recen

   Verbs that follow the same pattern: **alcanzar, almorzar, comenzar, cruzar, empezar, forzar, gozar, abrazar.**

9. Verbs ending in **-eer** change the unstressed **i** to **y** between vowels in the third-person singular and plural of the preterit, in all persons of the imperfect subjunctive, and in the present participle.

   creer   *to believe*
   Preterit: creí, creíste, creyó, creímos, creísteis, creyeron
   Imp. Subj.:   creyera(-ese), creyeras, creyera, creyéramos, creyerais, creyeran
   Pres. Subj.:   creyendo
   Past Part.:   creído

   Verbs that follow the same pattern: **leer, poseer.**

10. Verbs ending in **-uir** change the unstressed **i** to **y** between vowels (except **-quir,** which has the silent **u**) in the following tenses and persons.

    huir   *to escape; to flee*
    Pres. Part.:   huyendo
    Pres. Ind.:   huyo, huyes, huye, huimos, huís, huyen
    Preterit: huí, huiste, huyó, huimos, huisteis, huyeron
    Imperative: huye, huya, huyamos, huid, huyan
    Pres. Subj.:   huya, huyas, huya, huyamos, huyáis, huyan
    Imp. Subj.:   huyera(-ese), huyeras, huyera, huyéramos, huyerais, huyeran

    Verbs that follow the same pattern: **atribuir, concluir, constituir, construir, contribuir, destituir, destruir, disminuir, distribuir, excluir, incluir, influir, instruir, restituir, sustituir.**

11. Verbs ending in **-eír** lose the **e** in the third-person singular and plural of the preterit, in all persons of the imperfect subjunctive, and in the present participle.

reír   *to laugh*
Pres. Ind.:   río, ríes, ríe, reímos, reís, ríen
Preterit: reí, reíste, rió, reímos, reísteis, rieron
Pres. Subj.:   ría, rías, ría, riamos, riáis, rían
Imp. Subj.:   riera(-ese), rieras, riera, riéramos, rierais, rieran
Pres. Part.:   riendo

Verbs that follow the same pattern: **sonreír, freír.**

12. Verbs ending in **-iar** add a written accent to the **i,** except in the first- and second-persons plural of the present indicative and subjunctive.

fiar(se)   *to trust*
Pres. Ind.:   (me) fío, (te) fías, (se) fía, (nos) fiamos, (os) fiais, (se) fían
Pres. Subj.:   (me) fíe, (te) fíes, (se) fíe, (nos) fiemos, (os) fiéis, (se) fíen

Verbs that follow the same pattern: **enviar, ampliar, criar, desviar, enfriar, guiar, telegrafiar, vaciar, variar.**

13. Verbs ending in **-uar** (except **-guar**) add a written accent to the **u,** except in the first- and second-persons plural of the present indicative and subjunctive.

actuar   *to act*
Pres. Ind.:   actúo, actúas, actúa, actuamos, actuáis, actúan
Pres. Subj.:   actúe, actúes, actúe, actuemos, actuéis, actúen

Verbs that follow the same pattern: **continuar, acentuar, efectuar, exceptuar, graduar, habituar, insinuar, situar.**

14. Verbs ending in **-ñir** lose the **i** of the diphthongs **ie** and **ió** in the third-person singular and plural of the preterit and all persons of the imperfect subjunctive. They also change the **e** of the stem to **i** in the same persons and in the present indicative and present subjunctive.

teñir   *to dye*
Pres. Ind.:   tiño, tiñes, tiñe, teñimos, teñís, tiñen
Preterit: teñí, teñiste, tiñó, teñimos, teñisteis, tiñeron
Pres. Subj.:   tiña, tiñas, tiña, tiñamos, tiñáis, tiñan
Imp. Subj.:   tiñera(-ese), tiñeras, tiñera, tiñéramos, tiñerais, tiñeran

Verbs that follow the same pattern: **ceñir, constreñir, desteñir, estreñir, reñir.**

Some common irregular verbs

Only tenses with irregular forms are given below.

adquirir   *to acquire*
Pres. Ind.:   adquiero, adquieres, adquiere, adquirimos, adquirís, adquieren
Pres. Subj.:   adquiera, adquieras, adquiera, adquiramos, adquiráis, adquieran
Imperative: adquiere, adquiera, adquiramos, adquirid, adquieran

andar   *to walk*
Preterit: anduve, anduviste, anduvo, anduvimos, anduvisteis, anduvieron
Imp. Subj.:   anduviera (anduviese), anduvieras, anduviera, anduviéramos, anduvierais, anduvieran

avergonzarse　*to be ashamed, embarrassed*
Pres. Ind.:　me avergüenzo, te avergüenzas, se avergüenza, nos avergonzamos, os avergonzáis, se avergüenzan
Pres. Subj.:　me avergüence, te avergüences, se avergüence, nos avergoncemos, os avergoncéis, se avergüencen
Imperative:　avergüénzate, avergüéncese, avergoncémonos, avergonzaos, avergüéncense

caber　*to fit; to have enough room*
Pres. Ind.:　quepo, cabes, cabe, cabemos, cabéis, caben
Preterit:　cupe, cupiste, cupo, cupimos, cupisteis, cupieron
Future:　cabré, cabrás, cabrá, cabremos, cabréis, cabrán
Conditional:　cabría, cabrías, cabría, cabríamos, cabríais, cabrían
Imperative:　cabe, quepa, quepamos, cabed, quepan
Pres. Subj.:　quepa, quepas, quepa, quepamos, quepáis, quepan
Imp. Subj.:　cupiera (cupiese), cupieras, cupiera, cupiéramos, cupierais, cupieran

caer　*to fall*
Pres. Ind.:　caigo, caes, cae, caemos, caéis, caen
Preterit:　caí, caíste, cayó, caímos, caísteis, cayeron
Imperative:　cae, caiga, caigamos, caed, caigan
Pres. Subj.:　caiga, caigas, caiga, caigamos, caigáis, caigan
Imp. Subj.:　cayera (cayese), cayeras, cayera, cayéramos, cayerais, cayeran
Past Part.:　caído

conducir　*to guide; to drive* (All verbs ending in **-ducir** follow this pattern.)
Pres. Ind.:　conduzco, conduces, conduce, conducimos, conducís, conducen
Preterit:　conduje, condujiste, condujo, condujimos, condujisteis, condujeron
Imperative:　conduce, conduzca, conduzcamos, conducid, conduzcan
Pres. Subj.:　conduzca, conduzcas, conduzca, conduzcamos, conduzcáis, conduzcan
Imp. Subj.:　condujera (condujese), condujeras, condujera, condujéramos, condujerais, condujeran

convenir　*to agree* (see **venir**)

dar　*to give*
Pres. Ind.:　doy, das, da, damos, dais, dan
Preterit:　di, diste, dio, dimos, disteis, dieron
Imperative:　da, dé, demos, dad, den
Pres. Subj.:　dé, des, dé, demos, deis, den
Imp. Subj.:　diera (diese), dieras, diera, diéramos, dierais, dieran

decir　*to say, tell*
Pres. Ind.:　digo, dices, dice, decimos, decís, dicen
Preterit:　dije, dijiste, dijo, dijimos, dijisteis, dijeron
Future:　diré, dirás, dirá, diremos, diréis, dirán
Conditional:　diría, dirías, diría, diríamos, diríais, dirían
Imperative:　di, diga, digamos, decid, digan
Pres. Subj.:　diga, digas, diga, digamos, digáis, digan
Imp. Subj.:　dijera (dijese), dijeras, dijera, dijéramos, dijerais, dijeran
Pres. Part.:　diciendo
Past Part.:　dicho

detener　*to stop; to hold; to arrest* (see **tener**)

entretener　*to entertain, amuse* (see **tener**)

errar   *to err; to miss*
Pres. Ind.:   yerro, yerras, yerra, erramos, erráis, yerran
Imperative: yerra, yerre, erremos, errad, yerren
Pres. Subj.:   yerre, yerres, yerre, erremos, erréis, yerren

estar   *to be*
Pres. Ind.:   estoy, estás, está, estamos, estáis, están
Preterit: estuve, estuviste, estuvo, estuvimos, estuvisteis, estuvieron
Imperative: está, esté, estemos, estad, estén
Pres. Subj.:   esté, estés, esté, estemos, estéis, estén
Imp. Subj.:   estuviera (estuviese), estuvieras, estuviera, estuviéramos, estuvierais, estuvieran

haber   *to have*
Pres. Ind.:   he, has, ha, hemos, habéis, han
Preterit: hube, hubiste, hubo, hubimos, hubisteis, hubieron
Future: habré, habrás, habrá, habremos, habréis, habrán
Conditional: habría, habrías, habría, habríamos, habríais, habrían
Pres. Subj.:   haya, hayas, haya, hayamos, hayáis, hayan
Imp. Subj.:   hubiera (hubiese), hubieras, hubiera, hubiéramos, hubierais, hubieran

hacer   *to do, make*
Pres. Ind.:   hago, haces, hace, hacemos, hacéis, hacen
Preterit: hice, hiciste, hizo, hicimos, hicisteis, hicieron
Future: haré, harás, hará, haremos, haréis, harán
Conditional: haría, harías, haría, haríamos, haríais, harían
Imperative: haz, haga, hagamos, haced, hagan
Pres. Subj.:   haga, hagas, haga, hagamos, hagáis, hagan
Imp. Subj.:   hiciera (hiciese), hicieras, hiciera, hiciéramos, hicierais, hicieran
Past Part.:   hecho

imponer   *to impose; to deposit* (see **poner**)

ir   *to go*
Pres. Ind.:   voy, vas, va, vamos, vais, van
Imp. Ind.:   iba, ibas, iba, íbamos, ibais, iban
Preterit: fui, fuiste, fue, fuimos, fuisteis, fueron
Imperative: ve, vaya, vayamos, id, vayan
Pres. Subj.:   vaya, vayas, vaya, vayamos, vayáis, vayan
Imp. Subj.:   fuera (fuese), fueras, fuera, fuéramos, fuerais, fueran

jugar   *to play*
Pres. Ind.:   juego, juegas, juega, jugamos, jugáis, juegan
Imperative: juega, juegue, juguemos, jugad, jueguen
Pres. Subj.:   juegue, juegues, juegue, juguemos, juguéis, jueguen

obtener   *to obtain* (see **tener**)

oír   *to hear*
Pres. Ind.:   oigo, oyes, oye, oímos, oís, oyen
Preterit: oí, oíste, oyó, oímos, oísteis, oyeron
Imperative: oye, oiga, oigamos, oíd, oigan
Pres. Subj.:   oiga, oigas, oiga, oigamos, oigáis, oigan
Imp. Subj.:   oyera (oyese), oyeras, oyera, oyéramos, oyerais, oyeran
Pres. Part.:   oyendo
Past Part.:   oído

oler   *to smell*
Pres. Ind.:   huelo, hueles, huele, olemos, oléis, huelen
Imperative: huele, huela, olamos, oled, huelan
Pres. Subj.:   huela, huelas, huela, olamos, oláis, huelan

poder   *to be able to*
Preterit: pude, pudiste, pudo, pudimos, pudisteis, pudieron
Future: podré, podrás, podrá, podremos, podréis, podrán
Conditional: podría, podrías, podría, podríamos, podríais, podrían
Imperative: puede, pueda, podamos, poded, puedan
Imp. Subj.:   pudiera (pudiese), pudieras, pudiera, pudiéramos, pudierais, pudieran
Pres. Subj.:   pudiendo

poner   *to place, put*
Pres. Ind.:   pongo, pones, pone, ponemos, ponéis, ponen
Preterit: puse, pusiste, puso, pusimos, pusisteis, pusieron
Future: pondré, pondrás, pondrá, pondremos, pondréis, pondrán
Conditional: pondría, pondrías, pondría, pondríamos, pondríais, pondrían
Imperative: pon, ponga, pongamos, poned, pongan
Pres. Subj.:   ponga, pongas, ponga, pongamos, pongáis, pongan
Imp. Subj.:   pusiera (pusiese), pusieras, pusiera, pusiéramos, pusierais, pusieran
Past Part.:   puesto

querer   *to want, wish; to like, love*
Preterit: quise, quisiste, quiso, quisimos, quisisteis, quisieron
Future: querré, querrás, querrá, querremos, querréis, querrán
Conditional: querría, querrías, querría, querríamos, querríais, querrían
Imp. Subj.:   quisiera (quisiese), quisieras, quisiera, quisiéramos, quisierais, quisieran

resolver   *to decide on*
Past Part.:   resuelto

saber   *to know*
Pres. Ind.:   sé, sabes, sabe, sabemos, sabéis, saben
Preterit: supe, supiste, supo, supimos, supisteis, supieron
Future: sabré, sabrás, sabrá, sabremos, sabréis, sabrán
Conditional: sabría, sabrías, sabría, sabríamos, sabríais, sabrían
Imperative: sabe, sepa, sepamos, sabed, sepan
Pres. Subj.:   sepa, sepas, sepa, sepamos, sepáis, sepan
Imp. Subj.:   supiera (supiese), supieras, supiera, supiéramos, supierais, supieran

salir   *to leave; to go out*
Pres. Ind.:   salgo, sales, sale, salimos, salís, salen
Future: saldré, saldrás, saldrá, saldremos, saldréis, saldrán
Conditional: saldría, saldrías, saldría, saldríamos, saldríais, saldrían
Imperative: sal, salga, salgamos, salid, salgan
Pres. Subj.:   salga, salgas, salga, salgamos, salgáis, salgan

ser   *to be*
Pres. Ind.:   soy, eres, es, somos, sois, son
Imp. Ind.:   era, eras, era, éramos, erais, eran
Preterit: fui, fuiste, fue, fuimos, fuisteis, fueron
Imperative: sé, sea, seamos, sed, sean
Pres. Subj.:   sea, seas, sea, seamos, seáis, sean
Imp. Subj.:   fuera (fuese), fueras, fuera, fuéramos, fuerais, fueran

suponer   *to assume* (see **poner**)

tener   *to have*
Pres. Ind.:   tengo, tienes, tiene, tenemos, tenéis, tienen
Preterit: tuve, tuviste, tuvo, tuvimos, tuvisteis, tuvieron
Future: tendré, tendrás, tendrá, tendremos, tendréis, tendrán
Conditional: tendría, tendrías, tendría, tendríamos, tendríais, tendrían
Imperative: ten, tenga, tengamos, tened, tengan
Pres. Subj.:   tenga, tengas, tenga, tengamos, tengáis, tengan
Imp. Subj.:   tuviera (tuviese), tuvieras, tuviera, tuviéramos, tuvierais, tuvieran

traducir   *to translate* (see **conducir**)

traer   *to bring*
Pres. Ind.:   traigo, traes, trae, traemos, traéis, traen
Preterit: traje, trajiste, trajo, trajimos, trajisteis, trajeron
Imperative: trae, traiga, traigamos, traed, traigan
Pres. Subj.:   traiga, traigas, traiga, traigamos, traigáis, traigan
Imp. Subj.:   trajera (trajese), trajeras, trajera, trajéramos, trajerais, trajeran
Pres. Part.:   trayendo
Past Part.:   traído

valer   *to be worth*
Pres. Ind.:   valgo, vales, vale, valemos, valéis, valen
Future: valdré, valdrás, valdrá, valdremos, valdréis, valdrán
Conditional: valdría, valdrías, valdría, valdríamos, valdríais, valdrían
Imperative: vale, valga, valgamos, valed, valgan
Pres. Subj.:   valga, valgas, valga, valgamos, valgáis, valgan

venir   *to come*
Pres. Ind.:   vengo, vienes, viene, venimos, venís, vienen
Preterit: vine, viniste, vino, vinimos, vinisteis, vinieron
Future: vendré, vendrás, vendrá, vendremos, vendréis, vendrán
Conditional: vendría, vendrías, vendría, vendríamos, vendríais, vendrían
Imperative: ven, venga, vengamos, venid, vengan
Pres. Subj.:   venga, vengas, venga, vengamos, vengáis, vengan
Imp. Subj.:   viniera (viniese), vinieras, viniera, viniéramos, vinierais, vinieran
Pres. Part.:   viniendo

ver   *to see*
Pres. Ind.:   veo, ves, ve, vemos, veis, ven
Imp. Ind.:   veía, veías, veía, veíamos, veíais, veían
Preterit: vi, viste, vio, vimos, visteis, vieron
Imperative: ve, vea, veamos, ved, vean
Pres. Subj.:   vea, veas, vea, veamos, veáis, vean
Imp. Subj.:   viera (viese), vieras, viera, viéramos, vierais, vieran
Past Part.:   visto

volver   *to return*
Past Part.:   vuelto

Appendix C Glossary of Grammatical Terms

adjective: A word that is used to describe a noun: *tall* girl, *difficult* lesson.

adverb: A word that modifies a verb, an adjective, or another adverb. It answers the questions "How?" "When?" "Where?": She walked *slowly*. She'll be here *tomorrow*. She is *here*.

agreement: A term applied to changes in form that nouns cause in the words that surround them. In Spanish, verb forms agree with their subjects in person and number (**yo** habl**o**, **él** habla, etc.). Spanish adjectives agree in gender and number with the noun they describe. Thus, a feminine plural noun requires a feminine plural ending in the adjective that describes it (cas**as** amarill**as**), and a masculine singular noun requires a masculine singular ending in the adjective (libr**o** negr**o**).

auxiliary verb: A verb that helps in the conjugation of another verb: I *have* finished. He *was* called. She *will* go. He *would* eat.

command form: The form of the verb used to give an order or direction: *Go! Come back! Turn* to the right!

conjugation: The process by which the forms of the verb are presented in their different moods and tenses: I *am*, you *are*, he *is*, she *was*, we *were*, etc.

contraction: The combination of two or more words into one: *isn't, don't, can't.*

definite article: A word used before a noun indicating a definite person or thing: *the* woman, *the* money.

demonstrative: A word that refers to a definite person or object: *this, that, these, those.*

diphthong: A combination of two vowels forming one syllable. In Spanish, a diphthong is composed of one *strong* vowel (**a, e, o**) and one *weak* vowel (**u, i**) or two weak vowels: **ei, au, ui.**

exclamation: A word used to express emotion: *How* strong! *What* beauty!

gender: A distinction of nouns, pronouns, and adjectives, based on whether they are masculine or feminine.

indefinite article: A word used before a noun that refers to an indefinite person or object: *a* child, *an* apple.

infinitive: The form of the verb generally preceded in English by the word *to* and showing no subject or number: *to do, to bring.*

interrogative: A word used in asking a question: *Who? What? Where?*

main clause: A group of words that includes a subject and a verb and that by itself has complete meaning: *They saw me. I go now.*

noun: A word that names a person, place, or thing: *Ann, London, pencil,* etc.

number: Number refers to singular and plural: *chair, chairs.*

object: Generally a noun or a pronoun that is the receiver of the verb's action. A direct object answers the question "What?" or "Whom?": We know *her.* Take *it.* An indirect object answers the question "To whom?" or "To what?": Give *John* the money. Nouns and pronouns can also be objects of prepositions: The letter is *from Rick.* I'm thinking *about you.*

past participle: Past forms of a verb: *gone, worked, written,* etc.

person: The form of the pronoun and of the verb that shows the person referred to: *I* (first-person singular), *you* (second-person singular), *she* (third-person singular), etc.

possessive: A word that denotes ownership or possession: This is *our* house. The book isn't *mine.*

preposition: A word that introduces a noun or pronoun and indicates its function in the sentence: They were *with* us. She is *from* Nevada.

pronoun: A word that is used to replace a noun: *she, them, us,* etc. A **subject pronoun** refers to the person or thing spoken of: *They* work. An **object pronoun** receives the action of the verb: They arrested *us* (direct object pronoun). She spoke to *him* (indirect object pronoun). A pronoun can also be the object of a preposition: The children stayed with *us.*

reflexive pronoun: A pronoun that refers back to the subject: *myself, yourself, himself, herself, itself, ourselves,* etc.

subject: The person, place, or thing spoken of: *Robert* works. *Our car* is new.

subordinate clause: A clause that has no complete meaning by itself but depends on a main clause: They knew *that I was here.*

tense: The group of forms in a verb that show the time in which the action of the verb takes place: *I go* (present indicative), *I'm going* (present progressive), *I went* (past), *I was going* (past progressive), *I will go* (future), *I would go* (conditional), *I have gone* (present perfect), *I had gone* (past perfect), *that I may go* (present subjunctive), etc.

verb: A word that expresses an action or a state: We *sleep.* The baby *is* sick.

Appendix D   English Translations of Dialogues

Lección preliminar

Greetings

At a university in Mexico City, the first day of class.
In the morning:
Good morning, Miguel Ángel.
Good morning, Ana María.

Hi, Pepe.
Hello, Carmen.

In the afternoon:
Good afternoon, Eloísa.
Good afternoon, Teresa.

See you later, Víctor.
Good-bye.

In the evening:
Good evening, José Luis.
Good evening, Alfredo.

See you tomorrow, Robert.
See you tomorrow.

Lección 1

The First Day of Class

At a university in Guadalajara, Mexico.
Professor Vargas speaks with Teresa Ruiz, a student.
T.:   Good afternoon, Dr. Vargas.
Pr. V: Good afternoon, young lady. What is your name?
T: My name is Teresa Ruiz.
Pr. V: It's a pleasure (to meet you), Miss Ruiz.
T: The pleasure is mine.

In the classroom, Teresa speaks with Pedro.
P: Hi, what's your name?
T: My name's Teresa Ruiz. What's yours?
P: Pedro Morales.
T: Where are you from, Pedro? From Mexico?
P: Yes, I'm Mexican. And you?
T: I'm Cuban. I'm from Havana.

Doctor Martínez speaks with Mr. Soto.
Pr. M: How are you?
Sr. S: Very well, thanks. And you?
Pr. M: Fine, thank you.
Sr. S: Are you (a) North American?
Pr. M: Yes, I'm from Miami.

The professor speaks with the students.
R: Professor, how do you say *"de nada"* in English?
Pr: You say "you're welcome."
M: What does "I'm sorry" mean?
Pr: It means *"lo siento."*
M: Thank you very much.
Pr: You're welcome. I'll see you tomorrow.

Lección 2

What Classes Are We Taking?

Four Latin American students are talking at the University of California in Los Angeles. Pedro talks with Jorge.
P: What subjects are you taking this semester, Jorge?
J: I'm taking math, English, history, and chemistry. And you?
P: I'm studying biology, physics, literature, and Spanish.
J: Is the physics class difficult?
P: No, it is easy.
J: Do you work in the cafeteria?
P: No, I work in the language lab.
J: And Adela? Where does she work?
P: She and Susana work in the library.
J: How many hours do they work?
P: Three hours a day.
J: Do they work in the summer?
P: No, in June, July, and August they don't work.

Elsa and Dora are talking in the cafeteria.
E: What do you want to drink?
D: A cup of coffee. And you?
E: A glass of milk.
D: Listen, I need the class schedule.
E: Here it is. How many classes are you taking this semester?
D: Four. Let's see . . . What time is the computer science class?
E: It's at nine.
D: What time is it?
E: It's eight-thirty.
D: Wow! I'm leaving.
E: Why?
D: Because it's late.
E: What time do you get through today?
D: I finish at one. See you tomorrow.

Lección 3

Registration Day

At a university in Miami. Today is the last day to pay tuition. Juan speaks with the cashier.

J: How much must I pay for each unit?
C: Are you a resident of the state?
J: Yes, I'm a resident.
C: You have to pay eighty-five dollars per unit.
J: Do you accept checks?
C: Yes, but you need an I.D.
J: Is my driver's license enough?
C: Yes. Here's your receipt.

Juan writes his class schedule in his notebook.

Juan and Roberto decide to eat in the cafeteria. A while later Olga, Roberto's girlfriend, comes along.

R: Where are you coming from, Olga?
O: I'm coming from the bookstore. I (already) have all the books I need.
J: Do you live in the dorm?
O: No, I live in an apartment, near the university.
J: What classes are you taking this quarter?
O: Math, French, Italian, and Portuguese.
J: Gee! You're studying many languages. Listen, do you want a cup of coffee?
O: No, thank you. I drink tea.
R: Well . . . what shall we eat? Sandwiches and salad?
O: Perfect! Listen, what time do we run tomorrow morning?
R: At six, as usual. Juan, you also run, don't you?
J: I? No!

Lección 4

Weekend Activities

Lupe and her husband, Raúl, plan several activities for the weekend. The couple lives in San Juan, the capital of Puerto Rico.

L: Tonight, we're invited to go to the theater with your mother and your aunt and uncle.
R: Why don't we take my sister too?
L: No, today she's going to the movies with her boyfriend.
R: That's right. Oh! Your parents are coming to eat tomorrow, right?
L: Yes, and afterwards we're all going to the club to play tennis.
R: I don't like to play tennis. Why don't we go swimming?

L: But I can't (don't know how to) swim well.
R: You have to learn, Lupita.
L: Okay, let's go to the swimming pool, and in the evening, let's go to the concert.
R: Perfect. Listen, I'm very hungry. Is there anything to eat?
L: Yes, we have fruit and cheese.

The next day Carmen, Raúl's sister, is at a sidewalk cafe with her boyfriend, Héctor.

C: What are we doing this afternoon? Where are we going (to)? Shall we go skating?
H: I don't know . . . I'm tired and I feel like seeing the baseball game.
C: Okay, let's go to the stadium and in the evening we'll go to the club.
H: No, my boss is giving a party tonight, and we're invited.
C: Oh, Hector! I don't know your boss. Besides, he lives very far away.
H: Why don't we go to the party for a while and then go to the club to dance?
C: Good idea! Listen, shall we have something to drink? I'm thirsty.
H: I'm going to call the waiter. What are you going to drink?
C: A soda.

Lección 5

A Welcome Party

Eva, Luis's younger sister, is arriving in San José today, and he and his friends are giving a party for her. Luis phones his friend Estela.

L: Hello, Estela? Luis speaking.
E: Hi, how's it going, Luis?
L: Fine. Listen, we're going to give a welcome party for Eva. Do you want to come? It's at my cousin Jorge's house.
E: Yes, sure. When is it?
L: Next Saturday. It starts at eight P.M.
E: Thanks for the invitation. Are Juan and Olga going too?
L: I'm not sure, but I think they're planning on coming.
E: Is Andrés going to take his compact discs and his tapes?
L: Yes, but Jorge's stereo is not very good.
E: If you want, I can take my stereo; it's better than yours.
L: Great! See you Saturday, then.

At the party, Pablo and Estela are talking. Pablo is dark and handsome and much taller than Estela. She is a pretty young woman, blonde with blue eyes, slim, and medium height.

E: Pablo, you have to meet Sara, my roommate.

P: What is she like? Tall . . . short . . . ? Is she as beautiful as you?

E: She's very pretty! She has black hair and brown eyes. And she's very charming!

P: But, is she intelligent? And, the most important thing . . . does she have money?

E: Yes, she's rich; and she's the most intelligent one in the group.

P: She's perfect for me. Is she here?

E: No, she's at home because she's sick.

P: Too bad! Well then, I'm going to dance with you.

E: Yes, but first I want to drink something.

P: They're serving the drinks. Do you want beer, wine, or punch?

E: I prefer punch.

Lección 6

At the Bank and at the Post Office

At Bank of America, in Panama City.
It is ten o'clock in the morning and Alicia enters the bank. She doesn't have to stand in line because there aren't many people.

T: What can I do for you, miss? (How may I serve you, miss?)

A: I want to open a savings account. What interest do you pay?

T: We pay six percent.

A: Can I use the automatic teller machine to take my money out?

T: Yes, you can take it out at any time, but you're going to lose part of the interest.

A: Okay . . . Now I want to cash this check.

T: How do you want the money?

A: One hundred balboas in cash. I'm going to deposit a thousand in my checking account.

T: I need your account number.

A: One moment . . . I can't find the checkbook and I don't remember the number . . .

T: It doesn't matter. I'll look it up.

A: Oh, where do I get traveler's checks?

T: They sell them at window number two.

In another department, Alicia asks for information about a loan.

Alicia has been at the post office for twenty minutes when she finally reaches the window. There she buys stamps and requests information.

A: I want to send these letters by air mail.

C: Do you want to send them registered?

A: Yes, please. How much is it?

C: Ten balboas, miss.

A: I also need stamps for three postcards.

C: Here you are.

A: Thanks. How much does it cost to send a money order to Mexico?

C: Twenty balboas. Anything else, miss?

A: Nothing else. Thank you.

Alicia leaves the post office, takes a taxi, and returns home.

Lección 7

Going Shopping

Aurora Ibarra is an engineering student. She is from Barranquilla, but last year she moved to Bogotá. Today she got up very early, bathed, and got ready to go shopping. At the París store, which is having a big sale today, Aurora is speaking with the salesperson in the women's department.

A: I like that pink blouse. How much does it cost?

S: Fifty thousand pesos. What size do you wear?

A: Size thirty. Where can I try on the blouse?

S: There is a fitting room to the right and another to the left.

A: I'm also going to try on this dress and that skirt.

S: Do you need a coat? We're having a big sale today.

A: What a pity! I bought one yesterday . . . Are underwear and pantyhose also on sale?

S: Yes, we give you a 20 percent discount.

Aurora bought the blouse and skirt, but decided not to buy the dress. Later she went to the shoe store to buy a pair of sandals and a purse. When she left the shoe store, she went to do several errands and didn't return home until very late.

Enrique is at a shoe store because he needs a pair of shoes and some boots.

S: What size shoe do you wear?

E: I wear (size) forty.

S: (*Tries the shoes on him.*) Do you like them?

E: Yes, but they're a little tight (on me); they're very narrow.

S: Do you want some wider ones?

E: Yes, and some boots in the same size, please.

S: (*Brings him the boots and the shoes.*) These boots are of very good quality.

E: (*Tries on the boots and the shoes.*) The shoes fit me well, but the boots are too big.

After paying for the shoes, Enrique went to the men's department of a very elegant store. There he bought a suit, (a pair of) pants, a shirt, two ties, and a pair of socks. Afterwards he went home.

E: (*He thinks while he gets dressed.*) I'm going to wear (to put on) the new suit to go to the party at the club.

Lección 8

At the Supermarket

Beto and Sara are buying food and other things at a supermarket in Quito.

B: We don't need lettuce or tomatoes because Rosa bought many vegetables yesterday.

S: She came to the market yesterday?

B: Yes, yesterday she did many things: she cleaned the floor, went to the pharmacy . . .

S: She made a cake . . . Listen, we need butter, sugar, and cereal.

B: Also, you said that we needed two dozen eggs.

S: Yes. Oh! Mom came yesterday?

B: Yes, I told you last night . . . , She brought us some magazines and some newspapers. Oh, do we have toilet paper?

S: No. We also need bleach, detergent, and soap.

B: Okay, we have to hurry. Rosa told me that she could stay with the children only until five.

S: Oh! Where did you put the credit card?

B: I think I left it at home . . . Oh no, here it is!

When Beto and Sara were going to their home, they saw Rosa and the children, who were playing in the park.

Irene and Paco are at an outdoor market.

I: You were here yesterday. Didn't you buy apples?

P: Yes, but I gave them to Marta. She wanted to use them in order to make a pie for her son.

I: We need apples, oranges, pears, grapes, and peaches for the fruit salad.

P: We also have to go buy meat and fish. Let's go now to the meat market and the fish market.

I: And to the bakery to buy bread. I didn't have time to go yesterday.

P: Listen, we need carrots, potatoes, onions, and . . .

I: And nothing else! We don't have much money . . .

P: It's true . . . Unfortunately, we spent a lot last week.

I: Did you bring money?

P: Yes, I brought enough for everything.

I: Thank goodness.

Lección 9

At a Restaurant

Pilar and her husband, Victor, are on vacation in Peru, and two days ago they arrived in Lima, where they plan on staying (being) for a month. Last night they hardly slept (almost didn't sleep) because they went to the theater and then to a night club to celebrate their wedding anniversary. Now they are at a cafe in an international hotel, ready to have breakfast. The waiter brings them the menu.

V: (*To the waiter.*) I want two fried eggs, orange juice, coffee, and bread and butter.

W: And you, madam, do you want the same thing?

P: No, I only want coffee with milk and toast with jam.

V: Why don't you eat eggs with bacon or sausage and pancakes?

P: No, because at one we are going to have lunch at the Acostas' house.

V: That's true. And tonight we're going to a restaurant for dinner.

In the afternoon Victor called the La Carreta restaurant from the hotel and asked what time it opened. He made reservations for nine.

At the restaurant.

W: I want to recommend to you the specialty of the house: steak with lobster, rice, and salad. For dessert, flan with cream.

P: No, I want fish soup and roast chicken with mashed potatoes. For dessert, ice cream.

V: For me, lamb chops, a baked potato, no, excuse me, french fries, and salad. For dessert, a piece of cake.

The waiter wrote down the order and left for the kitchen.

P: My grandmother used to make very tasty pastries. When I was little, I always used to go to her house to eat pastries.

V: I didn't see mine much because she lived in the country, but she cooked very well too.

After dining, they continued to talk for a while. Then Victor asked for the bill, paid one hundred soles for the dinner, and left the waiter a good tip. When they went out, it was cold and they had to take a taxi to go to the hotel.

Lección 10

At a Hospital

In Santiago, Chile. Susana has had an accident and they have brought her to the hospital in an ambulance. Now she is in the emergency room talking with the doctor.

D: Tell me what happened to you, miss.

S: I had stopped at a (street) corner and a bus collided with my car.

D: Did you lose consciousness after the accident?

S: Yes, for a few seconds.

D: Do you have pain anywhere?

S: Yes, doctor, the wound in my arm hurts a lot.

D: I'm going to bandage it for you right now. And afterwards, the nurse is going to give you an injection for the pain. Does anything else hurt (you)?

S: My back hurts a lot and my head hurts too.

D: Okay, we're going to take some X-rays to see if you've broken anything. (*To the nurse.*) Take the young lady to the X-ray room.

An hour later, Susana left the hospital. She didn't have to pay anything because she had medical insurance. She went to a pharmacy and bought the medicine that the doctor had prescribed for her for the pain.

Pepito fell down the stairs in his house, and his mother brought him to the hospital. They have been waiting for an hour when Dr. Alba finally comes.

D: What happened to your son, madam?

W: It seems that he's twisted his ankle.

D: Let's see. . . . I think it's a fracture.

They have taken Pepito to the X-ray room and they have taken several X-rays.

D: He has a broken leg. We're going to have to put a cast on it.

W: Is he going to have to use crutches for walking?

D: Yes, for six weeks. Give him these pills for the pain and make an appointment for next week.

Later

S: (*To Pepito*) How do you feel, darling?

P: A little better. Did you call Dad?

S: Yes, he's coming to pick us up right away.

Lección 11

At the Drug Store and in the Doctor's Office

Alicia arrived in Asuncion yesterday. During the day she had a very good time, but at night she didn't feel well and didn't sleep well. It was four o'clock in the morning when she was finally able to fall asleep. She got up at eight o'clock and went to the drug store. There she spoke with Mr. Paz, the pharmacist.

Mr. P: What can I do for you, miss?

A: I want you to give me something for a cold.

Mr. P: Do you have a fever?

A: Yes, I have a temperature of thirty-nine degrees. Besides, I have a cough and a bad headache.

Mr. P: Take two aspirins every four hours and this cough syrup.

A: And if the fever doesn't go down?

Mr. P: In that case, you're going to need penicillin. I suggest that you go to the doctor.

A: I hope it's not the flu . . . or pneumonia!

Mr. P: I don't think so. Do you need anything else?

A: Yes, nose drops, adhesive bandages, and cotton.

The next day, Alicia is still sick and decides to go to the doctor. The doctor examines her and then speaks with her.

Dr. S: You have an infection in the throat and ears. Are you allergic to any medicine?

A: No, doctor.

Dr. S: Very well, I'm going to prescribe some pills for you. You're not pregnant, are you?

A: No, doctor. Is there a drugstore near here?

Dr. S: Yes, there's one on the corner. Here's the prescription.

A: Do I have to take the pills before or after meals?

Dr. S: After (meals). I hope you get better soon.

Alicia leaves the doctor's office and goes to the pharmacy.

A: (*Thinks*) I hope that the pills are inexpensive. If they are very expensive I am not going to have enough money.

Lección 12

A Trip to Caracas

Isabel and Delia want to go to Caracas on vacation and they go to a travel agency to reserve the tickets. Now they are talking with the agent.

I: How much does a round-trip ticket, tourist class to Caracas cost?

A: Fifteen hundred dollars if you travel during the week.

I: Is there any excursion (tour) that includes the hotel?

A: Yes, there are several that include the hotel, especially for people who travel with someone else.

The agent shows them brochures on several types of excursions.

D: We like this one. Is there a flight that leaves on Thursday?

A: Let's see. . . . Yes, there is one that leaves in the afternoon and has a stopover in Miami.

I: Do we have to change planes?

A: No, you don't have to change planes. When do you want to come back?

D: In two weeks.

A: Very well. You need a passport but you don't need a visa to travel to Venezuela.

I: (*To Delia.*) Call your mother on the phone and tell her that you need your passport.

D: Okay . . . and you go to the bank and buy traveler's checks.

On the day of the trip, Isabel and Delia talk with the airline (ticket) agent in the airport.

I: We want an aisle seat and a window seat in the non-smoking section.

A: Very well. How many suitcases do you have?

I: Five, and two carry-on bags.

A: You have to pay excess baggage. It's fifty dollars.

D: All right. What is the gate number?

A: Number four. Here are the claim checks. Have a nice trip!

At gate number four:

"Last call. Passengers on flight 712 to Caracas, please board the plane."

I: They charged too much for the excess luggage!

D: There is no one who travels with as much luggage as we do!

Isabel and Delia board the plane, give the boarding pass to the flight attendant, and put the carry-on luggage under their seats.

Lección 13

Where Are We Staying?

Mr. and Mrs. Paz arrived at the Regis Hotel in Buenos Aires a few minutes ago. Since they don't have a reservation, they speak with the manager to ask for a room.

Mr. P: We want a room with private bath, air conditioning, and a double bed.

M: There is one overlooking the street, but you have to wait until they finish cleaning it.

Mr. P: Fine. There are two of us. How much do you charge for the room?

M: Ninety pesos a night.

Mrs. P: Do you have room service? We want to eat as soon as we get to the room.

M: Yes, madam, but I doubt that they serve food at this hour.

Mr. Paz signs the register; the manager gives him the key and calls the bellhop so he'll take the suitcases to the room.

Mr. P: At what time do we have to check out of (vacate) the room?

M: At noon, although you can stay an extra half hour.

Mrs. P: (*To her husband.*) Let's go to a restaurant and eat something before we go up to the room.

Mr. P: Yes, but first let's leave your jewels in the hotel safe-deposit box.

Mrs. P: Listen, it's not true that the Regis is as expensive as they told us.

Mario and Jorge are speaking with the owner of the Carreras boarding house, where they are planning to stay. They ask him the price of the rooms.

O: With meals, we charge three hundred pesos a week.

M: Does that include breakfast, lunch, and dinner?

O: Yes, it's room and board. How long are you planning on staying?

M: I don't think we can stay more than a week.

J: You're right . . . . (*To the owner.*) Does the bathroom have a bathtub or shower?

O: Shower, with hot and cold water. And all the rooms have heating.

M: Is there a TV set in the room?

O: No, but there is one in the dining room.

M: Thanks. (*To Jorge.*) When we go to Mar del Plata, let's try to find another boarding house like this one.

J: Yes. Listen, we have to hurry, or we are going to be late to the movies.

Lección 14

A Very Busy Day

Rosa and Luis have been living in the Mirasierra neighborhood in Madrid for two months. Today they're cleaning house and cooking because Luis's parents will come to spend the weekend with them and the maid has the day off.

R: Luis, vacuum the rug while I sweep the kitchen.

L: Have patience, my love (darling)! I'm washing the dishes.

R: Still?! Give me your gray pants to wash afterwards.

L: I wouldn't wash them here; I would send them to the cleaner's to have them dry cleaned.

R: Then bring me the sheets, pillowcases, and towels.

L: Don't wash them now; I'll do it later.

R: Thanks. You're an angel. Don't forget to take out the garbage. It's under the sink.

L: Okay, and if you want me to clean the garage, give me the broom and the dustpan.

R: We will have to hurry up. Listen, remember to take my car so they can fix it.

L: Yes, yesterday I noticed that the brakes didn't work well.

Luis mowed the lawn, cleaned the refrigerator and the garage, gave the dog a bath, and took the car to the repair shop. Rosa washed, ironed, and cooked.

In the evening.

R: Your parents will be here within half an hour.

L: Do you want me to help you make the *sangría*?

R: No, we will do that later. Put these flowers in the vase.

L: Did you already put the bread in the oven?

R: No, not yet. I'm going to prepare the salad now.

L: Put a little oil on it, but don't put (too) much vinegar (on it).

R: Check (and see) if we have broccoli and artichokes.

L: Yes, there are (we do). Listen, what do you need to set the table?

R: The tablecloth, the napkins, the knives, the forks, the spoons, and the plates (dishes) . . . Oh! And also the salt and the pepper.

L: Listen, they're knocking at the door. I am going to open (it).

Lección 15

Looking for an Apartment

Magali, a Cuban girl, and Rafael, a Catalonian young man, are engaged to be married. They are now preparing the invitations for the wedding.

M: (*Joking.*) If you didn't have so many relatives, we wouldn't have to send so many invitations.

R: (*He laughs.*) But, darling, if we didn't invite them, they wouldn't bring us presents! Oh! And don't forget to invite my godparents.

M: Of course not! But, seriously. . . . The reception is going to cost an arm and a leg. . . .

R: Don't worry. . . . Listen, my parents told me yesterday to choose the furniture for the bedroom.

M: I have a bed, so we're only going to need the chest of drawers and two night tables. And two lamps. . . .

R: Look, Magali. Here in the newspaper they advertise an apartment that seems great. Listen:

CLASSIFIED ADS

Two bedroom apartment for rent. Living room, dining room, kitchen, and bathroom. Central heating. Parking space. Near the subway station. Telephone: 256-34-28

M: Let's go see it today!

That afternoon.

R: I would prefer an apartment that had a family room and a terrace. . . .

M: I love the curtains and the wood floor!

R: Yes, but if we were to rent this apartment, we would have to paint it. Besides, it's a little expensive. . . .

M: If we were to paint it, maybe they wouldn't charge us the cleaning deposit.

R: Okay, and I must admit that it has one advantage: we don't have to drive very much because we are close to the downtown area.

M: Let's go talk to the superintendent. If I get the job at the insurance company, we won't have problems paying the rent.

R: Okay, love, you have convinced me.

A month later, Rafael and Magali get married and go to Majorca for their honeymoon.

Appendix E Answer Key to Tome este examen

Lección preliminar

A. 1. eme, a, de, ere, i, de   2. ce, u, be, a   3. pe, i, zeta, a, erre, a   4. hache, o, eme, be, ere, e   5. ve, e, ene, te, a, ene, a, ese

B. martes, miércoles, —, viernes, sábado, —

C. cinco, siete, tres, nueve, dos, cero, diez, seis

D. A —¿Cuántos estudiantes hay en la clase?   L —Hay diez estudiantes.   A —¿Hay una pizarra?   L —Sí, hay dos.

E. 1. amarillo   2. marrón   3. verde   4. azul   5. gris   6. negro   7. anaranjado   8. verde, blanco, anaranjado   9. morado

F. 1. Hasta   2. Buenas   3. Buenos   4. día   5. primer   6. luego (mañana)

G. 1. antiguas   2. veintitrés   3. es

Lección 1

A. 1. los lápices   2. los borradores   3. las lecciones   4. los días   5. las manos   6. las sillas   7. las clases   8. los profesores   9. los hombres   10. las mujeres

B. 1. yo   2. él   3. usted   4. ella   5. yo

C. 1. soy / es   2. son   3. somos   4. son   5. eres   6. es

D. 1. El alumno es norteamericano.   2. Los lápices son verdes.   3. Las mesas son blancas.   4. Es un hombre español.   5. Las profesoras son inglesas.

E. 1. treinta días   2. dieciséis lápices   3. veintidós (veinte y dos) sillas   4. trece ventanas   5. sesenta y dos libros   6. quince cuadernos   7. dieciocho (diez y ocho) estudiantes   8. once mapas   9. noventa y cinco hombres   10. setenta y tres mujeres   11. cien plumas   12. cincuenta y ocho diccionarios

F. 1. llama   2. gusto   3. dice   4. quiere   5. alumnos(as)   6. habla   7. está   8. nada

G. 1. sur   2. una catedral

Lección 2

A. 1. bebes   2. habla (conversa)   3. hablamos   4. deseo   5. estudia   6. trabajan   7. necesita   8. terminamos

B. 1. Qué   2. Dónde   3. Cómo   4. Cuándo   5. Cuántas   6. Quién   7. Por qué   8. Cuál

C. 1. la   2. las   3. el   4. el   5. las   6. los   7. el   8. los   9. la   10. la

D. 1. Oye, ¿qué hora es? ¿La una?   2. Él toma química a las nueve y media de la mañana.   3. Nosotros estudiamos español por la tarde.   4. Son las ocho menos cuarto.

E. 1. el primero de marzo (el uno de marzo)   2. el diez de junio   3. el trece de agosto   4. el veintiséis de diciembre   5. el tres de septiembre   6. el veintiocho de octubre   7. el diecisiete de julio   8. el cuatro de abril   9. el dos de enero   10. el seis de mayo

F. 1. hora   2. horario / aquí   3. laboratorio   4. taza   5. beben   6. trimestre (semestre)   7. tarde   8. asignatura (materia)   9. vaso   10. al

G. 1. mexicano   2. antiguas   3. escuela secundaria

Lección 3

A. 1. escribe   2. vivimos   3. deben   4. corres   5. bebo   6. come   7. decide   8. deben

B. 1. mi   2. su   3. nuestros   4. nuestra   5. tu   6. Su / ellos   7. tu   8. mis

C. 1. la novia de Pedro   2. la licencia para conducir de Alicia   3. el apartamento de la señora Peña   4. los cheques de Carlos

D. 1. vienes   2. venimos / tenemos   3. tienen / vienen   4. vengo / tengo   5. tiene

E. 1. (Yo) no tengo que trabajar mañana por la mañana.   2. ¿Tenemos que decidir hoy?   3. (Ellos) tienen que pagar la matrícula.   4. (Nosotros) tenemos que escribir en español.

F. 1. quinientos veintiocho   2. setecientos noventa y cinco   3. novecientos sesenta y ocho   4. trescientos siete   5. mil novecientos noventa y siete   6. trece mil doscientos quince

G. 1. licencia / identificación   2. paga / cada   3. tiene   4. cerca / apartamento   5. escribe   6. idiomas   7. siempre   8. estado   9. último / pagar

H. 1. cubanos   2. turismo   3. pensiones   4. poco

Lección 4

A. 1. Tengo mucho calor.   2. Tengo mucha hambre.   3. Tengo mucha sed.   4. Tengo mucho frío.   5. Tengo mucho sueño.   6. Tengo mucho miedo.   7. Tengo mucha prisa.

B. 1. Yo conozco a la tía de Julio.   2. Luis tiene tres hermanos y dos hermanas.   3. Ana lleva a su prima a la fiesta.   4. Uds. conocen Nueva York.

C. 1. No conocemos al señor Vega.   2. Es la hermana del profesor.   3. Venimos del laboratorio.   4. Voy al teatro.   5. Vengo de la piscina.

D. 1. doy   2. está   3. vamos   4. estás   5. están   6. va   7. dan   8. voy

E. 1. ¿Dónde vas a estudiar?   2. ¿Qué van a comer Uds.?   3. ¿Con quién va a ir Roberto?   4. ¿A qué hora va a terminar Ud.?   5. ¿Cuándo van a trabajar ellos?

F. 1. ¿Conoces al Sr. Soto, Anita?   2. ¿Sabe bailar, Srta. Peña?   3. Conozco varias ciudades.   4. ¿Sabes el teléfono de Pablo, Paco?

G. 1. libre   2. algo   3. fin   4. invitados   5. ganas   6. jugar   7. siguiente   8. piscina   9. llevas   10. aprender

H. 1. Puerto Rico fue descubierto por Cristóbal Colón.   2. No necesitan visa porque son ciudadanos americanos.   3. Es una fortaleza construida por los españoles para defender el puerto (de los ataques de los corsarios y piratas en la época colonial).   4. El deporte más popular es el fútbol.

Lección 5

A. 1. estamos sirviendo   2. estoy leyendo   3. están patinando   4. ¿Qué estás comiendo?   5. está durmiendo

B. 1. es / está   2. está / Es   3. son   4. estás   5. es   6. es   7. estamos   8. Son

C. 1. prefieres / quiere   2. empiezan   3. pensamos   4. prefieren   5. queremos

D. 1. —¿Él es mayor que tú, Anita?   —Sí, pero yo soy mucho más alta.   2. —Él es muy guapo.   —Tú eres tan guapo como él, Paquito... y él es menos inteligente.   3. —¿Ellos son los mejores estudiantes de la clase?   —¡No, son los peores!   4. —¿Trabaja?   —Sí, pero no trabaja tantas horas como yo.

E. 1. conmigo / contigo / con ellos (ellas)   2. para ti / para mí / para ella

F. 1. compañera 2. ojos 3. menor 4. morena 5. estatura 6. rica 7. bienvenida 8. llamar
9. Cómo 10. cerveza

G. 1. Costa Rica está situada en la América Central y su capital es San José. 2. Los productos principales de Costa Rica son el café, las bananas, el cacao y la caña de azúcar. 3. La mayoría de los "ticos" son católicos y de origen español. 4. Usan la forma "vos".

Lección 6

A.1. 1. recuerdo 2. vuelve 3. cuestan 4. puedo 5. encontramos 6. podemos 7. duerme

A.2. 1. piden 2. servimos 3. consigues 4. dice 5. sirve 6. digo 7. pedimos 8. consigue

B. 1. este / ese 2. estas / aquéllas 3. ésos / aquéllos 4. esta / ésa 5. eso

C. 1. No, no voy a leerlos. (No, no los voy a leer.) 2. No, no lo (la) conoce. 3. No, no me llevan. 4. No, ella no te llama mañana. 5. No, no lo necesito. 6. No, no la tengo. 7. No, ellos no nos conocen. 8. No, no las conseguimos.

D. 1. Tengo alguna(s) tarjeta(s) postal(es). 2. ¿Quiere algo más? 3. Siempre vamos al banco los lunes. 4. Quiero (o) la pluma roja o la pluma verde. 5. Siempre llamo a alguien.

E. 1. Hace cinco años que (yo) vivo en Caracas. 2. ¿Cuánto tiempo hace que (Ud.) estudia español, Sr. Smith? 3. Hace dos horas que (ellos) escriben. 4. Hace dos días que (ella) no come.

F. 1. interés / ciento 2. sacar / cualquier 3. estampilla 4. talonario 5. depositar 6. aérea 7. postal 8. efectivo 9. parte 10. importa 11. viajero 12. préstamo

G. 1. español 2. las operaciones del Canal 3. diez 4. balboa

Lección 7

A. 1. vendí 2. compró 3. comieron 4. saliste 5. bebimos 6. escribió 7. volví 8. trabajaste

B. 1. fue 2. dieron 3. fue 4. fui 5. fue 6. Di 7. fui 8. fuimos

C. 1. No, no me quedan grandes (los zapatos). 2. No, no le doy el abrigo (a Aurora, a ella). 3. No, no te voy a comprar una corbata. 4. No, no les voy a dar las sandalias (a la chica, a ella). 5. No, no me aprietan (las botas). 6. No, no nos van a dar las camisas.

D. 1. (A ella) No le gusta esa blusa. 2. Me gusta llevar (usar) este abrigo. 3. Nos gustan estos pantalones. 4. ¿Te gusta esta falda, Anita? 5. (A ellos) Les gusta bailar.

E. 1. se levantan / se acuestan 2. afeitarme 3. te pruebas 4. se sienta 5. nos bañamos 6. vestirse

F. 1. zapatería / par 2. anchos 3. calzas 4. compras / liquidación / ropa 5. número 6. cartera (bolsa) 7. probador 8. dependienta / descuento 9. departamento / izquierda 10. corbata 11. par 12. pasado 13. pones 14. quedan

G. 1. esmeraldas 2. XVI (dieciséis) 3. 30 4. 3, 28

Lección 8

A. 1. trajeron 2. tuve 3. hizo 4. dijo 5. vino 6. estuvimos 7. hizo 8. supe 9. condujeron 10. quiso

B. 1. Sí, te las compré. 2. Sí, se los trajimos. 3. Sí, me lo van a dar / van a dármelo. 4. Sí, nos los va a traer. / Va a traérnoslos. 5. Sí, ella se la va a comprar. / Ella va a comprársela. 6. Sí, ellos me las traen.

C. 1. se divirtieron / siguieron / durmieron 2. pidió 3. murió 4. consiguió

D. 1. ¿Tú ibas al supermercado con tu papá? 2. Ella era muy bonita. 3. Ellos hablaban español. 4. Nosotros no veíamos a nuestros abuelos frecuentemente. 5. Uds. nunca comían mantequilla. 6. Yo siempre comía frutas por la mañana.

E. 1. fácilmente 2. especialmente 3. lentamente 4. rápidamente 5. lenta y claramente 6. francamente

F. 1. apurarnos 2. farmacia 3. lechuga 4. Desgraciadamente 5. durazno 6. panadería 7. cereal 8. supermercado / docena 9. detergente 10. gasto 11. pastel 12. jugando

G. 1. templado 2. cerca 3. antigua 4. las mujeres 5. mercados pequeños con tiendas especiales

Lección 9

A. 1. para 2. por 3. por 4. por 5. para 6. para / por 7. para / por / por 8. por

B. 1. hace / calor 2. hace / frío / nieva 3. llueve 4. hay / niebla (neblina) 5. hace / sol

C. 1. celebramos 2. Eran / salí 3. dijo / era 4. era / vivía 5. estaba / vi 6. fue / estaba 7. hice 8. estábamos / llamaste

D. 1. Hace tres horas que el mozo llegó. 2. Hace dos años que empecé a estudiar español. 3. Hace tres meses que llegamos. 4. Hace diez minutos que ellos me trajeron el postre. 5. Hace dos semanas que hicimos las reservaciones.

E. 1. el tuyo 2. mías 3. los tuyos 4. nuestros 5. El suyo (El de ellos[as]) 6. mío / suyo (de ella)

F. 1. riquísimas 2. desayunar / mantequilla (mermelada) 3. especialidad / asado (al horno, frito) 4. puré / horno 5. campo 6. cenamos 7. nocturno 8. cuenta 9. crema 10. dejar 11. vacaciones 12. luego

G. 1. españoles 2. Perú 3. tercera 4. Oro 5. el almuerzo 6. tarde

Lección 10

A. 1. cerradas 2. abierta 3. rota 4. dormidos 5. escritas 6. hecha

B. 1. ha llegado 2. he roto 3. han traído 4. han vuelto / hemos podido 5. han muerto 6. has dicho

C. 1. Él me había dado las muletas. 2. Yo le había dicho que sí. 3. No habían visto al médico. 4. ¿Tú no le habías puesto la inyección? 5. Él no había muerto en el accidente. 6. Nosotros habíamos abierto las ventanas.

D. 1. Llame 2. Camine 3. Salgan 4. Esté 5. venga 6. Vayan 7. dé 8. lo haga 9. sean 10. Póngala

E. 1. vendar 2. poner 3. sala de rayos X 4. escalera / sala 5. torcí 6. pasó 7. receta 8. pierna 9. conocimiento 10. ambulancia 11. seguro médico 12. enyesaron

F. 1. Santiago 2. españoles 3. se ve 4. Cerca 5. son 6. mantenidos por el gobierno

Lección 11

A. 1. Yo quiero que ella vaya al hospital. 2. Nosotros deseamos que el doctor nos examine. 3. Ella me sugiere que yo tome aspirinas. 4. El farmacéutico no quiere venderme penicilina. 5. Ellos nos aconsejan que compremos pastillas. 6. Yo no quiero usar esas gotas. 7. Ellos no quieren que ella los lleve al médico. 8. Nosotros no queremos ir a su consultorio. 9. ¿Tú me sugieres que venga luego? 10. Ella necesita que Uds. le den las curitas.

B. 1. que ella se mejore pronto. 2. que las radiografías sean muy caras. 3. estar aquí. 4. irse de vacaciones. 5. que mamá se sienta bien hoy. 6. que ellos no puedan ir a la fiesta.

C. 1. infección 2. resfrío 3. gotas 4. grados / fiebre 5. tos 6. mejore 7. alérgica 8. aspirina
9. farmacéutico 10. antes

D. 1. no tiene 2. guaraní 3. energía hidroeléctrica 4. dos lenguas 5. ponen inyecciones 6. hierbas y
raíces

Lección 12

A. 1. ...hable español. 2. ...incluya el hotel. 3. ...no son caros. 4. ...salen a las seis. 5. ...pueda reservar
los pasajes?

B. 1. Compra el pasaje. 2. Díselo. 3. Viaja mañana. 4. Sal con esa persona. 5. Pon la maleta debajo
del asiento. 6. Invítalo. 7. Vete. 8. Ven entre semana. 9. Regresa tarde. 10. Haz escala.
11. Tráeme el folleto. 12. Pídele los comprobantes ahora.

C. 1. a / de / a / en / en / en / a 2. a / a / de / a 3. de / de

D. 1. aviones 2. visa 3. salida 4. vacaciones 5. llamada / vuelo / subir 6. viajes 7. viaje 8. turista 9. folletos / tipos 10. ida 11. pasillo 12. sección / fumar 13. escala / trasbordar 14. exceso
/ maletas (valijas) 15. embarque / vuelo

E. 1. Mar Caribe 2. petróleo 3. Rivas Delgado

Lección 13

A. 1. desocupan 2. tenga 3. pueda 4. da 5. sirven

B. 1. ...estén firmando el registro. 2. ...ellos vayan a hospedarse en una pensión. 3. ...prefiere
una cama doble. 4. ...cobran cincuenta dólares por noche. 5. ...el cuarto no tenga calefacción.
6. ...ella sea mi novia.

C. 1. terminen 2. podamos 3. traiga 4. empiecen 5. viajo 6. llegue 7. no tengo hambre
8. llueva

D. 1. Hospedémonos aquí. 2. No se lo digamos a nadie. 3. Levantémonos a las siete. 4. Preguntemos
el precio. 5. Démoselo al dueño. 6. Vamos al hotel.

E. 1. baño 2. ducha 3. firmar 4. calefacción 5. cama 6. precio 7. botones 8. desocupar
9. como 10. fría / caliente 11. desayuno / almuerzo 12. vista 13. hospedarse 14. servicio
15. llegar

F. 1. europeo 2. muchas 3. más 4. el peso 5. más

Lección 14

A. 1. Iré 2. Tendremos 3. Saldrán 4. Vendrá 5. Estará 6. darás 7. podrá 8. Cerrarán

B. 1. hablaríamos 2. pondría 3. harías 4. sabría 5. iría 6. pedirían

C. 1. Cuando (ella) se enamoró de Roberto, se olvidó de Luis. 2. ¿Te acordaste de lavar la ropa, Paquito?
3. Me di cuenta de que no podría casarme con ella. 4. Ella insistió en comprometerse con Mario.
5. Yo no confío en él. ¿Te fijaste (Se fijó Ud.) en sus ojos...? 6. Convinimos en tener la fiesta el próximo
sábado.

D. 1. aceite 2. libre 3. fregar 4. puerta 5. pasar / alfombra 6. lavar / seco 7. prisa 8. cortar
9. funciona 10. florero 11. escoba 12. toallas 13. poner / servilletas 14. cuchillo / cuchara
15. pasar

E. 1. La capital de España es Madrid. 2. El parque más famoso de Madrid es el Parque del Retiro.
3. La Gran Vía es la calle más famosa de Madrid. 4. El museo más importante es el Museo del Prado.
5. Actualmente, el hombre hispano ayuda más a su esposa con los trabajos de la casa porque los dos
trabajan fuera de la casa.

Lección 15

A. 1. pudiéramos 2. entendieras 3. pusieran 4. quisiera 5. trajera 6. tuvieran 7. supiéramos
8. dijera 9. fuera 10. fueras

B. 1. Mi hermano quería que yo alquilara el apartamento. 2. Me alegro de que ella viniera a verme anoche.
3. Yo le dije que no se preocupara. 4. Él sugirió que nosotros fuéramos a Mallorca. 5. Me gustaría que
mis hijos hablaran español.

C. 1. ...si tuviera dinero. 2. ...si tenemos tiempo. 3. ...si pudiéramos. 4. Si Uds. la ven...
5. ...como si ella fuera su madre (mamá).

D. 1. anuncios (avisos) 2. centro 3. cortinas 4. limpieza 5. noche 6. luna 7. parientes 8. estar
9. alquiler 10. espacio 11. comprometida 12. madera 13. cara 14. serio 15. mismo

E. 1. Barcelona está en la región de Cataluña. 2. Los romanos ocuparon la región durante el siglo tercero.
3. La Iglesia de La Sagrada Familia es la obra más famosa del arquitecto Antonio Gaudí. 4. Se hablan
dos idiomas: el español y el catalán. 5. Su compadre y su comadre son los padrinos de su hijo después
que lo bautizan.

VOCABULARIES

The number following each vocabulary item indicates the lesson in which it first appears.

The following abbreviations are used:

abbr.	abbreviation	*Mex.*	Mexico
adj.	adjective	*neut. pron.*	neuter pronoun
conj.	conjunction	*obj.*	object
dir. obj.	direct object	*pl.*	plural
f.	feminine	*prep.*	preposition
fam.	familiar	*pron.*	pronoun
form.	formal	*rel. pron.*	relative pronoun
indir. obj.	indirect object	*sing.*	singular
m.	masculine	*subj.*	subjunctive

Spanish-English

A

a at, 2; to, in, 12; **a gusto** to taste, 9; **a menos que** unless, 13; **¿a qué hora?** at what time?, 2; **a veces** sometimes, 4; **a ver** let's see, 2

abierto(a) open(ed), 10

abogado(a) *(m., f.)* lawyer, 1

abrigo *(m.)* coat, 7

abril April, 2

abrir to open, 6

abuela *(f.)* grandmother, 9

abuelo *(m.)* grandfather, 9

abuelos *(m. pl.)* grandparents, 5

accidente *(m.)* accident, 10

aceite *(m.)* oil, 14

aceptar to accept, 3

acompañado(a) with someone else, accompanied, 12

aconsejar to advise, 11

acordarse (de) (o > ue) to remember, 14

acostarse (o > ue) to go to bed, 7

actividad *(f.)* activity, 4

además *(adv.)* besides, 4; —— **de** *(prep.)* in addition to, 3; besides, 7

adiós good-bye, LP

administración de empresas *(f.)* business administration, 3

admitir to admit, 15

adolescente *(m., f.)* teenager, 8

¿adónde? where (to)?, 4

aerolínea *(f.)* airline, 12

aeropuerto *(m.)* airport, 12

afeitarse to shave, 7

agencia *(f.)* agency, 12; —— **de viajes** *(f.)* travel agency, 12

agente *(m., f.)* agent, 12

agosto August, 2

agradable pleasant, 11

agregar to add, 9

agua (el) *(f.)* water, 13; —— **con hielo** *(f.)* ice water, 3; —— **mineral** *(f.)* mineral water, 3

ahijada *(f.)* goddaughter, 15

ahijado *(m.)* godson, 15

ahora now, 6; —— **mismo** right now, 10

ahorrar to save (i.e., money), 6

aire *(m.)* air; —— **acondicionado** *(m.)* air-conditioning, 13; **al —— libre** outdoor, 4

albóndiga *(f.)* meatball, 9

alcachofa *(f.)* artichoke, 14

alegrarse (de) to be glad (about), 11

alemán *(m.)* German, 3

alérgico(a) allergic, 11

alfombra *(f.)* rug, 14

algo something, anything, 6; **¿—— más?** anything else?, 6; —— **para comer** something to eat, 4

algodón *(m.)* cotton, 11

alguien someone, anyone, 6

algún, alguno(s), alguna(s) any, some, 6; **en alguna parte** anywhere, somewhere, 10; **alguna vez** ever, 6; **algunas veces** sometimes, 6

allí there, 6

alma (el) *(f.)* soul, 15

almorzar (o > ue) to have lunch, 9

almuerzo *(m.)*   lunch, 13
alquilar   to rent, 15; **se alquila** for rent, 15
alquiler *(m.)*   rent, 15
alto(a)   tall, 5
alumno(a) *(m., f.)*   student, pupil, 1
amado(a) *(m., f.)*   loved one, 15
amar   to love, 15
amarillo(a)   yellow, LP
ambulancia *(f.)*   ambulance, 10
amigo(a) *(m., f.)*   friend, 5
amistad *(f.)*   friendship, 14
amor: mi ——   my love, darling, 14
analfabeto(a) *(m., f.)*   illiterate, 5
anaranjado(a)   orange, LP
ancho(a)   wide, 7; **más** —— wider, 7
ángel *(m.)*   angel, 14
aniversario *(m.)*   anniversary, 9; —— **de bodas** *(m.)*   wedding anniversary, 9
anoche   last night, 8
anotar   to write down, 9
antes de *(prep.)*   before, 11; —— **que** *(conj.)*   before, 13
antiguo(a)   old, 13
antropología *(f.)*   anthropology, 3
anunciar   to announce, 15
anuncio *(m.)*   ad, 15
año *(m.)*   year, 7; —— **escolar** *(m.)* school year, 2; —— **pasado**   last year, 7
aparcar   to park, 15
apartamento *(m.)*   apartment, 3
apellido *(m.)*   last name, 5
aprender (a)   to learn (to), 4
apretar (e > ie)   to be tight, 7
apurarse   to hurry, 8
aquel(los), aquella(s) *(adj.)*   that, those *(distant)*, 6
aquél, aquellos, aquélla(s) *(pron.)* that (one), those *(distant)*, 6
aquello *(neut. pron.)*   that, 6
aquí   here, 6; —— **está**   here it is, 2; —— **tiene...**   here is . . . , 3
arreglar   to fix, to repair, 14
arroz *(m.)*   rice, 9
arte *(m.)*   art, 3
asado(a)   roast, 9
asegurado(a)   insured, 7
así que   so, 15

asiento *(m.)*   seat, 12; —— **de pasillo** *(m.)*   aisle seat, 12; —— **de ventanilla** *(m.)*   window seat, 12
asignatura *(f.)*   course, subject, 2
asistir   to attend, 13
aspiradora *(f.)*   vacuum cleaner, 14
aspirina *(f.)*   aspirin, 11
aunque   although, 13; even if, 13
ausente   absent, LP
auto *(m.)*   automobile, 10
autobús *(m.)*   bus, 10
automóvil *(m.)*   automobile, 10
auxiliar de vuelo *(m., f.)*   flight attendant, 12
avión *(m.)*   plane, 12
aviso *(m.)*   ad, 15
ayer   yesterday, 7
ayudar   to help, 14
azúcar *(m.)*   sugar, 8
azul   blue, LP

B

bailar   to dance, 4
bajar   to go down, 11
bajo(a)   short *(height)*, 5
balneario *(m.)*   beach resort, 13
banco *(m.)*   bank, 6
bañadera *(f.)*   bathtub, 13
bañarse   to bathe, 7
baño *(m.)*   bathroom, 13; —— **María** *(m.)*   double boiler, 9
barato(a)   inexpensive, 11
barrer   to sweep, 14
barrio *(m.)*   neighborhood, 14
básquetbol *(m.)*   basketball, 5
basura *(f.)*   trash, garbage, 14
bata *(f.)*   robe, 7
batido *(m.)*   milkshake, 9
batir   to beat, 9
beber   to drink, 3; —— **algo**   to have something to drink, 4
bebida *(f.)*   drink, 5
béisbol *(m.)*   baseball, 4
bellísimo(a)   extremely beautiful, 5
beso *(m.)*   kiss, 15
biblioteca *(f.)*   library, 2
bien   fine, 1; well, 5; —— **cocido(a)** well-done, 9; **muy** ——   very well, 3; **no muy** ——   not very well, 3

bienvenido(a)   welcome, 5
biftec *(m.)*   steak, 9
billete *(m.)*   ticket, 12
billetera *(f.)*   wallet, 7
biología *(f.)*   biology, 2
bistec *(m.)*   steak, 9
blanco(a)   white, LP
blanquillo *(m.) (Mex.)*   egg, 8
blusa *(f.)*   blouse, 7
boca *(f.)*   mouth, 11
boda *(f.)*   wedding, 15
bolígrafo *(m.)*   ballpoint pen, 1
bolsa *(f.)*   handbag, purse, 7
bolso *(m.)*   handbag, purse, 7; —— **de mano** *(m.)*   carry-on bag, 12
bonito(a)   pretty, attractive, 5
borrador *(m.)*   eraser, LP
bota *(f.)*   boot, 7
botella *(f.)*   bottle, 3
botones *(m.)*   bellhop, 13
brazo *(m.)*   arm, 10
brócoli *(m.)*   broccoli, 14
bueno(a)   good, 4; okay, 3; **buenas noches**   good evening, good night, LP; **buenas tardes**   good afternoon, LP; **buenos días** good morning, LP
bufanda *(f.)*   scarf, 7
buscar   to look up, to look for, 6; to pick up, 10
búsqueda *(f.)*   search, 15

C

caballero *(m.)*   gentleman, 5
cabeza *(f.)*   head, 10
cacerola *(f.)*   saucepan, 15
cada   each, every, 3
caerse   to fall down, 10
café *(m.)*   coffee, 2; —— **con leche** coffee with milk, 3; **café** (restaurant), 4; —— **al aire libre** *(m.)* outdoor cafe, 4; *(adj.)* brown, LP
cafetera *(f.)*   coffeepot, 15
cafetería *(f.)*   cafeteria, 2
caja de seguridad *(f.)*   safe-deposit box, 13
cajero(a) *(m., f.)*   cashier, 3; teller, 6; —— **automático** *(m.)*   automatic teller machine, 6
calcetín *(m.)*   sock, 7
calefacción *(f.)*   heating, 13

calidad *(f.)*   quality, 7
cálido(a)   hot, 9
caliente   hot, 13
calle *(f.)*   street, 13
calzar   to wear a certain size, 7
calzoncillos *(m. pl.)*   undershorts, 7
cama *(f.)*   bed, 13; —— **chica (pequeña)** *(f.)*   twin bed, 13; —— **doble** *(f.)*   double bed, 13; —— **matrimonial** *(f.)*   double bed, 13
camarero(a) *(m., f.)*   waiter, waitress, 4
camarón *(m.)*   shrimp, 9
cambiar   to change, 12; —— **de avión**   to change planes, 12
cambio: —— de moneda *(m.)*   rate of exchange, 13
caminar   to walk, 10
camisa *(f.)*   shirt, 7
camiseta *(f.)*   T-shirt, 7
camisón *(m.)*   nightgown, 7
campo *(m.)*   country, 9; field, 2
cancelar   to cancel, 13
cangrejo *(m.)*   crab, 9
cansado(a)   tired, 4
cantidad *(f.)*   amount, 7
capital *(f.)*   capital, 4
cara *(f.)*   face, 11
¡caramba!   gee!, wow!, 2
cargo *(m.)*   fee, 7
cariño *(m.)*   love (term of endearment), 15
carne *(f.)*   meat, 8; —— **asada** *(f.)*   roast beef, 9
carnicería *(f.)*   meat market, 8
caro(a)   expensive, 11
carro *(m.)*   automobile, 10
carta *(f.)*   letter, 6
cartera *(f.)*   handbag, purse, 7
casa *(f.)*   house, 5; **en ——**   at home, 5
casarse (con)   to marry, to get married (to), 14
caset *(m.)*   (cassette) tape, 5
casi   almost, 9
caso *(m.)*   case, 11; **en ese ——**   in that case, 11
castaño(a)   brown *(hair or eyes)*, 5
catalán(-ana)   person from Catalonia (Catalonian), 15
catarro *(m.)*   cold, 11
catorce   fourteen, 1

cebolla *(f.)*   onion, 8
celebrar   to celebrate, 9
cena *(f.)*   dinner, 9
cenar   to have dinner (supper), 9
centro *(m.)*   downtown area, 15
cerca (de)   near, 3; —— **de aquí**   near here, 11
cerdo *(m.)*   pork, 9
cereal *(m.)*   cereal, 8
cero   zero, LP
cerrar (e > ie)   to close, 5
certificado(a)   certified, 6
cerveza *(f.)*   beer, 5
césped *(m.)*   lawn, 14
chaleco *(m.)*   vest, 7
chaqueta *(f.)*   jacket, 7
chau   bye, 1
cheque *(m.)*   check, 3; —— **de viajero** *(m.)*   traveler's check
chica *(f.)*   girl, 5
chico *(m.)*   boy, 5
chico(a)   little, 9
chino *(m.)*   Chinese (language), 3
chocar (con)   to run into, to collide (with), 10
chocolate *(m.)*   chocolate, 9; —— **caliente** *(m.)*   hot chocolate, 3
chorizo *(m.)*   sausage, 9
chuleta *(f.)*   chop (of meat), 9
cibernética *(f.)*   computer science, 2
ciclón *(m.)*   cyclone, 9
cielo *(m.)*   sky, 9
cien (ciento)   one hundred, 1
ciencias políticas *(f. pl.)*   political science, 3
cierto(a)   true, 13
cigüeña *(f.)*   stork, 5
cinco   five, LP
cincuenta   fifty, 1
cine *(m.)*   movies, movie theater, 4
cinta *(f.)*   tape, 5
cinto *(m.)*   belt, 7
cinturón *(m.)*   belt, 7
ciudad *(f.)*   city, 6
claramente   clearly, 8
claro(a)   clear, 8; **¡claro (que sí)!**   of course!, 15; **¡claro que no!**   of course not!, 15
clase *(f.)*   class, 2; classroom, LP
clasificado(a)   classified, 15
clavar la pupila   to stare, 15

clima *(m.)*   climate, 2
club *(m.)*   club, 4; —— **nocturno** *(m.)*   nightclub, 5
cobrar   to charge, 12; —— **un cheque**   to cash a check, 6
cocina *(f.)*   kitchen, 9; stove, 9
cocinar   to cook, 9
coche *(m.)*   car, 8; automobile, 10
codo *(m.)*   elbow, 11
colador *(m.)*   strainer, 15
combinación *(f.)*   slip, 7
comedor *(m.)*   dining room, 13
comenzar (e > ie)   to start, to begin, 5
comer   to eat, 3
comestibles *(m. pl.)*   groceries (food items), 8
comida *(f.)*   food, meal, 8
como   as, 2; like, 13; —— **si**   as if, 15
¿cómo?   pardon, 1; how, 1; **¿—— es...?**   what is . . . like?, 5; **¿—— está usted?**   how are you?, 1; **—— no**   of course, sure, 5; **¿—— se dice...?**   how do you say . . . ?, 1; **¿—— se llama usted?**   what is your name *(form.)*?, 1; **¿—— te llamas?**   what is your name *(fam.)*?, 1; —— **siempre**   as usual, always, 3; **¿a —— está el cambio de moneda?**   what's the rate of (monetary) exchange?, 13
cómoda *(f.)*   chest of drawers, 15
compañero(a) de cuarto *(m., f.)*   roommate, 5
compañía *(f.)*   company, 15
completamente   completely, 8
completo(a)   complete, 8
comprar   to buy, 6
comprobante *(m.)*   claim check, 12
comprometerse (con)   to get engaged (to), 14
comprometido(a)   engaged (to be married), 15
compromiso *(m.)*   engagement, 5
con   with, 1; —— **tal (de) que**   provided that, 13
concierto *(m.)*   concert, 4
condimentar   to season (food), 9
conducir   to drive, 8
confiar en   to trust, 14
confirmar   to confirm, 13

conmigo with me, 5
conocer to know, to be acquainted with, 4
conseguir (e > i) to obtain, to get, 6
consultorio *(m.)* doctor's office, 11
contabilidad *(f.)* accounting, 3
contigo with you, 5
convencer to convince, 15
convenir (en) to agree (on), 14
conversar to talk, converse, 2
copa *(f.)* wineglass, 9
corazón *(m.)* heart, 11
corbata *(f.)* tie, 7
cordero *(m.)* lamb, 9
correo *(m.)* post office, 6
correr to run, 3
cortar to cut, 14; —— **el césped** to mow the lawn, 14
cortina *(f.)* curtain, drape, 15
cosa *(f.)* thing, 8
costar (o > ue) to cost, 6; —— **un ojo de la cara** to cost an arm and a leg, 15
creer to think, to believe, 5
crema *(f.)* cream, 9
criada *(f.)* maid, 14
crucero *(m.)* cruise, 13
crudo(a): medio —— rare, 9
cuaderno *(m.)* notebook, LP
¿cuál? *(pl. ¿cuáles?)* which?, what?, 2
cualquier(a) any, 12; **en cualquier momento** at any time, 6
cuando when, 13
¿cuándo? when?, 2
¿cuánto(a)? how much?, 2; **¿por cuánto tiempo?** how long?, 13
¿cuántos(as)? how many?, 2
cuarenta forty, 1
cuarto *(m.)* room, 13; —— **de baño** *(m.)* bathroom, 13; quarter, 2; **menos** —— quarter to, 2; **y** —— quarter past or after, 2
cuatro four, LP
cuatrocientos(as) four hundred, 3
cubano(a) *(m., f.)* Cuban, 1
cubrir to cover, 9
cuchara *(f.)* spoon, 14
cucharada *(f.)* spoonful, 9
cucharita *(f.)* teaspoon, 9
cuchillo *(m.)* knife, 14

cuello *(m.)* neck, 11; collar, 7
cuenta *(f.)* account, 6; bill, check *(at a restaurant)*, 9; —— **de ahorros** savings account, 6; —— **corriente** checking account, 6
cuerpo *(m.)* body, 11
cuidarse to take care of oneself, 11
cumpleaños *(m. s.)* birthday, 5
cuñada *(f.)* sister-in-law, 5
cuñado *(m.)* brother-in-law, 5
curita *(f.)* adhesive bandage, 11

D

danza aeróbica *(f.)* aerobics, 3
dar to give, 4; —— **derecho** to entitle, 7
darse cuenta (de) to notice, to realize, 14
darse prisa to hurry up, 14
de of, 2; in, 2; from 12; about 6; with, 12; —— **la mañana (noche, tarde)** in the morning (evening, afternoon), 2
debajo de under, 12
deber to have to, must, should, 3
decidir to decide, 3
decir (e > i) to say, to tell, 5; **¿Cómo se dice...?** How do you say...?, 1
dedo *(m.)* finger, 11; —— **del pie** toe, 11
dejar to leave (behind), 8; let, 9; —— **enfriar** to let it cool, 9; —— **para mañana lo que uno puede hacer hoy** to procrastinate, 11
delgado(a) slim, thin, 5
demasiado(a) too much, 12
departamento *(m.)* department, 6; —— **de caballeros** *(m.)* men's department, 7
dependiente(a) *(m., f.)* clerk, 7
deporte *(m.)* sport, 4
depositar to deposit, 6
depósito *(m.)* deposit, 15
derecho(a) right, 7; **a la derecha** to the right, 7
derretir (e > i) to melt, 9
desayunar to have breakfast, 9
desayuno *(m.)* breakfast, 13
descubrir to discover, 3

descuento *(m.)* discount, 7
desde from, 9
desear to wish, to want, 2
desgraciadamente unfortunately, 8
desmayarse to lose consciousness, to faint, 10
desocupar to vacate, 13; —— **el cuarto** to check out of a hotel room, 13
despacio slow, P2; **más** —— slower, 1
despejado(a) clear *(sky)*, 9
despertarse (e > ie) to wake up, 7
después (de) after, 9; afterwards, 4
detergente *(m.)* detergent, 8
día *(m.)* day, LP; **al** —— per day, 2; **al** —— **siguiente** (on) the following (next) day, 4; **el último** —— **para...** the last day to..., 3
diario *(m.)* newspaper, diary, 11
diccionario *(m.)* dictionary, LP
dicho(a) said, 10
diciembre December, 2
dictado *(m.)* dictation, LP
diecinueve nineteen, 1
dieciocho eighteen, 1
dieciséis sixteen, 1
diecisiete seventeen, 1
diente *(m.)* tooth, 11
diez ten, LP
difícil difficult, 2
diligencia *(f.)* errand, 6
dinero *(m.)* money, 5
dirección *(f.)* address, 10
disco *(m.)* record, 5; —— **compacto** *(m.)* compact disc (CD), 5
disponible vacant, available, 13
divertirse (e > ie) to have fun, 8
doce twelve, 1
docena *(f.)* dozen, 8
doctor (Dr.) *(m.)* doctor, 1; M.D., 10
doctora (Dra.) *(f.)* doctor, 1; M.D., 10
doctorado *(m.)* Ph.D., 1
documento *(m.)* document, 13
dólar *(m.)* dollar, 3
doler (o > ue) to hurt, to ache, 10
dolor *(m.)* pain, 10; —— **de cabeza** *(m.)* headache, 11

domingo *(m.)* Sunday, LP
¿dónde? where?, 2; **¿de ——?** where from?, 2
dorado(a) golden brown, 9
dormir (o > ue) to sleep, 5; **—— se** to fall asleep, 11
dormitorio *(m.)* bedroom, 15
dos two, LP; **somos ——** there are two of us, 13
doscientos(as) two hundred, 3
ducha *(f.)* shower, 13
dudar to doubt, 13
dueño(a) *(m., f.)* owner, 13
durante during, 11
durar to last, 2
durazno *(m.)* peach, 8

E

educación *(f.)* education, 6
efectivo *(m.)* cash, 6
ejercicio *(m.)* exercise, LP
el *(m. sing.)* the, 1
él he, 1; *(obj. of prep.)* him, 5
elegante elegant, 7
elegir (e > i) to choose, 15
ella she, 1; *(obj. of prep.)* her, 5
ellas *(f.)* they, 1; *(obj. of prep.)* them, 5
ellos *(m.)* they, 1; *(obj. of prep.)* them, 5
embarazada pregnant, 11
emergencia *(f.)* emergency, 10
empezar (e > ie) to start, to begin, 5
empleado(a) *(m., f.)* clerk, 6
en in, at, on, LP; inside, over, 12; **—— cuanto** as soon as, 13; **—— seguida** right away, 10; **—— serio** seriously, 15
enamorarse (de) to fall in love (with), 14
encantado(a) delighted, 1
encantarle a uno to love, to like very much, 15
encargado(a) *(m., f.)* manager, superintendent, 15
encontrar (o > ue) to find, 6
enero January, 2
enfermero(a) *(m., f.)* nurse, 10
enfermo(a) sick, 5
enhorabuena *(f.)* congratulations, 5

ensalada *(f.)* salad, 3; **—— mixta** *(f.)* mixed salad, 9
enseñar to show, 12
entender (e > ie) to understand, 11
entonces then, in that case, 5
entrar (en) to enter, to go (in), 6
entre between, LP; **—— semana** during the week, 12
enviar to send, 6
enyesar to put a cast on, 10
época *(f.)* time *(period)*, 11
equipaje *(m.)* luggage, 12
escala *(f.)* stopover, 12
escalera *(f.)* stairs, 10
escoba *(f.)* broom, 14
escoger to choose, 15
escribir to write, 3
escrito(a) written, 10
escritorio *(m.)* desk, LP
escuchar to listen (to), 15
escuela *(f.)* school, 8
ese, esos, esa(s) *(adj.)* that, those *(nearby)*, 6
ése, ésos, ésa(s) *(pron.)* that (one), those, 6
eso *(neut. pron.)* that, 6
espacio *(m.)* space, 15; **—— para estacionar** *(m.)* parking space, 15
espaguetis *(m. pl.)* spaghetti, 9
espalda *(f.)* back, 10
España Spain, 13
español *(m.)* Spanish *(language)*, 2; **español(a)** Spanish, 1
especialidad *(f.)* specialty, 9
especialmente especially, 8
esperar to wait (for), 10; to hope, 11
esposa *(f.)* wife, 4
esposo *(m.)* husband, 4
esquiar to ski, 5
esquina *(f.)* corner, 10
esta *(adj.)* this, 6; *(pron.)* this (one), 6
estación *(f.)* station, 15
estacionar to park, 15
estadio *(m.)* stadium, 4
estado *(m.)* state, 3
estampilla *(f.)* stamp, 6
estar to be, 4; **¿está bien?** is it okay?, LP

estatura *(f.)* height, 5; **de —— mediana** of medium height, 5
este, estos, esta(s) *(adj.)* this, these, 6
éste, éstas, ésta(s) *(pron.)* this (one), these, 6
esto *(neut. pron.)* this, 6
estómago *(m.)* stomach, 11
estrecho(a) narrow, 7
estudiante *(m., f.)* student, LP
estudiar to study, 2
estupendo(a) great, wonderful, 15
examen *(m.)* exam, LP
examinar to examine, to check, 11
exceso *(m.)* excess, 12; **—— de equipaje** *(m.)* excess baggage (charge), 12
excursión *(f.)* tour, excursion, 12
exterior *(m.)* exterior, 13
extra extra, 13

F

fácil easy, 2
fácilmente easily, 8
falda *(f.)* skirt, 7
farmacéutico(a) *(m., f.)* pharmacist, 11
farmacia *(f.)* pharmacy, 8
fe *(f.)* faith, 11
febrero February, 2
feliz happy, 1
fiebre *(f.)* fever, 11
fiesta *(f.)* party, 4; **—— de bienvenida** welcome party
fijarse to check, to notice, 14
fin *(m.)* end; **—— de semana** *(m.)* weekend, 4; **por ——** finally, 6
firmar to sign, 13
física *(f.)* physics, 2
flan *(m.)* caramel custard, 9
flor *(f.)* flower, 14
florero *(m.)* vase, 14
folleto *(m.)* brochure, 12
fondo *(m.)* depth, 15
formar parte (de) to become part (of), 2
fortaleza *(f.)* fortress, 4
fractura *(f.)* fracture, 10
fracturar(se) to fracture, 10
francamente frankly, 8
francés *(m.)* French *(language)*, 3

franco(a) frank, 8
frecuente frequent, 8
frecuentemente frequently, 8
fregadero *(m.)* sink, 14
fregar (e > ie) to wash (dishes), 14
freir to fry, 9
freno *(m.)* brake, 14
fresa *(f.)* strawberry, 9
frío(a) cold, 13; iced, 3
frito(a) fried, 9
fruta *(f.)* fruit, 4
fuego *(m.)* fire, 9; **a —— lento** at low temperature, 9
fumar to smoke, 12
funcionar to work, to function, 14
funda *(f.)* pillowcase, 14
fundar to found, 2
fútbol *(m.)* soccer, 4

G

gamba *(f.)* shrimp, 9
ganado *(m.)* cattle, 11
garaje *(m.)* garage, 14
garganta *(f.)* throat, 11
gastar to spend *(money)*, 8
general general, 8
generalmente generally, 8
gente *(f.)* people, 6
gentil charming, kind, 5
geografía *(f.)* geography, 3
geología *(f.)* geology, 3
gerente *(m., f.)* manager, 13
giro postal *(m.)* money order, 6
goma de borrar *(f.)* eraser, 1
gota *(f.)* drop, 11; **——s para la nariz** *(f. pl.)* nose drops, 11
gracias thank you, 1
grado *(m.)* degree, 11
graduar(se) to graduate, PM
grande, gran big, 5
gratis free, 6
gripe *(f.)* flu, 11
gris gray, LP
grupo *(m.)* group, 5
guante *(m.)* glove, 7
guapo(a) handsome, good-looking, 5
guerra *(f.)* war, 2
gustar to like, to be pleasing to, 7

gusto pleasure, 1; **el —— es mío** the pleasure is mine, 1; **mucho ——** it's a pleasure to meet you; how do you do?, 1

H

Habana *(f.)* Havana, 1
haber *(auxiliary verb)* to have, 10
habitación *(f.)* room, 13
hablar to speak, 2; **habla... (nombre)** this is . . . (name) speaking, 5
hacer to do, to make, 4; **hace... . . .** ago, 9; **—— buen (mal) tiempo** to be good (bad) weather, 9; **—— calor** to be hot, 9; **—— cola** to stand in line, 6; **—— diligencias** to run errands, 6; **—— ejercicio** to exercise, 11; **—— escala** to stop over, 12; **—— frío** to be cold, 9; **—— sol** to be sunny, 9; **—— viento** to be windy, 9
hambre *(f.)* hunger, 4; **tener ——** to be hungry, 4
hamburguesa *(f.)* hamburger, 9
hasta until, 5; **—— luego** (I'll) see you later, so long, LP; **—— mañana** (I'll) see you tomorrow, LP; **—— que** *(conj.)* until, 13
hay there is, there are, LP
hecho(a) made, done, 10
helado *(m.)* ice cream, 9
helado(a) iced, 3
herida *(f.)* wound, 10
hermana *(f.)* sister, 4
hermanastra *(f.)* stepsister, 15
hermanastro *(m.)* stepbrother, 15
hermano *(m.)* brother, 4
hermoso(a) beautiful, 5
hielo *(m.)* ice, 3
hija *(f.)* daughter, 8
hijastra *(f.)* stepdaughter, 15
hijastro *(m.)* stepson, 15
hijo *(m.)* son, 8
hijos *(m. pl.)* children, 5
historia *(f.)* history, 2
hogar *(m.)* home, 5
hola hello, hi, LP
hombre *(m.)* man, 1

hora *(f.)* hour, 2; time, 13; **¿qué —— es?** what time is it?, 2; **¿a qué ——?** at what time?, 2
horario de clases *(m.)* class schedule, 2
horno *(m.)* oven, 14; **al ——** baked, 9; **—— de microonda** microwave oven, 15
hospedarse to stay, to lodge (i.e., at a hotel), 13
hospital *(m.)* hospital, 10
hotel *(m.)* hotel, 9
hoy today, 3; **—— mismo** this very day, 15
hubo there was, there were, 8
huevo *(m.)* egg, 8
húmedo(a) humid, 9
huracán *(m.)* hurricane, 9

I

ida *(f.)* departure, 12; **de ——** one-way, 12; **de —— y vuelta** round-trip, 12
idea *(f.)* idea, 4
identificación *(f.)* identification, 3
idioma *(m.)* language, 3
iglesia *(f.)* church, 5
impermeable *(m.)* raincoat, 9
importante important, 5
importar to matter, 6
incluir to include, 12
infección *(f.)* infection, 11
información *(f.)* information, 6
informática *(f.)* computer science, 2
ingeniería *(f.)* engineering, 7
ingeniero(a) *(m., f.)* engineer, 11
inglés *(m.)* English *(language)*, 2; **inglés(esa)** English *(person)*, 1
ingreso *(m.)* income, 5
inscribirse to sign up, 7
insistir en to insist on, 14
inteligente intelligent, 5
interés *(m.)* interest, 6
interesante interesting, 4
interior interior, 13
internacional international, 9
invierno *(m.)* winter, 2
invitación *(f.)* invitation, 5
invitado(a) invited, 4
invitar to invite, 15

inyección *(f.)* injection, 10
ir to go, 4; —— **de compras** to go shopping, 7; —— **a nadar** to go swimming, 4; ——**se** to go away, 9; ——**(se) de vacaciones** to go on vacation, 12
istmo *(m.)* isthmus, 6
italiano *(m.)* Italian *(language)*, 3
izquierdo(a) left, 7; **a la izquierda** to the left, 7

J

jabón *(m.)* soap, 8
jamás never, 6
jamón *(m.)* ham, 9
jarabe *(m.)* syrup, 11
jardín *(m.)* garden, 11
jefe(a) *(m., f.)* boss, 4
joven young, 5
jóvenes *(m. pl.)* young people, 5
joya *(f.)* jewel, 13; *(pl.)* jewelry, 13
juego *(m.)* game, 4
jueves *(m.)* Thursday, LP
jugador(a) *(m., f.)* player, 4
jugar to play (i.e., a game) 8; —— **al tenis** to play tennis, 4
jugo *(m.)* juice, 9; —— **de naranja** orange juice, 3
julio July, 2
junio June, 2
junto (a) next (to), 7

L

la *(f. sing.)* the, 1; *(pron.)* her, you, it, 6
laboratorio de lenguas *(m.)* language lab, 2
lágrima *(f.)* tear, 15
lámpara *(f.)* lamp, 15
langosta *(f.)* lobster, 9
lápiz *(m.)* pencil, LP
las *(f. pl.)* the, 1; *(pron.)* them, you, 6
lastimarse to get hurt, 11
Latinoamérica *(f.)* Latin America, 2
lavadora *(f.)* washing machine, 15
lavaplatos *(m.)* dishwasher, 15
lavar to wash, 14; —— **en seco** to dry clean, 14

le (to) him, (to) her, (to) you *(form.)*, 7
lección *(f.)* lesson, LP
leche *(f.)* milk, 2
lechuga *(f.)* lettuce, 8
leer to read, 5
lejía *(f.)* bleach, 8
lejos far (away), 4
lengua *(f.)* language, 2; tongue, 11
lentamente slowly, 8
lento(a) slow, 8
les (to) them, (to) you *(pl. form.)*, 7
letrero *(m.)* sign, 3
levantar(se) to raise, LP; to get up, 7
libertad *(f.)* liberty, 2
libre free, 4; vacant, available, 13
librería *(f.)* bookstore, 3
libro *(m.)* book, LP
licencia para conducir (manejar) *(f.)* driver's license, 3
licuadora *(f.)* blender, 15
limpiar to clean, 8; —— **en seco** to dry clean, 14
limpieza *(f.)* cleaning, 15
liquidación *(f.)* sale, 7
lista de espera *(f.)* waiting list, 13
listo(a) ready, 9
literatura *(f.)* literature, 2
llamada *(f.)* call, 12; —— **tele-fónica** *(f.)* phone call, 11
llamar to call, 4; —— **a la puerta** to knock at the door, 14; —— **por teléfono** to phone, 5
llamarse to be named, 1; **¿cómo se llama?** what is your name *(form.)*?, 1; **¿cómo te llamas?** what is your name *(fam.)*?, 1; **me llamo...** my name is . . . , 1
llave *(f.)* key, 13
llegada *(f.)* arrival, 13
llegar to arrive, 5; —— **tarde (temprano)** to be late (early), 13
llevar to take (someone or something someplace), 4; to wear, 7; —— **a cabo** to carry out, 5; —— **el nombre de** to be named, 5
llover (o > ue) to rain, 9
lluvia *(f.)* rain, 9
lo him, you, it, 6; —— **importante** the important thing, 5; —— **siento** I'm sorry, 1

los *(m. pl.)* the, 1; *(pron.)* them, you *(form.)*, 6
luego then, later, 9
lugar *(m.)* place, 13; **en** —— **de** in place of, 5; —— **de interés** *(m.)* place of interest, 13
luna de miel *(f.)* honeymoon, 15
lunes *(m.)* Monday, LP
luz *(f.)* light, 1

M

madera *(f.)* wood, 15
madrastra *(f.)* stepmother, 15
madre *(f.)* mother, 4
madrina *(f.)* godmother, 15
madrugada *(f.)* early morning (pre-dawn), 11
magnífico(a) great, 5
mal badly, 5; poorly, 11
maleta *(f.)* suitcase, 12
maletín *(m.)* hand luggage, small suitcase, 13
malo(a) bad, 5
mamá *(f.)* mom, 4
mandar to send, 6; to order, 11; **¿mande?** *(Mex.)* pardon?, 1
manga *(f.)* sleeve, 7
mano *(f.)* hand, LP
mantel *(m.)* tablecloth, 14
mantequilla *(f.)* butter, 8
manzana *(f.)* apple, 8
mañana tomorrow, morning, LP; **por la** —— in the morning, LP; —— **por la** —— tomorrow morning, 3
mapa *(m.)* map, LP
mar *(m.)* ocean, 13; sea, 15
marisco *(m.)* shellfish, 9
marrón brown, LP
martes *(m.)* Tuesday, LP
marzo March, 2
más more, 5; plus, 1; —— **de** more than, 13; —— **...que** more . . . than, 5
matemáticas *(f. pl.)* mathematics, 2
materia *(f.)* course, subject, 2
matrícula *(f.)* registration, 3
mayo May, 2
mayor older, bigger, 5; **(el, la)** —— oldest, biggest, 5; —— **comodi-dad** extra convenience, 7

me *(obj. pron.)*   me, 6; (to) me, 7;
   (refl. pron.) (to) myself, 7
media hermana *(f.)*   half sister, 15
mediano(a)   medium, 5
medicina *(f.)*   medicine, 10
médico(a) *(m., f.)*   doctor, M.D., 10
medida *(f.)*   measure, 7
medio(a)   half; **media hora**   half
   an hour, 13; **y media** half past, 2
medio hermano *(m.)*
   half brother, 15
mediodía *(m.)*   noon, 13; **al** ——
   at noon, 13
mejor   better, 5; **(el, la)** ——
   best, 5
mejorar   to improve, 11
mejorarse   to get better, 11
melocotón *(m.)*   peach, 8
memoria *(f.)*   memory, 4
menor   younger, smaller, 5; **(el, la)**
   ——   youngest, smallest, 5
menos   less, 5; minus, 1; to, till, 2;
   —— **...que**   less . . . than, 5;
   —— **mal**   thank goodness, 8
mensual   monthly, 7
mentir (e > ie)   to lie, 11
menú *(m.)*   menu, 9
mercado *(m.)*   market, 8; —— **al**
   aire libre *(m.)*   outdoor market, 8
merienda *(f.)*   afternoon snack, 9
mermelada *(f.)*   jam, marmalade, 9
mes *(m.)*   month, 9
mesa *(f.)*   table, 1
mesero(a) *(m., f.)*   waiter *(Mex.)*, 4
mesita de noche *(f.)*   night table, 15
meta *(f.)*   goal, 11
metro *(m.)*   subway, 15
mexicano(a) *(m., f.)*   Mexican, 1
mezcla *(f.)*   mixture, 6
mezclar   to mix, 9; to unite, 13
mi(s)   my, 3
mí *(obj. of prep.)*   me, 5
mientras   while, 7
miércoles *(m.)*   Wednesday, LP
mil   one thousand, 3
millón *(m.)*   million, 13
mineral *(m.)*   mineral, 3
minuto *(m.)*   minute, 6
mío(a), míos(as) *(pron.)*   mine, 9
mirada *(f.)*   glance, 15
mismo(a)   same, 7; **lo** ——   the
   same thing, 9

momento *(m.)*   moment, 6
moneda *(f.)*   coin, 14
montar a caballo   to go horseback
   riding, 5
morado(a)   purple, LP
moreno(a)   dark, brunette, 5
morir (o > ue)   to die, 8
mostrar (o > ue)   to show, 12
mozo *(m.)*   waiter, 4
muchacha *(f.)*   girl, 5; maid, 14
muchacho *(m.)*   boy, 5
mucho(a)   much, 5; —— **gusto**
   it's a pleasure to meet you; how
   do you do?, 1
muchos(as)   many, 3; **muchas**
   gracias   thank you very much, 1
mudarse   to move (relocate), 7
muebles *(m. pl.)*   furniture, 15
muerto(a)   dead, 10
mujer *(f.)*   woman, 1
muletas *(f. pl.)*   crutches, 10
mundo *(m.)*   world, 15
muñeca *(f.)*   wrist, 11
muro *(m.)*   wall, 15
museo *(m.)*   museum, 5
música *(f.)*   music, 3
muy   very, 1

N

nada   nothing, 6; **de** ——   you're
   welcome, 1; —— **más**   nothing
   else, 6
nadar   to swim, 4
nadie   nobody, no one, 6
naranja *(f.)*   orange, 8
nariz *(f.)*   nose, 11
necesitar   to need, 2
negro(a)   black, LP
nevada *(f.)*   blizzard, 9
nevar (e > ie)   to snow, 9
ni   neither, nor, 6
niebla *(f.)*   fog, 9
nieta *(f.)*   granddaughter, 5
nieto *(m.)*   grandson, 5
ningún, ninguno(a)   none, not
   any, no one, nobody, 6; no, 6
niño(a) *(m., f.)*   child, 8
nivel *(m.)*   level, 2
no   no, LP; —— **importa**   it
   doesn't matter, 6; —— **lo creo**   I
   don't believe it, 11

noche *(f.)*   night, LP; **esta** ——
   tonight, 4; **por la** ——   in the
   evening, at night, LP
nombre *(m.)*   name, 5
normal   normal, 8
normalmente   normally, 8
norte *(m.)*   north, 13
norteamericano(a) *(m., f.)*   North
   American, 1
nos *(obj. pron.)*   us, 6; (to) us, 7;
   (to) ourselves, 7; —— **vemos**   I'll
   see you, 1
nosotros(as)   we, 1; *(obj. of prep.)*
   us, 5
novecientos(as)   nine hundred, 3
novela *(f.)*   novel, 4
noventa   ninety, 1
novia *(f.)*   girlfriend (steady), 3;
   bride, 5
noviembre   November, 2
novio *(m.)*   boyfriend (steady), 3
nublado(a)   cloudy, 9
nuera *(f.)*   daughter-in-law, 5
nuestro(s), nuestra(s) *(adj.)* our, 3;
   (pron.) ours, 9
nueve   nine, LP
nuevo(a)   new, 7
número *(m.)*   number, 6
nunca   never, 6

O

o   or, 5; **o... o**   either . . . or, 6
obra *(f.)*   work (e.g., of art), 14
ochenta   eighty, 1
ocho   eight, LP
ochocientos(as)   eight hundred, 3
octubre   October, 2
ocupado(a)   busy, 14; occupied, 13
oeste *(m.)*   west, 13
oficina *(f.)*   office, 6; —— **de**
   correos   post office, 6
oído *(m.)*   (inner) ear, 11
ojalá   I hope, 11
ojo *(m.)*   eye, 5
olvidar(se) (de)   to forget, 14
ómnibus *(m.)*   bus, 10
once   eleven, 1
oreja *(f.)*   (external) ear, 11
oro *(m.)*   gold, 2
os *(fam. pl. obj. pron)* you, 6; (to)
   you, 7; (to) yourselves, 7

otoño *(m.)* autumn, 2
otro(a) other, another, 6
oye listen, 2

P

paciencia *(f.)* patience, 14
padrastro *(m.)* stepfather, 15
padre *(m.)* father, 4
padres *(m. pl.)* parents, 4
padrino *(m.)* godfather, 15
padrinos *(m. pl)* godparents, 15
pagar to pay, 3
página *(f.)* page, LP
país *(m.)* country, 15
palabra *(f.)* word, LP
pan *(m.)* bread, 8; —— **tostado** toast, 9
panadería *(f.)* bakery, 8
panqueque *(m.)* pancake, 9
pantalón, pantalones *(m.)* pants, trousers, 7
pantimedias *(f. pl.)* pantyhose, 7
papa *(f.)* potato, 8; ——**s fritas** french fries, 9
papá *(m.)* dad, 4
papanicolaus *(m.)* pap smear, 11
papel *(m.)* paper, 1; —— **higiénico** toilet paper, 8
par *(m.)* pair, 7
para for, 4; in order to, 9; —— **que** in order that, 13; ¿—— **qué?** what for?, 9
paraguas *(m.)* umbrella, 9
parar to stop, 10
parecer to seem, 10
pareja *(f.)* couple, 4; **la feliz** —— the happy couple, 5
pariente(a) *(m., f.)* relative, 15
parque *(m.)* park, 8; —— **de diversiones** amusement park, 5
parquear to park, 15
parte *(f.)* part, 6; **la tercera** —— one-third, 9
partido *(m.)* game, 4; —— **de básquetbol** *(m.)* basketball game, 5
pasado(a) last, 7
pasaje *(m.)* ticket, 12
pasajero(a) *(m., f.)* passenger, 12
pasaporte *(m.)* passport, 12

pasar to happen, 10; to spend (time), 13; —— **la aspiradora** to vacuum, 14; —— **por la aduana** to go through customs, 13; **pase** come in, 1
pasatiempo *(m.)* pastime, 11
pastel *(m.)* pastry, cake, pie, 8
pastilla *(f.)* pill, 10
patata *(f.)* potato, 8
patinar to skate, 4
patio *(m.)* patio, 13
pecho *(m.)* chest, 11
pedazo *(m.)* piece, 9
pedido *(m.)* order, 9
pedir (e > i) to ask for, to request, 6; to order, 8; —— **turno** to make an appointment, 10
pelar to peel, 9
pelo *(m.)* hair, 5
penicilina *(f.)* penicillin, 11
pensar (e > ie) to think, 5; —— + *infinitive* to plan to (do something), 5
pensión *(f.)* boarding house, 13; —— **completa** *(f.)* room and board, 13
peor worse, 5; **(el, la)** —— worst, 5
pequeño(a) small, 2; little, 9
pera *(f.)* pear, 8
perder (e > ie) to lose, 6; —— **el conocimiento** to lose consciousness, to faint, 10
perdón sorry, 1; excuse me, 9
perfecto(a) perfect, 3
periódico *(m.)* newspaper, 8
permiso excuse me, 1
pero but, 3
perro(a) *(m., f.)* dog, 14; —— **caliente** *(m.)* hot dog, 9
persona *(f.)* person, 12
pescadería *(f.)* fish market, 8
pescado *(m.)* fish, 8
peso *(m.)* weight, 11
picnic *(m.)* picnic, 5; **de** —— on a picnic, 5
pie *(m.)* foot, 11
pierna *(f.)* leg, 10
pijama, pijamas *(m.)* pajamas, 7
pimienta *(f.)* pepper, 14
pintar to paint, 15
pintura *(f.)* painting, 14

piscina *(f.)* swimming pool, 4
piso *(m.)* floor, 8; *(Spain)* apartment, 15
pizarra *(f.)* chalkboard, LP; —— **de anuncios** bulletin board, 1
plancha *(f.)* iron, 15
planchar to iron, 14
planear to plan, 4
plástico *(m.)* plastic, 5
plata *(f.)* silver, 9
platillo *(m.)* saucer, 9
plato *(m.)* dish, plate, 14
playa *(f.)* beach, 5
pluma *(f.)* pen, LP
poco(a) little, 3; few, 2; **un** —— a little, 7
poder (o > ue) to be able to, can, 6
poema *(m.)* poem, 4
poesía *(f.)* poetry, 15
pollo *(m.)* chicken, 9
polvo *(m.)* powder, 11
ponche *(m.)* punch *(beverage)*, 5
poner to put, 7; —— **una inyección** to give a shot, 10; —— **la mesa** to set the table, 14; ——**se** to put on, 7
por for, per, 3; through, along, by, via, because of, on account of, on behalf of, 9; —— **ciento** percent, 6; —— **favor** please, LP; —— **fin** finally, 6; —— **la mañana (noche, tarde)** in the morning (evening, afternoon), LP; —— **medio de** by, through, 7; —— **noche** per night, 13; —— **vía aérea** air mail, 6
porque because, 2
¿por qué? why?, 2
portugués *(m.)* Portuguese *(language)*, 3
posible possible, 8
posiblemente possibly, 8
postre *(m.)* dessert, 9; **de** —— for dessert, 9
precio *(m.)* price, 13
preferir (e > ie) to prefer, 5
preguntar to ask *(a question)*, 9
prender to pin, 15
preocuparse to worry, 15
prepararse get ready, 7; to prepare oneself, 11

presente present, here, LP

préstamo *(m.)* loan, 6

primavera *(f.)* spring, 2

primer(a) first, LP; ——**a clase** *(f.)* first-class, 13; ——**a vez** first time, 14

primo(a) *(m., f.)* cousin, 5

privado(a) private, 13

probador *(m.)* fitting room, 7

probar(se) (o > ue) to try (on), 7

problema *(m.)* problem, 2

profesor(a) *(m., f.)* professor, LP

programa *(m.)* program, 2

prometido(a) *(m., f.)* fiancé(e), 5

pronto soon, 11

propina *(f.)* tip (for service), 9

propio(a) own, 2

propósito *(m.)* purpose, 7

próximo(a) next, 5

prueba *(f.)* quiz, test, LP

psicología *(f.)* psychology, 3

puerta *(f.)* door, LP; —— **de salida** *(f.)* boarding gate, 12

puesto *(m.)* job, position, 15

puesto(a) put, placed, 10

puesto de revistas *(m.)* magazine stand, 13

pulmonía *(f.)* pneumonia, 11

pupitre *(m.)* desk, 1

puré de papas *(m.)* mashed potatoes, 9

Q

que that, 3; than, 5; —— **viene** next, 10

¿qué? what?, 2; **¿en —— puedo servirle?** how may I help you?, 6; **¿—— día es hoy?** what day is today?, 2; **¿—— fecha es hoy?** what is today's date?, 2; **¿—— hay de nuevo?** what's new?, 1; **¿—— hora es?** what time is it?, 2; **¡—— lástima!** too bad!, 5, what a pity!, 7; **¿—— quiere decir...?** what does . . . mean?, 1; **¿—— tal?** how's it going?, 1

quedar to fit, to suit, 7

quedar(le) grande/chico(a) (a uno o una) to be too big/ small (on someone), 7; ——**le bien** to fit, 7

quedarse to stay, to remain, 8

quejarse to complain, 15

querer (e > ie) to want, to wish, 5; —— **decir** to mean, 1

queso *(m.)* cheese, 4

¿quién(es)? who?, 2; **¿con ——?** with whom?, 1

química *(f.)* chemistry, 2

quince fifteen, 1; **dentro de —— días** in two weeks, 12

quinientos(as) five hundred, 3

quitarse to take off, 7

R

radiografía *(f.)* X-ray, 10

raíz *(f.)* root, 11

rajita *(f.)* (small) slice, 9

rápidamente rapidly, 8

rápido(a) fast, 8

raramente rarely, 8

raro(a) rare, strange, 8

rascacielo *(m.)* skyscraper, 7

rasurarse to shave, 7

rato *(m.)* while, 4; **al ——** a while later, 3; **un ——** a while, 4

real real, 8

realmente really, 8

rebaja *(f.)* sale, 7

recámara *(f.) (Mex.)* bedroom, 15

recepción *(f.)* reception, 15

receta *(f.)* prescription, 11; recipe, 9

recetar to prescribe, 10

recibo *(m.)* receipt, 3

reciente recent, 8

recientemente recently, 8

recogedor *(m.)* dustpan, 14

recomendar (e > ie) to recommend, 9

recordar (o > ue) to remember, 6

refresco *(m.)* soft drink, soda, 4

refrigerador *(m.)* refrigerator, 14

regadera *(Mex.) (f.)* shower, 13

regalo *(m.)* present, gift, 15

regatear to bargain, 8

registro *(m.)* register, 13

regresar to return, 12

reírse to laugh, 15

reloj *(m.)* clock, LP

repaso *(m.)* review, LP

repetir (e > i) to repeat, LP

reservación *(f.)* reservation, 9

reservar to reserve, 12

resfriado *(m.)* cold, 11

resfrío *(m.)* cold, 11

residencia universitaria *(f.)* dormitory, 3

residente *(m., f.)* resident, 3

restaurante *(m.)* restaurant, 9

revista *(f.)* magazine, 8

rico(a) rich, 5

riquísimo(a) delicious, 9

rodeado(a) surrounded by, 1

rodilla *(f.)* knee, 11

rojo(a) red, LP

romper(se) to fracture, 10

ropa *(f.)* clothes, 7; —— **interior** *(f.)* underwear, 7

rosado(a) pink, LP

rosbif *(m.)* roast beef, 9

roto(a) broken, 10

rubio(a) blond, 5

ruso *(m.)* Russian *(language)*, 3

S

sábado *(m.)* Saturday, LP; **el pasado ——** last Saturday, 5

sábana *(f.)* sheet, 14

saber to know *(a fact, how to do something)*, 4

sabor *(m.)* flavor, 9

sabroso(a) delicious, tasty, 9

sacapuntas *(m.)* pencil sharpener, 1

sacar to take out, 6

sal *(f.)* salt, 14

sala *(f.)* living room, 15; —— **de emergencia** *(f.)* emergency room, 10; —— **de estar** *(f.)* family room, den, 15; —— **de rayos X (equis)** *(f.)* X-ray room, 10

saldo *(m.)* balance, 7

salida *(f.)* exit, 12

salir to leave, to go out, 6

salud *(f.)* health, 10

sandalia *(f.)* sandal, 7

sándwich *(m.)* sandwich, 3

sartén *(f.)* frying pan, 15

se (to) herself, himself, itself, themselves, yourself, yourselves, 7

secadora *(f.)* dryer, clothes dryer, 15

sección *(f.)* section, 12; —— **de (no) fumar** *(f.)* (non)smoking section, 12
seco(a) dry, 9
secretario(a) *(m., f.)* secretary, 1
seguir (e > i) to continue, 6; to follow, 6
segundo *(m.)* second, 10
seguro(a) sure, 5
seguro médico *(m.)* medical insurance, 10
seguro social *(m.)* social security, 6
seis six, LP
seiscientos(as) six hundred, 3
sello *(m.)* stamp, 6
selva *(f.)* rain forest, 5
semana *(f.)* week, 8
semestre *(m.)* semester, 2
sentar(se) (e > ie) to sit down, 7
sentir (e > ie) to regret, 11; **lo siento** I'm sorry, 1; ——**(se)** to feel, 11
señor (Sr.) *(m.)* Mr., sir, gentleman, 1; **los señores** Mr. and Mrs., 13
señora (Sra.) *(f.)* lady, Madam, Mrs., 1
señorita (Srta.) *(f.)* Miss, young lady, P
septiembre September, 2
ser to be, 1; —— **de** to be from, 1
servicio de habitación *(m.)* room service, 13
servilleta *(f.)* napkin, 14
servir (e > i) to serve, 6; **¿en qué puedo ——le?** how may I help you?, 6
sesenta sixty, 1
setecientos(as) seven hundred, 3
setenta seventy, 1
si if, 5
sí yes, 3
siempre always, 6; **como** —— as usual, as always, 3
siete seven, LP
siglo *(m.)* century, 7
silla *(f.)* chair, LP
simpático(a) charming, nice, fun to be with, 5
sistema *(m.)* system, 2
sobrante excess, left over, 9
sobre about, 6; —— **todo** especially, 5

sobrina *(f.)* niece, 5
sobrino *(m.)* nephew, 5
sociología *(f.)* sociology, 3
sofá-cama *(m.)* sleeper sofa, 13
solamente only, 8
sólo only, 8
solo(a) alone, 5
sombrero *(m.)* hat, 7
sombrilla *(f.)* parasol, 9
sonreír to smile, 15
sonrisa *(f.)* smile, 15
sopa *(f.)* soup, 9
su(s) his, her, its, their, your *(form.)*, 3
subir to go up, 13; **subir (a)** to board *(a vehicle)*, 12
subterráneo *(m.)* subway, 15
sucursal *(f.)* branch (of a bank), 6
suegra *(f.)* mother-in-law, 5
suegro *(m.)* father-in-law, 5
suéter *(m.)* sweater, 7
suficiente sufficient, 3
sugerir (e > ie) to suggest, 11
sujetar to hold, 7
supermercado *(m.)* supermarket, 8
sur *(m.)* south, 13
suspiro *(m.)* sigh, 15
suyo(s), suya(s) *(pron.)* his, hers, theirs, yours *(form.)*, 9

T

talla *(f.)* size, 7
tallarines *(m. pl.)* spaghetti, 9
taller de mecánica *(m.)* repair shop, 14
talonario de cheques *(m.)* checkbook, 6
tamaño *(m.)* size, 7
también also, too, 3
tampoco neither, 6
tan as, so, 3; —— **...como** as... as, 5; —— **pronto como** as soon as, 13
tanto(a) so much, 3; as much, 12; *(pl.)* so many, 15
tarde late, 7; **más** —— later, 10; **tarde** *(f.)* afternoon, LP; **esta** —— this afternoon, 4; **por la** —— in the afternoon, LP
tarea *(f.)* homework, LP

tarjeta *(f.)* card, 6; —— **de crédito** *(f.)* credit card, 8; —— **de embarque** *(f.)* boarding pass, 12; —— **postal** *(f.)* postcard, 6
tarta *(f.)* cake, 8
taxi *(m.)* taxi, 6
taza *(f.)* cup, 2
tazón *(m.)* bowl, 15
te *(pron. fam.)* you, 6; (to) you, 7; (to) yourself, 7
té *(m.)* tea, 3; —— **helado, frío** iced tea, 3
teatro *(m.)* theater, 4
teléfono *(m.)* telephone, 5; **llamar por** —— to phone, 5; **número de** —— *(m.)* telephone number, LP
telegrama *(m.)* telegram, 2
televisión *(f.)* television, 2
televisor *(m.)* TV set, 13
temer to fear, 11
temperatura *(f.)* temperature, 11
templado(a) warm, 9; moderate, 8
temprano early, 7
tenedor *(m.)* fork, 14
tener to have, 3; —— **...años (de edad)** to be... years old, 4; —— **calor** to be warm, 4; —— **cuidado** to be careful, 11; —— **el día libre** to have the day off, 14; —— **frío** to be cold, 4; —— **ganas de...** to feel like..., 4; —— **hambre** to be hungry, 4; —— **lugar** to take place, 5; —— **miedo** to be afraid, scared, 4; —— **prisa** to be in a hurry, 4; —— **que** to have to, 3; —— **razón** to be right, 4; **no** —— **razón** to be wrong, 4; —— **sed** to be thirsty, 4; —— **sueño** to be sleepy, 4
terminar to end, to finish, to get through, 2
término medio *(m.)* medium-rare, 9
ternera *(f.)* veal, 9
terraza *(f.)* terrace, 15
terremoto *(m.)* earthquake, 9
ti *(obj. of prep.)* you, 5
tía *(f.)* aunt, 4
tiempo *(m.)* weather, 9; time, 8

tienda *(f.)* shop, 2; store, 7; ——
  de regalos *(f.)* souvenir shop, 13
tierra *(f.)* earth, 15
timbre *(m.) (Mex.)* stamp, 6;
  doorbell, 9
tintorería *(f.)* dry cleaner's, 14
tío *(m.)* uncle, 4
tipo *(m.)* type, 12
tiza *(f.)* chalk, LP
toalla *(f.)* towel, 14
tobillo *(m.)* ankle, 10
tocadiscos *(m.)* record player, 5
tocar a la puerta to knock at the
  door, 14
tocino *(m.)* bacon, 9
todavía still, 14; yet, 14; —— **no**
  not yet, 14
todo all, 11; everything, 13; —— **el**
  día all day long, 11; —— **está en**
  regla everything is in order, 13
todos(as) all, 3
tomar to take, to drink, 2; ——
  algo to have something to
  drink, 4; —— **asiento** to take a
  seat, 12; —— **una decisión** to
  make a decision, 11; —— **helado**
  to eat ice cream, 9; —— **sopa** to
  eat soup, 9
tomate *(m.)* tomato, 8
torcer(se) *(o > ue)* to twist, 10
tormenta *(f.)* storm, 9
tornado *(m.)* tornado, 9
toronja *(f.)* grapefruit, 3
torta *(f.)* cake, 8
tos *(f.)* cough, 11
tostada *(f.)* toast, 9
tostadora *(f.)* toaster, 15
trabajador(a) hardworking, 1
trabajar to work, 2
trabajo *(m.)* work, PM
traducir to translate, 8
traer to bring, 7
traje *(m.)* suit, 7; —— **de baño**
  (m.) bathing suit, 7
tranquilo(a) quiet, 11
trasbordar to change planes,
  ships, etc., 12
tratar (de) to try, 13
trece thirteen, 1
treinta thirty, 1
tres three, LP
trescientos(as) three hundred, 3

trimestre *(m.)* quarter, trimester, 3
trozo *(m.)* piece, 9
tu(s) your *(fam. sing.)*, 3
tú you *(fam. sing.)*, 1
turista *(m., f.)* tourist, 12
turno *(m.)* appointment, 10
tuyo(s), tuya(s) *(pron.)* yours
  (fam. sing.), 9

U

últimamente lately, 11
último(a) last *(in a series)*, 3
un(a) a, an, 1
unidad *(f.)* unit, 3
unir to join, 6
universidad *(f.)* university, LP
uno one, LP
unos(as) some, 1
usar to wear, 7; to use, 8
usted (Ud.) *(form. s.)* you, 1;
  (obj. of prep.) you, 5
ustedes (Uds.) *(form. pl.)* you, 1;
  (obj. of prep.) you, 5
uva *(f.)* grape, 8

V

vacaciones *(f. pl.)* vacation, 9;
  estar de —— to be on vacation,
  9; **ir(se) de** —— to go on
  vacation, 12
vainilla *(f.)* vanilla, 9
valija *(f.)* suitcase, 12
valor *(m.)* value, 6
vamos let's go, 4
varios(as) several, 4
vaso *(m.)* glass, 2
vegetal *(m.)* vegetable, 8
veinte twenty, 1
vendar to bandage, 10
vendedor(a) *(m., f.)* merchant, 8
vender to sell, 6
venir to come, 3
venta *(f.)* sale, 7
ventaja *(f.)* advantage, 15
ventana *(f.)* window, LP
ventanilla *(f.)* ticket window, 6
ver to see, 4
veranear to spend the summer
  (vacationing), 13
verano *(m.)* summer, 2
verdad *(f.)* truth, 4

verde green, LP
verdulería *(f.)* vegetable market, 8
verter (e > ie) to pour, 9
vestíbulo *(m.)* lobby, 13
vestido *(m.)* dress, 7
vestir(se) (e > i) to dress (oneself), to get dressed, 7
veterinario(a) *(m., f.)* vet, 4
vía aérea airmail, 6
viajar to travel, 12
viaje *(m.)* trip, 12; **¡buen ——!**
  have a nice trip!, 12; **de ——** on
  a trip, 12
viajero(a) *(m., f.)* traveler, 13
vida: mi —— darling, 10
viejo(a) old, 5
viernes *(m.)* Friday, LP
vinagre *(m.)* vinegar, 14
vino *(m.)* wine, 5; —— **rosado**
  rosé wine, 3; —— **tinto** red
  wine, 3
virar to turn over, 9
visa *(f.)* visa, 12
visitar to visit, 13
vista *(f.)* view, 13; **con —— a**
  overlooking (with a view of), 13
visto(a) seen, 10
vivir to live, 3
volver (o > ue) to return, to go
  (come) back, 6
vosotros(as) you *(fam. pl.)*, 1; you
  (obj. of prep.), 5
vuelo *(m.)* flight, 12
vuelto(a) returned, 10
vuestro(s), vuestra(s) *(adj.)* your
  (fam. pl.), 3; yours, 9

Y

y and, 1; past, after, 2
ya already, 3; **¡ —— es tarde!** it's
  (already) late!, 2
yerno *(m.)* son-in-law, 5
yo I, 1

Z

zacate *(m.) (Mex.)* lawn, 14
zanahoria *(f.)* carrot, 8
zapatería *(f.)* shoe store, 7
zapatilla *(f.)* slipper, 7
zapato *(m.)* shoe, 7
zumo *(m.)* juice *(Spain)*, 9

English–Spanish

A

a, an   un(a), 1
about   de, 6; sobre, 6
absent   ausente, LP
accept   aceptar, 3
accident   accidente *(m.)*, 10
accompanied   acompañado(a), 12
account   cuenta *(f.)*, 6 **on —— of** por, 9
accounting   contabilidad *(f.)*, 3
ache   doler (o > ue), 10
activity   actividad *(f.)*, 4
ad   aviso *(m.)*, 15; anuncio *(m.)*, 15
add   agregar, 9
address   dirección *(f.)*, 10
adhesive bandage   curita *(f.)*, 11
admit   admitir, 15
advantage   ventaja *(f.)*, 15
advise   aconsejar, 11
aerobics   danza aeróbica *(f.)*, 3
after   después (de), 9; y, 2
afternoon   tarde *(f.)*, LP; **this ——** esta tarde, 4
afterwards   después, 4
agency   agencia *(f.)*, 12
agent   agente *(m., f.)*, 12
ago   hace..., 9
agree on   convenir en, 14
air   aire *(m.)*; **—— -conditioning** aire acondicionado, 13
airline   aerolínea *(f.)*, 12
airmail   por vía aérea, 6
airport   aeropuerto *(m.)*, 12
all   todos(as), 3; **—— day long** todo el día, 11
allergic   alérgico(a), 11
almost   casi, 9
alone   solo(a), 5
along   por, 9
already   ya, 3
also   también, 3
although   aunque, 13
always   siempre, 6
ambulance   ambulancia *(f.)*, 10
amount   cantidad *(f.)*, 7
amusement park   parque de diversiones *(m.)*, 5
and   y, 1
angel   ángel *(m.)*, 14

ankle   tobillo *(m.)*, 10
anniversary   aniversario *(m.)*, 9
announce   anunciar, 15
another   otro(a), 6
anthropology   antropología *(f.)*, 3
any   cualquier(a), 12; algún, alguno(a), algunos(as), 6; **at —— time** en cualquier momento, 6
anyone   alguien, 6
anything   algo, 6; **—— else?** ¿algo más?, 6
anywhere   en alguna parte, 10
apartment   apartamento *(m.)*, 3; piso *(m.)* 15
appeal to   gustar, 4
apple   manzana *(f.)*, 8
appointment   turno *(m.)*, 10; **make an ——** pedir turno, 10
April   abril, 2
arm   brazo *(m.)*, 10
arrival   llegada *(f.)*, 13
arrive   llegar, 5; **—— late (early)** llegar tarde (temprano), 13
art   arte *(m.)*, 3
artichoke   alcachofa *(f.)*, 14
as   como, 2; **as if** como si, 15; **as much . . .** tanto(a)..., 12; **as soon as** en cuanto, tan pronto como, 13; **as usual, as always** como siempre, 3
ask (for)   pedir (e > i), 6; **—— (a question)** preguntar, 9
aspirin   aspirina *(f.)*, 11
at   a, 2; en, LP
attend   asistir, 13
attractive   bonito(a), 5
August   agosto, 2
aunt   tía *(f.)*, 4
automatic teller machine   cajero automático *(m.)*, 6
automobile   coche *(m.)*, automóvil *(m.)*, auto *(m.)*, carro *(m.)*, 10
autumn   otoño *(m.)*, 2
available   libre, disponible, 13

B

back   espalda *(f.)*, 10
bacon   tocino *(m.)*, 9
bad   malo(a), 5; **too ——!** ¡qué lástima!, 5

badly   mal, 5
baked   al horno, 9
bakery   panadería *(f.)*, 8
balance   saldo *(m.)*, 7
ballpoint pen   bolígrafo *(m.)*, 1
bandage   vendar, 10
bank   banco *(m.)*, 6
bargain   regatear, 8
baseball   béisbol *(m.)*, 4
basketball   básquetbol *(m.)*, 5
bathe   bañarse, 7
bathing suit   traje de baño *(m.)*, 7
bathroom   baño *(m.)*, 13; cuarto de baño *(m.)*, 13
bathtub   bañadera *(f.)* 13
be   ser, 1, estar, 4; **—— able to** poder (o > ue), 6; **—— acquainted with** conocer, 4; **—— afraid, scared** tener miedo, 4; **—— careful** tener cuidado, 11; **—— cold** tener frío, 4, hacer frío, 9; **—— from** ser de, 1; **—— good (bad) weather** hacer buen (mal) tiempo, 9; **—— hot** tener calor, 4, hacer calor, 9; **—— hungry** tener hambre, 4; **—— in a hurry** tener prisa, 4; **—— right** tener razón, 4; **—— serving** estar sirviendo, 5; **—— sleepy** tener sueño, 4; **—— sorry** sentir (e > ie), 1; **—— sunny** hacer sol, 9; **—— thirsty** tener sed, 4; **—— tight** apretar (e > ie), 7; **—— too big/small on someone** quedarle grande/chico(a) (a uno o una), 7; **—— windy** hacer viento, 9; **—— wrong** no tener razón, 4; **—— . . . years old** tener... años de edad, 4
beach   playa *(f.)*, 5; **—— resort** balneario *(m.)*, 13
beat   batir, 9
beautiful   hermoso(a), 5; **extremely ——** bellísimo(a), 5
because   porque, 2; **—— of** por, 9
become part (of)   formar parte (de), 2
bed   cama *(f.)*, 13; **double ——** cama doble *(f.)*, 13; **twin ——** cama chica (pequeña) *(f.)*, 13

bedroom dormitorio *(m.)*, recámara *(f.)*, 15
beer cerveza *(f.)*, 5
before antes *(adv.)*, antes de *(prep.)*, 11; antes de que *(conj.)*, 13
begin comenzar (e > ie), empezar (e > ie), 5
behalf : on —— of por, 9
believe creer, 5; **I don't —— it** no lo creo, 11
bellhop botones *(m.)*, 13
belt cinto *(m.)*, cinturón *(m.)*, 7
besides además de *(prep.)*, 7; además *(adv.)*, 4
best (el, la) mejor, 5
better mejor, 5
between entre, LP
big gran, grande, 5
bigger mayor, 5
biggest (el, la) mayor, 5
bill cuenta *(f.)*, 9
biology biología *(f.)*, 2
birthday cumpleaños *(m. s.)*, 5
black negro(a), LP
bleach lejía *(f.)*, 8
blender licuadora *(f.)*, 15
blizzard nevada *(f.)*, 9
blond rubio(a), 5
blouse blusa *(f.)*, 7
blue azul, LP
board subir (a), 12
boarding gate puerta de salida *(f.)*, 12
boarding house pensión *(f.)*, 13
boarding pass tarjeta de embarque *(f.)*, 12
body cuerpo *(m.)*, 11
book libro *(m.)*, LP
bookstore librería *(f.)*, 3
boot bota *(f.)*, 7
boss jefe(a) *(m., f.)*, 4
bottle botella *(f.)*, 3
bowl tazón *(m.)*, 15
boy chico *(m.)*, muchacho *(m.)*, 5
boyfriend novio *(m.)*, 3
brake freno *(m.)* 14
branch (of a bank) sucursal *(f.)*, 6
bread pan *(m.)*, 8
breakfast desayuno *(m.)*, 13
bride novia *(f.)*, 5
bring traer, 7
broccoli brócoli *(m.)*, 14

brochure folleto *(m.)*, 12
broken roto(a), 10
broom escoba *(f.)*, 14
brother hermano *(m.)*, 4
brother-in-law cuñado *(m.)*, 5
brown marrón, café, LP; **(hair or eyes)** castaño, 5
brunette moreno(a), 5
bulletin board pizarra de anuncios *(f.)*, 1
bus autobús *(m.)*, ómnibus *(m.)*, 10
business administration administración de empresas *(f.)*, 3
busy ocupado(a), 14
but pero, 3
butter mantequilla *(f.)*, 8
buy comprar, 6
by por, 9; por medio de, 7
bye chau, 1

C

cafe café *(m.)*, 4
cafeteria cafetería *(f.)*, 2
cake torta *(f.)*, 8; pastel *(m.)*, 8; tarta *(f.)*, 8
call llamar, 4; llamada *(f.)*, 12
cancel cancelar, 13
capital capital *(f.)*, 4
car coche *(m.)*, 8
caramel custard flan *(m.)*, 9
card tarjeta *(f.)*, 6; **credit ——** tarjeta de crédito *(f.)*, 8
carrot zanahoria *(f.)*, 8
carry out llevar a cabo, 5
carry-on bag bolso de mano *(m.)*, 12
case caso *(m.)*, 11; **in that ——** entonces, 5, en ese caso, 11
cash efectivo *(m.)*, 6; **—— (a check)** cobrar un cheque, 6
cashier cajero(a), *(m., f.)*, 3
cassette tape caset *(m.)*, 5
Catalonian catalán (-ana), 15
cattle ganado *(m.)*, 11
celebrate celebrar, 9
century siglo *(m.)*, 7
cereal cereal *(m.)*, 8
certified certificado(a), 6
chair silla *(f.)*, LP
chalk tiza *(f.)*, LP

chalkboard pizarra *(f.)*, LP
change cambiar, 12; **—— planes** trasbordar, cambiar de avión, 12
charge cobrar, 12
charming simpático(a), gentil, 5
check cheque *(m.)*, 3; cuenta *(f.)*, 9; examinar, 11; fijarse, 14; **—— out (of a hotel room)** desocupar, 13
checkbook talonario de cheques *(m.)*, 6
checking account cuenta corriente *(f.)*, 6
cheese queso *(m.)*, 4
chemistry química *(f.)*, 2
chest pecho *(m.)*, 11
chest of drawers cómoda *(f.)*, 15
chicken pollo *(m.)*, 9
child niño(a) *(m., f.)*, 8
children hijos *(m. pl.)*, 5
Chinese (language) chino *(m.)*, 3
chocolate chocolate *(m.)*, 9
choose elegir (e > i), escoger, 15
chop (of meat) chuleta *(f.)*, 9
church iglesia *(f.)*, 5
city ciudad *(f.)*, 6
claim check comprobante *(m.)*, 12
class clase *(f.)*, 2
classified clasificado(a), 15
classroom clase *(f.)*, LP
class schedule horario de clases *(m.)*, 2
clean limpiar, 8
cleaning limpieza *(f.)*, 15
clear claro(a), 8; despejado(a), 9
clearly claramente, 8
clerk empleado(a) *(m., f.)*, 6; dependiente(a) *(m., f.)*, 7
climate clima *(m.)*, 2
clock reloj *(m.)*, LP
close cerrar (e > ie), 5
clothes ropa *(f.)*, 7; **—— dryer** secadora *(f.)*, 15
cloudy nublado(a), 9
club club *(m.)*, 4
coat abrigo *(m.)*, 7
coffee café *(m.)*, 2; **—— with milk** café con leche, 3
coffee pot cafetera *(f.)*, 15
coin moneda *(f.)*, 14
cold catarro *(m.)*, 11; resfriado *(m.)*, 11; resfrío *(m.)*, 11; frío(a), 13

collar cuello *(m.)*, 7
collide (with) chocar (con), 10
come venir, 3; —— **in** pasar, 1
compact disc (CD) disco compacto *(m.)*, 5
company compañía *(f.)*, 15
complain quejarse, 15
complete completo(a), 8
completely completamente, 8
computer science informática *(f.)*, 2; cibernética *(f.)*, 2
concert concierto *(m.)*, 4
confirm confirmar, 13
congratulations enhorabuena *(f.)*, 5
consciousness conocimiento *(m.)*, 10; **lose** —— perder el conocimiento, 10
continue seguir (e > i), 6
converse conversar, 2
convince convencer, 15
cook cocinar, 9
corner esquina *(f.)*, 10
cost costar (o > ue), 6; —— **an arm and a leg** costar un ojo de la cara, 15
cotton algodón *(m.)*, 11
cough tos *(f.)*, 11
country campo *(m.)*, 9; país *(m.)*, 15
couple pareja *(f.)*, 4; **the happy** —— la feliz pareja, 5
course asignatura *(f.)*, 2
cousin primo(a) *(m., f.)*, 5
cover cubrir, 9
crab cangrejo *(m.)*, 9
cream crema *(f.)*, 9
cruise crucero *(m.)*, 13
crutches muletas *(f. pl.)*, 10
Cuban cubano(a) *(m., f.)*, 1
cup taza *(f.)*, 2
curtain cortina *(f.)*, 15
cut cortar, 14
cyclone ciclón *(m.)*, 9

D

dad papá *(m.)*, 4
dance bailar, 4
dark moreno(a), 5
darling mi vida, 10; mi amor, 14
daughter hija *(f.)*, 8

daughter-in-law nuera *(f.)*, 5
day día *(m.)*, LP; **all** —— **long** todo el día, 11; **per** —— al día, 2; **the last** —— **to . . .** el último día para..., 3; **(on) the following (next) day** al día siguiente, 4; **have the** —— **off** tener el día libre, 14; **this very** —— hoy mismo, 15
dead muerto(a), 10
December diciembre, 2
decide decidir, 3
degree grado *(m.)*, 11
delicious riquísimo(a), 9; sabroso(a), 9
delighted encantado(a), 1
den sala de estar *(f.)*, 15
department departamento *(m.)*, 6
departure ida *(f.)*, 12
deposit depositar, 6; depósito *(m.)*, 15
depth fondo *(m.)*, 15
desk escritorio *(m.)*, LP; pupitre *(m.)*, 1
dessert postre *(m.)*, 9; **for** —— de postre, 9
detergent detergente *(m.)*, 8
diary diario *(m.)*, 11
dictation dictado *(m.)*, LP
dictionary diccionario *(m.)*, LP
die morir (o > ue), 8
difficult difícil, 2
dining room comedor *(m.)*, 13
dinner cena *(f.)*, 9; **have** —— cenar, 9
discount descuento *(m.)*, 7
discover descubrir, 3
dish plato *(m.)*, 14
dishwasher lavaplatos *(m.)*, 15
do hacer, 4
doctor doctor(a), 1; médico(a) *(m., f.)*, 10
doctor's office consultorio *(m.)*, 11
document documento *(m.)*, 13
dog perro(a), 14; **hot** —— perro caliente *(m.)*, 9
dollar dólar *(m.)*, 3
done hecho(a), 10
door puerta *(f.)*, LP
doorbell timbre *(m.)*, 9
dormitory residencia universitaria *(f.)*, 3

double bed cama doble *(f.)*, cama matrimonial *(f.)*, 13
double boiler Baño María *(m.)*, 9
doubt dudar, 13
downtown centro *(m.)*, 15
dozen docena *(f.)*, 8
drape cortina *(f.)*, 15
dress vestido *(m.)*, 7; —— **(one-self)** vestir(se) (e > i), 7
drink beber, 3; tomar, 2; bebida *(f.)*, 4
drive conducir, 8
driver's license licencia para conducir (manejar) *(f.)*, 3
drop gota *(f.)*, 11
drugstore farmacia *(f.)*, 8
dry seco(a), 9
dry clean limpiar (lavar) en seco, 14
dry cleaner's tintorería *(f.)*, 14
dryer (clothes) secadora *(f.)*, 15
during durante, 11; —— **the week** entre semana, 12
dustpan recogedor *(m.)*, 14

E

each cada, 3
ear (internal) oído *(m.)*, 11; **(external)** —— oreja *(f.)*, 11
early temprano, 7
earth tierra *(f.)*, 15
earthquake terremoto *(m.)*, 9
easily fácilmente, 8
easy fácil, 2
eat comer, 3; **something to** —— algo para comer, 4; —— **ice cream** tomar helado, 9; —— **soup** tomar sopa, 9
education educación *(f.)*, 6
egg huevo *(m.)*, 8; blanquillo *(m.) (Mex.)*, 8
eight ocho, LP
eight hundred ochocientos(as), 3
eighteen dieciocho, 1
eighty ochenta, 1
either . . . or o... o, 6
elbow codo *(m.)*, 11
elegant elegante, 7
eleven once, 1

emergency emergencia *(f.)*, 10; —— **room** sala de emergencia *(f.)*, 10
end terminar, 2
engaged (to be married) comprometido(a), 15
engagement compromiso *(m.)*, 5
engineer ingeniero(a) *(m., f.)*, 11
engineering ingeniería *(f.)*, 7
English (language) inglés *(m.)*, 2; **(person)** inglés(a)
enter entrar (en), 6
entitle dar derecho, 7
eraser borrador *(m.)*, LP; goma de borrar *(f.)*, 1
errand diligencia *(f.)*, 6; **to run** ——**s** hacer diligencias, 6
especially especialmente, 8; sobre todo, 5
even if aunque, 13
evening noche *(f.)*, LP
ever alguna vez, 6
every cada, 3
everything todo, 13; —— **is in order** todo está en regla, 13
exam examen *(m.)*, LP
examine examinar, 11
excess exceso *(m.)*, 12; —— **baggage (charge)** exceso de equipaje *(m.)*, 12; *(adj.)* sobrante, 9
excursion excursión *(f.)*, 12
excuse me perdón, 9; permiso, 1
exercise ejercicio *(m.)*, LP; hacer ejercicio, 11
exit salida *(f.)*, 12
expensive caro(a), 11
exterior exterior *(m.)*, 13
extra extra, 13; —— **convenience** mayor comodidad, 7
eye ojo *(m.)*, 5

F

face cara *(f.)*, 11
faint perder el conocimiento, desmayarse, 10
faith fe *(f.)*, 11
fall otoño *(m.)*, 2; —— **down** caerse, 10; —— **asleep** dormirse (o > ue), 11; —— **in love (with)** enamorarse (de), 14
family room sala de estar *(f.)*, 15

far lejos, 4
fast rápido(a), 8
father padre *(m.)*, 4
father-in-law suegro *(m.)*, 5
fear temer, 11
February febrero, 2
fee cargo, 7
feel sentir(se) (e > ie), 11; —— **like** tener ganas de, 4
fever fiebre *(f.)*, 11
few pocos(as), 2
fiancé(e) prometido(a) *(m., f.)*, 5
field campo *(m.)*, 2
fifteen quince, 1
fifty cincuenta, 1
finally por fin, 6
find encontrar (o > ue), 6
fine bien, 1
finger dedo *(m.)*, 11
finish terminar, 2
fire fuego *(m.)*, 9
first primer(a), LP; —— **-class** (de) primera clase, 13; —— **time** primera vez, 14
fish pescado *(m.)*, 8
fish market pescadería *(f.)*, 8
fit quedar, 7; quedarle bien, 7
fitting room probador *(m.)*, 7
five cinco, LP
five hundred quinientos(as), 3
fix arreglar, 14
flavor sabor *(m.)*, 9
flight vuelo *(m.)* 12; —— **attendant** auxiliar de vuelo *(m., f.)*, 12
floor piso *(m.)*, 8
flower flor *(f.)*, 14
flu gripe *(f.)*, 11
fog niebla *(f.)*, 9
follow seguir (e > i), 6
food comida *(f.)*, 8
foot pie *(m.)*, 11
for para, 4; por, 3
forget olvidarse (de), 14
fork tenedor *(m.)*, 14
fortress fortaleza *(f.)*, 4
forty cuarenta, 1
found fundar, 2
four cuatro, LP
four hundred cuatrocientos(as), 3
fourteen catorce, 1
fracture fractura *(f.)*, 10; fracturar(se), 10; romper(se), 10
frank franco(a), 8

frankly francamente, 8
free libre, 4; gratis, 6
French francés *(m.)*, 3
french fries papas fritas *(f. pl.)*, 9
frequent frecuente, 8
frequently frecuentemente, 8
Friday viernes *(m.)*, LP
fried frito(a), 9
friend amigo(a) *(m., f.)*, 5; **best** —— mejor amigo(a) *(m., f.)*, 3
friendship amistad *(f.)*, 14
from de, 2; desde, 9
fruit fruta *(f.)*, 4
fry freír, 9
frying pan sartén *(f.)*, 15
fun to be with simpático(a), 5
function funcionar, 14
furniture muebles *(m. pl.)*, 15

G

game juego *(m.)*, 4; partido *(m.)*, 4; **basketball** —— partido de básquetbol *(m.)*, 5
garage garaje *(m.)*, 14
garbage basura *(f.)*, 14
garden jardín *(m.)*, 11
gee! ¡caramba!, 2
general general, 8
generally generalmente, 8
gentleman señor *(m.)* *(abbr.* Sr.), 1; caballero *(m.)*, 5
geography geografía *(f.)*, 3
geology geología *(f.)*, 3
German alemán *(m.)*, 3
get conseguir (e > i), 6; —— **acquainted** conocer, 4; —— **better** mejorarse, 11; —— **dressed** vestirse (e > i), 7; —— **engaged (to)** comprometerse (con), 14; —— **hurt** lastimarse, 11; —— **married (to)** casarse (con), 14; —— **ready** prepararse, 7; —— **through** terminar, 2; —— **up** levantarse, 7
gift regalo *(m.)*, 15
girl chica *(f.)*, muchacha *(f.)*, 5
girlfriend novia *(f.)*, 3
give dar, 4; —— **a shot** poner una inyección, 10
glad: to be glad (about) alegrarse (de), 11
glance mirada *(f.)*, 15

glass   vaso *(m.)*, 2
glove   guante *(m.)*, 7
go   ir, 4; —— **away**   irse, 9; ——
   back   volver (o > ue), 6; ——
   down   bajar, 11; —— **in**   entrar
   (en), 6; —— **on vacation**   ir(se)
   de vacaciones, 12; —— **out**
   salir, 6; —— **shopping**   ir de
   compras, 7; —— **to bed**
   acostarse (o > ue), 7; ——
   through customs   pasar por la
   aduana, 13; —— **up**   subir, 13;
   —— **swimming**   ir a nadar, 4
goal   meta *(f.)*, 11
goddaughter   ahijada *(f.)*, 15
godfather   padrino *(m.)*, 15
godmother   madrina *(f.)*, 15
godparents   padrinos *(m. pl.)*, 15
godson   ahijado *(m.)*, 15
gold   oro *(m.)*, 2
golden brown   dorado(a), 9
good   bueno(a), 4; —— **afternoon**
   buenas tardes, LP; —— **evening**
   buenas noches, LP; —— **morning**
   buenos días, LP; —— **night**
   buenas noches, LP; —— **-looking**
   guapo(a), 5
good-bye   adiós, LP
graduate   graduar(se), PM
granddaughter   nieta *(f.)*, 5
grandfather   abuelo *(m.)*, 9
grandmother   abuela *(f.)*, 9
grandparents   abuelos *(m.)*, 5
grandson   nieto *(m.)*, 5
grape   uva *(f.)*, 8
grapefruit   toronja *(f.)*, 3
gray   gris, LP
great   magnífico(a), 5; gran,
   estupendo(a), 15
green   verde, LP
groceries (food items)
   comestibles *(m. pl.)*, 8
group   grupo *(m.)*, 5

H

hair   pelo *(m.)*, 5
half   medio(a), 2; —— **past**   y
   media, 2; —— **an hour**   media
   hora, 13
half brother   medio hermano
   (m.), 15
half sister   media hermana *(f.)*, 15

ham   jamón *(m.)*, 9
hamburger   hamburguesa *(f.)*, 9
hand   mano *(f.)*, LP
handbag   bolso *(m.)*, 7; cartera *(f.)*,
   7; bolsa *(f.)*, 7
hand luggage   maletín *(m.)*, 13
handsome   guapo(a), 5
happen   pasar, 10
happy   feliz, 1
hardworking   trabajador(a), 1
hat   sombrero *(m.)*, 7
Havana   La Habana *(f.)*, 1
have   tener, 3, haber 10; ——
   breakfast   desayunar, 9; ——
   the day off   tener el día libre, 14;
   —— **diner (supper)**   cenar, 9;
   —— **fun**   divertirse (e > ie), 8;
   —— **lunch**   almorzar (o > ue), 9;
   —— **a seat**   tomar asiento, 1; ——
   something to drink   tomar
   (beber) algo, 4; —— **to**   deber, 3,
   tener que, 3
he   él, 1
head   cabeza *(f.)*, 10
headache   dolor de cabeza *(m.)*, 11
health   salud *(f.)*, 10
heart   corazón *(m.)*, 11
heating   calefacción *(f.)*, 13
height   estatura *(f.)*, 5; **of medium**
   —— de estatura mediana, 5
hello   hola, LP
help   ayudar, 14
her   su(s) *(adj.)*, 3; ella *(subj.*
   pron.), 1; ella *(obj. of prep.)*, 5; la
   (dir. obj.), 6; **(to) her**   le *(ind.*
   obj.), 7
here   presente, LP; aquí, 6; —— **it**
   is   aquí está, 2; —— **is . . .**   aquí
   tiene..., 3
hers   suyo(a), suyos(as), 9
herself   se, 7
hi   hola, LP
him   él *(obj. of prep.)*, 5; lo *(dir.*
   obj.), 6; **(to) him**   le *(ind. obj.)*, 7
himself   se, 7
his   su(s) *(adj.)*, 3; suyo(a),
   suyos(as), 9
history   historia *(f.)*, 2
hold   sujetar, 7
home   hogar *(m.)*, 5; **at** —— en
   casa, 5
homework   tarea *(f.)*, LP
honeymoon   luna de miel *(f.)*, 15

hope   esperar, 11; **I** —— ojalá, 11
horseback riding   montar a
   caballo, 5
hospital   hospital *(m.)*, 10
hot   caliente, 13; cálido(a), 9; ——
   chocolate   chocolate caliente
   (m.), 3; —— **dog**   perro caliente
   (m.), 9
hotel   hotel *(m.)*, 9
hour   hora *(f.)*, 2
house   casa *(f.)*, 5
how   cómo, 1; —— **are you?**
   ¿cómo está usted?, ¿cómo estás?,
   1; —— **do you say . . . ?**   ¿cómo
   se dice...?, 1; —— **is it going?**
   ¿qué tal?, 1; —— **long?**   ¿por
   cuánto tiempo?, 13; —— **many?**
   ¿cuántos(as)?, 2; —— **may I serve**
   you?   ¿en qué puedo servirle?, 6;
   —— **much?**   ¿cuánto(a)?, 2
humid   húmedo(a), 9
hunger   hambre *(f.)*, 4
hungry: to be hungry   tener
   hambre, 4
hurricane   huracán *(m.)*, 9
hurry   apurarse, 8; —— **up**   darse
   prisa, 14
hurt   doler (o > ue), 10
husband   esposo *(m.)*, 4

I

I   yo, 1
ice   hielo *(m.)*, 3; —— **cream**
   helado *(m.)*, 9
iced   helado(a), 3; frío(a), 3; ——
   tea   té helado, té frío *(m.)*, 3
idea   idea *(f.)*, 4
identification   identificación *(f.)*, 3
if   si, 5
illiterate   analfabeto(a) *(m., f.)*, 5
important   importante, 5; **the** ——
   thing   lo importante, 5
improve   mejorar, 11
in   en, LP; de, 2; a, 12; —— **addi-**
   tion to   además de, 3; —— **order**
   that   para que, 13; —— **order to**
   para, 9; —— **the morning (after-**
   noon, evening)   por or de la
   mañana (tarde, noche), 2
include   incluir, 12
income   ingreso *(m.)*, 5
inexpensive   barato(a), 11

infection   infección *(f.)*, 11
information   información *(f.)*, 6
injection   inyección *(f.)*, 10
inside   en, 12
insist on   insistir en, 14
insurance   seguro *(m.)*, 10;
   medical —— seguro médico, 10
insured   asegurado(a), 7
intelligent   inteligente, 5
interest   interés *(m.)*, 6
interesting   interesante, 4
interior   interior, 13
international   internacional, 9
invitation   invitación *(f.)*, 5
invite   invitar, 15
invited   invitado(a), 4
iron   plancha *(f.)*, 15; planchar, 14
isthmus   istmo *(m.)*, 6
it   *(dir. obj. pron.)* la, 6; lo, 6
Italian   italiano *(m.)*, 3
its   su(s), 3
itself   se, 7

J

jacket   chaqueta *(f.)*, 7
jam   mermelada *(f.)*, 9
January   enero, 2
jewel   joya *(f.)*, 13
jewelry   joyas *(f. pl.)*, 13
job   puesto *(m.)*, 15
join   unir, 6
juice   jugo *(m.)*, 9; zumo *(m.)*
   (Spain), 9
July   julio, 2
June   junio, 2

K

key   llave *(f.)*, 13
kind   gentil, 5
kiss   beso *(m.)*, 15
kitchen   cocina *(f.)*, 9
knee   rodilla *(f.)*, 11
knife   cuchillo *(m.)*, 14
knock (at the door)   tocar (llamar)
   a la puerta, 14
know   conocer, 4; saber, 4

L

lab   laboratorio *(m.)*, 2
lady   señora *(f.)* *(abbr.* Sra.), 1

lamb   cordero *(m.)*, 9
lamp   lámpara *(f.)*, 15
language   idioma *(m.)*, 3, lengua
   (f.), 2; —— **lab**   laboratorio de
   lenguas *(m.)*, 2
last   durar, 2; **(in a series)**
   último(a), 3; pasado(a), 7; ——
   name   apellido *(m.)*, 5; ——
   night   anoche, 8; —— **year** el
   año pasado *(m.)*, 7
late   tarde, 7; **it's (already)** ——!
   ¡ya es tarde!, 2
lately   últimamente, 11
later   más tarde, 10; luego, 9; **see**
   you —— hasta luego, LP
Latin America   Latinoamérica
   (f.), 2
laugh   reírse, 15
lawn   césped *(m.)*, zacate
   (m.)(Mex.), 14
lawyer   abogado(a) *(m., f.)*, 1
learn   aprender (a), 4
leave   dejar, 8; salir, 6
left   izquierdo(a), 7; **to the** ——
   a la izquierda, 7
left over   sobrante, 9
leg   pierna *(f.)*, 10
less   menos, 5; —— **. . . than**
   menos... que, 5
lesson   lección *(f.)*, LP
let   dejar, 9; —— **it cool**   dejar
   enfriar, 9; ——**'s go**   vamos, 4;
   ——**'s see**   a ver, 2
letter   carta *(f.)*, 6
lettuce   lechuga *(f.)*, 8
level   nivel *(m.)*, 2
liberty   libertad *(f.)*, 2
library   biblioteca *(f.)*, 2
license   licencia *(f.)*, 3
lie   mentir (e > ie), 11
light   luz *(f.)*, 1
like   gustar, 7; como *(prep.)*, 13;
   —— **very much**   encantarle a
   uno, 15
listen (to)   escuchar, 15; **listen!**
   ¡oye!, 2
literature   literatura *(f.)*, 2
little *(adj.)*   poco(a), 3; chico(a), 9;
   pequeño(a), 9; **a** —— un poco,
   7
live   vivir, 3
living room   sala *(f.)*, 15

loan   préstamo *(m.)*, 6
lobby   vestíbulo *(m.)*, 13
lobster   langosta *(f.)*, 9
lodge   hospedarse, 13
look for, up   buscar, 6
lose   perder (e > ie), 6; ——
   consciousness   perder el
   conocimiento, 10
love (term of endearment)   cariño
   (m.), 15; **my** —— mi amor, 14;
   encantarle a uno, 15, amar, 15
loved one   amado(a) *(m., f.)*, 15
luggage   equipaje *(m.)*, 12
lunch   almuerzo *(m.)*, 13; **have**
   —— almorzar (o > ue), 9

M

Madam   señora *(f.)* *(abbr.* Sra.), 1
made   hecho(a), 10
magazine   revista *(f.)* 8; —— **stand**
   puesto de revistas *(m.)*, 13
maid   criada *(f.)*, 14; muchacha
   (f.), 14
make   hacer, 4; —— **a decision**
   tomar una decisión, 11
man   hombre *(m.)*, 1
manager   gerente *(m., f.)*, 13;
   encargado(a) *(m., f.)*, 15
many   muchos(as), 3
map   mapa *(m.)*, LP
March   marzo, 2
market   mercado *(m.)*, 8
marmalade   mermelada *(f.)*, 9
marry   casarse (con), 14
mashed potatoes   puré de papas
   (m.), 9
mathematics   matemáticas
   (f. pl.), 2
matter   importar, 6; **it doesn't** ——
   no importa, 6
May   mayo, 2
M.D.   médico(a) *(m., f.)*, doctor(a)
   (m., f.), 10
me   me *(dir. obj.)*, 6; me *(indir.*
   obj.), 7; mí *(obj. of prep.)*, 5; me
   (refl. pron.), 7
meal   comida *(f.)*, 8
mean   querer (e > ie) decir, 1
measure   medida *(f.)*, 7
meat   carne *(f.)*, 8; —— **market**
   carnicería *(f.)*, 8

meatball albóndiga *(f.)*, 9
medicine medicina *(f.)*, 10
medium mediano(a), 5; ——
-**rare** término medio, 9
melt derretir (e > i), 9
memory memoria *(f.)*, 4
men's department departamento
de caballeros *(m.)*, 7
menu menú *(m.)*, 9
merchant vendedor(a) *(m., f.)*, 8
Mexican mexicano(a) *(m., f.)*, 1
microwave oven horno de
microonda *(m.)*, 15
milk leche *(f.)*, 2
milkshake batido *(m.)*, 9
million millón *(m.)*, 13
mine mío(a), míos(as), 9
mineral mineral *(m.)*, 3; ——
water agua mineral *(f.)*, 3
minus menos, 1
minute minuto *(m.)*, 6
Miss señorita *(f.) (abbr.* Srta.), 1
mix mezclar, 9
mixture mezcla *(f.)*, 6
moderate templado(a), 8
mom mamá *(f.)*, 4
moment momento *(m.)*, 6
Monday lunes *(m.)*, LP
money dinero *(m.)*, 5; —— **order**
giro postal *(m.)*, 6
month mes *(m.)*, 9
monthly mensual, 7
more más, 5; —— ...**than**
más... que, 5; —— **than (number)**
más de, 13
morning mañana *(f.)*, LP; **early**
—— madrugada *(f.)*, 11; **in the**
—— por la mañana, LP
mother madre *(f.)*, 4
mother-in-law suegra *(f.)*, 5
mouth boca *(f.)*, 11
move (relocate) mudarse, 7
movie theater cine *(m.)*, 4
movies cine *(m.)*, 4
mow (the lawn) cortar el
césped, 14
Mr. señor *(m.) (abbr.* Sr.), 1; **Mr.**
and Mrs. . . . los señores... , 13
Mrs. señora *(f.) (abbr.* Sra.), 1
much mucho(a), 5
museum museo *(m.)*, 5
music música *(f.)*, 3

must deber, 3
my mi(s), 3
myself me, 7

N

name nombre *(m.)*, 5; **be** ——**d**
llamarse, 1, llevar el nombre de,
5; **my** —— **is . . .** me llamo... , 1;
what is your ——**?** ¿cómo se
llama usted? *(form.)*, ¿cómo te
llamas? *(fam.)*, 1
napkin servilleta *(f.)*, 14
narrow estrecho(a), 7
near cerca (de), 3; —— **here**
cerca de aquí, 11
neck cuello *(m.)*, 11
need necesitar, 2
neighborhood barrio *(m.)*, 14
neither ni, 6; tampoco, 6
nephew sobrino *(m.)*, 5
never jamás, nunca, 6
new nuevo(a), 7
newspaper diario *(m.)*, periódico
(m.), 8
next próximo(a), 5; que viene, 10;
—— **to** junto a, 7
nice simpático(a), 5
niece sobrina *(f.)*, 5
night noche *(f.)*, LP
nightclub club nocturno *(m.)*, 5
nightgown camisón *(m.)*, 7
night table mesita de noche *(f.)*, 15
nine nueve, LP
nine hundred novecientos(as), 3
nineteen diecinueve, 1
ninety noventa, 1
no no, LP; ningún, ninguno(a), 6
nobody nadie, 6; ninguno(a), 6
none ninguno(a), 6
noon mediodía *(m.)*, 13; **at** ——
al mediodía, 13
no one nadie, 6; ninguno(a), 6
normal normal, 8
normally normalmente, 8
north norte *(m.)*, 13
North American norteameri-
cano(a) *(m., f.)*, 1
nose nariz *(f.)*, 11; —— **drops**
gotas para la nariz *(f. pl.)*, 11
not no, 2; —— **any** ningún,
ninguno(a), 6

notebook cuaderno *(m.)*, LP
nothing nada, 6; —— **else** nada
más, 6
notice fijarse, 14; darse cuenta
de, 14
novel novela *(f.)*, 4
November noviembre, 2
now ahora, 6; **right** —— ahora
mismo, 10
number número *(m.)*, 6
nurse enfermero(a) *(m., f.)*, 10

O

obtain conseguir (e > i), 6
occupied ocupado(a), 13
ocean mar *(m.)*, 13
October octubre, 2
of de, 2; —— **course** cómo no, 5,
¡claro (que sí)!, 15; —— **course**
not ¡claro que no!, 15
office oficina *(f.)*, 6
oil aceite *(m.)*, 14
okay bueno, 3; **is it** ——**?** ¿está
bien?, LP
old antiguo(a), 13; viejo(a), 5
older mayor, 5
oldest (el, la) mayor, 5
on en, LP
one uno, LP; un(a), 1
one hundred cien (ciento), 1
one-third la tercera parte, 9
one-way de ida, 12
onion cebolla *(f.)*, 8
only sólo, 8, solamente, 8
open abrir, 6; abierto(a), 10
or o, 5
orange anaranjado(a), LP;
naranja *(f.)*, 8
order pedido *(m.)*, 9; pedir, 8;
mandar, 11; **in** —— **that** para
que, 13
other otro(a), 6
our nuestro(s), nuestra(s), 3
ours nuestro(s), nuestra(s)
(pron.), 9
ourselves nos, 7
outdoor al aire libre, 4; —— **mar-**
ket mercado al aire libre *(m.)*, 8
oven horno *(m.)*, 14
over en, 12
overlooking con vista a, 13

own propio(a), 2
owner dueño(a), *(m., f.)*, 13

P

page página *(f.)*, LP
pain dolor *(m.)*, 10
paint pintar, 15
painting pintura *(f.)*, 14
pair par *(m.)*, 7
pajamas pijama, pijamas *(m.)*, 7
pancake panqueque *(m.)*, 9
pants pantalón *(m.)*, pantalones
  (m., pl.), 7
pantyhose pantimedias *(f. pl.)*, 7
pap smear papanicolaus *(m.)*, 11
paper papel *(m.)*, 1
parasol sombrilla *(f.)*, 9
pardon? ¿cómo?, ¿mande?
  (Mex.), 1
parents padres *(m. pl.)*, 4
park estacionar, 15; aparcar, 15;
  parquear, 15; parque *(m.)*, 8
part parte *(f.)*, 6
party fiesta *(f.)*, 4
passenger pasajero(a) *(m., f.)*, 12
passport pasaporte *(m.)*, 12
past y *(ref. to time)*, 2
pastime pasatiempo *(m.)*, 11
pastry pastel *(m.)*, 8
patience paciencia *(f.)*, 14
patio patio *(m.)*, 13
pay pagar, 3
peach durazno *(m.)*, melocotón
  (m.), 8
pear pera *(f.)*, 8
peel pelar, 9
pen pluma *(f.)*, LP
pencil lápiz *(m.)*, LP; ——
  sharpener sacapuntas *(m.)*, 1
penicillin penicilina *(f.)*, 11
people gente *(f.)*, 6
pepper pimienta *(f.)*, 14
per por, 3; —— **night** por
  noche, 13
percent por ciento, 6
perfect perfecto(a), 3
person persona *(f.)*, 12
pharmacist farmacéutico(a),
  (m., f.), 11
pharmacy farmacia *(f.)*, 8
Ph.D. doctorado *(m.)*, 1

phone llamar por teléfono, 5; ——
  call llamada telefónica *(f.)*, 11
physics física *(f.)*, 2
pick up buscar, 10
picnic picnic *(m.)*, 5; **on a** ——
  de picnic, 5
pie pastel *(m.)*, 8
piece pedazo *(m.)*, trozo *(m.)*, 9
pill pastilla *(f.)*, 10
pillowcase funda *(f.)*, 14
pin prender, 15
pink rosado(a), LP
place lugar *(m.)*, 13; poner, 7; **in**
  —— **of** en lugar de, 5; —— **of**
  interest lugar de interés *(m.)*, 13
placed puesto(a), 10
plan planear, 4; **to** —— **to (do**
  something) pensar (e > ie) +
  infinitive, 5
plane avión *(m.)*, 12
plastic plástico *(m.)*, 5
plate plato *(m.)*, 14
play jugar (i.e., a game), 8; ——
  tennis jugar al tenis, 4
player jugador(a) *(m., f.)*, 4
pleasant agradable, 11
please por favor, LP
pleasure gusto *(m.)*, 1; **it's a** ——
  to meet you; how do you do?
  mucho gusto, 1; **the** —— **is mine**
  el gusto es mío, 1
plus más, 1
pneumonia pulmonía *(f.)*, 11
poem poema *(m.)*, 4
poetry poesía *(f.)*, 15
political science ciencias políticas
  (f. pl.), 3
poorly mal, 11
pork cerdo *(m.)*, 9
Portuguese portugués *(m.)*, 3
position puesto *(m.)*, 15
possible posible, 8
possibly posiblemente, 8
postcard tarjeta postal *(f.)*, 6
post office correo *(m.)*, oficina de
  correos *(f.)*, 6
potato patata *(f.) (Spain)*, papa
  (f.), 8; **mashed** ——**s** puré de
  papas *(m.)*, 9
pour verter (e > ie), 9
powder polvo *(m.)*, 11
prefer preferir (e > ie), 5

pregnant embarazada, 11
prepare (oneself) prepararse, 11
prescribe recetar, 10
prescription receta *(f.)*, 11
present presente, LP; regalo
  (m.), 15
pretty bonito(a), 5
price precio *(m.)*, 13
private privado(a), 13
problem problema *(m.)*, 2
procrastinate dejar para mañana
  lo que uno puede hacer hoy, 11
professor profesor(a) *(m., f.)*, LP
program programa *(m.)*, 2
provided that con tal (de) que, 13
psychology psicología *(f.)*, 3
punch ponche *(m.)*, 5
pupil alumno(a) *(m., f.)*, 1
purple morado(a), LP
purpose propósito *(m.)*, 7
purse bolso *(m.)*, 7; cartera *(f.)*, 7;
  bolsa *(f.)*, 7
put poner, 7; puesto(a), 10; ——
  on ponerse, 7; —— **a cast on**
  enyesar, 10

Q

quality calidad *(f.)*, 7
quarter cuarto *(m.)*, 2; trimestre
  (m.), 3; —— **past (or after)** . . .
  ...y cuarto, 2; —— **to** . . .
  ...menos cuarto, 2
quiet tranquilo(a), 11
quiz prueba *(f.)*, LP

R

rain lluvia *(f.)* 9; llover (o > ue), 9
raincoat impermeable *(m.)*, 9
rain forest selva *(f.)*, 5
raise levantar, LP
rapid rápido, 8
rapidly rápidamente, 8
rare raro(a), 8; medio crudo(a), 9
rarely raramente, 8
rate of exchange cambio de
  moneda *(m.)*, 13
read leer, 5
ready listo(a), 9
real real, 8
realize darse cuenta de, 14
really realmente, 8

receipt recibo *(m.)*, 3
recent reciente, 8
recently recientemente, 8
reception recepción *(f.)*, 15
recipe receta *(f.)*, 9
recommend recomendar
  (e > ie), 9
record disco *(m.)*, 5; —— **player**
  tocadiscos *(m.)*, 5
red rojo(a), LP; —— **wine** vino
  tinto, 3
refrigerator refrigerador *(m.)*, 14
register registro *(m.)*, 13
registration matrícula *(f.)*, 3
regret sentir (e > ie), 11
relative pariente *(m., f.)*, 15
remain quedarse, 8
remember recordar (o > ue), 6;
  acordarse (o > ue) (de), 14
rent alquilar, 15; alquiler *(m.)*, 15;
  for —— se alquila, 15
repair arreglar, 14
repair shop taller de mecánica
  (m.), 14
repeat repetir (e > i), LP
request pedir (e > i), 6
reservation reservación *(f.)*, 9
reserve reservar, 12
resident residente *(m., f.)*, 3
restaurant restaurante *(m.)*, 9
return volver (o > ue), 6;
  regresar, 12
returned vuelto(a), 10
review repaso *(m.)*, LP
rice arroz *(m.)*, 9
rich rico(a), 5
ride horses montar a caballo, 5
right derecho(a), 7; **to the** ——
  a la derecha, 7; —— **away** en
  seguida, 10
roast asado(a), 9; —— **beef**
  carne asada *(f.)*, 9; rosbif *(m.)*, 9
robe bata *(f.)*, 7
room cuarto *(m.)*, 13; habitación
  (f.), 13; —— **service** servicio de
  habitación, 13; —— **and board**
  pensión completa *(f.)*, 13
roommate compañero(a) de
  cuarto *(m., f.)*, 5
root raíz *(f.)*, 11
round-trip de ida y vuelta, 12
rug alfombra *(f.)*, 14

run correr, 3; —— **errands**
  hacer diligencias, 6; —— **into**
  chocar (con), 10
Russian ruso *(m.)*, 3

S

safe deposit box caja de
  seguridad *(f.)*, 13
said dicho(a), 10
salad ensalada *(f.)*, 3; **mixed** ——
  ensalada mixta *(f.)*, 9
sale liquidación *(f.)*, 7; venta *(f.)*,
  7; rebaja *(f.)*, 7
salt sal *(f.)*, 14
same mismo(a), 7; **the** —— **thing**
  lo mismo, 9
sandal sandalia *(f.)*, 7
sandwich sándwich *(m.)*, 3
Saturday sábado *(m.)*, LP; **last**
  —— el pasado sábado, 5
sauce pan cacerola *(f.)*, 15
saucer platillo *(m.)*, 9
sausage chorizo *(m.)*, 9
save (money) ahorrar, 6
savings account cuenta de
  ahorros *(f.)*, 6
say decir (e > i), 5; **how do you**
  —— ...? ¿cómo se dice... ?, 1;
  you —— ... se dice... , 1
scarf bufanda *(f.)*, 7
schedule horario *(m.)*, 2
school escuela *(f.)*, 8; —— **year**
  año escolar *(m.)*, 2
sea mar *(m.)*, 15
search búsqueda *(f.)*, 15
season (food) condimentar, 9
seat asiento *(m.)*, 12; **aisle** ——
  asiento de pasillo, 12; **window**
  —— asiento de ventanilla, 12
second segundo *(m.)*, 10
secretary secretario(a) *(m., f.)*, 1
section sección *(f.)*, 12;
  (non)smoking —— sección de
  (no) fumar, 12
see ver, 4; —— **you later** hasta
  luego, LP; —— **you tomorrow**
  hasta mañana, LP; **I'll** —— **you**
  nos vemos, 1
seem parecer, 10
seen visto(a), 10
sell vender, 6

semester semestre *(m.)*, 2
send mandar, 5, enviar, 6
September septiembre, 2
seriously en serio, 15
serve servir (e > i), 6
set the table poner la mesa, 14
seven siete, LP
seven hundred setecientos(as), 3
seventeen diecisiete, 1
seventy setenta, 1
several varios(as), 4
shave afeitarse, rasurarse, 7
she ella, 1
sheet sábana *(f.)*, 14
shellfish marisco *(m.)*, 9
shirt camisa *(f.)*, 7
shoe zapato *(m.)*, 7; —— **store**
  zapatería *(f.)*, 7
shop tienda *(f.)*, 2
short bajo(a), 5
shot inyección *(f.)*, 10
should deber, 3
show enseñar, mostrar (o > ue), 12
shower ducha *(f.)*, regadera
  (Mex.)(f.), 13
shrimp camarón *(m.)*, gamba
  (f.), 9
sick enfermo(a), 5
sigh suspiro *(m.)*, 15
sign firmar, 13; —— **up** inscribirse, 7; letrero *(m.)*, 3
silver plata *(f.)*, 9
sink fregadero *(m.)*, 14
sir señor *(m.)* *(abbr.* Sr.*)*, 1
sister hermana *(f.)*, 4
sister-in-law cuñada *(f.)*, 5
sit down sentarse (e > ie), 7
six seis, LP
six hundred seiscientos(as), 3
sixteen dieciséis, 1
sixty sesenta, 1
size talla *(f.)*, tamaño *(m.)*, 7
skate patinar, 4
ski esquiar, 5
skirt falda *(f.)*, 7
sky cielo *(m.)*, 9
skyscraper rascacielo *(m.)*, 7
sleep dormir (o > ue), 5
sleeper sofa sofá-cama *(m.)*, 13
sleeve manga *(f.)*, 7
slice (small) rajita *(f.)*, 9
slim delgado(a), 5

slip combinación *(f.)*, 7
slipper zapatilla *(f.)*, 7
slow despacio, 1; lento(a), 8;
  ——**er, please** más despacio,
  por favor, 1
slowly lentamente, 8
small pequeño(a), 5
smaller menor, 5
smallest (el, la) menor, 5
smile sonreír, 15; sonrisa *(f.)*, 15
smoke fumar, 12
snack (afternoon) merienda
  (f.), 9
snow nevar (e > ie), 9
so así que, 15; —— **long** hasta
  luego, LP; —— **much** tanto(a),
  3; —— **many** tantos(as), 15
soap jabón *(m.)*, 8
soccer fútbol *(m.)*, 4
Social Security Seguro Social, 6
sociology sociología *(f.)*, 3
sock calcetín *(m.)*, 7
soda refresco *(m.)*, 4
soft drink refresco *(m.)*, 4
some unos(as), 1; algún,
  alguno(a), algunos(as), 6
someone alguien, 6
something algo, 6
sometimes algunas veces, 6; a
  veces, 4
somewhere en alguna parte, 10
son hijo *(m.)*, 8
son-in-law yerno *(m.)*, 5
soon pronto, 11
sorry perdón, 1; **I'm** —— lo
  siento, 1
soul alma *(m.)*, 15
soup sopa *(f.)*, 9
south sur *(m.)*, 13
souvenir shop tienda de regalos
  (f.), 13
space espacio *(m.)*, 15; **parking**
  —— espacio para estacionar
  (m.), 15
spaghetti espaguetis *(m. pl.)*, 9;
  tallarines *(m. pl.)*, 9
Spain España, 13
Spanish (language) español *(m.)*,
  2; **(person)** español(a), 2
speak hablar, 2; **this is . . . (name)**
  speaking habla... (nombre), 5
specialty especialidad *(f.)*, 9

spend (money) gastar, 8; ——
  (time) pasar, 13; —— **the**
  summer veranear, 13
spoon cuchara *(f.)*, 14
spoonful cucharada *(f.)*, 9
sport deporte *(m.)*, 4
spring primavera *(f.)*, 2
stadium estadio *(m.)*, 4
stairs escalera *(f.)*, 10
stamp estampilla *(f.)*, 6; sello *(m.)*,
  6, timbre *(m.) (Mex.)*, 6
stand in line hacer cola, 6
stare clavar la pupila, 15
start comenzar (e > ie), empezar
  (e > ie), 5
state estado *(m.)*, 3
station estación *(f.)*, 15
stay quedarse, 8; **(at a hotel)**
  hospedarse, 13
steak bistec *(m.)*, biftec *(m.)*, 9
stepbrother hermanastro *(m.)*, 15
stepdaughter hijastra *(f.)*, 15
stepfather padrastro *(m.)*, 15
stepmother madrastra *(f.)*, 15
stepsister hermanastra *(f.)*, 15
stepson hijastro *(m.)*, 15
still todavía, 14
stomach estómago *(m.)*, 11
stop parar, 10
stopover escala *(f.)*, 12; **to stop**
  over hacer escala, 12
store tienda *(f.)*, 7
stork cigüeña *(f.)*, 5
storm tormenta *(f.)*, 9
stove cocina *(f.)*, 9
strainer colador *(m.)*, 15
strange raro(a), 8
strawberry fresa *(f.)*, 9
street calle *(f.)*, 13
student estudiante *(m., f.)*, LP;
  alumno(a) *(m., f.)*, 1
study estudiar, 2
subject asignatura *(f.)*, 2; materia
  (f.), 2
subway metro *(m.)*, subterráneo
  (m.), 15
sufficient suficiente, 3
sugar azúcar *(m.)*, 8
suggest sugerir (e > ie), 11
suit traje *(m.)*, 7
suitcase maleta *(f.)*, valija *(f.)*, 12;
  small —— maletín, 13

summer verano *(m.)*, 2
Sunday domingo *(m.)*, LP
superintendent encargado(a)
  (m., f.), 15
supermarket supermercado
  (m.), 8
sure seguro(a), cómo no, 5
surrounded rodeado(a), 1
sweater suéter *(m.)*, 7
sweep barrer, 14
swim nadar, 4
swimming pool piscina *(f.)*, 4
syrup jarabe *(m.)*, 11
system sistema *(m.)*, 2

T

table mesa *(f.)*, 1
tablecloth mantel *(m.)*, 14
take tomar, 2; —— **(someone or**
  something someplace) llevar,
  4; —— **out** sacar, 6; —— **off**
  (clothes) quitarse, 7; —— **a seat**
  tomar asiento, 1; —— **care of**
  oneself cuidarse, 11; —— **place**
  tener lugar, llevar a cabo, 5
talk conversar, 2
tall alto(a), 5
tape cinta *(f.)*, caset *(m.)*, 5
tasty sabroso(a), 9
taxi taxi *(m.)*, 6
tea té *(m.)*, 3
tear lágrima *(f.)*, 15
teaspoon cucharita *(f.)*, 9
teenager adolescente *(m., f.)*, 8
telegram telegrama *(m.)*, 2
telephone teléfono *(m.)*, 5; ——
  number número de teléfono
  (m.), LP
television (set) televisión *(f.)*,
  televisor *(m.)*, 13
tell decir (e > i), 5; —— **me**
  dígame, 10
teller cajero(a) *(m., f.)*, 6
temperature temperatura *(f.)*, 11;
  at low —— a fuego lento, 9
ten diez, LP
terrace terraza *(f.)*, 15
test prueba *(f.)*, LP
than que, 5
thank you gracias, 1; —— **very**
  much muchas gracias, 1

thank goodness menos mal, 8
that que *(rel. pron.)*, 3; aquel, aquella, ese, esa, eso *(adj.) (distant)*, 6; aquello, eso, *(neut. pron.)*, 6; aquél, aquélla, ése, ésa, *(pron.)*, 6
the el *(m. sing.)*, la *(f. sing.)*, los *(m. pl.)*, las *(f. pl.)*, 1
theater teatro *(m.)*, 4
their su(s), 3
theirs *(pron.)* suyo(a), suyos(as), 9
them ellas *(f.)*, ellos *(m.) (obj. of prep.)*, 5; las *(f.)*, los *(m.)*, 6; **(to)** —— les, 7
themselves se, 7
then entonces, 5; luego, 9
there allí, 6; —— **is (are)** hay, LP; —— **was (were)** hubo, 8
these estos(as) *(adj.)*, 6; éstos(as) *(pron.)*, 6
they ellos(as) *(m., f.)*, 1
thin delgado(a), 5
thing cosa *(f.)*, 8
think pensar (e > ie), 5; creer, 5
thirteen trece, 1
thirty treinta, 1
this este, esta *(adj.)*, 6; esto *(neut. pron.)*, 6; —— **one** *(pron.)* éste, ésta, 6
those esos(as), aquellos(as) *(adj.)*, 6; ésos(as), aquéllos(as) *(pron.)*, 6
thousand mil, 3
three tres, LP
three hundred trescientos(as), 3
throat garganta *(f.)*, 11
through por, 9; por medio de, 7
Thursday jueves *(m.)*, LP
ticket billete *(m.)*, 12; pasaje *(m.)*, 12
tie corbata *(f.)*, 7
till menos, 2
time tiempo *(m.)*, 8; época *(f.)*, 11; hora *(f.)*, 13; **what** —— **is it?** ¿qué hora es?, 2; **at what** —— **...?** ¿a qué hora...?, 2
tip propina *(f.)*, 9
tired cansado(a), 4
to a, 12; —— **taste** a gusto, 9; menos, 2

toast pan tostado *(m.)*, 9; tostada *(f.)*, 9
toaster tostadora *(f.)*, 15
today hoy, 3
toe dedo del pie *(m.)*, 11
toilet paper papel higiénico *(m.)*, 8
tomato tomate *(m.)*, 8
tomorrow mañana, LP; **see you** —— hasta mañana, LP; —— **morning** mañana por la mañana, 3
tongue lengua *(f.)*, 11
tonight esta noche, 4
too también, 3; —— **much** demasiado(a), 12
tooth diente *(m.)*, 11
tornado tornado *(m.)*, 9
tour excursión *(f.)*, 12
tourist turista *(m., f.)*, 12
towel toalla *(f.)*, 14
translate traducir, 8
trash basura *(f.)*, 14
travel viajar, 12
travel agency agencia de viajes *(f.)*, 12
traveler viajero(a) *(m., f.)*, 13
traveler's check cheque de viajero *(m.)*, 6
trimester trimestre *(m.)*, 3
trip viaje *(m.)*, 12; **have a nice** —— buen viaje, 12; **on a** —— de viaje, 12
trousers pantalón *(m.)*, 7; pantalones *(m. pl.)*, 7
true verdad *(f.)*, cierto(a), 13; **it's** —— es verdad, 4
trust confiar en, 14
truth verdad *(f.)*, 4
try tratar de, 13; —— **(on)** probar(se) (o > ue), 7
T-shirt camiseta *(f.)*, 7
Tuesday martes *(m.)*, LP
turn over virar, 9
TV set televisor *(m.)*, 13
twelve doce, 1
twenty veinte, 1
twist torcer(se) (o > ue), 10
two dos, LP; **there are** —— **of us** somos dos, 13
two hundred doscientos(as), 3
type tipo *(m.)*, 12

U

umbrella paraguas *(m.)*, 9
uncle tío *(m.)*, 4
under debajo de, 12
undershorts calzoncillos *(m. pl.)*, 7
understand entender (e > ie), 11
underwear ropa interior *(f.)*, 7
unfortunately desgraciadamente, 8
unit unidad *(f.)*, 3
unite mezclar, 13
university universidad *(f.)*, LP
unless a menos que, 13
until hasta, 5; hasta que, 13
us nos *(dir. obj.)*, 6; nos *(indir. obj.)*, 7; nosotros(as) *(obj. of prep.)*, 5
use usar, 8

V

vacant libre, disponible, 13
vacate desocupar, 13
vacation vacaciones *(f. pl.)*, 9; **to be on** —— estar de vacaciones, 9
vacuum pasar la aspiradora, 14
vacuum cleaner aspiradora *(f.)*, 14
value valor *(m.)*, 6
vanilla vainilla *(f.)*, 9
vase florero *(m.)*, 14
veal ternera *(f.)*, 9
vegetable vegetal *(m.)*, 8; —— **market** verdulería *(f.)*, 8
very muy, 1; —— **well** muy bien, 3
vest chaleco *(m.)*, 7
vet veterinario(a) *(m., f.)*, 4
via por, 9
vinegar vinagre *(m.)*, 14
visa visa *(f.)*, 12
visit visitar, 13

W

wait (for) esperar, 10
waiter camarero(a) *(m., f.)*, 4; mozo *(m.)*, mesero(a) *(m., f.) (Mex.)*, 4
waiting list lista de espera *(f.)*, 13
wake up despertarse (e > ie), 7
walk caminar, 10
wall muro *(m.)*, 15

wallet billetera *(f.)*, 7
want desear, 2; querer (e > ie), 5
war guerra *(f.)*, 2
warm templado(a), 9
wash lavar, 14; —— **dishes**
fregar (e > ie), 14
washing machine lavadora *(f.)*, 15
water agua (el) *(f.)*, 13; **ice** ——
agua con hielo, 3
we nosotros(as), 1
wear usar, llevar, 7; —— **a certain**
shoe size calzar, 7
weather tiempo *(m.)*, 9; **to be**
good (bad) —— hacer buen
(mal) tiempo, 9
wedding boda *(f.)*, 15; —— **an-**
niversary aniversario de bodas
(m.), 9
Wednesday miércoles *(m.)*, LP
week semana *(f.)*, 8; **during the**
—— entre semana, 12; **in two**
——**s** dentro de quince días, 12
weekend fin de semana *(m.)*, 4
weight peso *(m.)*, 11
welcome bienvenido(a), 5; **you're**
—— de nada, 1; —— **party**
fiesta de bienvenida *(f.)*, 5
well bien, 5; —— **-done** bien co-
cido(a), 9; **very** —— muy bien,
3; **not very** —— no muy bien, 3
west oeste *(m.)*, 13
what? ¿qué?, 2; ¿cuál(es)?, 2; ——
day is today? ¿qué día es hoy?,
2; —— **for?** ¿para qué?, 9; ——
is . . . like? ¿cómo es... ?, 5;
—— **is today's date?** ¿qué fecha
es hoy?, 2; ——**'s new?** ¿qué hay
de nuevo?, 1; —— **is the rate of**
(monetary) exchange? ¿a cómo
está el cambio de moneda?, 13;
—— **is your name?** ¿cómo se

llama usted *(form.)*?, ¿cómo te
llamas *(fam.)*?, 1; —— **a pity!**
¡qué lástima!, 7
when cuando, 13; ¿cuándo?, 2
where ¿dónde?, 2; —— **from?**
¿de dónde?, 2; —— **(to)?**
¿adónde?, 4
which ¿cuál(es)?, 2
while rato *(m.)*, 4; mientras, 7; **a**
—— un rato, 4; **a** —— **later** al
rato, 3
white blanco(a), LP
who? ¿quién(es)?, 2
why? ¿por qué?, 2
wide ancho(a), 7
wife esposa *(f.)*, 4
window ventana *(f.)*, LP; **ticket**
—— ventanilla *(f.)*, 6
wine vino *(m.)*, 5; **red** —— vino
tinto, 3; **rosé** —— vino rosado,
3; —— **glass** copa *(f.)*, 9
winter invierno *(m.)*, 2
wish desear, 2; querer, 5
with con, 1; de, 12; —— **me** conmigo, 5; —— **you** contigo, 5;
—— **someone else** acom-
pañado(a), 12; —— **whom?**
¿con quién?, 1
woman mujer *(f.)*, 1
wonderful estupendo(a), 15
wood madera *(f.)*, 15
word palabra *(f.)*, LP
work (of art) obra *(f.)*, 14; trabajo
(m.), PM; trabajar, 2; funcionar,
14
world mundo *(m.)*, 15
worry preocuparse, 15
worse peor, 5
worst (el, la) peor, 5
wound herida *(f.)*, 10
wow! ¡caramba!, 2

wrist muñeca *(f.)*, 11
write escribir, 3; —— **down**
anotar, 9
written escrito(a), 10

X

X-ray radiografía *(f.)*, 10
X-ray room sala de rayos X
(equis) *(f.)*, 10

Y

year año *(m.)*, 7
yellow amarillo(a), LP
yes sí, 3
yesterday ayer, 7
yet todavía, 14; **not** —— todavía
no, 14
you tú, vosotros(as), usted(es)
(pron.), 1; la(s), lo(s), os, te *(dir.*
obj.), 6; le(s), os, se, te *(indir. obj.)*,
7; ti, usted(es), vosotros(as) *(obj.*
of prep.), 5
young joven, 5
young lady señorita *(f.)*, 1
young people jóvenes *(m. pl.)*, 5
younger menor, 5
youngest (el, la) menor, 5
your su(s), tu(s), vuestro(s),
vuestras(s), 3
yours suyo(a), suyos(as), tuyo(a),
tuyos(as), vuestro(a),
vuestros(as), 9
yourself se, te, 7
yourselves os, se, 7

Z

zero cero, LP

INDEX

a + el, 84–85; omission of personal **a**, 84; personal, 83, 151; note, 94
abbreviations, 16
accentuation, 42, 130, 176, 181, 184, 226, 262–263, 282, 301, 316; note, 19, 148, 220; rules, 347
address, forms of, 22
adjectives: agreement of, 25–26; comparison of, 104–105; demonstrative, 126–127; formation of, 25; note, 142, 216; past participles used as, 220; possessive, 60–61
adverbs: comparison of, 104–105; formation of, 184
affirmative and negative expressions, 133–134
alphabet: Spanish, 7
article, definite: agreement, 26; before the words **próximo** and **sábado,** note, 92; contraction with **el**, 84–85; for the possessive, note, 216; forms, 20; in comparisons of adjectives and adverbs, 105; in expressing time, 46; uses with titles, note, 14; with **ser**, 201
article, indefinite: agreement of, 26; forms of, 20

capitalization, 9, 47; note, 16
-car verbs, 145, 355
cardinal numbers, 9, 26, 66; note, 26; with dates, 48
-cer and **-cir** verbs, 356
cien(**-to**), 26
colors, 12
commands: familiar, 262–264; first-person plural, 282; formal direct, 226; negative familiar, 264; object pronouns with direct, 226, 262, 264, 282; summary of the, 284
comparison: of adjectives, 104–105; of adverbs, 104–105; of equality, 104; of nouns, 104–105
compound tenses, 222–224, 333–338
con: conmigo, contigo, 107

conditional: forms, 304, 334; irregular forms, 304; uses of, 305, 335
conocer vs. **saber**, 88
consonants, 342
contractions: **a + el**, 84–85; **de + el**, 84–85
contrary-to-fact sentences, 318–319

days of the week, 9
de: after a superlative, 105; before a numeral, 104; equivalent to with, note, 93; for than, 104; in expressing time, 46; in prepositional phrases, note, 38; plus **el**, 84–85; possession, 62
definite article, *see* article, definite
demonstrative: adjectives, 126–127; pronouns, 127–128
diphthongs, 342
direct object, *see* pronouns
division of words into syllables, 346
doler: construction with, note, 218
-ducir verbs, 358

estar: present indicative, 86; uses of, 86, 98–99; with present progressive, 96

future: irregular forms, 301; present tense for, 302; tense, 301–302, 333; uses of, 302, 333

-gar verbs, 145, 355
gender of nouns, 18–19, 43–44
gerund: formation of, 96; to express progressive tense, 96
-guar verbs, 355
-guir verbs, note, 125; 355
gustar, 13, 150–151

haber: to form perfect tenses, 222–224, 333–338; note, 222
hacer: in time expressions, 135, 199; in weather expressions, 194; meaning ago, 199

hay: conditional of, 304; future of, 302; preterit of, 175; subjunctive of, 238, 316; uses of, 11

imperative, *see* commands
imperfect: contrasted with preterit, 196–197; indicative forms, 181–183; irregular forms, 181; subjunctive forms, 316; uses of imperfect indicative, 182–183; uses of imperfect subjunctive, 317–319
impersonal expressions: followed by infinitive, 321; followed by subjunctive, 321
indefinite article, *see* article, indefinite
indicative mood, summary of tenses, 308
indirect object, *see* pronouns
infinitive: after impersonal expressions, 321; after **tener que**, 65; classification, 40; position of object pronouns with, 130, 148, 176
interrogative sentences, 49
interrogative words, 42
intonation, 346
ir a + infinitive, 87

jugar, note, 172

like, 13, 150–151
linking, 40, 345

months, 47–48

negation: double, 133–134; simple, 50; with object pronouns, 130
nouns: agreement of, 26; comparison of, 104–105; gender of, 18–19, 43–44; phrases with **de** + noun, note, 38; plural of, 19
numerals: cardinal, 9, 26, 66; note, 26, 66

para: uses of, 192–193

past participle: forms, 220; imperfect tenses, 222–224, 333–338; irregular forms of, 220; used as adjective, 220

personal **a**, 83; note, 94; omission of, 83

phrases with **de** + nouns, note, 38

pluperfect: indicative, 224

pluperfect: subjunctive, 338

plural: of adjectives, 26; of nouns, 19

por: uses of, 192

position: of adjectives, 26; of object pronouns, 130, 148, 154, 176, 226, 240, 262, 264, 282

possession with **de**, 62

possessive adjectives: agreement with nouns, 60–61; definite article used for, note, 216; position of, 60

possessive pronouns, 201–202; clarification of **el suyo**, etc., 202

prepositions: uses of **a, de,** and **en,** 265–266; verbs with, 306

present tense: for future, 302; indicative of **ir, dar,** and **estar**, 86; indicative of regular verbs, 40–41, 58; indicative of **ser**, 24; indicative of stem-changing verbs, 102, 124–125; irregular first-person singular, notes, 80, 125, 142; of **hacer** in time clauses, 135, 199; perfect indicative, 222–223; perfect subjunctive, 336; subjunctive, 236–238

preterit: contrasted with imperfect, 196–197; irregular forms of, 174; of **ser, ir,** and **dar,** 146; note on orthographic changes, 217; orthographic changes in, 145, 174; regular forms of, 144–145;

stem-changing verbs, 179; uses of, 145

progressive forms of tenses, 96; position of objects with, 130, 148, 176

pronouns: demonstrative, 127–128; direct object, 129–130; direct and indirect used together, 176; indirect object, 147–149, 151; position of object, 130, 148, 154, 176, 226, 240, 262, 264, 282; possessive, 201–202; reflexive, 154; subject, 22; summary of uses of the, 157; used as object of prepositions, 107

pronunciation, 18, 40, 58, 82, 96, 124, 144, 341

que: meaning than, 105

¿que?, 42

questions, 49

reflexive constructions: forms of, 154–155

reflexive pronouns, 154

rhythm, 345

saber vs. **conocer**, 88

se: for **le** and **les**, 176; reflexive pronoun, 154

seasons, 47

ser: forms of, 24; uses of, 98–99

si clauses, 318–319

stem-changing verbs, 102, 124, 125, 179, 237, 352

su(s): clarification of, 61

subject pronouns: omission of, 22; uses of, 22

subjunctive: after **a menos que, antes de que, para que,** 280; after conjunctions of time, 280; after impersonal expressions, 321;

forms in the present, 236–238; imperfect, 316–317; in **si** clauses, 318–319; pluperfect, 338; present perfect, 336; summary of the, 321–322; to express command in the first-person plural, 282; to express doubt, denial, and disbelief, 276–278; to express emotion, 242; to express indefiniteness and nonexistence, 260; uses of, 238–239; with **aunque**, 280; with verbs of volition, 239–240

superlative construction, 105; irregular, 105; note, 105

suyo(a): clarification of, 202

tener: expressions with, 82; forms, 64; **que** + infinitive, 65

tenses, *see* present, etc.

than, 105

time: of day, 45–46

triphthongs, 342

-uir verbs, note, 258, 356

usted(es), 22

venir: forms, 64

verbs: *see* each separately and table in Appendix B; stem-changing, 102, 124–125, 179; note on orthographic changes, 314; with orthographic changes, 145, 174; with prepositions, 306

vowels, 18, 341

weather expressions, 194–195, 207

word order: in interrogative sentences, 49; in negative sentences, 49; with **gustar**, 150–151

word stress, 347

-zar verbs, 145, 356

PHOTO CREDITS

p. 1, Ulrike Welsch; *p. 5*, Doug Bryant/DDB Stock Photo; *p. 17*, Steve Vidler/Leo de Wys, Inc.; *p. 35*, Robert Fried; *p. 39*, Robin J. Dunitz/DDB Stock Photo; *p. 57*, Robert Frerck/Odyssey/Chicago; *p. 69*, Kathy Squires; *p. 77*, Chuck Savage/The Stock Market; *p. 81*, Robert Frerck/Odyssey/Chicago; *p. 91*, Robert Frerck/Woodfin Camp; *p. 95*, Ulrike Welsch; *p. 110*, Alon Reininger/Woodfin Camp; *p. 113*, Alon Reininger/Woodfin Camp; *p. 115 bottom, left*, Melanie Carr/Vlesti Associates; *p. 115 top, right*, David Young-Wolff; *p. 115 bottom, right*, Tony Freeman/Photo Edit; *p. 115 top, left*, Beryl Goldberg; *p. 119*, Ulrike Welsch; *p. 123*, Frederica Georgia/Photo Researchers; *p. 143*, Victor Englebert/Photo Researchers; *p. 169*, Robert Frerck/Odyssey/Chicago; *p. 173*, Robert Fried; *p. 187*, Ulrike Welsch; *p. 191*, Robert Fried/DDB Stock Photo; *p. 215*, Beryl Goldberg; *p. 219*, Tibor Bognar/The Stock Market; *p. 235*, Larry Luxner/DDB Stock Photo; *p. 255*, D. Donne Bryant/DDB Stock Photo; *p. 259*, D. Donne Bryant/DDB Stock Photo; *p. 275*, Harvey Lloyd/The Stock Market; *p. 290 both*, Robert Frerck/Woodfin Camp; *p. 295*, Ulrike Welsch; *p. 299*, Esbin-Anderson/The Image Works; *p. 300 both*, Robert Frerck/Odyssey/Chicago; *p. 315*, Robert Frerck/Odyssey/Chicago.

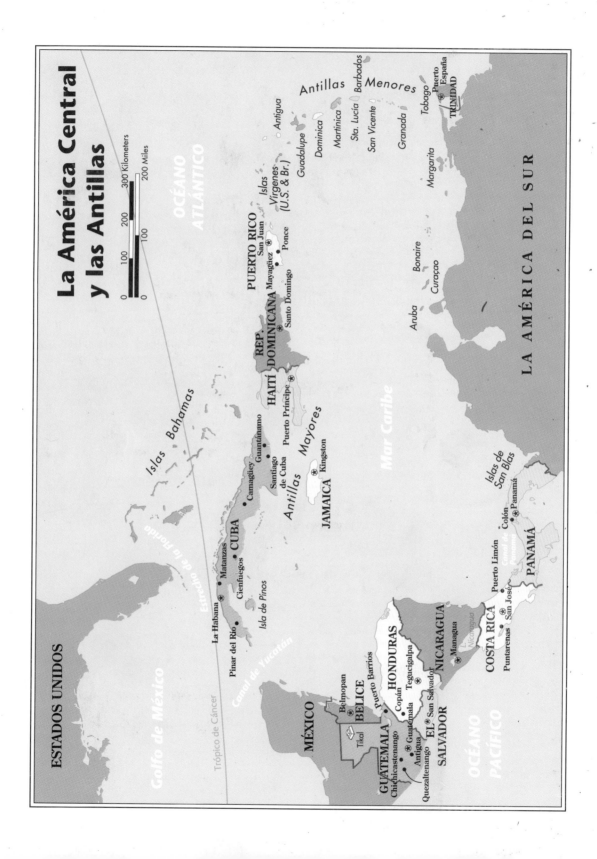

La América Central y las Antillas

ESTADOS UNIDOS

Golfo de México

Trópico de Cáncer

OCÉANO ATLÁNTICO

300 Kilometers
200 Miles
0   100   200   300
0   100   200

Islas Bahamas

Estrecho de la Florida

Canal de Yucatán

La Habana
Pinar del Río
Matanzas
Cienfuegos
Isla de Pinos
CUBA
Camagüey
Santiago de Cuba
Guantánamo

Antillas Mayores

JAMAICA
Kingston

Mar Caribe

MÉXICO

Belmopan
BELICE
Puerto Barrios
Tikal
GUATEMALA
Chichicastenango
Antigua
Guatemala
Quezaltenango
EL SALVADOR
San Salvador
Copán
HONDURAS
Tegucigalpa
NICARAGUA
Managua
Lago de Nicaragua
COSTA RICA
San José
Puntarenas
Puerto Limón
Colón
Panamá
PANAMÁ
Islas de San Blas
Canal de Panamá

OCÉANO PACÍFICO

HAITÍ
Puerto Príncipe
REP. DOMINICANA
Santo Domingo
PUERTO RICO
San Juan
Mayagüez Ponce
Islas Vírgenes (U.S. & Br.)

Antillas Menores

Guadalupe
Dominica
Martinica
Sta. Lucía
San Vicente
Barbados
Granada
Margarita
Tobago
Puerto España
TRINIDAD
Antigua

Aruba
Curaçao
Bonaire

LA AMÉRICA DEL SUR